世纪高教·工商管理经典教材译丛

Jay Kandampully

【美】杰伊·坎达姆普利 主编

刘侠 译

服务管理

零售业中的新范式

Service Management
The New Paradigm in Retailing

格致出版社　上海人民出版社

图书在版编目(CIP)数据

服务管理:零售业中的新范式/(美)坎达姆普利
主编;刘侠译.—上海:格致出版社:上海人民出版
社,2015
工商管理经典教材译丛
ISBN 978-7-5432-2592-3

Ⅰ.①服… Ⅱ.①坎… ②刘… Ⅲ.①零售业-销售
服务-高等学校-教材 Ⅳ.①F713.32

中国版本图书馆 CIP 数据核字(2015)第 298827 号

责任编辑 王 萌
装帧设计 储 平

世纪高教·工商管理经典教材译丛

服务管理——零售业中的新范式

[美]杰伊·坎达姆普利 主编 刘 侠 译

出 版	世纪出版股份有限公司 格致出版社 世纪出版集团 上海人民出版社 (200001 上海福建中路 193 号 www.ewen.co)	印 刷	苏州望电印刷有限公司
		开 本	787×1092 1/16
		印 张	18.5
	编辑部热线 021-63914988 市场部热线 021-63914081 www.hibooks.cn	插 页	1
		字 数	364,000
		版 次	2016 年 3 月第 1 版
发 行	上海世纪出版股份有限公司发行中心	印 次	2016 年 3 月第 1 次印刷

ISBN 978-7-5432-2592-3/F·901   定价:49.00 元

将此书献给我的母亲和太太
我一路走到今天，全蒙她们的关照

序 言

零售业中服务的要义

近几十年来,服务业快速增长,重要性也日益提高,已经成为全球经济最显著的现象。纵观当前世界的所有行业,包括曾以传统模式经营,靠生产商品来制造大幅收益的行业在内,都越来越开始意识到他们现如今最基本的竞争力根植于他们向顾客提供的**服务**,而不是仅仅依赖于他们生产的有形产品。在过去,传统的零售行业几乎是完全侧重于有形产品的销售,而今"服务现象"已是如此普遍,在零售行业中亦是随处可见。随着顾客越来越多觉察到要在零售供应的金字塔中寻求可对比产品的差异化并不容易,零售行业的服务要素便成为顾客头脑中一个具有更重大意义的差异化因素。

除了近几十年来在全球经济各个领域中"服务"概念普遍升级之外,零售业中服务的突出性也受到了如雨后春笋般的互联网使用的巨大推动。这一技术彻底转变了零售业的基本属性,让零售商能够通过多元化渠道服务全世界的顾客。此外,其他新兴技术也使得零售商能够以定制化供应、自助服务技术、快捷支付、投诉分析应答等方式,实现面向顾客的一条龙服务。

零售行业从当地货物型经营到全球服务导向型企业的转变,不仅对顾客关系有着深远的影响,还为已延续了数代人并成为零售行业特征的传统商业模式及供应链带来了彻底改变。信息技术和互联网已然革新了货源、购买、订购、销售和回报的各层理念。世界各地的设计师、代理商、顾问、生产商和供应商的人际网络如今在零售供需的每一环节中都有着更紧密的合作与互动。多元和交叉渠道的结合也已成为了零售供应链每一组成单位的规范。

这一发展趋势也意味着,当前的零售行业需要向他们世界各地的顾客——无论是内部顾客(员工与供应链成员)还是外部顾客(终端消费群体)提供更加有效的服务。因此,零售商家也亟须知道如何管理和协调多元服务,在以顾客中心化和服务侧重导向为特色的组织文化范畴内应用现代服务管理理念。有效的服务管理能够推动现代零售企业去提升服务体验,建立与顾客、与经营伙伴的积极关系,进而取得他们的忠诚度,斩获商业经营的成功。

给零售管理理论和实践的启示

无论是在成熟经济还是在新兴经济中,零售业都是最大的经济领域之一。恰因如此,在零售行业内展开的大范围管理课题的调查,使得零售业成为大量研究的主要课题。

在过去,零售管理只是从传统角度上关注到与组织和产品相关的一些课题。而如今,随着服务作为零售经营活动的中心侧重点而出现,零售商家如果想在当前的顾客中心化和侧重服务的市场下存活,管理思想上就需要有一种模式的变更。零售商家就必须千方百计向他们的顾客提供难以忘怀的零售服务体验,而不仅仅是向他们提供商品。不巧的是,尽管有这种改变的紧迫性,在这个变化迅速的行业内,有许多负责实际运作的零售管理者似乎对服务管理对于成功的重要意义仍继续保持着相对有限的理解。许多人仍没有意识到服务管理的理论和实践,已是现代零售管理中取得和维持竞争优势最基本的要素。

简而言之,许多零售管理的运作者没能够实现从**商品管理向服务管理**的转变。针对零售管理理论的发展,类似的观察结果也能够从不少学术学者、老师和学生那里得到。

本书目的

在这一背景之下,在从部门组织化的销售有形产品的传统模式,向认识到零售业的本质是凭借服务体验和人际关系满足顾客期待的服务行业转变的范式变迁过程中,《服务管理:零售业中的新范式》一书的目的就是要引领零售管理的理论和实践。能够认识到零售供给从本质而言是**服务的供给**,并完成模式变更的管理运营者,会对其零售经营的理论和实践产生一种全新的理解。开创和维持卓越的零售体验,以此创造长期的顾客忠诚关系,是本书贯穿始终的主题。

更进一步说:这本书的目的就是提供可直接应用于零售行业的一些详尽细致且至关重要的服务管理理念。每一章节都会援引一些零售行业中的具体案例,以此展现这些理念如何在实践中应用,收获顾客忠诚度,取得市场领衔地位,并保证盈利不衰。

《服务管理:零售业中的新范式》是第一部将服务管理理论与零售环境相结合的正式教材。正如标题所示,这本书就代表了零售管理学模式的变更。因而,当前市面上也没有任何与本书类似的教材,从服务管理学的角度阐述零售行业的种种。

本书内容

《服务管理:零售业中的新范式》针对的读者既有学生(经济管理类学生以及攻读零售管理文凭、学分和毕业学位的学生),又有(零售行业内各种部门的)从业人员。本书也是以假设读者对管理学、零售运作和市场营销有一定基础型的了解为前提的。

本书有 16 个章节,每一章节都会涉及一个重要的关乎到服务管理如何有必要以及如何能够应用进零售中的宏观问题下的特定主题。被邀请针对这些问题撰文的作者来自于世界各地,所有被选中的作者在他们各自领域中出类拔萃的专业性都得到了认可。

第 1 章,杰伊·坎达姆普利(Jay Kandampully,美国俄亥俄州立大学)通过阐述服务管理如何成为零售业的新型模式为本书奠定基础。本章探讨了在侧重点毋庸置疑向着顾客服务体验方向转变的新型模式中,服务与技术作为策略因素在其中的角色。

第 2 章,金敏贞(音,Minjeong Kim,美国俄勒冈州立大学)和杰伊·坎达姆普利会讲解在零售业中推行新型模式的严峻性。这一章会提供零售行业的前瞻情景,并检验了零售管理学中信息技术和自助服务技术的全球使用对于"婴儿潮"一代和 Y 一代人的影响力。

第 3 章,托尔·安德烈亚森(Tor Andreassen)和莱恩·奥尔森(Line Olsen,二人皆来自 BI 挪威商学院)会强调顾客服务在竞争环境下对于建立和维持长期的顾客关系以及合作伙伴关系的重要性。本章会提出和说明"顾客资产"理念在吸引和获取盈利性顾客上的头等重要意义。

第 4 章,吉姆·巴恩斯(Jim Barnes,加拿大纪念大学)和乔丹·赖特(Jordan Wright,加拿大纽芬兰与拉布拉多省政府高等教育技能部)会探讨在非在线和在线零售环境下管理零售服务体验策略的重要性。在论证零售公司应当打造合适顾客情境的购物体验以创造铭记于心的零售体验时,作者会引介出"顾客情形"和"情境化智能"的概念。

第 5 章,蒂莫西·L.凯宁汉姆(Timothy L.Keiningham)、卢克·威廉姆斯

(Luke Williams)与亚历山大·布奥耶(Alexander Buoye,三人皆来自美国益普索满意度与忠诚度研究组织)以及勒赞·阿克索伊(Lerzan Aksoy,美国福特汉姆大学)会提供有关忠诚度,即员工忠诚度和顾客忠诚度彼此密不可分的整体视角。这一章定义了可盈利忠诚度的不同层面,探索了可盈利忠诚顾客群的分类。

第6章,阿拉德·范·里尔(Allard van Riel,荷兰奈梅亨大学)检验了当前零售业中,服务创新在赢取可持续竞争优势上扮演的角色及其范畴。作者从实际运营的角度探讨了服务创新,并特别强调了市场导向和顾客零售体验。

第7章,沙伦·列侬(Sharron Lennon,美国特拉华大学)与金正焕(音,Jung-Hwan Kim,美国南卡罗来纳大学)探讨了在线零售业的增长趋势,以及在线服务质量管理的重要性。作者检测了在线服务对于顾客满意度(在线满意度)和忠诚度(在线忠诚度)的影响。

第8章,帕特里克·韦塞尔(Patrick Vesel)、帕特丽夏·菲利彼克·奥莱尔(Patricija Filipič Orel)和米蒂亚·斯彭德(Mitja Špende,三人皆来自斯洛文尼亚"大爆炸"公司)探讨了在当前零售业中的多元渠道营销。作者强调了通过所有渠道提供持续服务在建立顾客信任、满意度和忠诚度上的重要性。

第9章,杰夫·史密斯(Jeff Smith,美国佛罗里达州立大学)、洛兰·李(Lorraine Lee)和特蕾西·迈耶(Tracy Mayer,二人皆来自美国北卡罗来纳威明顿大学)探讨了新技术和零售服务体验之间的关系。作者会使用服务营销组合来展示技术是如何影响到顾客——供应商关系各种要素的。

第10章,韦娜·沙塔拉曼(Veena Chattaraman,美国奥本大学)探索了零售顾客之间多元文化多样性增长的重要意义。作者也验证了多元文化营销在赢取顾客信任和品牌忠诚度上承担起的重要任务。

第11章,桑吉克塔·普库朗加拉(Sanjukta Pookulangara,美国北得克萨斯大学)阐述了社交媒体和文化影响力如何改变着零售顾客的服务预期。作者验证了技术接纳使用,即使用社交媒体购物以及同共鸣消费者的互动在购买意图上的影响力,本章同时也强调了对于当前零售公司而言开发有效的社交媒体策略的重要性。

第12章,贝恩德·施陶斯(Bernd Stauss,德国天主教大学)和沃尔夫冈·赛德尔(Wolfgang Seidel,德国瑟夫马克公司)强调了全球零售行业顾客期待不断提升和顾客忠诚度不断降低的情形下进行投诉管理的重要性。作者会阐释零售公司应如何从建立前瞻性投诉管理上受益,即恢复顾客满意度,防止顾客流失,提高再购买可能性。

第13章,黄智英(音,Jiyoung Hwang,美国佛罗里达大学)和茱莉亚·库珀(Julia Cooper,美国俄亥俄州立大学)给出了零售行业内品牌管理的概述。本章会探讨如何从顾客思维角度出发,通过产品、服务和零售体验打造零售品牌。作者会讨论到一些零售品牌如何借助其公司的企业社会责任,获得顾客认同度和品牌忠诚度。

　　第 14 章,波·爱德华松(Bo Edvardsson)和波·恩奎斯特(Bo Enquist,二人皆来自瑞典卡尔斯塔德大学)强调了以价值为基础的服务可以向顾客、员工以及零售企业提供的优势。作者验证了在当前零售行业内企业社会责任的关联性,并借用宜家的例子,展示了以价值为基础的企业文化的影响力。

　　第 15 章,普拉蒂巴·达波尔卡(Pratibha Dabholkar,美国田纳西大学)借用舞台剧《绿野仙踪》的营销,诠释了对顾客需求的深层和直觉的理解。本章也同时强调了"零售氛围"在令顾客舒心满意上所扮演的角色。本章诠释了服务的不断调整对于零售行业持续成功的必要性。

　　第 16 章,杰伊·坎达姆普利给出了零售行业中一些"范式变迁者"的案例研究。作者检验了处于市场领衔者地位的这些案例企业的历史、政策和营销哲学。

杰伊·坎达姆普利
于美国俄亥俄州哥伦布市

致　谢

在此,我谨对为本书撰写作出贡献的所有服务研究者表示真诚的感谢,感谢他们诚挚的友谊和卓越的贡献。

作者简介

  勒赞·阿克索伊(Lerzan Aksoy)是纽约福特汉姆大学的营销学副教授。她也是《忠诚度为何重要》(2009)一书的合著者,曾被《营销》杂志授予最佳论文奖(MSI H.保罗·瑞特奖),《服务质量管理》最佳论文奖(两次),成为《服务研究》杂志最佳论文的最后赢家,跻身"翡翠引文"(Emerald Citations of Excellence)最佳50篇之列。她的文章见诸《营销》杂志、《营销学》、《斯隆管理评论》和《服务研究》杂志,广受好评。她在北卡罗来纳州大学教堂山分校取得了营销学专业的博士学位。

  托尔·W.安德烈亚森(Tor W.Andreassen)是BI挪威商业学院营销学系的教授和主席。安德烈亚森博士持有挪威经济贸易管理学校的Sivilokonom学位,以及斯德哥尔摩大学贸易学院的经济学博士学位。安德烈亚森教授是《营销》、《服务研究》、《商业研究》、《服务管理》和《决策学》杂志编辑评委会成员。安德烈亚森博士的研究已在许多一流期刊中发表,如《斯隆管理评论》、《营销学》、《营销》、《数量与质量》、《经济心理学》、《公共部门管理》、《服务研究》、《服务营销》、《营销》欧洲版、《服务行业管理》。他是挪威商业杂志的定期专栏作家。

  安德烈亚森教授也是服务论坛和挪威管理学校"挪威顾客满意度晴雨表"的创立人,还是约翰·艾恩特营销大会的年度教授。安德烈亚森博士已出版七部书籍,并因其卓越的学术研究获得了众多的奖项:2007年MSI/H.保罗·瑞特奖(《营销》杂志)、2x杰出(最佳)论文奖(《管理服务质量》)和最佳推荐文献奖(《管理服务质量》和《服务行业管理》杂志国际版)、前200名最多下载文献(《服务行业管理》杂志国际版)。安德烈亚森博士也是欧文学位管理学校、美国范德比尔特大学、荷兰马斯特里赫特大学、罗伯特·H.史密斯商学院、美国马里兰大学、澳大利亚昆士兰大学的特邀教授,以及美国斯坦福大学的特邀学者。他已完成了范德比尔特大学和哈佛商学院的教学教育及培训。

  吉姆·巴恩斯(Jim Barnes)是(营销学)名誉退休教授,加拿大纽芬兰纪念大学商业管理系前系主任。他有哈佛商学院的MBA学位,以及多伦多大学的营销学博士学位。

  他是位涉及领域广泛的作家,已编写了8本书,包括《营销:以顾客为中心》(当前已是第 11 版）。他最近期的著作《打造你的顾客策略：创建可盈利顾客关系指导书》，已由约翰威利父子出版公司出版。他的作品常见诸《消费者研究》、《广告研究》、《营销》欧洲版、《心理与营销》杂志以及其他各种国际出版物中。

巴恩斯博士也是营销学和顾客策略方面得到国际认可的顾问、发言人及作家。他在学术和公司研究上已有超过 30 年的经验，并在近期通过他的顾问公司 BMAI-Strategy 在北美和欧洲开展客户顾问业务。他的联络方式是 jim. barnes@ bmai-strategy.com。

亚历山大·布奥耶（Alexander Buoye）是 IPSOS 忠诚度研究（益普索集团）分析部门副部长。在整个营销研究和数据分析事业中，他与全世界诸多大型零售商都有过合作，包括沃尔玛、山姆会员店（Sam's Club）、沃尔格林（Walgreens）、玩具反斗城（Toys R Us）、西夫韦公司（Saftway）、Stop&Shop 在内。他是《忠诚度为何重要》技术附录的合作者，及《课外活动资本化：参与水平、伙伴影响和学术成就》一书的作者。他的作品也常发表在一些同行评审刊物中，如《服务研究》、《社会教育》、《政治机遇、社会运动和民主化》以及《华尔街》。

韦娜·沙塔拉曼（Veena Chattaraman）是美国奥本大学消费者事务管理系副教授。她在 2006 年获得俄亥俄州立大学消费者学的博士学位。她的专业性突出表现在对服饰行业的产品和营销方面的研究。她的研究项目着重于消费者行为和对产品偏好的社会心理及文化层面的成因，尤其围绕和多元文化消费、美学层面的消费，以及和创新技术接纳相关的研究。沙塔拉曼博士是从诸如美国国家科学基金会这类机构拿到最多研究赞助和外部资金的纪录保持者。她也撰写了诸多研究文献，发表在一些声誉颇高的刊物上，如《商业研究》、《营销与心理学》以及《消费者行为》杂志。

茱莉亚·库珀（Julia Cooper）为零售、营销和服务行业的管理学提供了强大的背景支持，有着七年之多的职业发展和大学指导经历，其教学成就在俄亥俄州立大学享有很高的声誉。库珀女士有田纳西大学的销售规划专业（零售与消费者行为）的理学学士学位，印第安纳大学的图书馆学的硕士学位，以及俄亥俄大学费舍商学院营销学专业的 MBA 学位。她是一些商业协会的积极参与者，如 Amspirit 和费舍商学院的"早餐俱乐部"，并继续向诸多商业领袖建言献策，开展职业提升工作室和愿景打造集训。此外，库珀女士还是 Sage 出版集团和"仙童"（Fairchild）书库在品牌打造和零售贸易方面的评论编辑，在她专业领域内的作品都已发表在《MLS：图书馆服务营销》上。在加入消费者学院系之前，库珀女士的工作是小企业家的营销顾问、非盈利执行官，以及斯宾塞研究机构、营销研究顾问公司的项目总监，为 Ross Laboratories、倍儿乐（Playtex）、卡夫食品（Kraft）、温迪社交网（Wendy's Intl），以及捷运公司（Express）和 Value City 家居等零售（有限）公司主持过大型用户及客户关系的消费者营销研究项目。

普拉蒂巴·A.达波尔卡（Pratibha A.Dabholkar）（1991 年取得佐治亚州立大

学博士学位)是田纳西大学营销专业副教授。她的研究兴趣包含服务传递中的技术、网络营销、态度、抉择、方法—目的模型、服务质量、顾客满意度,以及经典电影和戏剧制作与营销。自1990年开始她就是在服务营销中技术应用研究的先驱者,并在澳大利亚、荷兰和瑞典的大学校园间针对这一主题组织召开了许多国际研讨会议。她的研究在《消费者研究》、《营销学术期刊》、《零售》、《心理与营销》、《营销研究》国际版、《商业研究》、《消费满意度、不满度与投诉行为》以及其他刊物、手册以及许多的会议论文集上均有发表。有关达波尔卡博士的作品和项目的信息,可以查阅网站 www.love-and-learning.info。

波·爱德华松(Bo Edvardsson)是瑞典卡尔斯塔德大学副校长、教授,以及CTF服务研究中心学院主任,也是挪威卑尔根NHH商学院的教授。他是《服务行业管理》期刊的前编辑,亚利桑那州立大学、新加坡国立大学、赫尔辛基汉肯大学,以及中国台湾地区"国立清华大学"服务领导小组的研究员之一。他是赫尔辛基汉肯大学荣誉博士,也是英国曼彻斯特商学院和汉堡国际服务管理商学院的国际研究员。他的研究涵盖了服务质量、新型服务开发和服务创新顾客体验,以及从产品向服务的转变。2008年他获得了RESER奖、欧洲服务研究协会"终生成就奖",2004年获得杰出事业贡献奖、服务原则奖。他是斯堪尼亚汽车公司(Scania)、爱立信(Erisson)、沃尔沃(Volvo)、北欧航空公司(SAS)和其他一些公共服务供应商家的顾问。他已撰写了12部著作,76篇刊文,最近的一篇发表在《营销学术》期刊服务系统专版上。

波·恩奎斯特(Bo Enquist)是瑞典卡尔斯塔德大学CTF服务研究中心学院商业管理专业教授。他也是CTF服务研究中心学院下属单位Vinn卓越中心的SAMOT(服务与营销定向运输研究小组)副总监,他的研究关注私有环境和公共环境下(如公共运输、零售、小型和中等企业)的会计事务、服务质量、服务文化、企业社会责任、价值利益相关者网络中的价值创建,及可持续往来。

黄智英(音,Jiyoung Hwang)是佛罗里达大学威灵顿商业管理学院国际商贸专业博士后研究员。她持有俄亥俄州立大学零售专业博士学位和密歇根州立大学零售专业的硕士学位。她过去和当前的行业经验包括市场营销人员、商业顾问、专栏作家和市场分析员。她的研究兴趣包括顾客与品牌关系管理、跨文化零售商与买家关系、企业社会责任(CSR),以及企业传播管理。

杰伊·坎达姆普利(Jay Kandampully)是美国俄亥俄州立大学服务管理和酒店管理专业教授。他同时还是奥地利因斯布鲁克管理中心学院、中国南京理工大学、立陶宛维尔纽斯大学、德国富特旺根大学的特邀教授。杰伊是《服务管理》杂志的主编,也是12种同类国际刊物社会顾问董事会成员。他现在效力于俄亥俄州立大学费舍学院IMS亚瑟研究会,同样也作为CTF国际研究员效力于瑞典卡尔斯塔德大学。他持有服务质量管理学专业博士学位、服务营销学专业的MBA,两个学位都来自于英格兰艾克赛特大学。他的职业资格认证来自于奥地利萨尔茨堡学院以及英国伯明翰大学的酒店管理专业,他的教育资格认证得到了其在欧洲、印度和美国 9 年时间的管理经验的有力支持。

杰伊的学术事业开始于美国阿拉斯加费尔班克斯大学。其后,杰伊任教于新西兰林肯大学,以及澳大利亚的昆士兰大学,并在发展一些服务营销项目中起着举足轻重的作用。他是畅销教材《服务管理:酒店业中的新范式》(这本书已经译成中文)的作者,也是《服务质量管理》一书的领衔编著者,这部作品也已翻译成汉语、韩语和阿拉伯语。此外,他已在一些颇具声望的学术期刊中发表了超过 120 篇文章,并在一些国际会议中推出了大量的论文。杰伊的研究兴趣包含了许多领域,如服务体验、顾客参与度、顾客社区、多渠道营销、服务品牌、零售管理、卫生与健康服务、酒店管理。

在"服务忠诚度"理念上的研究成果发布,为杰伊赢取了颇富声望的"学者奖"。他的文章《通过预期改革和关系取得竞争优势》获得了"翡翠引文奖"和"最高推荐奖";他探讨"服务定向"的文章获得了国际 CHRIE 大会最佳论文奖。在《当代酒店管理》期刊国际版网站上,杰伊探讨"顾客忠诚度"的文章是过去 8 年里下载次数最多和评论最多的文章。翡翠学者会为他颁发了"先锋编辑奖"和"杰出服务卓越奖"。杰伊同样还是教学卓越奖的获得者。他是"服务教育、研究和改革"(SERI 项目)和服务管理国际研究研讨会(IRSSM)的创始人和主席,该项目创立意在提升不断增长的经济形势下对于服务的研究、教学和实践。

蒂莫西·L.凯宁汉姆(Timothy L. Keiningham)是 IPSOS 忠诚度机构的全球首领策略官、执行官和副主席。他是几部管理学书籍的合著者,最近期的作品有《忠诚度为何重要》和《忠诚度神话》。他曾赢得《营销》(两次)、《服务研究》和《服务质量管理》(两次)期刊的最佳论文奖,和 2005 年翡翠管理学机构评出的"翡翠引文最佳 50 篇"奖(在大约 20 000 篇评审文章里择选出的最佳 50 篇管理学论文)。Timothy 还获得了 2005 年《服务研究》最佳审稿人奖。

金正焕(音,Jung-Hwan Kim)是南卡罗来纳大学零售系助理教授,于 2006 年在俄亥俄州立大学完成了博士学位。金博士教授营销策划管理学和时尚产品分析课程。她的研究兴趣包括消费者购物行为、多元渠道零售和在线视觉营销策划。金博士的研究在诸多刊物上均有出现,如《服务业》、《营销》欧洲版、《零售与分配管理》国际版、《服务质量管理》、《营销管理》、《布艺与纺织研究》。

金敏贞(音,Minjeong Kim)是俄勒冈大学设计与人力环境系营销策划管理学副教授。在俄勒冈州立大学她的教学和研究主要针对零售策略与消费者行为,尤其侧重于电子零售。金博士在俄亥俄州立大学取得了博士学位,文章曾发表于《心理与营销》、《营销》欧洲版、《服务业》、《服务质量管理》、《布艺与纺织研究》、《时尚营销与管理》、《零售与分配管理》国际版、《直销》及《家庭与消费者学研究》。她是《布艺与纺织研究》及《时尚营销与管理》刊物的编辑评委会成员。她的研究兴趣包括在线与非在线环境下的服务质量和消费者行为的可持续性。

　　洛兰·李(Lorraine Lee)是北卡罗来纳大学威名顿分校卡梅隆商学院会计专业助理教授。她取得了南卡来罗纳大学信息系统学博士学位。在此之前,她在NCR Corporation 公司有着 10 年的软件开发和项目主管的工作经验。她的作品曾发表于《电子服务》、《产业经济》国际版、《内部审计》、《运营和产业管理》国际版。洛兰的研究趣向包括组织机构掌控和成本管理、会计信息系统和软件项目管理。

　　沙伦·J.列侬(Sharron J.Lennon)是特拉华大学时尚与服饰研究专业教授。她取得了普渡大学消费者学与零售专业博士学位。列侬博士教授研究生和本科生有关消费者行为和服装的课程。她发表了许多的同类研究文章,也撰写了诸多出版物的内含章节,发表在包括《布艺与纺织研究》、《营销与心理学》、《商业研究》、《零售》在内的期刊上。目前她的研究趣向包括消费者在黑色星期五和在线购物中的行为不端。列侬博士享有着诸多盛名:杰出演讲人(国际纺织与服装协会,2008年)、消费者学院系年度最佳奖(俄亥俄州立大学,2004—2005 年)、普伦蒂斯霍尔杰出演讲人(国际纺织与服装协会,2002 年)、迪恩院系奖(俄亥俄州立大学,1997年)、国际纺织与服装协会研究员(1996 年)。列侬博士也曾是《布艺与纺织研究》期刊的编辑(2007—2011 年)。

　　特蕾西·迈耶(Tracy Meyer)是北卡来罗纳威明顿大学副教授,经历了 15 年的商业银行从业经历后,她于 2005 年在辛辛那提大学取得了营销学博士学位。迈耶博士的研究侧重于服务失利的致使成因与补救措施,并在《营销学术》、《心理与营销》、《营销理论与实践》上发表过这一专题的文章。迈耶博士近期主要针对大学生和研究生教授服务营销、商业道德和零售学课程。她对于社交媒体,尤其是技术如何改变零售业的属性这一课题也有着浓厚的兴趣。

　　莱恩·莱维克·奥尔森(Line Lervik Olsen)是 BI 挪威商学院营销专业的副教授。奥尔森博士是"挪威顾客满意度晴雨表"的研究组长。她的作品发布在了如《服务研究》、《经济心理学》、《服务质量管理》这样的刊物,以及一些图书专著中。

　　帕特丽夏·菲利彼克·奥莱尔(Patricija Filipič Orel)是斯洛文尼亚一家主要面向东南欧成长快速的营销顾问和研究公司 Valicon 中负责数量与质量研究的关键客户主管。她主要管理服务部门(金融、旅游)的各种项目,也同时在和快速消费品(FMCG)、零售、药品部门的客户合作。她的专长领域是顾客满意度和忠诚度,主要研究则聚焦在一些忠诚度项目上。她在卢布尔雅那大学的营销专业领域取得了国际 MBA 学位。

　　桑吉克塔·普库朗加拉(Sanjukta Pookulangara)是北得克萨斯州大学营销策划与酒店管理学院营销策划专业助理教授。她的研究兴趣基本都在消费者行为上,尤其侧重多元渠道零售、新兴技术(如社交媒体),以及国际零售贸易。

　　沃尔夫冈·赛德尔(Wolfgang Seidel)取得了德国拜罗伊特大学商业管理专业硕士学位,其后成为 Eichstaett-Ingolstadt 教会大学商业管理系营销研究会(现为服务管理研究会)主席贝恩德·施陶斯的研究助理。1994 年,他创立了"Sermark"

公司，一家聚焦于投诉管理、顾客关系管理及服务营销的分析、构想和实施的咨询公司。沃尔夫冈·赛德尔在投诉管理、顾客满意度和关系管理方面撰写了大量文章，与贝恩德·施陶斯合著的《投诉管理》在德国、美国和日本出版，成为畅销书籍。同样他也是欧洲、亚洲和美国投诉管理和顾客管理会议及研讨会中的积极发言人。

杰弗里·S.史密斯(Jeffery S.Smith)取得了南卡罗来纳大学的博士学位，之后在佛罗里达州立大学任经营管理专业助理教授。他的研究基本上都针对服务系统设计，并尤其注重服务的补救。他的作品曾发表于《产业与经营管理》、《决策学》、《服务研究》、《运营与产业管理》国际版、《营销学术》和其他一些学术刊物。

米蒂亚·斯彭德(Mitja Špende)是 Creatim RP(斯洛文尼亚数字营销代理行业的翘楚公司之一)的关键客户主管和电子营销专家。在斯洛文尼亚，他和一些大型的零售客户合作，主要致力于一些电子商务项目，最近是建立在 IBM 公司的 WebSphere Commerce 平台之上。他的专长体现在不同电子营销工具(电子邮件营销、PR 2.0、社交电子商务、广告游戏)的应用，以及衡量它们对于在线销售直接或间接的贡献上。

贝恩德·施陶斯(Bernd Stauss)一直是 Eichstaett-Ingolstadt 教会大学 Ingol-stadt 管理学院服务管理研究会首位德籍主席(直至 2010 年)。他的学术兴趣主要侧重于面向内部和外部顾客的生产和营销环境下的管理课题。他是数种著作的作者和编著者。他最近的出版物中有一些合著书籍，囊括了服务学、服务质量管理、服务网络、服务互动、电子服务、服务品牌与国际服务管理。他研究的主要侧重点在顾客满意度、不满度、投诉行为和投诉管理。贝恩德·施陶斯已撰写了 200 多篇文章，发表在了一些书籍和期刊中，比如《服务质量管理》、《服务业管理》国际版、《服务营销》、《服务研究》、《营销》欧洲版。(www.bernd-stauss.de)

阿拉德·C.R.范·里尔(Allard C.R. van Riel)是荷兰奈美根市奈梅亨大学营销学专业的教授，以及管理研究学院的主任。他取得了马斯特里赫特大学服务创新管理学的博士学位(2003 年)。在 2004—2009 年间他一直就任比利时列日大学改革策略和管理研究会的 Arcelor-Mittal 主席一位。他的研究兴趣包括在复杂性和不确定性环境下决策制定的认知层面，尤其是在(零售)服务创新和服务运营管理领域。他的作品曾发表于《产品改革管理》、《决策管理》、《行业营销管理》、《零售与顾客服务》、《服务质量管理》、《服务营销》、《服务业管理》国际版。

帕特里克·韦塞尔(Patriok Vesel)在斯洛文尼亚一家市场领先的消费者电子商品零售公司"大爆炸"(Big Bang)任营销经理一职。他在卢布尔雅那大学完成了营销专业的 MBA 课程和博士学位学习。他的研究兴趣和职业鉴定范畴主要聚焦于关系营销，零售忠诚度项目和多元渠道营销主题。他的作品曾发表于《零售与消费者服务》、《服务质量管理》和《营销》欧洲版。

卢克·威廉姆斯(Luke Williams)是 IPSOS 忠诚度机构金融服务副总裁。他开展了许多国内和国际研究，在金融、经济、政府和政治专题的研究上有专长。卢克是畅销书籍《忠诚度为何重要》的合著者，其他两位作者为蒂莫西·凯宁汉姆和勒赞·阿克索伊。他已经为许多出版物撰写和编辑了许多评审及学术文章，如《华尔街日报》、《哈佛商业评论》、《斯隆管理评论》、《数据库营销与顾客策略管理》、《异趣营销管理评论》、《营销管理、培训和发展》杂志、《睿智营销商》和其他一些刊物。

　　乔丹·W.赖特(Jordan W.Wright)是加拿大纽芬兰与拉布拉多省政府高等教育技术部的项目专家和政策发展专家。他拥有纪念大学的法语和经济学学士学位和商贸管理的硕士学位。同时也拥有约克大学舒利希执行教育中心学院项目管理的硕士证书。乔丹为加拿大和英国举行的一些大会合作撰写了许多研究文章和案例分析文献。乔丹同时也是2008年至2011年间纪念大学加德纳中心学院的项目主管。他也曾是"Shad Valley国际"企业家教育学会成员，也曾效力于"加拿大家长法语课程"国家理事会小组。

目　录

1

服务作为零售业的新范式

杰伊·坎达姆普利

▶**学习目标**

本章目标是为读者介绍本书的基本前提。因此,本章将:

1. 介绍零售业中服务作为管理新范式的概念;

2. 阐述建立一种专注于服务的管理方法的必要性,从而满足日益增长的零售顾客的需要,并在市场上获取竞争优势;

3. 解释能够给顾客提供正向零售体验的两大关键战略要素——服务和科技的重要性。

1.1 正在改变的零售环境所带来的挑战

21世纪全球市场的竞争性日益加剧,以及许多顾客生活方式的改变,迫使零售企业去改变他们的认知和经营方式,从而能够满足顾客正在不断变化的需要。尤其是,顾客对于卓越服务的需要不断增加,信息技术、互联网和电信业迅猛发展,这些都迫使零售企业在一个全新的企业环境下经营,这和十年前几乎没有共同之处。同时,顾客生活方式和购买行为的巨大变化都意味着零售企业之前的成功模式和实践无法再继续提供一个合适的框架去保证有效的零售经营。因此,过去保证企业繁荣的关键要素不再适合今天的环境,零售业的经理们意识到他们需要一种新的范式来应对21世纪的变化。这种新范式的两个关键战略要素(或支柱)是:(1)服务;(2)科技。

1.2　新范式的第一支柱——服务

在发展这样一种零售业的新范式的过程中,人们越来越意识到服务在零售业中的重要角色。正如 Gummesson(1995,pp.250—251)中所述:"顾客既不单独购买商品也不单独购买服务,而是购买能够提供服务创造价值的产品。"这种转变集中代表了零售商的范式转变,他们过去的经营都是以制成品的价值为基础。Lusch和 Vargo(2006,p.4)是这样描述这种范式转变的:"这种专注于服务的转变是一种从方法到使用,从生产者视角到消费者视角的转变。"

Vargo 和 Lusch(2004,p.2)将服务定义为:"一种通过行为、过程、绩效等表现出来的专门的能力(知识和技能),从而为了另一个实体或者该实体本身受益。"这两个作者后续又提出所有企业实际上都在提供服务,即使是那些主要以生产制成品为主的企业,也仅仅是把商品作为向顾客传递服务的手段。更进一步,任何商品和服务的价值都可以通过顾客的主动参与来明确或者共创(Vargo and Lusch,2006)。

在阐述以上观点时,Vargo 和 Lusch(2006)提出了一个新的框架,他们称之为营销的"服务主导逻辑"(service-dominant logic,S-D 逻辑)。根据 S-D 逻辑,服务交换(而非商品和金钱交换)是企业交易的主要交换形式。尽管很多学者对该 S-D逻辑有不同的批评性意见,但该观点为营销学者和实践者指出了大量有趣的、有挑战性的方向。举例而言,基于大多数服务是由顾客共创的(Bendapudi and Leone,2003),因此顾客不仅扮演了共创价值的角色,而且还和生产者一同分享了共创价值的服务体验。服务体验的价值开始逐渐被顾客所理解,因此,便可以在服务的消费阶段恰如其分地营销给顾客(Kandampully,2002)。

将以上观点应用于零售领域,正是通过零售销售的服务过程才使得共创价值得以实现;更进一步,价值的共同创造和服务的共同消费代表了顾客体验最重要的方面。因此,零售商们通过所谓的"服务蓝图"去重新设计服务流程是非常有必要的,这样可以确保顾客获得积极的服务体验。因此,零售环境非常有必要让顾客在各个服务流程进行参与,因为顾客是共创价值和整个零售体验的最关键要素。

与一般商品相比,顾客参与在零售业中尤其重要。因为,同纯服务(比如法律服务、医药服务、咨询服务)相比,产品在零售业中充当了非常重要的角色,它们构成了零售商和顾客之间交互的主要媒介。然而,随着全球市场竞争加剧,零售商们越来越难通过其商品来实现差异化,因此服务就成为建立竞争优势、提高企业形象、维持顾客忠诚度、保持高利润率的主要手段。这也正是提供"卓越服务"成为零售企业第一要务的原因,零售企业期望在零售业的新范式下通过卓越服务来实现和保持竞争优势。现代零售商不断意识到短期的经济和营销目标可能会导致营销收入的短期增长,但不可能形成可持续优势。在零售业的新范式下,服务成为交换的基本形式,以顾客为中心、服务导向可以提供给现代零售企业以最佳的机会去提高服务体验,建立和顾客之间的良性关系,获得顾客忠诚度,并且取得市场领导力。

然而,尽管更多的迹象表明服务是成功的关键要素,但是一些零售企业仍然习惯于在旧范式下经营——花费大量的时间和资源做广告,努力加强其有形产品在消费者心目中的印象和品牌形象。在过去,这些都是零售业中影响顾客感知和体验的主要方式。但在今天日益改变的零售环境下,必须要强调通过服务来共创价值。成功的零售商也正在采取更多的服务导向的方法,以确保他们能够持续不断地赢得竞争。

1.3 新范式的第二支柱——科技

如上所述,服务和科技构成了零售新范式中的两大关键要素(或者支柱)。如同技术进步在现代生活的各个方面加速了人们的便利性和体验性,科技也正在改变着零售业的经营方式以及零售顾客的服务体验。

精通科技的顾客们,拥有大量的购买力(尤其是面向新的 Y 世代顾客和他们的父母),正在改变其需求和预期,对零售服务产生了巨大的影响。许多传统的零售商已经认识到了提供在线零售渠道以弥补实体零售店的重要性。

如上所述,现代零售商正在将重点更多地放在如何建立和顾客之间的关系,提供卓越的服务,确保顾客获得积极的体验。当然,就这一点而言,挑战在于消费者通常会更喜欢线下交易,因为他们认为线下的零售能够提供更加积极的顾客体验。

然而,成功的在线零售商(或者是电子零售商)提供了创新性的服务,为顾客提供了大量的机会,与电子零售界面互动,从而建立与顾客之间的某种关系。举例而言,户外鞋(Lands' End)公司,作为最成功的电子零售商(Berbee,2000),持续不断地为顾客开发新的在线属性——比如说针对在线顾客的询问,能够及时准确地回复以及活跃的在线聊天论坛(Kim et al.,2007)。这些创新性的网络属性目标在于能够将自己独特的价值观传递给顾客,提高顾客的电子零售体验,并且培养公司和在线顾客之间所有的重要关系。

Kim 等人(2007)确定了购买环境中在线零售顾客最为看重的五个关键因素。有意思的是,这五个因素都与价格和产品没有关系,在线顾客更关注的是便利性、定制化、信息化、沟通性和网站的美观性。科技支持的服务在零售业中能够提供更多的便利性,在在线零售环境下,看似缺乏直接的人人接触,但仍然可以获得良好的顾客价值共创。作为零售体验的共创者,顾客期望零售企业能够在创新思维和前瞻思维下服务,从而增加在线零售体验。因此,尽管科技发展大大地改变了零售企业和顾客之间的交互方式,但顾客对优质服务的预期没有改变(Bitner,2001)。然而,改变的是,如果零售企业不能满足顾客需求,那么网络上将会充斥着大量的负面评论。这些在传统实体经济下不会出现的风险,在网络经济下将会很平常。

自助服务设施是科技对零售业产生重要影响的另一个领域,比如说自动柜员机(ATM)、在线银行业务界面、自助付款等。不像在传统服务中,人际互动充当着重要角色;自助服务设施让顾客行使准员工的角色,大大提高了服务提供者的工作效率和生产率(Walker et al.,2002;Zeithaml and Gilly,1987)。考虑到科技的飞速发展和服务商的时间效率,自助服务设施在零售业的服务传递中将会充当更加重要的角色,因为它可以提供更快的服务传递,在服务传递过程中具有更好的控制力,并且可以增加服务定制化(Meuter et al.,2000;Dabholkar and Bagozzi,2002;Beatson et al.,2007;Amato-McCoy,2008)。

信息科技的增长也改变了零售企业的组织方式,管理模式以及同其他组织的连接方式,从而对零售业产生了深远的影响。尤其是,互联网通过加速实时信息交换的速度、舒适度、灵活性、敏捷性等,提高了供应链管理(Lancioni et al.,2003;Michelino et al.,2008)。因此,互联网也大大降低了供应链成本,提高了合作和服务改进(Malone et al.,1987;Ronchi,2003;Stores,2005)。同时,互联网也改善了预测技术、合作生产计划、运输管理、客户关系管理和新产品研发,以满足顾客日益改变的需求(Michelino et al.,2008;Radjou,2004)。因此,越来越多的零售商正在使用互联网进行采购、运输、库存管理、顾客服务以及供应链管理(Lancioni et al.,2003)。

1.4 零售业新范式总结

根据零售业新范式,服务不再是产品交易销售的价值增值部分,而是零售商与买方之间交换的焦点。通过存储操作、内部外部顾客关系、合作方的网络等,服务正嵌入现代零售业的各个方面,成为其发展的驱动力。

如果零售商想在 21 世纪的动态环境中生存和繁荣,他们就必须调整企业哲学,从传统的产品交易模式转变到新的思维方式,在战略导向上时时刻刻关注顾客服务。这代表了零售业的新范式——这是一种崭新的服务管理观念,能够确保零售企业的成功。在以下章节里,本书阐述了不断演进的零售业中服务管理的重要方面。

参考文献

Amato-McCoy, D. (2008), "Perfect touch", *Chain Store Age*, vol. 84 No. 6, pp. 39–40.

Beatson, A., Lee, N. and Coote, L. (2007), "Self-service technology and the service encounter", *The Service Industries Journal*, Vol. 27 No. 1, pp. 75–89.

Bendapudi, N. & Leone, R.P., (2003), Psychological Implications of Customer Participation in Co-Production, *Journal of Marketing, 67* (1), 14–28.

Berbee (2000) Berbee online retail clients top lost of online apparel sites, Retrieved November 13, 2004 from http://www.berbee.com/news/pr/pr-2000-12-04.htm.

Bitner, M.J. (2001), Service and technology: opportunities and paradoxes, *Managing Service Quality, 11* (6), 375.

Dabholkar, P.A. and Bagozzi, R.P. (2002), "An attitudinal model of technology-based self-service: moderating effects of consumer traits and situational factors", *Journal of the Academy of Marketing Science*, Vol. 30 No. 3, pp. 184–201.

Gummesson (1995) "Relationship marketing: Its role in the service economy", in *Understanding Services Management* (Eds) by William Glynn and James Barnes, New York, John Wiley and sons.

Kim, J.H., Kim, M. & Kandampully, J. (2007), The impact of buying environment characteristics of retail websites, *Service Industries Journal, 27* (7), 865–880.

Kandampully, J. (2002) *Services Management: the new paradigm in hospitality,* Pearson Education, Australia.

Lancioni, R.A. Smith, M.F. and Schau, H.J. (2003), "Strategic Internet application trends in supply chain management", *Industrial Marketing Management*, Vol. 32, pp. 211–217.

Lusch, R.F, & Vargo, S.L. (2006), *The service-dominant logic of marketing*, M.E Sharpe, Armonk, NY.

Malone, T., Yates, J. and Benjamin, R. (1987), "Electronic markets and electronic hierarchies: effects of information technology on market structure and corporate strategies", Communications of the ACM, Vol. 30 No. 6, pp. 484–97.

Meuter, M., Ostrom, A., Roundtree, R. and Bitner, M. (2000), "self-service technologies: understanding customer satisfaction with technology-based service encounters", *Journal of Marketing*, Vol. 64 No. 3, pp. 50–464.

Michelino, F., Bianco, F. and Caputo, M. (2008), "Internet and supply chain management: Adoption modalities for Italian firms", Management Research News, Vol. 31 No. 5, pp. 359–374.

Radjou, N. (2004, January/February), The X Internet invigorates supply chains, Industrial Management, pp. 13–17.

Ronchi, S. (2003), "The Internet and the Customer-Supplier Relationship", Ashgate, Aldershot.

Sheth, J. & Sisodia, R.S., & Sharma, A (2000) The antecedents and consequences of customer-centric marketing, *Journal of the Academy of Marketing Science, 28* (Winter), pp. 55–66.

Stores (2005 January). Top ten issues facing global retailers. pp. G32–G44.

Vargo, S.L. & Lusch, R.F., (2004), Evolving to a New Dominant Logic of Marketing, *Journal of Marketing, 68* (1) 1–17.

Walker, R.H., Craig-Lees, M., Hecker, R. and Francis, H. (2002), "Technology-enabled service delivery: an investigation of reasons affecting customer adoption and rejection", *International Journal of Service Industry Management*, Vol. 13 No. 1, pp. 91–106.

Zeithaml, V.A. and Gilly, M.C. (1987), "Characteristics affecting the acceptance of retailing technologies: a comparison of elderly and nonelderly consumers", *Journal of Retailing*, Vol. 63 No. 1, pp. 49–68.

2

零售业中服务的必要性

金敏贞　杰伊·坎达姆普利

▶**学习目标**

1. 了解零售业的最新趋势；
2. 认识在复杂混乱、竞争激烈的全球零售环境中服务管理的意义；
3. 增进对多渠道零售环境中服务角色转变的了解；
4. 提高技术及互联网对零售业影响的认识；
5. 正确评价服务在零售业的不断发展中对成功的供应链管理所起的作用；
6. 识别在不断发展的零售业中的一种新服务模式。

2.1　导言

　　服务遍布于我们的日常生活之中。在过去的 24 小时内，你或许收听了广播，观看了电视，去了电影院，乘坐飞机、出租车或公共汽车出行，拨打或是接听了电话，去了饭店用餐，去银行或是使用了 ATM，到健身房健身，参加了体育活动，拜访了医生、牙医或是律师，与保险公司打交道，购买日用百货，购买书本、杂志或是报纸，给汽车加油、使用了水和电等等。在以上这些情况中，通过（消费者与供应者之间的）交换消费了来自于不同公司的服务与产品，这就是通常所谓的"零售业"。

　　在社会中，这种零售服务的供应与管理并不仅仅是一个以关注市场份额和盈亏为主的商业问题。由于零售服务遍布于我们的生活之中，服务的标准实际上也是一个生活质量问题：医生、律师、杂货店、银行、百货公司、旅馆或其他服务供应者提供的服务质量越高,对于生活于这一共同体中的我们而言,生活质量也就越高。

也就是说,任何社会的经济都依赖于其向公民所提供的服务,这是无可辩驳的事实。在管制宽松、竞争激烈的全球环境下,任何公司的成功都有赖于其对客户需求的了解、减少服务与产品缺陷、超越客户预期值、与忠诚客户建立并维持长期稳定的关系,以及在不断提高客户价值基础上进行产品与服务创新——所有这些因素都比竞争更为重要。在竞争激烈的环境中,技术的不断进步意味着产品和服务生命周期的不断缩短(因而,对于客户的吸引力也越来越短暂),所有这一切都不得不在这种环境中得以实现。当前令客户满意的产品和服务,在将来可能并不会让同样的客户感到满意。因此,当务之急在于不断改善产品和服务,确保客户感知价值的不断提升。在当今动荡而竞争激烈的全球市场中,感到满意的客户的忠诚度为企业的生存和成功提供了至关重要的竞争优势,客户的忠诚度有赖于企业是否能向客户提供卓越的服务。

零售业是最大的服务行业之一——不仅在发达国家如此,在新兴的经济体也是如此。事实上,近年来随着互联网应用的蓬勃发展,作为一种服务的零售业表现越来越显著,零售商可以通过多种渠道向全世界的客户提供服务。今天,几乎所有的零售企业都提供在线和离线的商店和服务。由于零售业变得更为突出,研究人员已经开展多种研究探讨零售业内的各种管理问题。然而,尽管有这种研究兴趣,但在具有全球竞争力的零售业中服务管理对于成功的重要意义的问题上,管理者和研究者们的理解仍然相对有限。

在这种背景下,本书旨在详细阐述直接应用于零售业的关键服务管理理念。在每一章中,都通过案例分析阐明在零售业内如何更有效地利用这些理念获得客户的忠诚度,实现市场的主导地位并确保盈利率。

2.2　零售业概述

我们每天消费的几乎所有的产品和服务都是通过零售的方式获得的。尽管大多数人很容易将"零售"的概念与某些产品(如百货或服装)联系起来,但实际的情况是,几乎所有的服务业都以某种形式参与到零售业中。

2.2.1　美国零售业

如图 2.1 所示,美国消费者将收入花费在各种各样的产品和服务之上,这些产品和服务每天由庞大的网络向消费者提供。

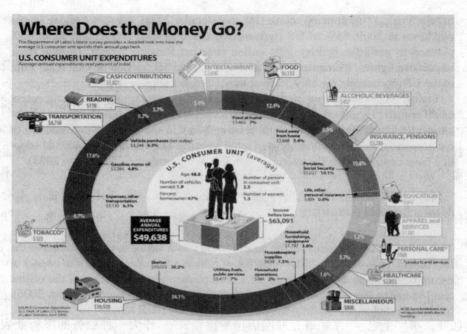

图 2.1　钱到哪儿去了？2009 年美国零售消费

交易额为 4.43 万亿美元的零售业是美国规模最大、增长最快的行业,吸纳的就业人口超过 2 400 万人(National Retail Federation,2006；US Census Bureau,2009a)。然而,由于 2008 年 9 月开始的金融危机引发了近期的经济衰退,失业率上升、房价下跌以及消费者信心的下降,导致了零售业销售额下滑。事实上,一些知名的零售商,如"Circuit City"、"Sharper Image"、"Eddie Bauer"、"Filene's Basement"和"Hartmax Corporation"已经申请了破产保护,此外还有很多商家遭遇了销售额和利润额的急剧下滑(Berman,2010；Yousfi,2008)。

然而,在经历了 2008 年和 2009 年的困局之后,美国零售业再次呈现出复苏的迹象(Ellis,2010)。例如:(1) 2009 年节假日销售比 2008 年增长了 0.5%;(2)2009 年"网络星期一"销售同比增长 5%,达到了 8.87 亿美元(comScore,2009);(3)美国零售联合会(National Retail Federation,NRF)预计 2009 年至 2010 年年度销售将增长 2.5%(与 2008 年至 2009 年销售额相比下降了 2.5%)(Berman,2010);(4) 2009 年 12 月无店铺销售额(包括在线零售商)增长了 2.2%,1 月则增长了 1.6%(Ellis,2010)。

2.2.2　电子商务

电子商务(e-commerce)继续保持稳定的增长,尽管由于经济衰退导致其增速从每年 25% 降为低于 15%(Internet Retailer,2009b)。从历史上看,网络零售市场销售的增长,2000—2007 年平均增速为 23.1%,仅在 2007 年就增长了 18.4%,

而美国整体零售销售的年增长率仅为5%（US Census Bureau，2009b）。据福雷斯特研究公司称，2009年美国网络零售销售额预计将增长至1 560亿美元。目前，大约有75%的美国人使用网络购物（Internet World Stats，2009），60%的网络用户一年内在网上至少有过36次购买行为。此外，大多数网络用户将网络视为"关键"的信息来源（Internet Retailer，2008）。在2009年节假日大采购中，85%的美国消费者计划在网上购物，75%的人打算在网上购买节日礼物（Internet Retailer，2009a）。尽管这些数字令人印象深刻，但电子商务在美国的零售销售总额中所占份额还是很小（2007年仅占美国零售销售总额的3.2%）。

尽管近来英国实行信贷紧缩政策，但其网络零售销售的增速仍然非常强劲（Thompson，2008）。事实上，英国网络零售销售额的增长速度超过总零售业增速的近10倍。电子商务的便捷性与改进的零售网站、宽带网应用的扩大相结合，为英国电子商务的强劲增长作出了贡献（Thompson，2008）。

2.2.3　多渠道零售

作为一个整体，电子商务对零售业的影响并不限于其增速比离线零售销售更快，人们已经明显地感受到电子商务的影响，通过多渠道零售的普及，电子商务对离线零售业产生了互补性的刺激作用（DMNews，2006）。事实上，如今多渠道零售已经成为一种重要潮流。

大约40%的零售商已经接受了多渠道销售方式，并将其视为可以建立竞争优势、促进可持续增长和提高长期盈利率的工具（Bagge，2007；DMA，2005）。据预测，到2011年，将近半数的交易都可以通过互联网进行，越来越多的消费者期待能够拥有灵活的跨渠道的购物方式（Jupiter，2006）。研究表明，现在的购物者仍然喜欢实体商店，将其作为购物体验和社交活动的一部分，但同时他们也重视网络购物的便利性。因此，只要消费者能够在所有渠道中持续享受良好的服务，他们似乎期待能够根据不同产品选择特定的零售渠道（Bagge，2007）。

近90%的美国消费者在前往离线商店之前会在零售网站上进行咨询，75%的人认为在到商店购物之前，网络购物有助于他们在店内购物时作出决定（Parry，2010）。事实上，超过65%的美国零售消费者在网上对商品进行研究之后，选择了离线购买（Citino and May，2006），超过33%的英国网络购物者同时也是多渠道购物的日常用户。在英国，超过25%的消费者通过网络或移动设备购物（Grau，2006；Riseley，2006a，b），这些消费者认为在潜在购买中搜索信息更能够进行有效的比较。因此，这些消费者通常会将实体商店和网站视为一个整体，期待获得跨渠道的无缝购物体验（Ryan，2010）。

从零售商的角度来看，他们能从多渠道购物者身上获得比单渠道消费者更多的利润。Kushwaha和Shankar's（2008）对100万名消费者进行了研究，这些消费者在4年内购买了24类商品。研究发现多渠道消费者的平均购物金额比只在线下购物的消费者多出 467 美元,比只在网上购物的消费者多出 791 美元。多渠道消费者在药店和 Costco 多花费 60%,在沃尔玛普通卖场和山姆会员店多花费 40%(Cassar,2008)。

由于这些原因,零售商已经意识到,多渠道零售策略对于他们的发展至关重要。然而,成功的多渠道零售策略要求销售商改变自身的文化、运营和技术,提供无缝的购物体验,使消费者能够选择自己喜欢的零售渠道购买特定产品,在所有渠道获得品质如一的服务(Bagge,2007)。为此,零售商需要建立一种灵活的基础框架,能够在新技术和服务出现的时候,将之整合进来(Bagge,2007)。他们还需要一种新型的供应链管理模式,为消费者、员工和业务伙伴提供高效的服务。

2.2.4 "婴儿潮一代"和"Y 世代"对零售业日益增长的影响力

所谓"婴儿潮"一代指的是出生于二战后的 20 世纪 40 年代中期至 60 年代中期的一代人,目前美国的婴儿潮一代大约有 7 500 万人(Strauss and Howe,1991)。所谓的"Y 世代"(又称千禧一代)指的是"婴儿潮一代"的子女,他们出生于 20 世纪 70 年代中期至 90 年代中期。目前美国的 Y 世代约有 7 200 万人(Weiss,2003)。尽管"婴儿潮一代"作为消费者更具有单一性,而 Y 世代在消费行为上更为多样化,但两代人都是具有高消费能力的购物者(Carter,2008)。

"婴儿潮一代"代表着美国最大的购买群体之一————每年创造价值 43 亿美元的销售额(Business Wire,2006)。与他们的父辈相比,"婴儿潮一代"具有相对较高的教育程度和购买能力,因此,他们引导了当今的西方文化和经济发展趋势("Cold War,Hot Development",1994)。例如,以青年人为主导的"婴儿潮一代"带动"时尚的"休闲服装服饰的发展("Cold War,Hot Development",1994),而他们对个人健康和外表的日益增长的关注在过去 50 年间导致了大众市场保健和美容产品的大幅增长(Prior,2003)。"婴儿潮一代"倾向于忠诚他们所信任的品牌(Morrison,2007),在购物习惯上更重视高效便捷。"婴儿潮一代"的这两个特点促进了向较为富有的消费者销售知名品牌的"超级中心"的增长。

尽管"婴儿潮一代"逐渐转向网上购物,但是他们主要的购物渠道仍然是线下商店(Morrison,2007)。然而,很多"婴儿潮一代"也是多渠道购物者,在线下购物之前在网上进行初步研究(Morrison,2007)。而且,"婴儿潮一代"也是网上消费市场上增长最快的人群(Maguire,2005),因此,可以预见"婴儿潮一代"将越来越多地转向网上购物。

对于很多零售商来说,"Y 世代"意味着一个利润丰厚的市场,不仅仅是由于他们自己的购买力(每年 1 870 亿美元),还包括他们向父辈们"婴儿潮一代"所施加的影响力(每年 3 000 亿美元)(Gardyn,2002;Gronback,2000;Morrison,2007;Weiss,2003)。这代人比以往任何世代都更多地接触到金融信贷,因而他们的消费能力随着年龄的增长而提高(Gardyn,2002;Weiss,2003)。"Y 世代"中的较年长者比较年少者消费更多，尤其是在非必需消费品，如个人护理用品和音乐等方面更是如此（Gardyn，2002）。

"Y世代"是一代"高科技"消费者，他们成长于一个充满媒体轰炸和品牌意识的世界（Fernandez-Cruz，2003）。因此，尽管他们的确喜欢被取悦，但他们倾向于对市场推广活动持怀疑态度（Sullivan and Heitmeyer，2008）。他们往往过度使用网络，每年线上花费15亿美元（Internet Retailer，2000）。同样，他们利用互联网与朋友保持联络、社交并收集信息（Morrison，2007）。

比起他们的父母，"Y世代"消费者更为多样化，更加不可预测，具有更少的品牌忠诚度，在购买决策上，他们更容易受到同龄人的影响（Morrison，2007）。因此，市场营销者很难对"Y世代"产生影响（Gronback，2000；Sullivan and Heitmeyer，2008）。此外，大约40％的"Y世代"不是白种人，而他们的父母一辈"婴儿潮一代"中的非白种人不到30％（Jones Lang La Salle，2002）。"Y世代"中的拉美裔比例上升到14％，与拉美裔在美国总人口中快速增长的比例是相符的（13％）。"Y世代"的这种多样性对有针对性的市场营销提出了特殊的挑战。

大多数"Y世代"消费者是多渠道购物者，但是和他们的"婴儿潮"父母一样，他们更喜欢在网上浏览，而在商店进行实际购买。无论是在网上购物还是在线下购物，"Y世代"消费者对社会联系非常感兴趣。即使在网上购物时，"Y世代"消费者仍与他们的同龄人保持联系，听取他们的购物建议（Morrison，2007）。

2.3 技术和互联网对零售业的影响

零售业中的企业在过去十年间是信息和通信技术（ICT）最大的购买者。据IBM称，美国零售业在技术上的开支约占其年销售额的2.1％（Stores，2005）。

2.3.1 供应链管理

通过改变零售业务的组织、运行及与其他组织的联系，信息和通信技术（ICT）对零售业产生了深远的影响。特别是互联网促进了实时信息交换的速度、易用性、灵活性和敏捷性，增强了供应链管理（SCM）（Lancioni et al.，2003；Michelino et al.，2008）。因此，互联网对于供应链降低成本、加强协调和改善服务提供了大量的机会（Colombo et al.，1997；Malone et al.，1987；Ronchi，2003；Stores，2005）。互联网还改善了综合预测、生产计划协同、运输管理、客户关系管理和为满足消费者不断变化的需求所进行的新产品开发（Michelino et al.，2008；Radjou，2004）。因此，现在越来越多的零售商利用互联网进行购买、运输、库存管理、客户服务和供应商管理。

互联网改进了企业间关系、战略伙伴关系、信息共享、相互学习和透明的供应链管理过程(Michelino et al.，2008)。在许多情况下,互联网已将之前不同组织之间的层级关系转变为市场关系(Malone et al.，1987；Gibson and Edwards, 2004)。例如,互联网导致了电子市场(e-marketplaces)的出现,买家和卖家可以在电子市场上"碰面"交换产品和价格信息(Russell and Taylor，2003)。这与Litchford's(2007)的观察相一致,该文认为,成功的零售企业,在组织内外都需要有效的沟通和互动。然而,在过去,零售商不愿意与供应链成员在库存水平和生产进度上共享敏感的信息。通过电子市场和其他 IT 创新——包括电子邮件、网站、销售点的电子金融交易(EFTPOS)、电子数据交换(EDI)——这一点已经在很大程度上得到了克服。大型零售商如沃尔玛是最早与其供应商共享 POS 机信息的商家,从而使供应商可以与商店的库存水平同步,能够及时补货确保商店保持最佳的库存水平(Lancioni et al.，2003)。这种新的通信时代的传播意味着可以对多种来源的信息进行分析,使得商业决策更为快速、更加明智,带来更高效的库存和收入的增长(Litchford，2007)。

2.3.2 自助服务技术

信息和通信技术(ICT)在服务上越来越多的运用改变了服务提供者与其客户互动的方式(Liljander et al.，2006)。就零售服务而言,自助服务设施是技术对零售业产生显著影响的又一个重要领域。例如自动取款机、网上银行界面、自助柜台等。

自助服务技术(SSTs)可以被定义为一种技术端口,可以使得消费者在不需服务人员直接介入的情况下发生服务(Meuter et al.，2000)。因而,自助服务技术促使消费者在服务体验的产生和交付问题上发挥积极的作用(Anitsal and Schumann，2007)。

与人际互动扮演主角的传统服务模式不同,自助服务技术将消费者置于准服务人员的角色从而为服务提供者提高了效率和生产力(Walker et al.，2002；Zeithaml and Gilly，1987)。自助服务技术的成功实施可以加快服务提供的速度,提高服务的客户化(Berry，1999),降低劳动力成本(Walker et al.，2002)、提高生产力(Curran et al.，2003),增强竞争力(Walker et al.，2002)。对于消费者来说,自助服务技术为服务互动提供了一种新的便捷渠道(Meuter et al.，2003)。

由于技术的快速增长和"时间紧张"的购物者对效率的需求,可以预见,自助服务技术将会在零售业的服务提供中扮演越来越重要的角色(Beatson et al.，2007)。研究表明,大多数美国和加拿大消费者更喜欢提供自助服务技术的企业(Amato-McCoy，2008；Meuter et al.，2000)。因此,在不久的将来,自助交易将会实现两位数的增长,目前这种交易每年已经超过 7 750 亿美元(Liddle，2009)。

尽管很多零售企业对收益率感到怀疑而不愿意接受,但大多数连锁超市的收银台已经越来越多地运用自助服务技术（Hunter，2007）。而且，近期的经济衰退促使很多类型的零售企业采纳自助服务技术，将之视为节省开支、降低员工成本、改善客户服务的方式（Liddle，2009）。例如，2007 年北美零售点的自助服务亭增长了 69％，这种自助服务亭提高了约 8％的销售额（Hunter，2007）。2003 年，在北美接受付款的自助服务亭产生了 1 550 亿美元的销售额，到 2007 年，交易额已经超过 1 万亿美元（"Future of Kiosks Looks"，2003）。英国零售巨头乐购（Tesco）在美国开设的零售店中所有的结账通道都是自助的（Kiviat，2008）。据估计，交易型服务亭的增速将会比 POS 设备快 3—4 倍，到 2010 年将达到 20％的年增长率（Howell，2006）。

对于多渠道零售而言，自助服务技术不仅是对渠道的另一种补充，还是重新定义消费者服务体验的工具（Hunter，2007）。除了零售商店的自助服务亭之外，越来越多的零售商推出了更为先进的自助服务技术，为他们的客户提供额外的服务。例如：

- 一些美国大型零售商，如史泰博（Staples）和百思买（Best Buy），在店内服务亭内接入互联网端口（Sweeney，2001）。
- AT&T 为购物者提供可以访问产品信息的触摸屏。
- Staples Business Depot 设立服务亭，消费者可以通过它与真实的服务人员进行联系（Amato-McCoy，2008）。
- 知名服装品牌 Polo Ralph Lauren 测试了一种创新的互动商店橱窗，采用触摸屏数字显示和支付设备，从而使购物者站在零售商店外就能进行实际交易（Howell，2006）。
- 马来西亚的一家寿司连锁店提供与厨房联系的点菜显示屏，消费者可以直接点菜。
- 摩托罗拉开发出一种手持式扫描仪，超市客户在购物时可以随身携带。
- 美国大陆航空公司测试个人数字助理（PDA）设备，用户可以用来查询航班的待机列表，无需与柜台工作人员交谈，也不需要从一处前往另一处（Kiviat，2008）。
- 宜家使用一种将顾客等候付款的长队化为无形的手持设备，客户在排队时可以为购买的物品结账并付款（Britt，2006）。
- 目前近场通信技术已经被用来处理手机支付，加快在商店的结账过程，预计到 2012 年，北美地区近场通信的使用将翻一番（Lovett，2007）。
- 生物识别付款，例如"触摸支付"（利用指纹扫描仪），目前正在测试，用以取代借记卡付款，然而，这种生物识别支付仍处于起步阶段（Britt，2006）。

因此，自助服务技术能够在提供快速服务、掌控服务提供过程、提高服务定制化等方面为消费者提供更多好处（Dabholkar and Bagozzi，2002；Meuter et al.，2000）。然而，一些消费者对于技术的应用还不适应，还有一些消费者担心失去与服务人员的个人互动（Curran et al.，2003；Zeithaml and Gilly，1987）。

2.3.3 市场情报

在零售业中，技术也被用来收集商业情报。例如，Macy's East 采取了 Web-FOCUS 技术对市场推广和库存策略进行有效性评估。WebFOCUS 汇集了各种数据库，提供推广活动对消费者购买倾向所起作用的汇总。这使得 Macy's 对广告活动对销售额的影响，以及如何更恰当地应对客户的购买倾向有更深入的了解（Worldwide Database，2006）。

2.4 多渠道采购、配送和销售

2.4.1 多渠道零售中的供应链管理

如前所述，多渠道零售使人们的购物方式发生变革。多渠道购物者期待获得跨多种渠道的无缝服务整合，因为他们将多种渠道视为一个整体（Armitt，2005）。根据最近的一项研究，在网上购物曾经经历不愉快的购物者中，超过 80％ 的人表示不太可能再到网上购物，而有着负面上网体验的购物者中，40％ 的人不太可能再到同一家零售商的实体店进行购物（CRMindustry.com，2008）。

为了在多渠道零售的发展趋势中实现这种无缝整合，需要改变零售业中的供应链管理——从强调单个企业竞争到侧重于供应链网络的竞争力（Lancioni et al.，2003）。多渠道零售并不仅是为市场增加更多的购物渠道，还要求基于实时销售数据之上的协调性、灵活性和敏捷性（Stores，2005；Internet Retailer，2010）。通过战略合作伙伴关系，多渠道零售商可以利用大量新技术所提供的信息为消费者和供应链成员提供一种全新的综合体验（Lancioni et al.，2003）。这包括销售、订单执行和库存管理的综合与同步，保证所有供应链成员的服务质量（Avlonitis and Karayanni，2000；Croom，2005；Novack et al.，1995；Tan，2001）。通过将供应链中的差异性和独特性资源结合起来，零售商能够建立起在采购、库存管理、库存优化、仓库管理、物流配送、运输等方面的具有竞争力的协同效应。

2.4.2 电子数据交换、快速反应和供应商库存管理

电子数据交换（EDI）、快速反应（QR）和供应商库存管理（VMI）是供应链管理实践的范例，能够使零售商与供应商通过互联网交换重要的商业信息（Diamond and Litt，2003）。

使用 EDI，下订单、结账和购物比过去更快、更便宜而且更准确。例如，eBags.com 采用了包括虚拟区域网络和标准化接口的 EDI 系统，与供应商进行有效联络，从而将用于填写客户订单所需的时间减少 50％。

VMI 使得供应商能够收集跨渠道产品销售的信息,从而有利于零售商店的持续补货并维持最佳库存水平。大型零售商,如沃尔玛、JC Penney 和 Kmart 是 VMI 策略的主要使用者(Diamond and Litt,2003)。

QR 可以密切监视库存水平,适当而快速地调整产品计划。这使零售商得以保持商店的最佳库存水平,在恰当的时间提供恰当的商品。

通过 EDI、QR 和 VMI,零售商能够对供应商、仓库、运输进行无缝整合,建立在相互信任的战略合作伙伴关系上,从而获得竞争优势(Diamond and Litt,2003；Stores,2005)。

因而,多渠道零售趋势并不仅限于在实体店之外增加电子商务渠道。供应链管理的改进和网络的发展为多渠道零售概念带来了革命性的变化。例如,像亚马逊(Amazon.com)这样的纯电子商务公司与很多零售商如英国的玛莎百货(Marks & Spencer),美国的玩具反斗城(Toys "R" Us)建立伙伴关系,扩展了多渠道零售的普通概念,事实上超过 24 万名开发人员利用亚马逊的网络服务为他们目前的业务增加了电子商务功能(Business Week,2007)。亚马逊为超过 100 万个相关网站支付佣金,这些网站将消费者链接到亚马逊进行购物。此外,一些零售商和生产商现在利用 eBay 处理尾货(同时也出售全新商品)。一个相关的进展是,谷歌相当大比重的利润来自于销售在线广告,这些广告用于吸引有购买倾向的消费者(Business Week,2004)。

2.4.3 射频识别技术

无线射频识别(RFID)是另一种被用来改善库存管理的技术,可以实现实时库存可视化("RFID in the Retail Industry",2006)。RFID 使用电子标签存储数据,然而,与条形码所不同的是,RFID 包含更为详细的物品信息,无需贴近扫描器,并且可以嵌入包装之中(Sikander,2005)。利用 RFID 技术,零售商可以随时监督、追踪其库存情况,并自动从供应商那里接收出货信息(Sikander,2005)。需要的时候,在货架上或者仓库中的物品可以被迅速定位,缩短消费者的等待时间,使其获得更为良好的购物体验("RFID in the Retail Industry",2006)。除了提高供应链管理的效率,RFID 的广泛应用还可以实现对货物更为精确的追踪和安全监督,可以有效地预防盗窃,每年节省约数十亿美元(Stores,2005)。据阿肯色大学的一项报告,沃尔玛在使用 RFID 之后,与没有使用 RFID 的商店相比,缺货率水平降低了 16%(Supply Chain Digest,2009)。

预计 RFID 市场的年增长率将达 23%,在美国零售业中,RFID 的花费预计从 2003 年的 9 150 万美元增长为 2008 年的 13 亿美元。然而,在采用 RFID 方面,零售商的脚步似乎滞后于生产商(Multichannelmerchant.com,2006)。目前,沃尔玛、百思买和其他零售商正在测试 RFID 在提供资产和产品可视化方面的能力(Swedberg,2006)。英国知名零售商玛莎百货已经在全国范围内的 120 家商店扩展了 RFID 的应用(Computer Weekly，2007)。

像 Prada 和 Mi-Tu 这样的高档时装零售商还采用了具有交互式 RFID 功能的镜子提供更优质的购物体验(Swedberg，2006，2007)。采用这种交互购物系统之后，Mi-Tu 的销售额增长了 30%，这种系统能够使消费者在更衣室与售货员进行互动，在提出要求后能够得到快速的帮助(Swedberg，2007)。该系统还能收集被试穿和购买的衣物的数据，便于 Mi-Tu 分析不同产品的表现。此外，该系统能与采用 RFID 功能的客户卡结合使用，便于零售商通过分析每一名客户的购买记录推荐恰当的产品并进行相关的市场推广活动。

2.4.4 快递服务

快递服务同样对多渠道零售的增长作出了巨大贡献。如果没有可靠的速递服务，电子商务零售商就无法完成消费者在网上的购买行为。通过与可靠的快递公司合作，零售商获得改进的可视化装运和更好的库存管理——从而提高利润率(Timme and Li，2007)。与快递公司的成功整合同样提高了整体的服务质量和消费者对多渠道零售商的满意度。

因此，选择快递是关键。在选择快递服务时，电子零售商应当考虑以下几点：(1)按时交货、跟踪服务和快速反应；(2)合理的收费水平；(3)高安全性和高信誉度；(4)专业而灵活的服务；(5)可靠的设备和包装；(6)文明礼貌和质量；(7)多样化服务(Lin and Lee，2009)。

快递服务，如联邦快递(Federal Express，FedEx)、United Parcel Service (UPS)、DHL 和美国邮政服务(U.S.Postal Service，USPS)等提供了范围广泛的业务，其中大部分可以通过网络安排发货、生成电子邮件通知和跟踪快递服务(Song，2003)。为了实现这一目标，UPS 和联邦快递都设立了专门面向电子商务的快递服务(FedEx，2000)。

每天通过 UPS 运送到全球范围的包裹超过 1 200 万件。UPS 为各种服务提供一站式购物，包括当天购物和一周购物(Rocks，2000)。联邦快递改进了电子商务客户服务，通过为在线购物者提供实时信息、将服务与多渠道零售商结合起来，使购物变得简单快捷(Song，2003)。

2.5 零售业的一种新服务范式

综上所述，显然可以看出，真正的多渠道零售环境中的主要焦点在于整个购物过程——包括消费者为何购买、在购物过程中如何使用渠道、过程中每一种渠道的价值以及如何将各种渠道整合起来提供积极的购物过程(Bagge，2007)。为了实现这一目标,有必要改进供应链管理、信息管理、评估与分析。在供应链中,多渠道零售商需要对与客户和商业伙伴的互动关系保持敏感性。这需要建立一种能够促进跨渠道采购、定价、推广、销售和收益的组织结构(Bagge,2007)。

零售商必须有能力收集、汇总并分析跨渠道消费者、产品、库存和货物的信息。能够进行实时反应是很关键的。这可以通过利用了新动态信息技术的灵活的劳动力、运输、库存解决方案来得以实现。内部战略伙伴关系可以促进这种灵活性的发展和实现。这些信息可以优化跨渠道客户关系的管理因素,更好地了解核心客户的需求和愿望。在 21 世纪,成功的零售商擅长营销,通过经济合算的方式满足消费者的期望,通过复杂的供应商网络有效地管理供应链(Bagge,2007)。

问题讨论

- 在本章中,我们探讨了在快速发展和转型的零售环境中,起着日益重要作用的服务管理。在多渠道零售环境中,服务模式的一种转变是内部和外部消费者的概念。服务管理的传统模式侧重于外部消费者,新的服务模式则强调在供应链管理中内部消费者的重要性。讨论:为什么在多渠道零售环境中向内部消费者提供服务非常重要? 在多渠道零售环境中为改进服务管理,应当向内部消费者提供怎么样的服务。
- 信息与通信技术,尤其是互联网,改变了零售业。讨论技术和互联网在零售业中的产生关键影响的案例。本章中作为技术和互联网发展的结果造成新发展的案例有哪些? 在新的服务模式中,这些新发展怎样改变了服务的创造、互动和提供?
- 讨论在多渠道零售环境中成功的供应链管理中服务模式的新角色。多渠道零售商在服务管理方面面临着哪些重要挑战? 在供应链管理中关键技术的案例有哪些? 在服务管理方面他们如何改进了供应链管理?

参考文献

Amato-McCoy, D. (2008), "Perfect touch", Chain Store Age, vol. 84 No. 6, pp. 39–40.

Anitsal, I. and Schumann, D. (2007), "Toward a conceptualization of customer productivity: The customer's perspective on transforming customer labor into customer outcomes using technology-based self-service options", Journal of Marketing Theory and Practice, Vol. 15 No.4, pp. 349–363.

Armitt, C. (2005, January 27). Multi-channel retailing proves to be a hit with US consumers. New Media Age, p. 13

Avlonitis, G.J. and Karayanni, D.A. (2000), "The impact of Internet use on business-to-business marketing", Industrial Marketing Management, Vol. 29 No. 5, pp. 441–459.

Bagge, Danny (2007), "Multi-channel retailing: The route to customer focus. European Retail Digest", Issue 53, pp. 57–70.

Beatson, A., Lee, N. and Coote, L. (2007), "Self-service technology and the service encounter", The Service Industries Journal, Vol. 27 No. 1, pp. 75–89.

Berman, J. (2010), "Logistics business news: NRF says 2009 retail sales are down", Logistics Management, http://www.logisticsmgmt.com/article/445968-Logistics_business_news_NRF_says_2009_retail_sales_are_down.php.

Berry, L.L. (1999), "Discovering the Soul of Service", New York: Free Press.

Britt, P. (2006), "Every day I stand the queue", CRM Magazine, Vol. 10 No. 8, p. 14.

Business Week (2007, April 25). Behind Amazon.com's surprising surge, http://www.businessweek.com/investor/content/apr2007/pi20070425_893951.htm?chan=top+news_top+news+index_investing.

Business Week (2004, May 25). Behind the Toys 'R' Us-Amazon Spat. http://www.businessweek.com/technology/content/may2004/tc20040525_1227_tc019.htm.

Business Wire (2006), "Latest IRI Baby Boomers Report Uncovers $43 Billion Growth Bonanza for the Taking", http://www.allbusiness.com/company-activities-management/product-management/5351048-1.html.

Carter, C. (2008), "Generation Y Brings More Retail Challenges", http://www.allbusiness.com/retail/retailers/7935165-1.htmlhttp://www.allbusiness.com/retail/retailers/7935165-1.html.

Cassar, K. (2008). The online and in-store crossover conundrum: Pinpointing the value of multi-channel behavior. Consumer Insight, http://www.nielsen.com/consumer_insight/ci_story1.html.

Citino, D. and May, F. (2006). The multi-channel paradigm: Reaching customers with a consistent and integrated experience. MSDN Architect Center, http://msdn.microsoft.com/en-us/library/aa479083.aspxhttp://msdn.microsoft.com/en-us/library/aa479083.aspx.

Cold War, Hot Development (1994, June), Chain Store Age Executive with Shopping Center Age, Vol. 70 No. 6, pp. 66–68.

Colombo, M.G., Mariotti, S. and Moro, C. (1997), "Evoluzione verso il Mercato Verticale Oregnizzato: il Case Italtel", L'Industria, Vol. 18 No. 1, pp. 13–57.

Computer Weekly. (2007, February 20), "Marks & Spencer extends RFID technology to 120 stores", http://www.computerweekly.com/Articles/2007/02/20/221914/Marks-amp-Spencer-extends-RFID-technology-to-120-stores.htm.

ComScore (2009), Cyber Monday Online Sales Up 5 Percent vs. Year Ago to $887 Million to Match Heaviest Online Spending Day in History, http://www.comscore.com/Press_Events/Press_Releases/2009/12/Cyber_Monday_Online_Sales_Up_5_Percent_vs._Year_Ago_to_887_Million_to_Match_Heaviest_Online_Spending_Day_in_History.

CRMindustry.com (2008), "Online shoppers' expectations are rising; Retailers have one chance to make a great impression", available at http://crmindustry.blogspot.com/2008/01/online-shoppers-expectations-are-rising.html.

Curran, J.M., Meuter, M.L. and Suprenant, C.F. (2003), "Intentions to use self-service technologies: a confluence of multiple attitudes", Journal of Service Research, Vol. 5 No. 3, pp. 209–24.

Diamond, J. and Litt, S. (2003), Retailing in the New Millennium, Fairchild Publications, New York, NY.

Croom, S.R. (2005). The impact of e-business on supply chain management: An empirical study of key developments. International Journal of Operations & Production Magement, Vol. 25 No. 1, pp. 55–73.

Dabholkar, P.A. and Bagozzi, R.P. (2002), "An attitudinal model of technology-based self-service: moderating effects of consumer traits and situational factors", Journal of the Academy of Marketing Science, Vol. 30 No. 3, pp. 184–201.

The DMA (2005), 2005 Multichannel Marketing Report, The Direct Marketing Association, New York, NY.

DMNews (2006). Forrester: E-commerce sales in multichannel world surged 22% to $172B in 2005. from http://www.dmnews.com/forrester-e-commerce-sales-in-multichannel-world-surged-22-to-172b-in-2005/article/89969/.

Doz, Y.L. and Hamel, G. (1998), Alliance Advantage: The Art of Creating Value Through Partnering, Harvard Business School Press, Boston, MA.

Ellis, B. (2010), "Retail sales get a boost online", CNN Money.com, http://money.cnn.com/2010/02/12/news/economy/retail_sales/index.htm.

FedEx, UPS develop e-commerce offerings (2000), Chain Store Age, Vol. 76 No. 3, p. 212.

Fernandez-Cruz, M. (2003), "Advertising agencies target generation Y", http://local.youngmoney. com/Advertising_Agencies_Target_Generation_Y-a1212672.html.

Future of Kiosks Looks (2003), Chain Store Age, Vol. 79 No. 11, p. 64.

Gardyn, R. (2002), Educated consumers, American Demographics, Vol. 24, No. 10, pp. 18–19.

Grau, J. (2006). European Retail e-Commerce Rport. eMarketer.

Riseley, M. J. (2006a). Use consumer behaviour to prioritise multichannel alignment efforts Gartner August.

Gibson, P.R. and Edwards, J. (2004), "The strategic importance of e-commerce in modern supply chains", Journal of Electronic Commerce in Organizations, Vol. 2 No. 3, pp. 59–76.

Gronback, K. (2000, July 4), Marketing to generation Y, DSNRetailing Today, p. 14.

Howell, D. (2006), "Window shopping in N.Y.C.", Chain Store Age, Vol. 82 No. 11, pp. 112–113.

Hunter, P. (2007, September), "The future's in our hands", In-Store, p. 13.

Internet Retailer (2000), For teens dubbed Generation Y, online shopping is as common as a can of Coke, http://www.internetretailer.com/internet/marketing-conference/90762-teens-dubbed-generation-y-online-shopping-as-common-as-can-coke.html.

Internet Retailer (2008), "605 of Internet users shop online, making 36 purchases a year, study says", available at: http://www.internetretailer.com/printArticle.asp?id=25087 (accessed 31 January 2009).

Internet Retailer (2009a), "Consumers say their holiday budgets are tight...", available at: http://www.internetretailer.com/dailyNews.asp?id=32069 (accessed 29 September 2009).

Internet Retailer (2009b), "Top 500 e-retailers take a bigger bite of the pie", http://www.internetretailer.com/article.asp?id=30602 (accessed 10 January 2010).

Internet Retailer (2010). Top e-commerce challenges – and solutions. Retrieved January 8, 2010 from http://www.internetretailer.com/article.asp?id=33004.

Internet World Stats (2009), Internet usage and population in north America, http://www.internet-worldstats.com/stats14.htm.

Jones Lang LaSalle (2002), "Gen Y and the future of mall retailing".

Jupiter Research (2006), Jupiter Research Internet Shopping Model, NY: New York.

Kiviat, B. (2008), "#2 The end of customer service", Time, Vo. 171 No. 12, p. 42.

Kushwaha, T.L. and Shankar, V. (2008), "Single channel vs. multichannel retail customers: Correlates and consequences", working paper, Texas A&M University, College Station, TX 77845.

Lancioni, R.A. Smith, M.F. and Schau, H.J. (2003), "Strategic Internet application trends in supply chain management", Industrial Marketing Management, Vol. 32, pp. 211–217.

Lee, H.L. (2002), "Aligning supply chain strategies with product uncertainties", California Management Review, Vol. 44 No. 3, pp. 105–119.

Liddle, A. (2009), "Customers welcome kiosks, but operators still reluctant", Nation's Restaurant News. Vol. 43 No. 26, p. 58.

Liljander, V., Gillberg, F., Gummerus, J. and Riel, A. (2006), "Technology readiness and the evaluation and adoption of self-service technologies", Journal of Retailing and Consumer Services, Vol. 13, pp. 177–191.

Lin, P. and Lee, C. (2009), "How online vendors select parcel delivery carriers", Transportation Journal, Vol. 48 No. 3, pp. 20–31.

Litchford, T. (2007), "Back to the basics to drive retail forward", Stores, Vol. 89 No.2, p. 70.

Lovett, G. (2007), "Retailers look to technology to speed up transactions", Design Week, Vol. 22 No. 41, p. 7.

Maguire, J. (2005, September 6). Seniors and e-commerce: Selling to the older shopper. Retrieved January 26, 2006 from: http://www.ecommerce-guide.com/news/trends/article.php/3532196.

Malone, T., Yates, J. and Benjamin, R. (1987), "Electronic markets and electronic hierarchies: effects of information technology on market structure and corporate strategies", Communications of the ACM, Vol. 30 No. 6, pp. 484–497.

Meuter, M., Ostrom, A., Roundtree, R. and Bitner, M. (2000), "Self-service technologies: understanding customer satisfaction with technology-based service encounters", Journal of Marketing, Vol. 64 No. 3, pp. 50–64.

Meuter, M., Ostrom, A., Bitner, M, Roundtree, R. (2003), "The influence of technology anxiety on consumer use and experiences with self-service technologies", Journal of Business Research, Vol. 56 No. 11, pp. 899–906.

Michelino, F., Bianco, F. and Caputo, M. (2008), "Internet and supply chain management: Adoption modalities for Italian firms", Management Research News, Vol. 31 No. 5, pp. 359–374.

Morrison, G. (2007), "Retail opportunities in a world of extremes," IBM Global Business Services, https://www-304.ibm.com/easyaccess/cpe/download0/120299/pov_sDistribucion_RetailOpportunities.pdf.

Multichannelmerchant.com (2006, May 24), Study: RFID adoption moving at modest pace. From http://multichannelmerchant.com/opsandfulfillment/advisor/rfid_adoption/.

National Retail Federation (2006), Retail Industry Indicators, Washington, DC: NRF Foundation.

Novack, R.A., Langley, C.J. Jr and Rinehart, L.M. (1995), Creating Logistic Value, Council of Logistics Management, Oak Brook, IL.

Parry, T. (2010, January 12), Live from NRF: Consumers want cross-channel synergy, Multichannel Merchant.com, http://multichannelmerchant.com/crosschannel/news/0112-cross-channel-synergy/.

PC Magazine. (2007). RFID definition. From http://www.pcmag.com/encyclopedia_term/0,2542, t=RFID&i=50512,00.asp.

Prior, M. (2003), "Boomers lead 'fountain of youth' trend", DSN Retailing Today, Vol. 42 No. 11, pp. 26–27.

Radjou, N. (2004, January/February), The X Internet invigorates supply chains, Industrial Management, pp. 13–17.

RFID in the Retail Industry (2006, May 15), Microsoft.com, from http://www.microsoft.com/industry/retail/businessvalue/rfidoverview.mspx.

Riseley, M. J. (2006b), "Use Consumer Behaviour to Prioritize Multichannel Alignment Efforts".

Rocks, D. (2000), "Going nowhere fast in cyberspace", BusinessWeek, Vol. 3666, pp. 58–9.

Ronchi, S. (2003), "The Internet and the Customer-Supplier Relationship", Ashgate, Aldershot.

Russell, R. and Taylor, III, B. (2003), Operations Management, 4th ed., New Jersey: Upper Saddle River.

Ryan, R. (2010, January 12), Cabela's key to building a customer-centric multichannel business, National.

Retail Federation Retail's Big Blog, http://blog.nrf.com/2010/01/12/cabelas-keys-to-building-a-customer-centric-multichannel-business/.

Sikander, J. (2005), "RFID enabled Retail Supply Chain, MSDN Architect Center", from http://msdn.microsoft.com/en-us/library/ms954628.aspx.

Song, H. (2003), "E-services at FedEx", Communications of the ACM, Vol. 46 No. 6, pp. 45–6.

Stores (2005 January). Top ten issues facing global retailers. pp. G32–G44.

Strauss, W. and Howe, N. (1991), Generations: The History of America's Future, William Morrow Publishers, New York, NY.

Sullivan, P. and Heitmeyer, J. (2008), "Looking at Gen Y shopping preferences and intentions: exploring the role of experience and apparel involvement", International Journal of Consumer Studies, Vol. 32, pp. 285–295.

Supply Chain Digest (2009, February 23). RFID News: Looking back at the Wal-Mart RFID Time line. from http://www.scdigest.com/assets/On_Target/09-02-23-1.php.

Swedberg, C. (2006), "Magic mirror could assist retail customers", RFID Journal, 29 November, available at: www.rfidjournal.com/article/articleview/2854/1/1/.

Swedberg, C. (2007), "Hong Kong shoppers use RFID-enabled mirror to see what they want", RFID Journal, 4 September, available at: www.rfidjournal.com/article/articleview/3595/2/1/.

Sweeney, T. (2001), "Web kiosks spur spending in stores", Informationweek.com, available at: http://www.informationweek.com/828/kiosk.htm;jsessionid=OOMI22NYUNYMRQE1GHOSKHWATMY32JVN.

Tan, K.C. (2001), "A framework of supply chain management literature", European Journal of Purchasing and Supply Management, Vol. 7 No. 1, pp. 39–48.

Thompson, J. (2008, June 4), What slowdown? Brit shoppers hit the web, Business Week, retrieved October 18, 2009, from http://www.businessweek.com/globalbiz/content/jun2008/gb2008064_694470.htm?campaign_id=rss_daily.

Timme, S. and Li, J. (2007), "Taking it to the top", Chain Store Age, Vol. 83 No. 9, p. 16A.

U.S. Census Bureau (2009a), "Annual revision of monthly retail and food services: sales and inventories – January 1992 through March 2009", http://www.census.gov/retail/mrts/www/benchmark/2009/html/annrev09.html.

U.S. Census Bureau (2009b), E-Stats, U.S. Department of Commerce, Economics and Statistics Adminstration. http://www.census.gov/econ/estats/2007/2007reportfinal.pdf.

Walker, R.H., Craig-Lees, M., Hecker, R. and Francis, H. (2002), "Technology-enabled service delivery: an investigation of reasons affecting customer adoption and rejection", International Journal of Service Industry Management, Vol. 13 No. 1, pp. 91–106.

Weiss, M. (2003), "To be about to be", American Demographics, Vol. 25 No. 7, pp. 28–36.

Worldwide Databases (2006), Macy's finds perfect fit with information builders WebFocus, Vol. 18 No. 4, p. 2.

Yousfi, J. (2008), "Retail sales to suffer in 2009 as U.S. consumers curtail spending", Monday Morning, http://moneymorning.com/2008/11/28/retail-outlook-2009/.

Zeithaml, V.A. and Gilly, M.C. (1987), "Characteristics affecting the acceptance of retailing technologies: a comparison of elderly and nonelderly consumers", Journal of Retailing, Vol. 63 No. 1, pp. 49–68.

延伸阅读

Bakewell, C., and Mitchell, V. (2003), "Generation Y female consumer decision-making styles", International Journal of Retail & Distribution Management, Vol. 31 No. 2, pp. 95–106.

Bakewell, C., Mitchell, V. and Rothwell, M (2006), "UK Generation Y fashion consciousness", Journal of Fashion Marketing and Management, Vol. 10 No. 2, pp. 169–80.

Bitner, M.J. (2001), "Self-service technologies: What do customers expect?" Marketing Management, Vol. 10 No. 1, pp. 10–11.

Bitner, M.J. (2001), "Services and technology: opportunities and paradoxes," Managing Service Quality, Vol. 11 No. 6, pp. 375–379.

Ford, R., and Heaton, C. (2001), "Managing your guest as a quasi-employee," Cornell Hotel and Restaurant Administration Quarterly, Vol. 42 No. 2, pp. 46–55.

Frohlich, M.T. and Westbrook, R. (2001), "Arcs of integration: an international study of supply chain strategies", Journal of Operations Management, Vol. 19 No. 2, pp. 185–200.

Giannakis, M. and Croom, S. (2004), "Towards the development of a supply chain management paradigm: a conceptual framework", The Journal of Supply Chain Management, Vol. 15 No. 1, pp. 27–37.

Lancioni, R.A. Smith, M.F. and Oliva, T.A. (2000), "The role of internet in supply chain management", Industrial Marketing Management, Vol. 29, pp. 45–56.

Liljander, V., Gillberg, F., Gummerus, J. and Riel, A. (2006), "Technology readiness and the evaluation and adoption of self-service technologies", Journal of Retailing and Consumer Services, Vol. 13, pp. 177–191.

3

客户服务：重不重要？[*]

托尔·W.安德烈亚森　莱恩·L.奥尔森

▶**学习目标**

在本章结束时，读者将会：

1. 了解零售业中客户服务的重要意义；

2. 判断客户服务与其他关键的绩效手段是如何发生关联的；

3. 认识不同的客户服务水准将会使消费者产生不同的评价结果；

4. 了解到客户服务在零售行业中一些关键的管理启示。

3.1　简介

遐想一下，现在你是一个竞赛嘉宾，参加了电视问答秀《危险》(*Jeopardy*!)。现场灯光和摄像镜头全部聚集向你，观众所有目光全都集中到你身上，主持人面对着你，对你说："这个词是'糟糕'。别忘了，要用一个问题的形式来组织你的答案哦！"你眼睛都不眨一下，回答道"客户服务是啥样子？"观众为你的回答鼓掌喝彩，主持人却摇一摇头，暗示这不是他脑海里的答案……

客户服务确实可能问题颇多，甚至于对一些有着较高专业性的服务公司而言都概莫能外。2010年1月10日，由著名的宾夕法尼亚商学院发布的网站 Knowledge@Wharton 贴出了一篇评论文章，名为《谷歌 Nexus 一代会改变无线行业

　　* 本文作者感谢 Norwegian Customer Satisfaction Barorneter 提供的数据，也感谢挪威管理学院营销学系的教师提供的评论。本文的两位作者的贡献不分伯仲。

吗?》,在文章中,几位作者对谷歌 Nexus 新款手机的推出进行了讨论:"在 1 月 5 日,谷歌大张旗鼓推出了 Nexus 一代——该公司的新型'超级手机'……谷歌也公布了其在线商店,开始发售手机。不同于传统销售模式,它是作为独立于所有无线服务供应商的交换服务器而运营的。然而,好景不长。谷歌很快遭遇了大批量客服投诉,针对其无线网络覆盖范围,以及很多触摸屏没法打字、电池不能续充电且退还费用昂贵等诸多问题。而顾客只能通过在线论坛和电子邮件与公司取得沟通,没有实体的客服代理机构这也让上述问题雪上加霜……"

我们可以假定,这些事件对新型谷歌手机的接受度和传播度都造成了负面的影响。在《商业周刊》中,用"客户服务"(customer service)作为标题在已有文刊中进行搜索,发现了过去几年里有大量的相关文章。《商业周刊》的编辑对客户服务这一主题撰写了非常多的文章,这是由于有大量的经营管理者都在——或说有必要——关注这类文章。

深入到这个问题的本质来看,其实还是顾客自身对于客户服务的关注。仅是读一读全世界报纸里的"读者来信"版面,就可以看到大多数与客户服务相关的评论基本都是很糟糕,就可以相信这一点了。

学术界也紧随其后。借助于学术性商业数据库"商业资源电子文献数据库"(Business Source® Complete),以"客户服务"为标题对其中的学术性期刊文章进行搜索发现,从 1960 年至 2009 年间发表的文章足有 589 篇。对每日网页搜索的关键词加以合计的"谷歌趋势"(Google Trends),自 2008 年以来,就开始显示出含有关键词"客户服务"的搜索量剧增。依据谷歌趋势所记录的,美国在这一话题上的搜索量最高,加拿大紧随其后。从这一点上,我们可以推断,客户服务是一个充满了争议和被广泛探究的话题。既然有这般庞大的知识总量以及零售管理学聚焦于客户服务,那么为什么它会如此难以传递? 或许只能推断,客户服务已经变成了进行成本缩减而非进行顾客投资的方式,从而成为了服务管理者们在今天广为采用的策略?

根据用户自主编辑的百科全书"维基百科"(Wikipedia),客户服务的定义是:"在一次购买过程之前、之间和之后向顾客进行的服务供应"。这一定义并未让这一主题更加明确,不过,它倒也阐明了客户服务在一次购买周期中可以分开不同的阶段提供。一个更具洞察力的客户服务定义是由 Turban 等人(2002)提出:"客户服务是一系列的行为活动,用来提升顾客满意度水平——也就是说,顾客对一件产品或服务的感觉正好与期待度相吻合。"最终,Lovelock 与 Wright 将客户服务定义为:"……以顾客的立场来创造和传递服务、提供信息、接受意见及收取付款……"(Lovelock and Wright,1999,p.252)。

这些定义的关键均在于客户服务是从属于公司在一次售前、售中和售后对于顾客的关照。顾客在购买和使用某种服务的每一个阶段(换言之,购买前、购买中和购买后)想和公司有一定的互动时,公司都会以各种不同方式回应顾客的需求。

这些方式会从回避顾客到整合资源（也即"利用客户服务去维护与顾客持久的关系"）不一而足。比如，有一定数量的公司看起来已经采纳了某种让许多顾客感觉是在回避自己的政策，换句话说，一旦购买过程完成，顾客就只能通过网站与该公司取得沟通。举例说来，苹果——基于 iPad、iPod、iPhone 和 Quicktime 播放器等产品的公司——其电子产品在购买和软件产品的下载完成后，却因顾客技术支持水平的低下而恶评缠身。对他们客户服务水平最好的描述就是他们有意处在顾客伸手难及的地方，而将基本阵地转移至"常见问答"（FAQ）网页和用户论坛中。苹果可以坚持这样的经营思路，因为他们的产品对顾客实在太有吸引力。然而其他生产普通产品的公司却不尽然，因为在竞争激烈的市场中这样的操作会很成问题。

Zappos.com（亚马逊网所属的在线零售鞋商），还有 Bed Bath & Beyond（北美家用产品和装饰用品连锁店）就是以与上述服务方式截然不同的思路施展经营的两个例子。他们都是以完善的服务来惠及顾客，从他们公司网站上获取信息和客户服务也十分简便。Zappos.com 提供免费递送，和全天候（24×7×365）客户服务，Bed Bath & Beyond 提供 100％满意度保障和免费的退货运输。戴尔（Dell）电脑公司更加中庸一些，似乎就不太确定如何施行客户服务方法，解决之道也颇是混杂不堪。过去两三年里，戴尔因其水平低下的客户服务而恶评不断。直到戴尔的盈利和股价开始跌落，它的管理阶层才对顾客的更多客服支持要求作出了回应。最后来看包裹快递公司 DHL。这家公司一直致力于在一个竞争度极高的行业里出类拔萃，他们便是通过自己的主要竞争优势"客户服务就是 DHL 的根基"赢得了顾客。

通过分析这些企业经营的例子，很明显可以看到不同公司推行客户服务的方式并不一致。这就引出了比较有趣的一点，大多数的外行人都可以推断出，好的客户服务会给企业经营带来好处，而问题反馈回来却是：理论和现实并不总是能够很好地结合一起的。

在营销上的服务主导逻辑（Lusch et al.，2006；Vargo and Lusch，2004），是把资源整合作为与顾客共创价值的先决条件来强调的。从这一角度带来的启示就是，公司应该利用好客户服务，在顾客关系的整个生命周期中与顾客紧密相连。然而，并不是所有公司都这样看待。这也引出了一个问题：在现有的顾客关系中，顾客对于客户服务不同水平的理解，会对企业经营绩效的关键驱动因素产生怎样的影响力？

回顾当前的市场营销文献，一个情况再次凸显，那就是针对客户服务状况在顾客对一个公司评价上的影响缺乏系统化的研究，仅有两个例外。Merrilees 等人（2007）在两个国家内调查品牌形成过程，发现人际服务在这一过程中起着相当大的作用，比重要大于价格和商店的组织形式。相似地，Swoboda 等人（2007）发现，在零售环境下要建立一个强而有力的零售品牌，服务比起另外一些层面，无论价值/价格、销售类型，还是商店设计、广告宣传，都是最重要的一个层面。这些研究都强调了将客户服务同核心绩效手段紧密关联的重要性。这也是两位作者撰写此文的目的，也为当前营销类文献中空白的弥补作出了贡献。

这篇文章的出发点是 Rust 等人(2002)的一项研究,他总结了从根本上关注市场投资(即,客户服务)的公司会比从根本上关注成本减缩的公司有着更高的回报率。本文的作者意在说明,客户服务对于超越品牌打造的一些关键经营变量有着重大的影响:在现有的一些文献中,变量已经紧密联系到顾客的终生价值、顾客价值和公司价值。从这一研究中,服务管理者们会坚信,客户服务是利润收入的推动机,而非成本消耗的推动机。本章会从构成这一研究的基础模型说起,然后根据随机抽取的数据,列举一些管理上出现的问题和解答,之后是对研究结果的注解和讨论,最后以管理启示和讨论未来可行的研究途径做出总结。

3.2 客户服务模型

正如在当前的服务质量与顾客满意度的研究文献中所指出的,客户服务是判定顾客满意度的先决条件。客户服务是一个公司整合自身资源与顾客资源的交集点。但是,并不是所有的顾客都愿让自己同某家公司的资源完全整合,一些顾客希望解脱出为某家公司共创价值的责任,而又有一些顾客希望公司去推进这样的价值共创(Wickström and Normann, 1994)。

这章节的第一个论点,根植于公司面向其顾客能够让这种可供选择的资源整合可行到怎样的程度。这一论点的精髓就是出色或糟糕的客户服务会对顾客满意度、对相对吸引力的感知以及承诺有着不可避免的影响。

第二个论点,由 Johnson 等人(2001)提出,是渐增的满意度会与顾客承诺(即"……交易双方对于关系持久性的一种含蓄或明确的承诺")(Dwyer 等人,1987)直接相关联。当前研究文献阐明了顾客承诺的三个层面:情感性承诺、计算性承诺和原则性承诺。情感性承诺是以对承诺客体的情绪化和情感化的依附为基础的(Porter et al., 1974)。简而言之,它完全取决于顾客的喜好和对对方积极的感觉。计算性承诺来源自转换成本(即退出时真实的或可感知的障碍)或者现实中替代项的缺乏,它取决于顾客对维持或结束当前关系的成本收益评估(Geyskens and Steenkampk, 1995)。原则性承诺是第三个也是比较不多见的一个层面,它是指顾客对于是否应该和某家公司继续保持业务往来的原则性的信奉(Meyer and Allen, 1991)。在本研究中,笔者会侧重于情感性和计算性承诺,和近期研究取得一致。

由于极少有公司是在一个无竞争的环境下运营,第三个论点会引出这样一种思想:累积满意度的改变,无论是由好的或坏的客户服务所致,都会更改顾客在营销场所对于服务供应商相对吸引力的感知(Andreassen and Lervik, 1999)。顾客对于供应商相对吸引力感知的改变,可能是由后者的行为所引起,也可能是由该商家竞争对手的市场供应模式的改变所引起(即客户服务方法的改变)。我们有必要指出,顾客会认为有可比性的、可容易获取的商家供应代表着程度不同的实用价值。顾客对于不同供应商所作出的比较，也同当前流行的顾客权益管理文献保持了一致（Rust et al.，2000），这一点论证了顾客的未来选择是一种过去的选择、当下的体验和对不同选择项的价值感知的综合结果。最终，和不满心理并无关联的顾客在光顾度上的改变，也能够解释为买方的懊悔和遗憾。当消费者因为对其他方面更好的选择项（比如，更好的客户服务）缺乏信息而做出了不同选择，这种懊悔和遗憾都会发生（Oliver，1997）。例如，Zeelenberg 和 Pieters（1999）发现，比起失望，遗憾会与更换行为有着更多紧密关联，而比起失望，遗憾则与信息传递和投诉有着较少关联。

强烈的态度会预示行动，而较弱的态度则不然，这是公认的（Miller and Peterson，2004）。此外，形成态度的认知过程，也构成了与关键的强烈倾向相关的层面之一（可参见 Petty and Krosnick，1995）。顾客在客户服务中体验到的变化和改变会视情况而更改他们对于供应者的态度。顾客对公司评价的改变，可能会削弱或者增强顾客对公司相对市场吸引力的感知。对相对吸引力感知的减弱，比如说由糟糕的客户服务所造成，就会降低顾客的情感性承诺。依据相关的转换成本的大小，承诺的改变会引发顾客光顾度或早或晚的改变。与遗憾理论相符（Inman et al.，1997），笔者推测，正如顾客满意度的改变会与行为意图紧密相连，相对吸引力感知上的改变差不多也会与（情感性的和计算性的）承诺改变过程中的行为意图紧密相连。

客户服务模型在图 3.1 中进行了说明：

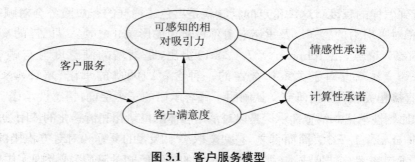

图 3.1　客户服务模型

3.3　模型中的关系

在一个充满竞争的市场中，公司在维护顾客关系上很明显地会不同程度地与客户服务相联系（像苹果和 Zappos.com），客户服务中的变量对于关键顾客的变量的影响力可能不是那么清晰，尽管有这样的观点，对当前研究文献和过去研究结果的浏览却表明，客户服务是为服务公司打造竞争优势和财务健康的一个十分重要的方式。事实上，依据营销学中新出现的服务主导逻辑，这个模型也可推论到一些主要售卖有形服务的公司。于是，服务管理者们的第一个问题就应该是：被顾客所感知的客户服务，在体验到较好服务的群体与体验到糟糕服务的群体的对比中，有没有对顾客满意度产生了一种直接的影响，以及透过顾客满意度，对相对吸引力和承诺产生一种间接的影响？

尽管在这两类公司中贯穿的模式是相同的，却有充分证据表明，这两组顾客群体的思想模式，以及由此产生的行动，却不尽相同。参照 Kahneman 与 Tversky 1979 年的研究"损失风险大于收益"的论点，当前的服务研究（可参见 Zeithaml et al.，2002），以及"详尽可能性模型框架"（ELM）（Petty and Wegener，1998），我们可以预测，体验了糟糕客户服务的顾客，会同体验了良好客户服务的顾客有着完全不同的评价结果。尽管引出的是相同的论点（比如几个要素，像客户服务、满意度、相对吸引力、承诺），接受了糟糕服务的顾客的反应却可能根植于更为复杂和系统化的原则。参照 ELM 逻辑，这类顾客由于涉及其中的程度较高，会直接形成自己的核心认知。另一方面，体验到良好服务的顾客则不会变得这样复杂。因为后者不需要给自己是否坚持这样的行为寻找太多的理由，也不需要更多的信息来帮他们确认与某家公司继续往来是正确的选择。依据 ELM，体验到良好服务的顾客的复杂性在于所形成的外围认知，不需要太复杂化，而是更需要一种整体性。将这些观察和检验不同顾客群组得出的理论结合起来，在参照 Bollen 的撰述（1989），我们可以推断，不同复杂性的形成一定会反映在不同群组的相关系数里。更进一步说，由于体验到糟糕服务的顾客的复杂性因素较多，笔者预测这一群组的相关系数会比体验到良好客户服务的群组更加显而易见。后一群组并不会以同样的复杂形式对待自己的体验。因此，服务管理者们所要问出的第二个问题应当是：

对于反映糟糕客户服务的顾客而言，几个要素间的相关性，会不会比反映良好客户服务的顾客更加明显些？

参照 Selnes 和 Hansen（2001）的总结，即从人际服务向自助服务的转变会对社交纽带关系产生一个负面的影响，即便是在较低复杂性的关系中。两位作者相信，反映糟糕客户服务的顾客与供应商的关系中会存在着较少的情感因素。因此第三个相关的管理问题就是：

比起反映良好客户服务的顾客而言，反映糟糕客户服务的顾客对某家公司是否会有着较少的情感性承诺而有着更多的计算性承诺？

3.4 从问题到答案

为了解答以上几个问题，笔者展开了相关研究。通过年度数据汇总程序，一些数据汇总了起来,交给了"挪威顾客满意度晴雨表"(NCSB)。NCSB 又借鉴了"瑞典和美国顾客满意度指数"(Fornell,1992;Fornell et al.,1996)的相同程序。数据汇总是由一个专业的市场调查部门通过电话询问展开。每位预期的调查对象在第一次拨电话无法接通时,会在其后进行三次重拨,直到下一位调查对象选中。每次通话大约持续 15 分钟。

该次调查选择了私人银行业。银行业成为调查对象有几个原因,首先,在服务传递方面,银行是现今最先进的行业之一。顾客可以随意选择他们想和银行及其员工互动的方式,比如,通过电话、人对人互动、自动取款机、手机支付或网上在线支付等。其次,纵观全球范围的银行业都处于重组中,正从小型单位转变为大型机构,并在不断寻求更新和更多有效的经营模式。通过合并与收购,还有在上游活动(制造服务)和下游活动(传递服务)中对技术的细致应用,多年来有大量员工已被解雇。行业对于效率不断提升的要求也使得顾客满意度受到某种程度的忽视。实际上,从 2000 年至 2007 年间,由 NCSB 汇集起的数据已经确证,在此期间,银行业的顾客满意度几乎没有什么大的改变。这一点和"泛欧洲顾客满意度指数"不谋而合,后者也显示在 2001 年至 2007 年间,平均来说,全欧洲的银行顾客满意度增加甚少。如今,在一个 0—100 的量表内,平均指数大约是 73 点,这表明了顾客对这一行业基本满意,但也仍有些淡漠。在美国也可见到类似的情况,自 2000 年开始顾客平均满意度指数有所增长,在 2007 年平均为 78/100,比欧洲稍高一些。鉴于在美国使用的也是同等的测度量表,这表明了顾客对于他们所接受的银行业客户服务的水平是满意的,但也绝不是喜悦的。尽管这次研究并不仅仅是针对于银行业,笔者有坚定的立场相信这些发现也概括出了其他诸多行业。首先,所有行业的竞争都在加剧。其次,受竞争力的影响,在银行业里提到的发展特征,在不少其他诸如服务和制造行业中也能够发现。

3.5 抽样描述:良好客户服务对比糟糕客户服务

抽样总数内包含了 899 位调查对象。在这些调查对象中,有 378 位就客户服务反馈了较低的分数(在 10 分制里克特等级基础上小于 8 分),有 521 人反馈了较高的分数(在 10 分制里克特等级基础上等于或大于 8 分)。分割点是由用做均值比较的小部分抽样数目和变量决定的。这个操作也和 Jones 和 Sasser(1995)的研究一致。

两个群组的人口统计特征彼此并无任何特殊区别。在糟糕客户服务抽样中,有 52%是男性和 48%是女性,在良好客户服务抽样中,48%的答询者是男性,52%为女性。顾客与银行关系的平均期长在接受糟糕客户服务的采样中为 15 年,在良好客户服务的采样中为 17 年。在糟糕客户服务采样中,53％拥有大学文凭,在良好客户服务采样中仅有 37％拥有大学文凭。

3.5.1 衡量绩效变量

顾客满意度的调查展开是依据国家顾客满意度指数,并通过三项指标来进行推测的(可参见 Johnson et al.，2001)。基于 Andreassen 和 Lervik(1999)对相对吸引力的调查,构成要素会拓展出三个指标。在 Andreassen 和 Lervik 的研究中(1999),吸引力是通过引出与比较标准和参照点——尤其是"和其他保险公司比较起来"——相关的针对顾客保险公司的评价来进行定义和衡量的,这也符合遗憾理论,例如,Loomes 和 Sudgen(1986)。在我们当前的研究里,可感知相对吸引力拓展到了两个层面,即价值吸引力和形象吸引力。不同于 Grönroos(1984)所阐述的形象是顾客对技术性服务质量感知的结果(绝对评价),在本研究中,形象吸引力是一个相对性因素,换句话说,要和其他公司相比较。这一拓展是受到 Dancin 和 Brown(1997)的撰述启发,他们发现消费者对于一个公司的了解,会影响到他们对该公司制造的新产品的信任和态度,企业能力和企业社会责任的融合度,也会使消费者对其产品产生不同程度的影响。

情感性和计算性承诺的调查,也由 Kumar 和他的同事(1994),以及 Samuelsen 和 Sandvik(1997)展开过。本次研究的作者在文本中做了一点少量的引用,从三个方面衡量了每一构成要素。在衡量这些要素时使用了 10 分制里克特等级法,包括一些有针对性的积极价值观,分数亦是从 1 到 10。调查问卷包含了两种主要的度量方式:"同意"和"不同意",以及"满意"和"不满意"。在不了解问题或不愿回答的情况下,调查对象也可以给出"不知道"和"不回答"这样的答案。

3.5.2 衡量客户服务

由于衡量客户服务实际并不是本次研究的重点,构成要素是由八个方面组成的复合指数来进行评估的。笔者的目的是希望所定义的因素:(1)不取决于具体的阶段;(2)能反映出顾客对于前线员工的感知(例如,员工的仪表、问题解决技巧、营造充满保障感的氛围的能力、言行充满尊敬、以礼待人、提供个人关怀,以及推测顾客需求)相关的各种不同因素。这个调查的开展同样也和其他几个研究保持了一致,比如,Olorunniwo 和 Hsu(2006)的研究是在银行业中展开,Swoboda 等人(2007)开展的是一个跨行业研究。调查的条目主要是良好/糟糕服务观点以及调查对象对于提供的调查内容同意的程度。选取出的社区分值范围为 0.503 至 0.814。不过,这篇撰文对衡量客户服务并不予以太多关注,只使用了一个主要的客户服务成分。笔者(借用 IBM 的 SPSS 分析软件程序)对客户服务的所有方式进行了主要成分分析来鉴别了这一因素。在数据库中,该程序将这个因素视为另一变量。由此,客户服务成为一个标准化的变量,其标准差为 1,均数为 0。

3.5.3　回答研究中的问题

依据本次研究的发现,对前面第一个管理问题的答案就是:"是的。"客户服务,作为顾客能感知到的东西,会直接影响到顾客的满意度,并通过顾客满意度,直接影响到可感知相对吸引力。

为回答第二个管理问题,研究对两个群组展开详尽的逐步分析。首先,反馈良好客户服务的 521 位调查对象中的 378 人被随机选取,以确保抽样人数相同。其次,作者借鉴了 Bollen 的研究(1989)中所概述的相同程序,该程序要求两个方面的检测。开展这些检测的目的是揭示这个测量模型是否能够通用于反映良好和反映糟糕客户服务的两组顾客,并判断出他们评价中潜在的差异。接着,一些指标表明,因素的模式在两个群组中十分相似。这也就是说,在图 3.1 中显示的五个因素都令人满意地符合了反映良好客户服务和反映糟糕客户服务的两组抽样的数据。结果发现,两个群组的误差方差是相等的,而两个群组的各因素间的关联性却有所差异。

为了回答第二个管理问题,笔者借用因果模型对两个群组的差异性进行了检测。在评估这些分析项时,很显著的一点是两个群组间使用的模型的所有渠道皆不相同,除了相对吸引力和计算性承诺之间的渠道,以及客户服务和满意度之间的渠道。研究结果同时也表明,在反映糟糕客户服务的群组所使用模型中的渠道,俨然要比反映良好客户服务群组坚固许多,换句话说,接受到良好客户服务的顾客在检测模型的各构成要素间缺少明显的关联性。概括来说,对第二个管理问题的回答也是"是的":在经历过糟糕客户服务的顾客抽样中,各因素间的关联性最为强烈。更具体说来,笔者发现,无论对哪一个群组而言,客户服务都是一个强烈的驱动力,并对无论是相对吸引力还是计算性承诺都有着主要的影响。同时也发现了顾客满意度在反映糟糕客户服务的群组中对计算性承诺有着非常强烈的关联性,而在反映良好客户服务的群组中对计算性承诺却没有影响。与之相反,在两个群组中,相对吸引力对于计算性承诺比对情感性承诺有着更加强烈的影响,似乎在反映良好客户服务的群组中的影响要比反映糟糕客户服务的群组变现的更为显著。在糟糕客户服务的群体中,相对吸引力对情感性承诺的影响要比在良好客户服务群体中要强烈得多。

最后,运用一些不同的 T 检验(统计假设测验)展开,来解答第三个管理问题。首先进行了独立的 T 检验,验证了反映良好客户服务的顾客会比反映糟糕客户服务的顾客有着更明显的情感性承诺。接着又进行了单抽样 T 检验。笔者发现,在两个群组中,相比计算性承诺,顾客对于服务供应商均有着更多的情感性承诺。这个发现与之前经历糟糕客户服务的顾客对服务供应商会有更多计算性承诺而较少情感性承诺的假设产生了矛盾。由此,对第三个管理问题的答案是:"不是。"反映糟糕客户服务体验的顾客对一家公司并非就比反映良好客户服务的顾客有着更少的情感性承诺和更多的计算性承诺。

3.6　总结

　　客户服务究竟会带来成本还是带来收入? 不管是在认识上,还是在实践上,服务公司对这个问题都存在模糊的立场。本研究致力于挑战这种模糊的观点。研究的目的是检测不同程度的客户服务的感知对于顾客关键变量——如承诺以及可感知相对吸引力——的影响。对两组顾客的数据做了抽样比较:接受过良好客户服务的顾客和接受过糟糕客户服务的顾客。回顾了现有的研究文献后,我们提出了三个问题,并也查明了因果模型在两个群组均能适用,而在这一模型中,客户服务即是关键绩效变量的一个重要的直接和间接驱动力,由此,无论对于哪一组抽样,客户服务对顾客满意度都有着直接影响,而对相对吸引力和通过满意度形成的承诺都有着间接的影响。尽管良好和糟糕客户服务的顾客群组所使用的评估变量是相同的,但是在这些变量中相互关系间力量性的强弱却有所不同。经历过糟糕客户服务的顾客似乎会比经历过良好客户服务的顾客较容易进行一种复杂化的应对。最后,发现了两个群组中情感性承诺的不同。经历过良好客户服务的顾客会比经历过糟糕客户服务的顾客有着更多的情感性承诺。同样,不管所接受到的客户服务水平如何,顾客都表示他们对某个服务他们的公司的情感性承诺会比计算性承诺更多一些。

3.7　结论

　　在本文中,我们归纳出了令人满意的、有着承诺性客户的服务的类型,对于一个企业来讲,是打造竞争优势和财务稳健的一个重要变量,在银行业中尤其如此。笔者聚焦于成熟的顾客关系,因为在这一阶段的顾客周期中,客户服务实践会比之前的阶段呈现出更多的变化性。经调查,在商业领域,一些公司在售后更加重视客户服务,另一些公司则不然。依据本次研究,我们可以做下总结:客户服务是关键的顾客变量,也是顾客权益的重要驱动力。从这个观点出发,如果公司想吸引和维持可盈利性忠诚顾客的话,客户服务应当被置于更优先的地位。

　　笔者观察到,经历糟糕客户服务的顾客和经历良好客户服务的顾客将同样的变量纳入他们的评价体系中。不管顾客接受过糟糕的还是良好的服务,本次研究的结果证明了顾客对每一变量因素的看待都不相同,变量之间关系的强弱也有所差异。俨然,本次研究也揭示了经历糟糕客户服务的顾客会比经历良好客户服务的顾客更倾向于完整地考虑服务的所有方面。并且,相比接受良好客户服务的调查对象而言，在经历糟糕客户服务的调查对象中，各变量间的关系更加突出，构成要素间的可解释方差也更高。不过，两个群组中都发现了两个方面的持续性。客户服务似乎是满意度一个强而有力并且清晰易见的驱动力，与此同时，可感知相对吸引力对于两个群组的计算性承诺都有着同样的积极影响。这一发现凸显了客户服务的重要性，也表明了相对吸引力可能会是一个更为理性的构成要素，且应当包含入顾客满意度的测验模型中来。模型中构成要素间的关系又反映出的其他所有关联性在两个抽样群组中也是不尽相同。

想法较多的顾客会形成更强烈的态度和有力的观点（Petty 和 Wegener，1998）。但这并不是说那些反映接受到过良好客户服务的顾客就没有形成有力的观点。相反，接受过良好客户服务的顾客会更容易确信他们做出了正确的选择，并表示他们选择去购买的公司在事实上会比其他公司更具相对优势。这样的顾客会更容易具有情感性承诺，他们和公司的关系也会更加持久。

本次研究发现，经历良好客户服务的顾客会保持更长时间的关系（17 年），相比经历糟糕客户服务的顾客（15 年）而言。不过，鉴于本次研究是在银行业中展开，即便是反映糟糕客户服务的顾客的关系维持，也会比其他行业中不满意顾客的关系维持要更久一些。这可能是由于缺少更好的替代选项，或是有太艰难的更换障碍——无论是感知中的还是真实的，基本来说都和计算性承诺有关。同样地，如果这些顾客持续不停地经受糟糕的客户服务，他们的负面观点也会变得强烈，正如"损失比收益更令人担忧"（Kahneman and Tversky，1979）这句话告诉我们的那样，他们会最终将生意带去别处。在两个群组中越是能够体验到良好客户服务的顾客，便越会成为收入的可靠来源。但是，在这里也要谨慎，有着较强情感性承诺的顾客，如果因糟糕客户服务而失望离开，就可能成为权益性情感承诺的"恐怖分子"，进而对公司造成损害（Hart and Johnson，1999）。尽管经历过良好客户服务的顾客比经历过糟糕客户服务的顾客对公司的情感性承诺更加显著，但两个群组的顾客的情感性承诺均比计算性承诺要多。

3.8   对零售商的管理启示

本次研究有几个方面的管理启示。首先，客户服务是顾客满意度、可感知相对吸引力和顾客情感性以及计算性承诺的关键驱动力。因此，削减客户服务并非是一个简单的决策。其短期影响会成为一种有提升空间的底线，而长期影响则会成为一个有没落可能的顶线——这就引发了公司的死亡螺旋（Rust et al.，1996）。从这个发现中，管理者们可以确信，借由顾客对公司的承诺，客户服务直接关联到顾客权益（Blattberg and Deighton，1996）。反映糟糕客户服务的顾客更倾向于在情感性和计算性承诺间取得平衡。这样的顾客也容易被竞争公司所招徕。另一方面,反映良好客户服务的顾客,却似乎仅仅有着情感性承诺。这样的顾客就很难被竞争公司招徕。从这一点,我们可以得出结论,那就是良好的客户服务对于任何的商业关系都是至关重要的。其次,鉴于客户服务驱动着可感知相对吸引力,通过缩减顾客互动中的人力成本方面来保持底线,可能会损害到公司在市场中的竞争地位。通过这一发现,管理者们可以得出结论,在客户服务中,举例说来,质量或者可获得性产生的变化会在市场环境下影响到顾客对公司相对吸引力的感知。反映良好客户服务的顾客的观点会更加条理化,认为该公司比其他公司更具有吸引力。第三,本次研究也对服务生产力的双重性(Parasuraman, 2002)做出了诠释。虽然良好的服务会在短期内降低公司的生产力,但会提升顾客的生产力。研究发现,提升的顾客生产力也会提升便利性(Berry et al., 2002)。更好的客户服务所带来的便利性的提升,会关联到顾客可感知客户服务的提升,正如本研究所总结的那样,关联到顾客满意度、可感知相对吸引力和情感性承诺的提升。最后,模拟研究(Gupta and Lehman, 2005)和经验研究(Fornell et al., 2006)同时发现,根据顾客意图和托宾的 Q 理论(即共担资本更换成本),顾客满意度中一点微小的改变都会对公司价值造成深刻的影响。本次研究确立了客户服务会直接通过顾客满意度和间接通过可感知相对吸引力关联到顾客承诺(忠诚度的另一代表变量)。根据这一发现笔者总结,客户服务是公司价值的一种驱动力。

讨论问题

1. 为什么客户服务在零售业中很重要?
2. 不同的客户服务水平是如何影响到顾客评价结果的?
3. 什么是可感知相对吸引力? 它在零售行业中为什么很重要?
4. 描述客户服务、可感知相对吸引力和顾客承诺之间的关系。
5. 讨论一下零售公司应该使用怎样的策略来平衡顾客的情感性和计算性承诺。

案　例

虚拟世界中的客户服务

就像所有知名的学者一样,NN 教授,一所闻名于世的大学客座教授,不断探索可以提升其生产力的各种方式。他在筹备讲座中发现,做讲座现场录制,课后再分发给学生效果会非常好。作为声音辨识软件 Dragon Natural Speech

(由 Nuance 开发)的一个日常用户,他注意到了一款超低折扣的全新学术版本。所有要做的只是备注一下他的学术职称。从 Amazon.com 上购买和下载软件十分简单,正确备注他的学术职称却成为了一项挑战。Nuance 把这个工作派给了第三方商家,由其来一丝不苟执行 Nuance 编制的程序。然而在耗费了大量时间而无任何产出后,软件重编以 NN 教授取消订单而告终。接着,在收到 Amazon 一封邀请评价和推荐该产品的信件时,他写了下面的评价(一星评价),并发布在了 Amazon.com 上。

Dragon Natural Speech 也许是市面上同一类别中最好的产品,但是我发现 Nuance 的客户服务是最糟糕之一。作为顾客,我们和公司相关联主要是通过他们的产品和服务。按照我安装 Dragon10 首选学术版到电脑的经历,给你的建议是:别去安装!

备注你的学术职称(学生或院校亦然)的程序和需求项不过只是对顾客的非法监视,换句话说,他/她不可信任。不仅这般,还会有第三方公司来到你和 Nuance 之间插一道,意在核实你的身份。该公司的操作只会照本宣科地遵照 Nuance 的程序。他们几乎不包含最基本的常识。当你想直接联系 Nuance,比如通过电子邮件,你会发现他们的服务宗旨就是拒顾客千里之外。我甚至找不到可以提交投诉的邮件地址。

长话短说,我取消了订单,浪费了近三小时才联系上了有着铜墙铁壁般的 Nuance,退还了产品。Amazon.com 一向提供相对卓越的服务(在我看来规格是最高的),可是他们却不得不跟 Nuance 这样的三流客户服务供应商打交道,实在是很悲哀。

这一消息发布后未久,NN 教授就收到了 Nuance 跟进的回复。

"很遗憾听说您有这般经历,如果您愿意提供你的邮件地址或者电话号码,本公司愿意派出我们资深团队中的一员直接联系您。您可将具体联系方式发到 dragon.stories@nuance.com。"

取得联系的结果是软件的新版本直接免费发送到了 NN 教授的家庭住址。在软件使用了几次后,NN 教授又在 Amazon 的产品推荐(四星评价)中更新了帖子:

在我发出了以上评论后,Nuance 联系到我,表达了调解态度,同我进行了对话。自此一切进展顺利,我很开心地要说,在 Nuance 的墙壁之后有真正的服务导向、向他们的顾客(至少是向我)提供卓越服务的人员。我现在已把 Dragon 安装进电脑里了。快乐的工作=卓越的产品+卓越的服务。我只想评论:这种事情本就不该发生。

参考文献

Andreassen, T. W. and Lervik, L. (1999), "Perceived Relative Attractiveness Today and Tomorrow as Predictors of Future Repuchase Intention," Journal of Service Research, 2 (2), 164–172.

Berry, Leonard L., Seiders, Kathleen, and Grewal, Dhruv (2002), "Understanding Service Convenience," Journal of Marketing, 66 (3), 1–17.

Blattberg, Robert C. and Deighton, John (1996), "Manage Marketing by the Customer Equity Test," Harvard Business Review, 74 (July/August), 136–144.

Bollen, K. A. (1989), Structural Equations with Latent Variables. New York: John Wiley.

Dancin, P.A. and Brown, T. J. (1997), "The company and the product: Corporate associations and consumer product responses," Jounal of Marketing, 61 (1), 68–84.

Dwyer, Robert, F., Paul Shurr, H., and Oh, Sejo (1987), "Developing Buyer-Seller Relationships," Journal of Marketing, 51 (April), 11–27.

Fornell, Claes (1992), "A National Customer Satisfaction Barometer: The Swedish Experience," Journal of Marketing, 55 (January), 1–21.

Fornell, Claes, Johnson, Michael D., Anderson, Eugene W., Cha, Jaesung, and Bryan, Barbara Everitt (1996), "The American Customer Satisfaction Index: Natur, Purpose, and Findings," Journal of Marketing, 60 (October), 7–18.

Fornell, Claes, Mithas, Sunil, Morgeson, Forrest V. III, and Krishnan, M.S. (2006), "Customer Satisfaction and Stock Prices: High Returns, Low Risk," Journal of Marketing, 70 (January), 3–14.

Geyskens, I. and Steenkampk, J. B. E. M. (1995), "An Investigation into the Joint Effects of Trust and Interdependence on Relationship Commitment," in Marketing for Today and the 21th Century, Proceedings from the 24th EMAC Conference: European Marketing Academy.

Grönroos, Christian (1984), "A Service Quality Model and Its Marketing Implications," European Journal of Marketing, 18 (4), 36–45.

Gupta, Sunil and Lehman, Donald R. (2005), Managing Custoemrs as Investments. Upper Saddle River, NJ: Pearson Education Inc.

Hart, Christopher, W. and Johnson, Michael D. (1999), "Growing the trust relationship", Marketing Management, Spring, 9–22.

Inman, J.J., Dyer, J. S., and Jia, J. (1997), "A generalized utility model of disappointment and regret effects on post-choice valuation," Marketing Science, 16 (2), 97–111.

Johnson, M. D., Gustafson, A., Andreassen, T. W., Lervik, L., and Cha, J. (2001), "The Evolution and Future of National Customer Satisfaction Indices," Journal of Economic Psychology, 22 (2), 217–245.

Jones, Thomas, O. and Earl Sasser, W., Jr (1995), "Why Satisfied Customers Defect," Harvard Business Review, 73 (November–December), 88–99.

Kahneman, D. and Tversky, A. (1979), "Prospect Theory: An Analysis of Decision under Risk," Econometrica, 47 (March), 263–291.

Kumar, N. J., Hibbard, J. D., and Stern, L. W. (1994), "An empirical assessment of the nature and consequences of marketing channel intermediary commitment." Cambridge, MA.: Marketing Science Institute.

Loomes, Graham and Sudgen, Robert (1986), "Disappointment and Dynamic Inconsistency in Choice under Uncertainty," Review of Economic Studies, 53 (2), 271–282.

Lovelock, Christopher and Wright, Lauren (1999), "Principles of service marketing and management", Upper Saddle River, N. J. Prentice Hall.

Lusch, Robert L., Vargo, Stephen L., and O'Brien, Matthew (2006), "Competing through service: Insights from service-dominant logic," Journal of Retailing, 83 (1), 5–18.

Meyer, John P and Allen, Natalie J. (1991), "A three-component conceptualization of organizational commitment", Human Resourse Management Review, 1 (1), 61–89.

Merrilees, Bill, McKenzie, Brent, and Miller, Dale (2007), "Culture and marketing strategy in discount retailing", Journal of Business Research, 60 (3), 215–221.

Miller, Joanne P. and Peterson, David M. (2004), "Theoretical and Empirical Implications of Attitude Strength", Journal of Politics, 66 (3), 847–867.

Oliver, Richard L. (1997), Satisfaction: A Behavioral Perspective on the Consumer. New York: McGraw-Hill Companies, Inc.

Olorunniwo; Festus and Hsu, Maxwell K. (2006), "A typology analysis of service quality, customer satisfaction and behavioral intentions in mass services", Managing Service Quality, 16 (2), 106–123.

Parasuraman, A. (2002), "Service Quality and Productivity: A Synergistic Perspective," Managing Service Quality, 12 (1), 6–9.

Petty, Richard E. and Krosnick, Jon A. (1995), "Attitude strength: antecedents and consequences", Lawrence Erlbaum Associates, Mahwah, N.J.

Petty, Richard E. and Wegener, Duane T. (1998), "Attitude Change: Multiple Roles for Persuasion Variables", in "The Handbook of Social Psychology", ed. Daniel T. Gilbert, Susan T. Fiske and Gardner Lindzey, Boston McGraw Hill, vol. 1.

Porter, L. W., Steers, R. M., Mowday, R. T., and Boulian, P. V. (1974), "Organizational Commitment, Job Satisfaction, and Turnover Among Psychiatric Technicians," Journal of Applied Psychology, 56 (5), 603–609.

Rust, Roland T., Moorman, Christine, and Dickson, Peter R. (2002), "Getting return on quality: Revenue expansion, cost reduction, or both?," Journal of Marketing, 66 (4), 7–25.

Rust, Roland T., Zahorik, Anthony J., and Keiningham, Timothy L. (1996), Service Marketing. New York, NY: Harper Collins.

Rust, Roland T., Zeithaml, V., and Lemmon, K. (2000), Driving Customer Equity : How Customer Lifetime Value is Reshaping Corporate Strategy. Boston, MA: The Free Press.

Samuelsen, B. M. and Sandvik, K. (1997), "The concept of custome loyalty," in The 25th EMAC Conference. University of Warwick, UK.

Selnes, F. and Hansen, H. (2001), "The Potential Hazard of Self-Service in Developing Customer Loyalty," Journal of Service Research, 4 (2), 79–90.

Swoboda, Bernhard, Schwarz, Sandra, and Hälsig, Frank (2007), "Towards a conceptual model of country market selection: Selection processes of retailers and C&C wholesalers", International Review of Retail, Distribution & Consumer Research, 17 (3), 253–282.

Turban, Efraim, Lee, Jae Kyu, and Chung, Michael (2002), "Electronic Commerce: A Managerial Perspective", Prentice-Hall

Vargo, Stephen L. and Lusch, Robert F. (2004), "Evolving to a New Dominant Logic for Marketing," Journal of Marketing, 68 (January), 1–17.

Wickström, S. and Normann, R. (1994), Knowledge and Value: A New Perspective on Corporate Transformation. London: Ruthledge.

Zeelenberg, Marcel and Pieters, Rik (1999), "Comparing Service Delivery to What Might Have Been: Behavioral Responses to Regret and Disappointment", Journal of Service Research, 2 (1), 87–97.

Zeithaml, V. A., A Parasuraman, and Malhotra, Arvind (2002), "Service quality delivery through Web sites: A critical review of extant knowledge," Journal of the Academy of Marketing Science, 30 (4), 362–375.

4

为借用顾客洞察力和开发购物体验策略而设计的工作框架

詹姆斯·G.巴恩斯　乔丹·W.赖特

▶**学习目标**

1. 传达一个事实,即"顾客体验"是一个复杂和多元化概念,值得营销学和零售学的学生及实践者深入研究;

2. 引入"顾客情形"的概念,并强调零售商家和其他市场操作者应该理解顾客情形会影响顾客的行为,同时也引入"情形性智力"的概念;

3. 阐述顾客体验提升的潜力,以让零售商家能够为其顾客打造情感性价值;

4. 展示零售顾客所处的情形对他的体验产生巨大的影响;

5. 揭示零售顾客会参与其中的几种不同的购物场景或情形;

6. 描述顾客在零售购物行程中所希望发生的,以及所希望被给予的,从而让零售体验更加成功和愉悦;

7. 向零售商家和其他市场实践者告知,如果能够打造与情形相符的购物体验,便会兑现利润,带来顾客满意度,培养起情感忠诚度以及稳固的顾客关系;

8. 阐述零售商家和购物中心在共同传递零售顾客体验中的相互依存关系。

近年来,"顾客体验"的概念已被收入了营销学词汇中,被许多营销主管所接受,并成为公司价值提案中一个组成部分。同样,一个事实也被广为接受,那便是传统定义下营销体系组成部分的硬性技术绩效不再足以确保顾客忠诚度,以及打造顾客体验能够带来更高水准的顾客满意度,而且也是迈向顾客关系确立和顾客忠诚度持久的重要一步(Mascarenhas et al.,2006)。本文会论证顾客体验的重要理念并未受到足够充分的理解,尤其是零售主管层,其结果就是它的潜力没有得到充分实现。本文引用针对零售购物的独家定性研究的结果,来阐述关注顾客体验以及体验发生的情景——如果零售公司或购物中心竭力为其顾客打造有意义的体验的话——的重要性。

4.1 顾客体验

对于如何在各类行业和其他公司组织中看待顾客体验(customer experience)的概念,目前少有共识。所以,我们会看到对此概念较为公正和全面的定义,如 Meyer 和 Schwager(2007),他们观察到"顾客体验囊括了一家公司所供应的全部——当然,有顾客维护的质量,还包含有宣传、包装、产品和服务内容、易用性,以及可靠性。"其他人定义的顾客体验涉及面要窄一些,如定义为服务交付的完美表现,或者是服务过程的质量。这些定义将该体验视为短暂的相互作用,如果有效执行可以带来顾客满意度(Johnston, 1999)。一些研究者[最显著的例子是 Pine and Gilmore(1999), Gilmore and Pine(2002), Lasalle and Britton(2003)]已让顾客体验作为一项娱乐的观点变得流行,他们表示理论上讲每一位顾客的际遇都是一次感动和娱乐的机会,由此顾客体验也有潜力成为不同寻常和铭记于心的经历。

这些顾客体验的观点都是具有局限性的,因为这些定义从原则上检验的,首先是顾客体验中的一些功能性要素。正如 Zattman(2003)和 Martin(2005)所述,在实践管理者中的确有着将顾客体验简单化看待的倾向,更偏重于体验中一些功能性的、可依赖的,以及容易衡量的要素。所以反过来说,假如各行业想真正地利用这一概念,并促进有意义的顾客体验,那么就需要把顾客体验视为一个复杂和多元化的概念。

作为把顾客体验视作娱乐或者将普通平凡的体验转化为非凡体验的潜力,这些撰述者持有的观点是大部分顾客体验都是极其普通的,营销商和零售商应当更多着重于确保这些体验不出问题,而较少强调将这些体验转化为它们有潜力所达成的结果,因为在多数情况下能做到这些的条件十分有限。正如我们稍后会在本文中看到的那样,通常,顾客只是想买些百货产品,并尽可能快速地结账走人。Carù 和 Cova(2003)已经详细探讨过这个事实,即大多数顾客体验的潜力仅被很有限地转化为非同寻常和铭记于心的经历。

正如 Barlow 和 Maul(2000)所言,我们对顾客体验的复杂性理解得越深刻,就会有越多的机会去为顾客增加情感性价值。正是通过情感性价值的创造,各个行业才能与他们的顾客建立起颇具价值的关系,要做到这一点,就必须对顾客互动的各个方面和顾客情景给予认真的考虑。这也暗示着公司对顾客体验的理解不可仅仅局限在商店或者经营场所花费的时间,或者局限在销售的短暂过程中所进行的面对面的互动。顾客体验是一个更加宽广的概念,融合起了同品牌互动中所有的环节,这一范畴可以从顾客首次电话询问或登录官方网站,扩展至能够接受超出生产商担保期两年时间的售后支持。类似地，该关系也会受到公司信息传递方式的影响，大到公共关系处理，小到给顾客的收件箱里塞满令人不胜其烦的垃圾邮件。和顾客的每一次以及所有的接触点都代表了一次定义品牌的机会，影响到顾客的体验，并且最终影响到他或她与公司之间的关系。

在对顾客体验的概念理解的复杂性之外，是顾客在商业活动中进行互动的情形（context）。顾客互动的各类情况会有可能影响到顾客的可感知体验。顾客情形可以看做是顾客与公司进行互动的过滤器，它有着一定的潜能去影响到目标和目的，对于态度、环境和整体氛围的感知和反应，以及，正如 Puccinelli 等人（2009）所诠释，影响到顾客对整个体验的满意度。因此，公司主管层必须对顾客体验谨慎斟酌，以及通常情况下，认真推敲如何在制造消极体验后通过降低盈利性最好地促进积极体验的制造。这些举措作为企业经营的组成部分，会带来回头客以及顾客对品牌的拥护。

不少撰述者也阐释了公司主管层难以把握这种关于顾客体验的整体性和拓展性的观点的原因。Gagnon 等人（2005）认为一些特定领域的零售商家会受到内部条件的限制，从而局限到他们对于顾客需求恰如其分地回应的能力，包括各种各样的成本减缩措施，导致了工序的拖长、员工缺乏培训和顾客数据的低效率管理，结果便是无法达成最优的顾客体验。Meyer 和 Schwager（2007）则表示，一些公司高层管理者常常未能更精确地把握顾客体验概念中所暗含的机遇。他们把这一点归结为三层因素：（1）公司已经花费了大量的钱财安装 CRM 软件却收效甚微；（2）仅仅是和顾客需求无法达成一致；（3）他们不能适应去操作有关顾客体验的数据或信息，仅仅是因为他们对概念模棱两可的理解以及几乎不知该如何反应。

不论是学术研究还是从直觉出发，都将顾客体验看做是除了产品质量和价格之外能够让公司从竞争中实现差异化的机遇。体验的概念本身，以及从自身出发，拓展了物品及服务供应的定义，包含了顾客与公司及其员工的互动情况，无论是面对面的，或是在一个多元渠道的环境中越来越多地通过技术进行的互动。

4.2　零售顾客体验

Verhoef 等人（1999）将顾客体验的概念同零售环境联系起来，观察到它"涉及了顾客对于零售商认知性的、情感性的、情绪性的、社交性的以及物质性的回应"（第 32 页）。他们对这一概念又深入一步分析，认为顾客体验正是零售商和顾客的共同创造，并表示有几个方面的要素影响到了顾客体验，而这些要素均在零售商的掌控之内，又超出了零售商的掌控范围，由此也表示顾客的思想格局、他或者她购物的情景和其他一些无关因素，都会有可能影响到顾客对体验的回应以及与公司的互动。Jones(1999)对此进行了更深一步的思考，表示"许多购物者都将购物体验的愉悦归因于他们能够去掌控和他们一同购物的人，以及可自由支配的时间"（第 135 页）。

Turley 和 Milliman(2000)认为购物体验的概念代表了氛围变量的五个基本类别：表面、内在、设计和布局、购买点和装饰，以及有能力影响到体验结果的人力。正如这个观点所表达的那样，时至今日在零售体验话题上的研究基本都已涉及了服务范畴内的角色（内部、设计布局和装饰）以及顾客服务（人力），因为它们与顾客体验紧密相关，而一些外在变量（即，超出了零售商家或者购物中心能够直接掌控或起到影响的情形）仍然亟需更多的调查和研究。

举例说来，Beverland 等人(2006)聚焦于音乐氛围这一要素，以及音乐与品牌的关系。几位撰述者阐述道，音乐上的选择能够强化或者淡化对品牌的感知，会成为新顾客的一个信号线索，或成为再次寻找位置时的一种参考。不过 Jones(1999)说道，"在顾客拥有了娱乐体验时，一些零售商方面的因素却不被注意。看起来似乎是直至这些因素都降到最低水平之下，顾客才会觉察到这些因素的重要性"（第 136 页）。这也表明了，氛围因素的确会对整体的顾客体验起到作用，它们有时是体验中的潜意识要素，只有在服务出现差错的情形下，或者在超出了或少于正常合理的标准或水平时，它们才会被觉察到。

如同 Turley 和 Milliman(2000)所述，通常而言，零售顾客体验的概念已被单独地认为是零售商应当考虑的一项责任，对此也在前面提过的五个氛围变量中有所强调。这些撰述者将商店门头、吊顶、入口、周围区域、停车场等等这些外在环境视为："顾客通常会首当其冲看到的场景。如果这些变量因素不能很好地管理，余下的氛围也就无从谈起。"这些考虑表明了零售顾客体验也是由整个购物中心来共同打造，所以，它并不仅仅是零售商的单独责任。对各类影响购物体验的"外在"因素的看法，也同样反映出了外在事物的表面性及功能性的涵义，也表明一些重要的因素会关联到零售商店以及服务设施的外在情况。

这一探讨表明，零售体验的概念需要更多周全的考虑，结合起这类体验不能只由零售商独自孤鸣的事实，或者，在零售商店隶属较大购物商城或辖区的情况下，由零售商家参与进整个购物中心的"交响曲"中来。同样地，必须要承认，零售商可以让体验变得更加愉悦或不够愉悦的程度，会局限于这样一些因素，这些因素会受到下游销售商——零售商店和购物中心——的不同程度的制约。这些因素也就是氛围因素，和更多零售环境及服务传递中的功能性要素。事实上，零售商和购物中心或多或少会产生影响的因素，都会在极大程度上影响到体验的享受度和体验给任何一位顾客带来的感受，也即顾客自身带至互动中的一些个人要素。对于这些要素的探究正是本文的核心聚焦点。

在继续进展之前，首先有必要认识到，顾客体验并不是紧靠文字描述便可诠释或全盘掌握的东西。正如前面所说的，在零售商或其他服务供应商能够确凿地将自己定位于促进顾客体验时,这种体验的传递会得到顾客全然的感知,并会很大程度上受到顾客情形的影响,正如前面所陈述的那样。Puccinelli 等人(2009)也重申了这一事实,"依据顾客的目的,同样的零售环境也会产生全然不同的结果和感受"(第 16 页)。

本文通过援引一些涉及不同零售点,包括购物中心和百货商店在内的定性研究结果,来调查一下公司如何才能向顾客传递更加恰如其分令人满意的体验。这一专门研究的目的不是为了检验零售运作的满意度,而是为了更加深入地探究能够推动购物旅程以及使之成为令人满意的购物体验的一些因素。

4.3　研究

研究在大型购物中心的百货商店的顾客中以超过 30 个焦点小组访谈的方式展开,目的就在于就是什么成就了成功的、令人愉悦的,甚至是意义重大的购物体验,获得一个深层的理解。本次调研追随 Miller(1998)的撰述以及其他对购物的意义有过更好的论述的文章。本次调研从某种意义上来说或是探索性的,旨在更好地洞察一些令购物者认为他们获得了积极体验的情况。

在此情况下的零售顾客事先就已得到了大量的互动数据,这些数据揭示了满意的顾客会更经常性地返回光顾,每次光顾会驻足流连更长的时间,最终也会促成更多销售。因此,本研究的首要目标,就是去更好地了解引发更频繁以及更长时间光顾的一些因素。顾客肯定也了解购物中心中商店的组合、供应商品的质量和范围、购物体验的实际操作方面(停车位有无、商店营业时长、收银台启用数目等等),以及对在某家具体商店进行购物起到决定作用的价格。这些都被视为更加显而易见的价值主张要素。而我们欠缺理解的,是能够让顾客不断返回的体验属性。

了解到购物是一种情感体验,它可以令人激动兴奋,也可以让人麻木厌倦,它可以是一次个人冒险,也可以是一件累人的事情,本研究观察的是顾客的购物观念,和购物相系的情感层面,以及购物对顾客的意义所在。为了解这些根深蒂固的观念,在几个焦点小组中展开讨论的主题强调最多的部分,是顾客依照何种标准把一次零售光顾归类成一次"购物",促成一次成功的购物之旅的要素是什么,哪些因素又可以毁掉一次购物之旅,购物和购买之间的连结在哪里,以及什么因素使得顾客一再返回某家商店和购物中心。本研究还探索了一些场景,比如是什么因素导致了顾客不按照原计划而提早离开了商店或购物中心,是什么使得顾客能够驾车穿过城镇来到一家特定的商店购物(尽管会途经有着同样的商品且价格更低的数家商店),以及有哪些要素会对一次购物行程的成功和愉悦起到作用。

4.4 深入洞察购物体验

基本来说,本研究意在提供一些能够超越传统市场研究的视角,且比起对交易数据的分析以及通过传统方法进行调查研究所能提供的理解更为全面地对顾客体验的诠释。它能够让管理学更进一步,超越顾客数据库里所包含的以及从满意度研究或者截取得来的行为性和态度性的数据。后两种方法均不足以针对顾客体验的真正涵义提供全面的观点。

由于研究数据的独有性,在本文篇幅内详尽描述该定性研究的结果是不可能的。不过,我们会挑选出一些具有代表性的结果体现在文中,主要就是为了阐述从研究里获得的某种结果,以及零售公司如何应用这种方法去开发顾客体验的策略。焦点小组的一部分讨论凸出了与顾客想要哪种体验有关的问题,以及作用到这类体验的因素有哪些。如果管理层想要了解如何传递更优越的顾客价值(Slater and Narver, 2000),以及想了解如何能够带来更有意义的体验并最终带来代表忠诚度的情感性维系的价值种类的话,很明显针对顾客的更深层的洞察力和情报是很有必要的。

有许多公司的管理者都有着一套自己的世界观,常与顾客的世界观不能相融,他们就是无法"像顾客那样去考虑问题",不能对顾客体验有更加全面的了解。Zaltman(2003)观察到:"管理者们都在一种阻碍他们去有效地了解和服务顾客的模式下运营。"他们更加侧重于理性而非情感,且对后者的探索过于肤浅。Martin(2005)也说道,管理者们会更加仰赖于可信的、无穷尽的、生硬的数据,而非去实践能够创造情感价值的柔和的、易于感知的要务。很明显,管理者们对各种数字和数据更感到舒心,而非像本研究项目所引出的这种深入探析。

而对于一些负责运营的管理者来说,深入地考虑像顾客体验这样复杂的概念也是不甚情愿和欠缺能力的。结果,像这类意在为管理学中的决策制定告知良策的研究,反而不能顺利地为管理者们传递他们所需的深入洞察力,去真正理解他们亟需面对的概念。在对 Zaltmam 和 Zaltman(2008)撰述的援引中,Heskett(2008)也观察到:"几乎所有今天普遍使用的研究方法都只是在意识层面对人类展开详细调查,真正决定外在行为的却是人类的潜意识层面。"

概念的复杂性特征广泛体现在营销学中,其余管理学上的理论也有着如此的反映,这表明购物不是一个简单的概念,而是一个清楚无误的多元层面事物。当一些人认为进百货商店采购是去"购物",另一些人并不会这么想,因为这是另一些人的生活所需。对许多人而言,他们所描述的"真正"购物其实是一种社交行为,最好和朋友一起进行,且有很多时间可以消遣。Hemp(2006)在描述这类观点时说道:

"当我说我要去逛街购物了,通常话只说了半句,你要和谁去逛街购物呢? 和朋友一起,还是和家人一起,在商务体验的同时,这也是一种社交。"思考下另外一种情况,带着孩子一起购物和独自购物以及和朋友购物比起来,又是另一种不同的体验。购物中有可能有,也有可能没有购买。

研究者们对几个集中群组的讨论进行了详细分析,总结出了顾客认为是在"购物"的几种不同情形和情景。这些情景在表 4.1 中均有说明。

表 4.1 购物情景

购物情景	特 征
消遣购物	比如,父母经常带孩子出门购物,到访的其他家庭成员也常被带着去当地较大的购物中心,这些都可视为消遣或出门散心。
目的性购物	有计划地购买某种需要的东西,顾客知道他或她需要什么,在哪里可以买到,主要目标往往是"快去快回"。
社交购物	涉及和朋友见面进行一次购物之旅,差不多肯定要停下来喝杯咖啡或吃一顿饭,而真正要买什么东西在社交经历中往往是其次的。
勘察购物	顾客去购物通常只是去看看"有什么摆在架上",去发现商店里新近的货品,收集信息。
犒劳购物	最普遍的态度就是"我应该得到某样东西",我要去犒劳一下我自己。
探索购物	一些顾客提到了探索的趣味——寻找值得去买的东西,将购物视为一种冒险和探索。
娱乐购物	这是人们的一项观察运动,比如,一些年轻的女孩子会想知道其他人都在穿什么,一些人会对不断进出商场的人群感兴趣,橱窗浏览购物也包含在内。
口碑购物	购物之旅是从别人那里得到了消息而受到驱动,是询问朋友、家人或陌生人他们在哪儿购买了某件商品的结果。
事务性购物	这也是一种带有目的性的购物,比如,需要一身衣服去参加表弟表妹的婚礼,或者是给妹妹买一件生日礼物。
"逛商场"	朋友聚在一起喝咖啡或者散步闲聊;有时候一个人会独自去一些地方,然后和朋友相见——商场就会成为"第三个地方"。(见 Rosenbaum,2006)

当被问到有什么会毁掉一次购物之旅时,在购物时他们担心发生什么,或者有什么会缩短他们的购物时间时,焦点小组的参与者们提供了许多实例。在和朋友购物的情况下,一些顾客会坚持在一家不错的餐厅吃一顿饭。这类情况较为特别,实际上也会比在食品柜台前点些快餐有更多的要求。年轻的父母会在孩子变得厌倦和开始哭闹时缩短购物行程。女士们会考虑到公用厕所的卫生状况,会及早离开商店而不使用公用设施。顾客在所有这些情况下发现购物体验是否有趣,对购物行程是否愉悦和成功起到作用的因素,都取决于购物者想要达成的愿望、购物目的,以及购物行程中发生的情形。

4.5 购物情景的类型学

正如之前所讨论的,顾客情形在顾客体验的定义中扮演着一个综合性角色。这一要素会影响到顾客对于与公司及其产品、员工等之间的互动情况的感知和体验。所以,公司主管层就有必要了解零售顾客情形的不同分类,以更好地定位他们的销售接洽人员、商店服务和氛围环境,依据顾客情形的合适分类,提升顾客体验。

表 4.1 中呈现的购物情景可以归结为三个更高层面的购物情形:任务、社交和自我,如表 4.2 中所示:

表 4.2   购物情形

购物情形	描　　述	购物情景
任　务	脑海中有清晰目的,任务目标就是去购物,这样的购物行程都带有着目的性,一般最后也会购买。通常,这类顾客都希望能找到他们要买的东西,获得他们需要的服务,完成购买接着离开。	目的性购物 探索购物 事务性购物
社　交	社交购物涉及和其他人出外散心,购买可能是次要选择或者偶然冲动。通常,购物行程发生的环境会比较重要,易于聊天和闲逛,时间的重要性要位于其次。	社交购物 娱乐购物 "逛商场"
自　我	以自我为出发点的购物情形侧重的是个人需求,可能会也可能不会购买。关注点是顾客自身,以及他能获得的益处。	犒劳购物 消遣购物 勘察购物 口碑购物

如想促进和传递积极的顾客体验,了解一下顾客情形的范畴还是相当重要的。零售商店如何回应任务倾向的顾客,与回应"逛商场"的社交型顾客,或是勘察行程中的自我定向顾客应当完全有别。在各种情况下,能了解顾客情形使得零售商家能有更多机会提供舒心惬意的顾客体验,这可以通过让准备更加充分的员工去辨别顾客情形,或者为购物情形搭配合适的商店氛围和服务传递来做到。

不过,也有必要注意到,这些情形并非总是单独发生的。可以确信的是单独一个购物者就可能会显示出多重目标与行为,既可能在某个情形之内,也可能会跨数个情形,或者在各自不同情形下的诸多购物者也会在同一时间同一商店购物。Jones(1999)表示,零售商家们的潜在策略会同时引发不同的购物体验。这也可以去实现;不过,如果这样做的话,也有可能会产生消极影响,销售技巧会和顾客的购物动机产生偏差。

接下来我们会把关注点带到购物体验以及对各种不同情形下的顾客运营较为合理的购物体验类型。

4.6　购物体验的深入洞察观点

对于焦点小组讨论的分析表明,顾客体验的概念需要从四个层面进行探究,四个层面,除其他一些因素外,也体现了情感价值的不同程度的增加(见图 4.1)。

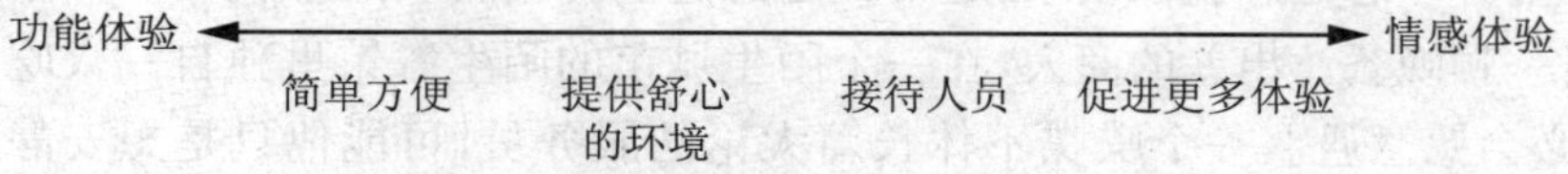

功能体验 ←————————————————————→ 情感体验

简单方便　　　提供舒心　　　接待人员　　促进更多体验
　　　　　　　的环境

图 4.1　购物体验的连续变化区间

简单方便:在这一层面,公司都被寄予期望去好好履行或是明确或是默认的承诺:商店开门营业的时长合理;设计得体;停车方便;购物车易用可得;能有效传递服务的所有障碍均被清除。在这一层面,顾客体验的绝大部分都是有关质量、可达性和便利性的附加值。一般只要这些情况进展顺利,顾客就会基本满意,而在这个层面上出色的表现会确凿无疑满足顾客的显性期望。通过让顾客体验尽可能地"自在",零售商家不需大费周章就可以给顾客留下印象。不过在这里,传递这些顾客体验的基本要素也会有失败的危险,所以在这一阶段中去避免一些负面因素也是十分重要的。

提供舒心的环境:在第二个层面,顾客会期待一个舒心愉悦的购物环境。他们的体验提升到了商店或商场能够易于掌握的程度,即舒心、安全和热情。在这一阶段中,设置的各种物理氛围特征开始起到作用,包括温度、装潢、布置、气味、音响和灯光。购物者谈论起他们对零售环境的舒适程度,会与物理性的和情感性的舒适同等相关,会与他们是否感觉安全以及能否融入氛围相关。

接待人员:顾客体验也会更多地放在人际环境下进行考虑。购物体验常常关联到和员工碰面、对话,通常是零售商店里的营销人员。当员工勤勉、和悦、广闻博知、有帮助、服务精心、谦恭礼貌的时候,在这一层面上的体验会继续改善。员工也会有机会在对顾客的回应中展现灵活性、感受性和创新性。同样地,这里也有一个亟需考虑的会降低购物体验的潜在可能,那就是如果购物者不能够在商店里找到职员或者遇到粗鲁、无帮助的,或者缺乏礼貌的员工的话。

促进更多的体验:最后,我们对顾客体验概念的考虑会从实际的购物行程拓展至购买产品或服务时引发的"体验"。我们大家已经注意到产品和服务本身不能传递任何价值,但迄今也只有它们能够实现价值的传递。简单来说,它们是一种让目标圆满的方法(Christensen et al.,2005)。零售商家可以努力去为顾客打造富有意义的体验,这种努力的程度就可以让顾客看到他们在积极地提升体验。只要商场或者商城能够让顾客找到中意的服饰或者赠给妹妹合适的生日礼物的话,零售商家便可成为更多体验的积极推动者,进而能够促进对方在更多的情形下购买顺畅,感觉舒心。

通过考虑到顾客体验的拓展以及多重层面的观点,我们揭示出了顾客体验成为零售商家和其他营销实践者可纳入考虑的一个重要策略工具的潜在可能。与其将零售购物体验视为一种能始终令人愉悦、印象深刻、富有意义的东西,不如更现实一些,去接受它在多数情况下的事实,即购物是一件必须要去完成的简单的事情。顾客并非总是想获取娱乐,通常只是想选些日用百货这样就可以回家去给家人准备一顿晚餐。出差的商人,在一个陌生城市的陌生餐馆里独自一人吃上一顿饭,未必会愿意遇上一个喋喋不休长篇大论的服务员,可能他只是想安静地读读书。还有些非常规的顾客体验,可能在一些情况下会操作有效,受到欢迎,但到了另外一些情况下就可能转为消极,降低顾客体验。

诚然,零售商家和其他行业会有很多机会提升顾客体验,进而给顾客留下印象,通常拥有充分信息,能正确理解顾客需求并能提供帮助的员工与公司都是这类情况,但是,很多情况下,令人满意的成功顾客体验的打造来自于没有任何消极的事情发生给顾客带来压力。最好的建议,尤其在任务倾向型顾客情形下,是简单地确保员工能够带给顾客有效的帮助,足够的收款台启用让等待时间减至最少,并且库存足量以确保顾客能够找到所需。

4.7 连结情形与体验:将行程目的融于体验

既然我们已对顾客情形和购物体验的概念有了更好的理解,我们便可以勾勒出对零售商和购物中心均能适用的程序。表 4.3 中所表明的启示,意在反映出零售商家和购物中心所要考虑的事项,以能够在各种层次上传递成功的零售体验,并满足顾客在所处的情形中所具有的需求。

在这个体验与情形矩阵中,每一个群组所包含的元素,都是为举出价值主张构成成分的实例,这种价值主张也是购物中心会考虑推行的,或说是他们会努力传递的结果,以能够推动从顾客的角度看来的购物体验成功的可能性。这表明了,举例说来,一位在任务倾向型购物行程中的顾客,在需要的时候就会找到迅速前来的员工,并希望该员工对其商品有着丰富的知识,对询问积极作答。同样的顾客来到和朋友在一起的社交购物行程中,就会希望员工感知到一个事实,即他们"只是逛逛",比较希望有适当的设施,也会寻求能够有助于闲聊的零售店面。

表 4.3 顾客体验与顾客情形搭配

体验层次	顾 客 情 形		
	任 务	社 交	自 我
简单方便	• 产品易得 • 足量收款台 • 停车位可得且离入口较近	• 中心会见场所 • 足够的商品展览可以浏览 • 不错的餐厅与咖啡屋	• 各式各样的流行商品 • 便利的营业时间 • 儿童玩乐场所与照看处
提供舒心的环境	• 人群并不杂乱或拥挤 • 易于导航 • 灯光充足	• 可以见面和进行社交的地方 • 适当的座椅和噪声水平 • 各种各样不同的店面	• 休闲放松，无紧迫匆忙之感 • 明亮、和悦的灯光和色彩 • 观察他人言行和穿着
接待人员	• 营销人员可得 • 知识丰富的员工 • 有责任心的员工	• 善解人意，且不急于催促的员工 • 有进行聊天和长时间对话的机会 • 合理、有价值的建议	• 提供时尚个性的应用设施 • 个性化购物 • 有遇到其他购物者的机会
促进更多体验	• 能准确找到需要的东西 • 减少扰乱和精力分散 • 让快速进入和退出变得简单	• 促进社交互动 • 充满惊喜的商场内事件 • 充满活力，大量的活动安排	• 自我感觉更满意 • 保持流行度和更新度 • 保持生活平衡

4.8 将情景性智力应用于购物体验

针对定性研究得到的一些洞察的简单的概括，表明了顾客情形在决定向顾客提供适当体验类型上的重要性。所有的体验不可能相同，因为所有的顾客并不相同，特定的顾客需要的体验取决于他或者她所在的情形。零售商家需要了解顾客希望完成的目标，她在哪一种购物行程中，她来该商店或商场光顾的原因是什么，她认为如何才能称之为一次成功的购物行程。

购物行程本身并非是鼓动顾客的首要因素。在购物行程或体验情形下，她要去完成诸多不同的事情，所需要的体验类型也会取决于她想要完成的目标。在对20世纪领导美国企业一些伟大 CEO 的成就因素的一次具有历史意义的研究中，Mayo 和 Nohria(2005)总结道，这些商业领袖的突出特征就是他们的情形性智力(contextual intelligence)，他们对自己生存情形的充分理解力，以及对他们所处的时期中各种机遇的把握能力。

情形性智力的概念通常应用于宏观层面，来检验人口统计、经济、技术、全球竞争和其他对企业及其顾客产生影响的方面。不过，对于单个企业的成功它也是很重要的，情形性智力也可以应用到微观层面，让企业对顾客情形有一个更好的了解，以便用恰当的体验去回应特定的情形。我们表示情形性智力可以应用于零售环境中，以助于那些在头脑中了解和关联其顾客情形，以及在制定经营策略时能够参照顾客情形的公司实现差异化。成功的零售策略家应当体现情形性智力。

要想在顾客的头脑和内心中占据上一席独特之地，要想培养情感忠诚度，公司就必须要领会自己在促进顾客享受度中可能扮演的角色，不仅是其产品和服务，而且包括与企业和其品牌所有形式的互动带来的丰富体验。为了达成这一状态，公司不仅要对企业所扮演的角色有一个统一的理解观点，还要推出一些举措让其员工也能够理解顾客所处的情形。对于顾客为什么会购买某种产品或服务，为什么她会来到零售商店中，她想要完成什么目标，会带来怎样的成功，企业都需要有一个更宽广的视角。这需要比可得的顾客数据更多的东西，需要汇集顾客洞察，以及一些常常能为顾客所言所行的原因提供令人惊喜的借鉴的信息。对于需求信息较为敏锐的企业，就可以定制出代表富有意义的体验以及会给顾客留下印象的回应方式。

4.9　多渠道挑战

在零售商和研究者们越来越多开始关注到顾客体验的角色在顾客关系、满意度和忠诚度上的作用的同时，一些撰述者也开始更进一步引出了顾客体验在一个多渠道环境内的传递。很明显，在连锁零售商家的经销店内，顾客体验就需要保持一致性。不论顾客是在斯德哥尔摩，还是在伦敦，还是在多伦多的 H&M 中购物，他或者她都必须要获取同等的产品范围和服务质量、同样的氛围环境和同样的商店"感受"，以及毫无二致的服务水平。多商店零售商家要致力于这样的一致性，保护和维持品牌及设计、布局、营销、宣传和培训的特有规范，以竭力传递一致的体验。一些跨国际授权加盟企业，像麦当劳、芭斯罗缤（Baskin-Robbins）和肯德基这些在商店设计、产品和服务质量方面有着严格规范的公司，在一致性上的努力会较为明显。

在多渠道零售环境下，一些研究学者［比如，Collier and Beinstock（2006），Grewal et al.（2008）］已经关注到了顾客服务的传递，将此作为各种零售模式，包括实体店、在线零售，以及实体和在线结合的零售中所贯穿的顾客体验的基本组成要素。这些研究者将顾客服务看做是顾客体验的核心组成要素，是商店和品牌忠诚度的重要作用因素。尽管 Grewal 等人（2008）在在线环境中对服务质量的定义方法提出了一种新的见解，对以服务为基础定义的在线顾客体验的研究却都倾向于更多关注服务定义的功能和操作层面,包括找到网页能够比较轻松、订购简易、产品选择、网页内容、处理速度,以及答复时间。这一观点,等同于本章之前所提出的框架中的顾客体验的"简单方便"这一层面。

Davey(2007)的研究朝向了在线顾客体验的出色营造,反映出了网站开发商和在线零售商对实用性和功能性的侧重。他观察到:"顾客希望可以有他们读得懂的文本,可以回答他们询问的内容,可以容易使用的导航帮他们找到所需。"他也指出了开发商一个常见的失策之处,即太多侧重于他们如何建好一个网页,而较少顾及到别人究竟怎么样实际地去使用它。他援引了在线顾客体验咨询公司营销部副部长蒂利夫的话语,表示一旦到了需要提供最大可能的顾客体验的时候,公司往往就会收回承诺。

事实是,顾客并不会去"分化"顾客体验。以一家城中心的零售商家来说,顾客会将所有的渠道(不论是店面、电话还是网页)看做是他们整个品牌的一部分。零售商家决不允许各个环节的麻烦以及失败的在线顾客体验出现在他们商店内或电话交流中。最至关重要的决策是认识到在线体验应当和店面体验一样好(或更好),并强调要对每一位顾客的在线体验保持"可见",就像他们在商店内能观察到顾客的体验一样。

Chen 和 Dibb(2010)探索了网站质量对零售商可感知信任的影响。他们关于"网站质量"的定义呼应了 Davey(2007)曾阐述过的对实用功能方面的强调倾向,包含安全和隐私条款、下载速度,以及信息的质量。甚至他们包含入的"美观"层面也只是技术层面上的美观,包括色彩使用、图表、照片、背景格调、窗口布局。

另一方面,Bridges 和 Florsheim(2008)指出,在线的情形下,应该将对休闲的肯定和欣赏结合入在线购物网站中,和功能性购物目标一样。不过他们的研究表明的却是,在线购物者对强调实用性目的的网站比对提供休闲价值的网站更感兴趣(第 313 页),支持了 Wolfinbarger 和 Gilly(2001)更早些时候的研究。后者表明,在线顾客是在"他们可以找到想要的产品类别、轻松地进行交易并及时地发货快递"的情况下才会想要购买。

这一见解表明还有大量工作要做,以倡导在线顾客购物体验更全面的观点。研究结果表明,许多公司针对在线体验推行的方法,是在简单仿照近年来零售商店和购物中心在顾客体验上推行的方法。对于在线购物网站实用性和功能性的强调,反映出了管理者们首先看重的是我们之前所探讨的顾客体验的"简单方便"层面。这也不难理解为何不能够提供导航方便及订购和付款轻松的网页的在线零售商,总是难以培养顾客满意度,促进反复消费,非常类似于传统零售商未能开发顾客忠诚度,如果店内顾客体验不能提供足量的商品、易得的顾客服务以及快速的结账授理的话。

然而,关注于创造成功的在线顾客体验的在线零售商,如果想为顾客与品牌的在线互动增加情感价值的话,也应当致力于我们之前所提出的顾客体验的其余三个层面。举例说来，提供"舒心的购物环境"来到在线就等同于关注页面体验的美观性，包括色彩搭配、照片和图表的恰当使用，以及普通的在线"装饰"，目标就是创造一个"舒心的版面"，让顾客感觉到踏实，感觉到热情，并减轻烦躁。从这个角度说，保障隐私和完全的结算也是十分重要的。网页风格必须和零售品牌的特征与价值观保持一致，正如零售商店环境要同等地提供物质性的和情感性的舒心一样。

实现顾客体验的"接待人员"层面，可以通过让顾客借助在线聊天板块和博客与公司员工进行互动。允许顾客提交问题或阅览信息会促进互动，尽快作出答复也会激发人际交流，尤其是高回复的员工能提供他或她的姓名及联系信息，继而会促进更进一步的对话时。

最后，通过让在线顾客达成特定的目的，促进更宽广的体验，在线零售商可以来到顾客购物体验的第四个层面。零售商家要做到这些，就要在网页的定制中考虑到顾客的建言献策，以及向顾客推出的推荐项，可能就会引领顾客找到他们感兴趣的产品。创造升级的在线体验，如电子零售商可以让顾客在购买前看到产品样本，书商可以让顾客在线阅读书籍内的节选，或者服装销售商让在线购物者在购买前尽可能地"试穿"他们的产品。在线零售商也可以促进顾客社群组织的创建，让在线购物者能够通过零售商的网页分享信息和体验。

通过关注网页的实用性和功能性，电子零售商会从基本上确保顾客能够首先投入在线购物去完成具体的目标。也由此，许多商家都会无意中将他们的顾客局限在我们所描述的"任务倾向型"购物情形中。通过扩展他们对于在线购物体验的见解，零售商家可以让顾客同样投入到以自我为基础的以及社交的购物中，安排舒适的在线购物环境，促进顾客与员工间的在线互动，并允许顾客通过在线群体组织和他人分享评论及对话。

4.10 策略方向和启发

本文简单介绍了顾客洞察——进而深入了解了顾客情形——和开发高效的顾客体验策略之间的重要联系。所有的策略要想有效的话，必须依据手边有效中肯、紧扣主题的信息。向顾客提供愉快、满意和（理想情况下）有意义的购物体验的重要性也已被零售主管层所接受。仍然模棱两可的只是去了解怎样的体验才是适宜的体验，并进而了解到对于顾客感觉体验比较中意的作用因素进行洞察的需要。有了这样的洞察，零售商家就会更清楚地了解到，顾客想要的以及感觉舒心的体验，在很大程度上取决于其购物行程发生的情形。

这种洞察力驱动的顾客情形和顾客体验观点，对于购物中心和单一零售商家的启发都是相当之多的。对购物中心和零售商的挑战就是去认识到顾客购物目的是各不相同的，而顾客的目标也并不总是比较明显，但线索也不是不存在。举例说来，这一视角，加上在顾客与零售员工互动中可能对他或者她对于整个购物体验的评价产生重要作用的信息（Gagnon et al.，2005），带来的结论就是，应当培训员工去询问会揭示顾客情形有关信息的问题，去判断顾客的"告知"（tell），Seldman等人（2007）用这个词语来描述"会揭示顾客性情、价值观、需求和期待的任何层面的交流形式、肢体语言、行为或反应"（第14页）。雇用直觉性强的、敏锐的、有天生好奇心的员工更有助于深入了解顾客情形。一旦零售员工知晓了更多顾客在购物行程中想得到什么，他们就能够对服务方式作出决定，也会具有更多可能去衡量体验以帮助顾客达成他们的目的。

购物中心的业主和商店经理同样也应当意识其在顾客体验中扮演着某种角色。我们主张，最好的顾客体验也代表着零售商和购物中心的伙伴关系，这样的情况所带来的是共同创造以及共同传递的顾客体验。因此，购物中心对顾客体验、顾客情形以及在管理中心与零售商家之间存在怎样的融合也必须给予谨慎的考虑。零售购物中心的双方——零售商家和管理中心本身——必须要领会一个事实，那就是他们自身创造积极顾客体验的努力，可能会受到其他零售商家的忽视或因其某些行为而受到阻碍。

这些理念，举例说来，会让购物中心对于地板选择、装潢，以及运输流量有意识地做出决定。比如，理想情况下，购物中心会推行一种能够和零售商家共享的购物体验策略，针对整个商场以及管理中心和零售商家希望去吸引的各类顾客决定要传递的顾客体验的类型。有了这样的知识，管理中心可在策略上更易于分配楼层空间，也会按照购物情形而不是价格范围去定位整个商场——比如，有些中心更适宜任务倾向、方便型的购物，而另一些定位成社交或自我倾向型购物和游逛就更好。中心也应当有意识地选择其想吸引入驻的零售商家，因为中心和零售商家也可能存在目的上的冲突。此外，如果整个购物中心的定位是社交购物场合，也要在装修中考虑到这一点，让其在视觉层面和各个角度上对顾客产生吸引。最后，如果中心想要在其某个特定单元中吸引任务倾向型顾客，也应当从停车位的易得和接近入口角度去考虑到这点。类似地，如果中心想要吸引喜欢游逛和橱窗购物的社交型购物者，给零售商家提供更大的橱窗空间就很有必要。

就像我们之前所陈述，购物中心和零售商家许多策略的制定都要依照零售商家和中心想要接纳的顾客体验类型和购物情形。因此，这一信息也提供了一种板块选择，比如，中心和它的零售商家可能会决定他们不想成为一处社交购物发生的场所，这就会让零售商家以一种特定的风格设计他们的店面，而中心也可能不会提供餐饮专柜，或是休闲桌椅设施。

本文着手于主张购物体验的概念应当作为一个复杂和多层面概念进行领会，也值得由零售商业和购物中心进行宏观和微观层面的考虑。这个概念不能只是从出门购物的功能性要素上狭隘地看待，而是应当包含入情感要素的看待，包含入零售商家能为顾客完成目的提供的可能性，以及对顾客情形进行认真深入的考虑。

4.11 结论

零售商无法从顾客体验的重要理念中开始获益，除非他们了解了顾客在购物行程中想要购买的东西和需要完成的目的，换言之，了解顾客所处的情形。在本章中所探讨的研究揭示了几种不同的购物情形，每一种都涉及了不同的目的、不同的需要合理安排的事情，及不同的会带来满意和成功的购物行程的因素。零售商必须敏锐地察觉顾客处于哪种购物情形下，也应努力为满足顾客在此种情形下的购物需求来设计合适的零售体验。这样的观点会让商家有机会通过购物目的或情形对顾客进行分类，而不再用陈旧的分类方法。对顾客情形能够充分领会并实践"情形性智力"的零售商家，能够参与到顾客需求中、裁量回应方式并传递出人意料的良好服务，进而在传递积极零售体验上占有充分优势。多渠道环境下经营的零售商家也可以和传统行业零售商家一样应用本章中所概述出的原则。

几个讨论点

1. 思考你熟悉的几家零售商店，去感觉一下在他们是将顾客主要定位成"任务"、"社交"还是"自我"情形中的哪一种进行运营？有哪些证据表明这些零售商家主要是专注于零售情形的某一方面？他们是如何传递服务和零售体验并有助于这一情形的？

2. 思考你熟悉的并且在购物中心经营的零售商家。讨论一下零售商家和购物中心是如何为顾客共同传递零售体验的。提出一些零售中心体验和零售商体验可能不一致的实例，讨论一下这种情况可能出现的结果。

3. 选一家在你的城市里经营的较大的零售商（最好是在购物中心中经营），判断一下该零售商店在表 4.3 中提出的四个体验层次的每一层面是如何传递令人满意的顾客体验的。你在该商店中购物时，主要是"任务"、"社交"还是"自我"型的购物者？这家商店是如何为你提供积极体验的？选一位处在另一购物情形下的朋友或家人，讨论同一家商店是如何为他或她传递积极体验的。

跑步俱乐部

Elena Lee 是多伦多一家广告代理公司的资深会计总监。她和丈夫 Peter 结婚近六年,有两个孩子。随着工作中的责任不断增多,Elena 发现,她的生活也开始变得复杂和繁忙起来,生活中几乎没有自己的时间,所有事务不是她的孩子就是她的工作。她和 Peter 已经很少再参与朋友们的社交,而她自己也记不起最后一次单独去购物的时间了。另外,Elena 发现,自己的身体状况大不如前。她曾经是一个热衷跑步运动的人,而今忽然意识到已经有四年没抽出时间去跑步了。Elena 决定是时候要行动了,她要重新开始跑步,哪怕是每周只能抽出一点点的时间。

接着到了周六,她把 16 个月大的 Emily 塞进婴儿车,推了几个街区就去了跑步俱乐部。立刻,她对服务水平和销售人员 Todd 本人看起来就像一个跑步爱好者的情况留下了深刻印象。他询问她想要进行多长时间的跑步,是否有长跑训练计划。

听 Elena 解释完她是拖延了几年后重新回到跑步运动,Todd 建议她可以参加跑步俱乐部提供的复健运动,或者和跑步小组一起参加周三傍晚和周天清晨的训练。同时他也表示她可以在该零售商的网站(http://www.runnin-groom.com)浏览更多详情。Elena 谢过了他,说再过一段时间才能准备开始长跑。

Elena 自己试着进行了几次跑步,但发现仍然是很难把跑步列入日程规划中。她决心给自己制定一些纪律,如果想要回归跑步的计划成功的话。按 Todd 的建议,她决定尝试一下跑步俱乐部里的女子跑步复健。参加了第一期复健,她学到了很多,并决定继续下去。几星期后,她认识了其他不少女性跑步者,并和住在几个街区之遥、有着一个年轻家庭的 Beth 建立起了紧密的友情。

最终,Elena 和 Beth 决定从周三傍晚和周天清晨开始,加入一些群体跑步中。Elena 确实非常享受有其他跑步者的陪伴,并开始感觉身体状态好转。跑步小组的组织有序,在群体跑步结束后的周三晚上,他们都会回到店中,一起吃顿便饭。

在她和 Beth 开始适应这样的跑步之后,他们抽出更多时间跑步,也开始跑更长的距离。她们慢慢进展到了 5 000 米和 7 000 米长跑,最后,在暑期结束时,她们决定跑 10 000 米。

每次当她坚持跑到结束线,见到 Peter 和孩子们,她都不由得会产生巨大的成就感。她想到,“如果一个人在三月份问我,到八月结束时会不会跑下来 10 000 米,我一定会笑到不行的。”

评注

这一案例研究,表明了跑步俱乐部依据对顾客情形的判断传递定制顾客体验的能力。通过雇用和顾客有着相同兴趣,以及能够理解顾客线索并应用情形性智力的人,这一案例中的顾客不仅带着需要的产品离开,而且还能够和跑步的人际网络建立紧密的关联。

通过这种方式,跑步俱乐部提供了一种能够让顾客体验更多拓宽的服务。跑步俱乐部凭借跑步复健和跑步小组,在其顾客内部促进了社交互动,也同时向这些处于社交情形下的顾客传递了价值。通过这些项目,跑步健身室也同样对"自我"情形下的顾客做出了回应,帮助他们保持了生活平衡,让他们对自己感觉更好,正如 Elena 在如是情况下体验到的那样。

IKEA

IKEA 加拿大有 11 个商店,如今正由 Kerri Molinari 经营,她也是首位在 IKEA 的母国瑞典掌管 14 家超级商店的女性。回到瑞典进入国内连锁商店中工作之前,她先是在多伦多和芝加哥的 IKEA 商店中工作。在多伦多,她监管了北约克商店 20% 的拓展业务。在芝加哥,她将第一家 IKEA 店带到了美国中西部——三层楼八角形的开敞式理念,由沙发围簇一个处在中央位置的餐厅。有了加拿大和美国商店的设计和运营管理经验,她回到瑞典工作了五年,重建和拓展了连锁店的规模,让其更具市场吸引力,并让全国每一个人几乎都成了 IKEA 的顾客。

在加拿大,Kerri 的工作是监督正确的货存上架,改善商店的外观,并吸引顾客来到店内,再顺利地离开——尤其是在繁忙的购物周末。强势营销下的充满魅力和吸引力的产品能够在店内完美呈现,以及持续调整改变来抓住顾客的眼球就是她工作的重心。

IKEA 商店以一贯精明的运作和调整来吸引顾客。想一想多伦多最新店面的氛围环境。经理 Mike Baker 谈论起音乐来就好像音乐播放单被忽然扰乱了一样。"在这个区域,音乐应该是弱拍的,"他说道,像一首忧伤的国民小调漫过了头顶,"要点就是潜移默化,让他们感觉想打开钱包消费,现在播放的这个就是首触动人心的曲子。"

商店很大,有自己的广播站,用来广播每条 IKEA 信息。顾客会在超过 9 500 种产品前走过,从刨花板橱架到不锈钢家电不一而足。300 个音响设备,会让音乐随着顾客踱步到商店不同区域而产生不同的变化:在地毯区是摩洛哥民族音乐风格,在儿童区是欢快洋溢的调子,在结款区域又是轻妙的原音吉他曲子。

"你来购物,调动的不止是眼睛,"工程总监 Hilde Abbleloos 解释道,"如果我能把商店的气味推介给你，那么我就会这样去做。就像走到厨房区域会闻到烘制饼干的味道，一个道理。"

公司也带着对人类学的热忱研究了市场的方方面面——他们知道许多夫妇情侣在买家具时会相互争论，所以也培训员工来调解冲突问题。同样，温哥华人也对商店空间十分倾心，所以外观的设计也与之相应。魁北克居民会要求厨具有超多的选择。多伦多人更愿意在家工作，侧重点就是家庭办公。展示间内的搭配都颇为精心地反映出了当地人的口味，比如，对于阁楼配置的强调。纸板制作的电气设备和电视机被移除了——用了真实的家用电器，以求真实可观。此外，在一些商店中，IKEA 也为他们的顾客提供了儿童照看服务。

评注

该案例显示了 IKEA 迎合各种顾客情形和传递各类顾客体验的能力。很明显 IKEA 很擅于为顾客制造"简单方便"，通过确保货物满架，不断改进商店展示品以及妥善管理顾客流。同样地，在提供儿童玩乐区让顾客关注于购物这一点上也体现了 IKEA 在"简单方便"上的优势。所有这些元素都是为了迎合目标型购物者，而这些购物者也都意在满足基本所需的功能性的体验。

在这一案例中也能看到更多的举措，表现为 IKEA 提供了各种各样的顾客体验。比如，IKEA 对其店内音乐相当谨慎，甚至于在商店内每一区域都有所不同。此外，员工不仅知识丰富，而且接受过培训来调解冲突。店内餐厅，尽管设计和菜品都比较简单，也提供了一定的合理的餐饮选择。这类地点同样为社交型顾客与他人相约提供了机会。所有这些要素都清晰地体现出了公司和顾客的需求保持一致，且会灵活地促成各种各样的顾客体验。最后，他们把家具买回家后实际组装时的体验，也会产生一种关联感，一种 IKEA 式体验，并且这种体验超出了商店体验，进入了实际应用层面。

参考文献

Barlow, Janelle and Maul, Dianna (2000), *Emotional Value: Creating Strong Bonds with Your Customers*, (San Francisco) Berrett-Koehler Publishers, Inc.

Beverland, Michael, Ai Ching Lim, Elison, Morrison, Michael and Terziovski, Milé (2006), "In-store music and consumer-brand relationships: Relational transformation following experience of (mis)fit", *Journal of Business Research*, vol. 59, 982–989.

Bridges, Eileen and Florsheim, Renée (2008), "Hedonic and utilitarian shopping goals: The online experience," *Journal of Business Research*, vol. 61, 309–314.

Carù, Antonella, and Cova, Bernard (2003), "Revisiting Consumption Experience: A more humble but complete view of the concept", *Marketing Theory*, vol. 3, no. 2, 267–286.

Chen, Jun and Dibb, Sally (2010), "Consumer Trust in the Online Retail Context: Exploring the

Antecedents and Consequences," *Psychology & Marketing*, vol. 27, no. 4, 323–346.

Christensen, Clayton M., Cook, Scott and Hall, Taddy (2005), "Marketing Malpractice: The Cause and the Cure", *Harvard Business Review*, December, vol. 83, no. 12, 74–83.

Collier, Joel E., and Bienstock, Carol C. (2006), "Measuring Service Quality in E-Retailing," *Journal of Service Research*, vol. you could 8, no. 3, 260–275.

Davey, Neil (2007), "How to create a great online customer experience," accessed at www.mycustomer.com/item/133179.

Gagnon, Joseph L., Kleinberger, Herb and Morrison, Gina Paglucia (2005) "The Customer-centric Store: Delivering the total experience", *European Retail* Digest, Summer, Issue 46, 76–84.

Gilmore, James H. and Pine II, B. Joseph (2002), "Customer experience places: the new offering frontier", *Strategy & Leadership*, vol. 30, no. 4, 4–11.

Grewal, Dhruv, Krishnan, Ram, and Lindsey-Mullikin, Joan (2008), "Building Store Loyalty Through Services Strategies," *Journal of Relationship Marketing*, vol. 7, no. 4, 341–358.

Hemp, Paul. (2006) "New Ways to Shop in Cyberspace", *Harvard Business Review Ideacast*, October.

Heskett, Jim (2008), "Why Don't Managers Think Deeply?" *Harvard Business School Working Knowledge*, June 6.

Johnston, Robert (1999), "Service transaction analysis: assessing and improving the customer's experience", *Managing Service Quality*, vol. 9, no. 2, 102–109.

Jones, M.A. (1999), "Entertaining Shopping Experiences: An Exploratory Investigation", *Journal of Retailing and Consumer Services*, vol. 6, no. 1, 129–139.

LaSalle, D. and Britton, T. A. (2003), *Priceless: Turning Ordinary Products into Extraordinary Experiences*, Boston: Harvard Business School Press.

Martin, Roger L. (2005), "Seek Validity, Not Reliability," in "Breakthrough Ideas for 2005", *Harvard Business Review*, February, vol. 83, no. 2, 23–32.

Mascarenhas, Oswald A., Kesavan, Ram and Bernacchi, Michael (2006), "Lasting customer loyalty: a total customer experience approach", *Journal of Consumer Marketing*, vol. 23, no. 7, 397–405.

Mayo, Anthony J. and Nohria, Nitin (2005), "Zeitgeist Leadership," *Harvard Business Review*, October, vol. 83, no. 10, 45–60.

Meyer, Christopher and Schwager, Andre (2007), "Understanding Customer Experience," *Harvard Business Review*, February, vol. 85, no. 2, 117–126.

Miller, Daniel (1998), *A Theory of Shopping*, Ithaca, NY: Cornell University Press.

Pine II, B. Joseph and Gilmore, James H. (1999), *The Experience Economy: Work is Theatre and Every Business a Stage*, Boston: Harvard Business School Press.

Puccinelli, Nancy M., Goodstein, Ronald C., Grewal, Dhruv, Price, Robert, Raghubit, Priya and Stewart, David (2009), "Customer Experience Management in Retailing: Understanding the Buying Process", *Journal of Retailing*, vol. 85, no. 1, 15–30.

Rosenbaum, Mark S. (2006), "Exploring the Social Supportive Role of Third Places in Consumers' Lives," *Journal of Service Research*, vol. 9 (August), 59–72.

Seldman, Marty, Futterknecht, John and Sorensen, Ben. (2007). *Customer Tells*. USA: Kaplan Publishing.

Slater, Stanley F. and Narver, John C. (2000), "Intelligence Generation and Superior Customer Value," *Journal of the Academy of Marketing Science*, vol. 28, no. 1, 120–127.

Turley, L. W. and Milliman, Ronald, E. (2000), "Atmospheric Effects on Shopping Behavior: A Review of the Experimental Evidence", *Journal of Business Research*, vol. 49, no. 2, 193–211.

Verhoef, Peter C., Lemon, Katherine N., Parasuraman, A., Roggeveen, Anne, Tsiros, Michael, Schlesinger, Leonard A. (1999), "Customer Experience Creation: Determinants, Dynamics and Management Strategies," *Journal of Retailing*, vol. 85, no. 1, 31–41.

Wolfinbarger, B. D. and Gilly, Mary C. (2001) "shopping online for freedom and control and fun," *California Management Review*, vol. 43, no. 2, 34–55.

Zaltman, Gerald (2003), *How Customers Think: Essential Insights Into the Mind of the Market*, Boston: Harvard Business School Press.

Zaltman, Gerald and Zaltman, Lindsay (2008), *Marketing Metaphoria: what deep metaphors reveal about the minds of consumers*, Boston: Harvard Business Press.

5

为何忠诚度在零售业中举足轻重

蒂莫西·L.凯宁汉姆　勒赞·阿克索伊　卢克·威廉姆斯
亚历山大·布奥耶

▶**学习目标**

1. 阐述顾客忠诚度为何不能最终转为盈利；
2. 说明员工忠诚度与顾客忠诚度之间有着怎样紧密的关联；
3. 定义可盈利忠诚度的几个层面，提出可盈利忠诚顾客的几种分类方法；
4. 解释公司当前（现行的）顾客划分方法如何与可盈利忠诚度相结合；
5. 展示零售商家如何能够将员工忠诚度和顾客忠诚度转化为利润。

　　长久以来，零售商就已知道，他们的长期成功取决于顾客的忠诚度。事实上也是如此，一些带有传奇色彩的零售商是第一批赢得顾客满意度的行业，顾客满意度也成为了他们实现差异化建立竞争优势的根源。在 1875 年，Montgomery Ward 承诺"保障满意，否则退款"，让自己的邮购业务获得了差异化。20 世纪 90 年代早期，芝加哥的 Marshall Field's 百货商店和伦敦的 Selfridges 百货商店凭借"顾客永远都是对的"赢得了市场头筹（尽管尚不清楚究竟是 Field 还是 Selfridges 首先创造了这句话）。今天，这样的关键词和它们传输的理念在整个商业世界已经是无处不在（尽管也有人会问大多数行业真正对这些原则遵循到了怎样的程度）。

　　Montgomery Ward、Marshall Field's 与 Harry Gordon Selfridge 所真正理解的，是将维护顾客视为他们公司存在的首要原因。逻辑非常直接——顾客忠诚度等同于盈利。顾客会照单全收一切。

　　毫无疑问，老生常谈背后的基本前提是不会错的。没有忠诚的顾客，也没有企业能够长期生存。但是正如很多宏观的理念一样，很多问题总是出在细节。现实情况是将忠诚度策略转化为可以提升的绩效极其困难。我们反倒是不难听到一些新闻故事，如以下这些：

- "忠诚拥趸难让总部位于密歇根州杰克逊市的 Jacobson's 百货店为继";
- "太阳也有灵魂"——West James 大街的小餐厅吸引了附近的一批忠诚顾客,包括有钱人和名人,但 71 年后,它关门大吉了;
- "忠诚拥趸不足以支持 Nashua N.H.的餐厅继续营业";
- "忠诚群众汇聚一起,默哀 Richmond Va 服装公司停业。"

鉴于忠诚度难以转化为盈利的情况,似乎人们会很愿意考虑把"忠诚度"策略扔进风靡时下却不足信的管理学垃圾堆中去,正如一些公司已经采取了这样的手段。引用 Orbitz 公司前任首席营销官 Randy Susan Wagner 的话,那就是:"如果你想要忠诚度,养只狗就行了。忠诚度营销只是个神话。"但是,这是错误的。

忠诚度在我们商业生活的任何方面都是正确的策略,无论是对于企业主、经理、员工,甚至是顾客。此外,按理说,我们的意思是它会在有形角度上实现价值的最大化——情感上和经济上。但是借由忠诚度实现价值最大化,就需要我们了解怎么去实现,它的优势在哪里。幸运的是,去实现这些也是极具可能性的。

5.1 互补性的忠诚度:员工与顾客

如果公司想度过困难时期(或者想在良好时期更多超越),他们需要两件事情:(1)让顾客坚持追随;(2)提高自身生产力。它们也是寻常管理学的目标,收入增长与成本降低的基本推论。

"坚持追随"是顾客给予一家公司的行为化忠诚度最重要的体现之一,同时也是员工的忠诚度最重要的行为体现之一。两者对于任何忠诚度策略的长期可行性都极为重要。

另外,顾客和员工都会影响到财务成果。顾客忠诚度直接关联到一个企业的收入和市场份额。很明显,企业短板越少,争取新顾客并保持收入的压力就会越小。员工忠诚度关联到财务成果最直接的方式是降低成本。通过不断提升的员工所得以及培训成本,员工营业额会直接影响到底线。但是员工忠诚度也可以作用到收入创增,因为这是一个公司机构整个服务氛围的构成部分。正是公司机构的服务氛围强烈地关联起了顾客满意度和忠诚度。

5.2 员工忠诚度的原因

让员工忠诚度起效,必须要在公司机构内创建起一种服务氛围。所以,到底何为"服务氛围"？马里兰大学名誉教授 Benjamin Schneider 对此定义是："员工在顾客服务质量方面对政策、实践和程序，以及可予以回报、支持和期待的行为举措，两者的共同感知。"换而言之，服务氛围就是员工对生意如何进行以及公司依据其政策、实践和程序而追求的目标的感知（Schneider et al.，1998）。所有得到回报、支持和期待的行为举措都是在告诉员工，公司所真正信奉的东西是十分重要的。通常，这和打印在公司使命声明和招聘简介里的内容有着很大的不同。

公司依靠满足顾客需求胜出，而他们满足顾客的需求，从部分来说，是通过打造一系列的业务流程来向顾客供应价值，并打造出一种文化来支持这些流程。员工的需求和回报与满足顾客需求是相互连结的，所以如果员工开心、忠诚，打造这些流程和这样的文化就会极其容易。哈佛商学院的教授 James Heskett、W. Earl Sasser 和 Leonard Schlesinger 观察到，忠诚的员工会更愿意为了公司机构的长期利益收敛自己的短期需求，就这点而言，他们自己会把良好的顾客服务放于首位。忠诚的员工会追随公司机构更长时间，降低人员流动成本及服务质量的负面影响。

Schneider 和同事已经做出了总结，表明员工与忠诚相关的态度会领先于企业的财务和市场绩效。努力改善人力因素所带来的巨大收益会远远多于人们所想。宾夕法尼亚大学的研究学者们发现，把公司收入的 10% 投入进设备改建，会增加 3.9% 的生产力，而若以同等数目作为员工的发展资金，收益会两倍于上述结果，达到极为可观的 8.5%。

5.2.1　让员工起到连结作用

一方面，要相信员工忠诚度会带来积极的财务成果，另一方面也要去量化这些成果。不过，如果我们能够在困难时期克制住天性的仅仅是关注眼前的意愿，就需要很好地去理解员工的忠诚度对于我们长期健康地经营生意的真正意义。

我们从一个问句开始："我在哪儿？"意思是，公司所具有的服务氛围是怎样的？我们的员工究竟有多么忠诚？要回答这些就需要我们从所有员工那里征求反馈（管理层也包含在内），而且我们也要去问些强硬的问题。例如：

- 我们管理者的关系处理风格如何影响到了公司机构的服务氛围和员工忠诚度？
- 公司有无提供给员工必要的工具和培训让他们的工作表现优异？
- 公司机构有没有对服务顾客的承诺给予回报和鼓励？
- 公司有没有体现出员工忠诚度是它理所应得的？

当然，对于我们的行业与公司机构还有更多的层面需要考虑，而关键就是去认识对我们的成功而言最基本的那些较少的、至关重要的层面。一旦认识了这些层面，就应当对它们进行清晰、客观且缜密的衡量。

在我们知道了自己的处境后，接下来，我们就要把这一信息和我们生意的绩效驱动因素结合起来。一般来说,这些因素会归结到四个方面:生产力、员工营业额、顾客忠诚度和收入。

在几乎每一公司机构中,这样的衡量都会以某种形式体现。从统计学角度说,能把每一种方法和员工忠诚度连结是相对简单的,要点就是将员工数据分组合计,并将这些分组有效关联起营业额、员工忠诚度和收入。比如,零售连锁店会通常发现,商店级别是进行分析时最重要的单位,因为顾客忠诚度和收入都会在这一级别进行衡量,而商店也通常都有着半独立的管理机制。

员工的有关忠诚度的态度与经营成果之间的相互关系,从管理和实践的相关角度来说一向都意义重大,因此,也值得去努力考究。实际上,一些研究学者如Harter、Schmidt 和 Hayes(2000)已进行过大范围的调查,提出了引人瞩目的荟萃分析证据,即员工有关忠诚度的态度和这些绩效驱动因素中的每一个都有着积极的关联。此外,借助研究他们最忠诚的商业体产生的绩效,以及它如何被管理者的个人关系处理风格所影响,管理者们也会学到很多。

且不说将这些信息汇集一起,得到的却都是些对管理而言没有价值的观察结果,大多数公司在这方面甚至完全(或近乎完全)无动于衷。创造这种关联的首要问题不是这些信息并不存在,而恰恰是缺乏一种管理机制,能把各个部门的数据汇总在一起。

为什么?这儿通常出现的问题就是缺乏愿望去听负面消息,而且,毫无疑问,这些公司的内部监管也容易出现坏消息。员工在相信公司会忠诚于他们时,他们才会忠诚于公司。这几乎到全世界任何地方都错不了!因此,能够创建充满信誉的公司机构,忠诚的员工自然就会向雇主彰显出公司值得他们忠诚度的付出。

5.3 顾客忠诚度的原因

谈到今天商业环境下的顾客忠诚度,既有好消息,也有坏消息。

好消息是管理者都已领会了忠诚度就是好生意。全世界的 CEO 都在不断强调顾客忠诚度是他们企业最重要的策略目标之一。企业每年要花费数百万美元来提高顾客忠诚度。超过 4 万本论著和数十万篇(甚至上百万篇)文章已经发表,支持顾客忠诚度为盈利带来的好处。

坏消息是大多数企业的顾客忠诚度举措都事与愿违,因为大多数的顾客忠诚度举措已证实并非都是好的投资决策。实际上,纵观管理者在经营生意中实际应用的常见的忠诚度标准和财务标准,两者间的关系常常是南辕北辙(参见图 5.1)。

有不少忠诚度咨询公司推介出了各种各样的标准来将忠诚度和底线连结。不过,现在为止,没有一种完满地履现(Keiningham et al.,2008)。没有一种标准证

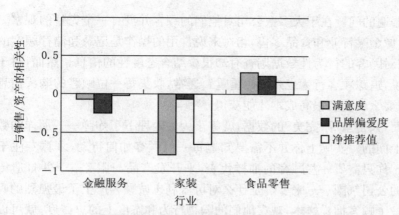

图 5.1 各行业中各种态度性标准和财务标准的相关性

实是放到各种竞争环境下而皆有效力。实际上,研究也在不断发现,大部分常被使用的忠诚度标准,从最好来说,能够适当关联到企业的财务绩效——从最差来说,它们只是被很消极地关联到经营成果。

常用忠诚度标准和成功经营之间的联系如此脆弱,忠诚度的重要性很轻易就会受到削弱——这是错误的。忠诚度对任何企业的长期成功都是必需的。没有企业可以离开忠诚的顾客而生存。

但是充裕和必需之间还是有着巨大的差异的。公司想取得长期成功必须有忠诚的顾客,但是有忠诚的顾客并不一定能保障长期的成功。

5.3.1 什么是顾客忠诚度?

从最基本层面来说,忠诚度是一种依附的感觉,让我们去追随我们能对其忠诚的客体。所以对它的基本认识就是忠诚度需要行动。只是简单地感觉到一种纽带关系,或者简单地追随一种关系是不够的,真正的忠诚度二者都需要。从这里就可以解释为什么常用的忠诚度标准在关联经营成果时都会表现不力,大多数的报告都仅是针对忠诚度的单一方面,通常只针对顾客的感觉。

为什么这种衡量忠诚度的方法是最常用的? 一个词:简单。找到一种衡量顾客感觉的方法相对来说是很简单的。所有要做的仅是借助一个可行的调查流程对顾客态度进行客观的判断。想要公平些的话,就需要在顾客的感觉和实际行动间建立起关系。从逻辑上来说,如果顾客愿意和公司做生意,就会有不断增多的可能性去留住顾客,让其购买更多,并将公司推荐给他人。

问题就在于这些从技术角度来讲是真实的,而顾客如何感觉和他们如何行动之间的关联的强烈度相对来说就比较低弱。只是靠询问顾客今后的期望,例如,"你在这儿作为一个顾客,购买更多或者推荐这家公司的可能性有多大",这是不能解决问题的。顾客意图的衡量方法,仍然是建立在顾客感觉基础上的,而且,就这点而论,也未必是可信的。不可信的数据常使我们误入迷途。

更普遍的问题在于大多数公司对他们的顾客并没有一个完整的观察。在一些行业内，像金融行业和食品零售，相对来说常用的操作是记录和储存顾客的行为性数据，但对顾客的行为性数据调查时却很少结合态度性的信息。然而，对于大部分公司来说，追踪顾客行为也是障碍重重。通常，收集每一位顾客的购买信息要么没有可能，要么就花费很高成本才能获得。

然而，只是坐等"完美"的数据，就等于为失败埋下了炸弹——那样的数据是不会自动上门的。实际上你并不需要知道每一位顾客如何行动，才算专注于可盈利忠诚度。你只需要一些顾客的抽样代表，来开发产品与服务——并打造传递它们所必需的公司氛围——来了解是什么对可盈利忠诚顾客产生了最强烈的吸引。通过建立一个顾客抽样样本，观察他们的购物行为和态度上的忠诚度，就可以相对简单地做到这一点。不过，验证和校准数据也是基本要做的。时间久了，数据还可以改进和完善。

专注于可盈利忠诚度至关重要的第一步，就是拥有能够展现顾客感觉和实际行为的协作关系的数据。这是构织忠诚度的经线和纬线。除非你找到在地图上所处的位置，不然你就输了。

5.3.2　忠诚度等于盈利吗？

假设我们对顾客的态度和行为已经有了充分的了解，是否就意味着，我们依据顾客态度和行为划分出的忠诚顾客就会给公司带来盈利？答案是清晰响亮的"不会"。简单地搜集行为和态度的数据来测量忠诚度有着很大的局限。占相当大百分比的忠诚顾客对多数公司而言并不是盈利性的。事实上结果证明，通常有超过50％的忠诚顾客都不是盈利性的。

举例说来，我们调查的一家金融服务公司拥有非常满意和忠诚的顾客群。唯一的问题就是超过75％的顾客的盈利性都是异常的低！为什么？他们的忠诚度绝大部分是受到对产品额外交易的期待所驱动，这些交易不是正常交易范畴内的，因为所购的产品会有经常性的定价失当。当该公司对某种产品定价失当时，顾客就会大量地购买。结果，不仅他们不能盈利，这些购买者却构成了该公司数量最多的顾客群。

对你的顾客是否能带来盈利的理解是不可替代的，这是最关键的一点。通常而言，大多数顾客并不能带来一个称心合意的财务收益。简单地说，从公司的盈利角度出发，顾客基本上分为三个群体：让公司赚钱；让公司不赚不赔；以及让公司赔钱。这听起来是不言而喻的，只不过顾客分属这三种类别的比例却几乎不甚明显。研究进而发现，可盈利顾客差不多只占到所有顾客的20％，让公司收支相抵的顾客大约有60％，不可盈利的顾客在多数行业里也会有20％之多。这一比例的问题就在于忠诚顾客存在于这些板块的每一个中，而且这种划分也过多偏向了不能为公司带来称心收益的顾客。

这些事实也显示了对任何公司而言,无论是招徕顾客还是服务顾客,为何必须要把目标人群定位于可盈利顾客(在态度和行为上同等忠诚并带来盈利的顾客),而非仅仅是忠诚顾客(Keiningham et al.,2009)的原因。他们才是企业理想的顾客——需求被公司满足,也感觉和品牌间有着紧密的关联,并对购买的产品和服务提供一种公平的交换。然而,企业如果不能准确地描述可盈利性忠诚与其他类型的区分,自然也不可能决定财务上的可盈利忠诚度的驱动因素。

5.3.3　步骤一:判断盈利性忠诚顾客

任何顾客忠诚度策略的终极目标都是提升财务绩效。忠诚度和盈利性既不完全对立,也不完全相连。想让这二者紧密相连,顾客价值就需要纳入所有的顾客忠诚度分析中。然而,这也需要我们去改变针对顾客忠诚度的看法。可以着重考虑一下将顾客价值强行匹配入 2×2 的策略规划格中,会掩盖一些重要的因素。

假设,举例说来,用一个网格单独代表行为忠诚度和价值(见图 5.2)。在这一视图中,较"理想"的顾客对公司而言,处在行为忠诚度和价值的网格较高的位置,但是,这并非一定就是一个忠诚的顾客。这类顾客中会有多少觉得自己被胁迫从属? 有多少只是简单地出于便利或习惯购买,而完全没有忠诚感?

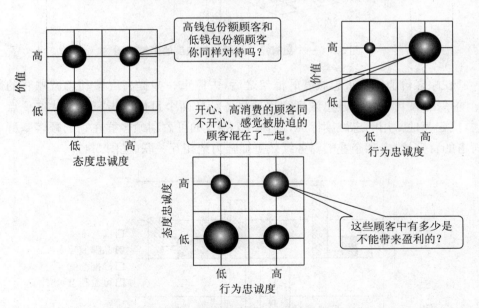

图 5.2　忠诚度的二维视图无法解释关键的差异

在该网格中,如果我们用态度忠诚度取代行为忠诚度,类似的问题还会发生。在这儿,公司的理想顾客是处在态度忠诚度和价值的网格较高的位置。在这一情况下,高"钱包份额"(即顾客在公司产品的花费上有着较高的比例)和低钱包份额顾客被同等地对待,这在策略角度上讲是行不通的。

　　我们需要的是对顾客忠诚度建立更加实际的世界观。去管理可盈利忠诚度也需要对顾客忠诚度有一个多元层面的看待。态度忠诚度、行为忠诚度和顾客价值是顾客忠诚度管理的三个构成层面。应用这个框架，哪些是属于可盈利忠诚顾客（即他们在态度忠诚度、行为忠诚度和价值的网格中都处于较高的位置）就一目了然了。同样，公司的可盈利顾客中有哪些即将流失，又有哪些有潜力成为以及不会成为可盈利忠诚顾客，也都会清晰可见（见图5.3）

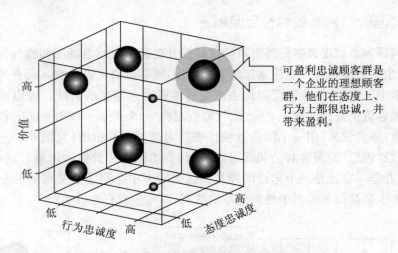

可盈利忠诚顾客群是一个企业的理想顾客群，他们在态度上、行为上都很忠诚，并带来盈利。

图 5.3　一个更有意义的看待忠诚度的多维视图

　　在顾客价值纳入了忠诚度的框架之后，去侧重一些提高可盈利忠诚顾客的数量的举措，便可以使提升忠诚度和提升财务绩效两个目标同步完成。从这一点上说，比起其他常用的忠诚度标准，调查一个企业的可盈利顾客群在它的顾客基群中所占的百分比，会和企业的财务绩效更加强力地相互关联（见图5.4）。

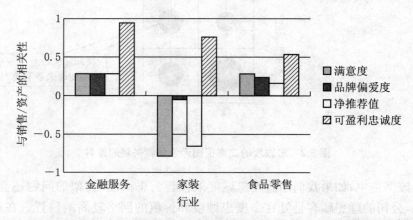

图 5.4　相比其他态度性度量，各行业中"可盈利忠诚度"度量与财务度量的相关性

5.3.4　步骤二：区分可盈利忠诚顾客

知道了可盈利忠诚顾客的百分比是极其关键的第一步，但这并不是你管理好自己的生意所需要知道的唯一要点。侧重于可盈利忠诚度还需要管理者意识到有关顾客的两个基本真相。首先，并不是所有的顾客都有能力成为可盈利忠诚顾客，也不是所有顾客都想成为这样的顾客。许多顾客都只是在受价格驱使。其他一些顾客并不经常购物，而假若这样的顾客基数占了绝大部分，针对他们的服务和营销所获的收益便甚是微妙。还有另一群顾客也极其忠诚，但却要求过多的服务和关注，以至于在他们身上花费的成本完全超出了他们的贡献。

此外，可盈利忠诚顾客从顾客总量角度来说往往仅属于少数。忽略了区分顾客类型的策略，会不可避免地将范围倾斜向收支相抵以及不可盈利顾客，因为他们代表着大多数。

其次，可盈利忠诚顾客并不是一个庞大整体。相反，他们是各种不同原因被吸引到公司来的许多不同顾客类型的一个混杂体。比如，我们可以很容易地推想，年轻的家庭和年长的家庭可能会有差不多的财务状况，带来同等的利润，但却从与公司的关系中有着完全不同的需求。

去认识这些区分中有哪些在驱动可盈利忠诚度是极其关键的。这一点直接指出了一个在制定决策时把"典型"顾客作为依据的危险。鉴于可盈利忠诚顾客群的多样性，把典型顾客作依据来吸引和维护顾客的优先考虑的举措，会常常致使顾客都不能从与公司的关系中满足他们真正的需求（见图 5.5）。

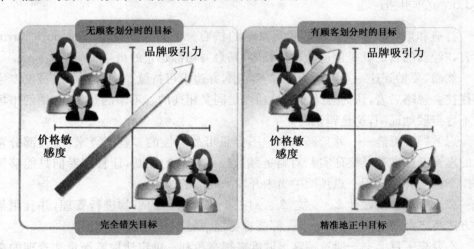

图 5.5　普通顾客是怎样在多样化顾客环境中流失

将顾客群体进行划分纳入我们对可盈利顾客群的了解范畴中，可能看起来像是有意复杂化，但事实正好相反——它带来的是透彻清晰。我们从中可以更容易地看出哪些顾客最有希望成为可盈利忠诚顾客，哪些顾客对公司盈利作出了巨大贡献但是即将流失因为他们对公司没有任何忠诚的感觉，以及哪些顾客永远也不会成为可盈利忠诚顾客（见图5.6）。

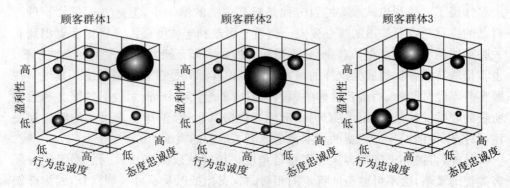

图 5.6 忠诚度全景视图

一旦我们知道了谁最有潜力成为可盈利忠诚顾客，我们就可以开始考虑需要推出什么样的举措能够让其实现。对大部分企业来说，通过增加向企业提供低花费份额的顾客的花费份额，可以驱动可盈利忠诚度的大幅提升。这里的关键是了解为什么这些低花费份额顾客将他们的大量花费投放了他处。

不可避免地，在潜在可盈利忠诚顾客间又出现了老生常谈的话题：是什么因素在抑制他们的花费？有了这一信息的武装，不论问题处理是容易还是困难，在此基础上优先考虑去努力提升忠诚度，比起预期的压力而言会相对简单得多。

5.3.5 迈向目的地

打造和培养顾客忠诚度是经营策略的核心。正如哈佛教授 Theodore Levitt 所言，"经营的目的就是创造和维持顾客，其余一切都是它的衍生。"

然而，要做到这一点就得满足顾客需求，并追求可持续盈利。顾客忠诚度专家们往往会忽略后者，认为忠诚度和盈利性是同义相通的。不幸的是，现实中的市场已不容辩驳地证明，这是错误的。

忠诚顾客可能——并且经常——不会是可盈利性的。就这点来说，大部分常见的忠诚度标准都最终证实是对财务绩效极不精确的推断，让管理者们只能够像用探测棒一样去发现一点预期中尚未开发的利润的浅流。

那么管理者要做什么？你怎么去对一个多元层面的事物进行管理，并且用某种方法将之有效地简化，让每个人都能容易地掌握，并且凝聚在周围？

不要忘了目标——通过顾客忠诚度来提高盈利。确定让你要衡量和管理的东西和你的目标保持一致。通过忠诚度来保持可持续盈利，就开始于在你的顾客中打造出更多的可盈利忠诚顾客群。

可盈利忠诚顾客是一个基础，所有公司的兴盛都是建立在这一基础上。他们和公司的使命和产出保持最紧密的一致。他们是能够维持企业财务健康的顾客。

5.4　结论及管理启示

那么,公司应该怎么着手建立令人满意的、忠诚的、可带来盈利的顾客? 这个流程要开始于建立好合适的服务氛围(Schneider et al., 2003)。能够激励员工、使他们的行动和顾客的利益保持一致的教导性政策与工作流程,便是和顾客建立忠诚关系的基础。这意味着零售商家要重新考核他们当前的员工操作、员工认知、奖励制度,对其修整,使其与顾客体验保持一致。这可能意味着要改变雇用制度、增设培训项目,甚至于调整工作职能以及评估机制。对于有着与终端客户直接接触的零售商家,去完成这一目标就显得更为重要。

也就是说,有必要认识到,做到这些并不只是打造愉快的员工会带来愉快的顾客这样简单,同样它也会带来企业的成长和利润。只是简单地在改善举措上投资,没有对它们可能造成的影响有着相应的理解,就等于是为失败开下了处方。

第一件需要认识到的事情是,并非所有驱动顾客忠诚度的因素都会对顾客忠诚度产生影响,也不是所有驱动顾客忠诚度的因素都对盈利有着积极的影响(Cooil et al., 2009)。因此,了解到顾客和顾客体验的哪几个要素有着可测度的、积极的结果也是十分紧要的。

这需要我们在策略上以一种意义明确的方式把所有必要的数据汇集起来,以能够发现服务氛围、顾客忠诚度和盈利之间的关联性。这涉及到管理者要去汇集、统筹和分析正确的数据,将之应用于决策制定的流程中。这在零售环境下实际上更容易做到,这样公司和顾客之间有着最直接和次数最频繁的接触。零售商家可以将每一次互动当成一个机会去利用,收集顾客数据,并使用这类数据去了解让每一位顾客保持忠诚的因素是什么,并且确保这种忠诚度转化为盈利。但在开展这样的关联性分析时,也有必要认识到,这几个方面间的关系并不是简单直白的。在这一点上的研究结果也非常清楚——几者间的关系是非线性的(Keiningham and Vavra, 2001; Keiningham et al., 2006; Cooil et al., 2007)。换句话说,在任何改变发生之前,还要跨过不少的阶段。

对管理者而言,这意味着他们通过员工和顾客忠诚度提升盈利的努力须要确保在足够的推动力下完成,以取得与顾客在产品类别上的较高的花费份额相应水平的收获。这绝非是偶然性的收获。研究也已经明示,无论这些门槛能否跨过,顾客体验的一致性的重要意义不会减少半点(Keiningham et al., 2006)。因此,从最基本上来讲,如果管理者想去正确地专注于他们的稀缺资源的话,对于最终是什么提升了未来的财务绩效就应当有一个现实的模型可以参照。管理者需要在所有阶段中确保一致的服务水平,既然从统计角度上这些阶段已经显示出了对盈利的影响。

这些方面的问题如果能够认真地解决,那么忠诚度策略带来的回报将是巨大的。我们已经发现了许多打造满意/忠诚顾客的公司取得了更高的财务绩效(即,更高的资产价值、更高的估值比率、更高的账面净值比率、更高的未来增长、更低的现金流变数等等),同时也发现,它们在股市上相对标准普尔 500 指数和道琼斯指数而言也表现得更好。事实上,通过正确的服务环境和员工忠诚度打造顾客满意度,会带来长期、非凡的财务回报。我们研究发现,有着更高顾客满意度的企业,年度收益回报率达到了非同寻常的 10.56%(Aksoy et al.,2008)!

讨论与问题

本章的核心基础是探讨如何定义、打造和管理可盈利忠诚顾客,并为零售行业如何取得这些方面提供一个策略上的指路标。不过,本章里所讨论的一些方法,也适用于其他许多行业和环境中。

打造可盈利性忠诚度,需要公司组织内在各种不同层面上做出改变。这里提出一些问题,用以在此课题上展开论辩:

- 你认为在公司组织内做出这样的改变有哪些障碍存在?
- 其他哪些行业也有可能会从我们所描述的可盈利忠诚度的方法中获益?
- 公司组织有哪些特征可以让打造可盈利忠诚度变得更容易,或者更困难?
- 一个公司应当如何管理多元渠道以确保可盈利忠诚度?
- 未来信息技术的优势会对我们打造和管理可盈利忠诚度的能力产生怎样的影响?

案 例

玩具反斗城

玩具反斗城(Toys "R" us)是世界上最大的玩具和儿童产品零售商。该公司在美国拥有超过 700 家商店,全球商店也超过 450 家。在 20 世纪 90 年代早期,玩具反斗城遭遇了强烈的竞争局面,尤其是在新的竞争对手沃尔玛加入市场行列之后。结果,整个 90 年代期间,玩具反斗城的市场份额逐步下滑。

玩具反斗城应对这一问题的第一步,是致力于让它的店面增加吸引力。新的商店设计方法称之为"概念 2000"。商店的改头换面涉及灯光和地板结构的调整,以及让玩具储备更加充足。不幸的是,虽然和过期的商店相比升级后的店面清楚无疑受到了喜爱,但"概念 2000"的理念却没有带来期望中的财务回报，继而宣告终结。同年，玩具反斗城宣布第三财政季度亏损 4.75 亿美元，主要是缩小规模的结果。

"概念 2000"失败绝大程度上是因为玩具反斗城的顾客（通常是年幼孩子的父母）虽然比较能接受新的店面设计，却在他们和连锁商店的交流中遇上了更加严峻的问题。玩具反斗城服务糟糕的名声已经是公众皆知了。

为了解决这一更大的问题，玩具反斗城的管理层意识到，仅仅升级店面本身是不够的，需要改善的还有商店体验。公司 CEO John Eyler 对这一问题这样总结道："玩具反斗城面临的挑战是建立好产品的娱乐水平、服务水平和表现水平。这样，没有热销的玩具时，我们也能度过不错的一年，当有热销玩具时，我们就会有不同凡响的一年。"

为了完成这一目标，玩具反斗城推出了一个新系统，用以测量和监测顾客对体验的满意水平。从这一系统中得到的数据优先用于改善措施中，孤立出脱销产品和店内安置的问题，并选择最佳的（即业务上见效的）经营策略应用于所有的连锁店面。为确保这些措施和改善财务绩效保持一致，数据关联至顾客级别的财务绩效，并合计入商店级别的财务绩效。

玩具反斗城还推出了一个系统，检测商店销售人员的认真投入度。这一信息会用来为公司机构推动培训项目。在商店级别汇集到员工级别的数据，会关联至顾客对于店内体验的感知度，关联至商店的财务绩效，以确保服务环境和顾客绩效相统一。

努力的结果就是管理层对于经营的看待方式的转型。玩具反斗城成了玩具产业的品类"杀手"，借此确立了自己初步的成功。过去也曾做到过这样，是能够以较低价格销售品类繁多的玩具，并提供极为有限的服务。然而市场在不断演进。像沃尔玛这样的大型折扣连锁店也有着类似的经营模式，但有着进入商店的顾客可以继续购买其他类别产品的优势。玩具反斗城需要给出一个邀请顾客进门的理由。

顾客所要求的东西，就是更好的购物体验。他们想要的是知识广博的员工，能够回答购买玩具时的种种问题。这一点从玩具反斗城的创立开始，其重要意义就在越发增加。玩具正变得越来越复杂，即便是同一类别中的不同玩具也会有戏剧性的差别，比如，许多顾客的孩子都能够分辨出宠物小精灵（Pokémon）的不同种类，而真正买玩具的家长却很少能分辨出来，买了错误的玩具回家，就会把原本应当快乐的体验变成苦恼的体验。

这些新的需求要求管理者要在他们对商店如何经营的看待方式上做出改变。情况已经不再简单的只是玩具价格最低、货品选项最多，而是保证顾客从他们迈进商店门口到回去家中把玩具送给孩子都有着愉快的体验。这也需要从理想的商店销售人员能做什么以及要做什么角度上做出改变——从最基本的货架整理员，到知识丰富的玩具答询者。员工评测、薪酬和奖励系统都要重新调整，和这一目标保持一致。

当然，所有这些改变如果不能有效转化为财务成果的话，意义也不是很大。那么最后，玩具反斗城获得成功吗？

通过确保这些改善顾客体验的方法转化为盈利的提高，玩具反斗城的确显示出了愉快的顾客对于收入方面的影响。更有意思的是，员工评测得分较高的商店，也恰是业绩表现优异、并显著地让员工和顾客满意度的关联更加牢固的商店。但是最说明问题的成功故事，要数公司报告出的年度成果。在新策略推出三年后，《道琼斯新闻热线》头条新闻标题扼要地总结出了这一成果："玩具反斗城见证市场份额持续增加的第三年"。所有这些，均发生在美国玩具零售商的现代历史上最艰难的一个时期中——在同一时期，或大约同一时期，FAO Schwarz、Zany Brainy、K.B Toys 公司全部都申请了破产保护。

参考文献

Aksoy, Lerzan, Bruce Cooil, Christopher Groening, Timothy L. Keiningham and Atakan Yalçin (2008), "Long Term Stock Market Valuation of Customer Satisfaction," *Journal of Marketing*, vol. 72 (July), 105–122.

Cooil, Bruce, Lerzan Aksoy, Timothy L. Keiningham and Kiersten M. Maryott (2009), "The Relationship of Employee Perceptions of Organizational Climate to Business-Unit Outcomes: An MPLS Approach," *Journal of Service Research*, Vol. 11, No. 3 (February), 277–294.

Cooil, Bruce, Timothy L. Keiningham, Lerzan Aksoy and Michael Hsu (2007), "A Longitudinal Analysis of Customer Satisfaction and Share of Wallet: Investigating the Moderating Effect of Customer Characteristics," *Journal of Marketing*, Vol. 71 (January), 67–83.

Harter, James K., Frank L. Schmidt, and Theodore L. Hayes (2002), "Business-unit-level Relationship between Employee Satisfaction, Employee Engagement, and Business Outcomes: A Meta-analysis," *Journal of Applied Psychology*, vol. 87, no. 2 (April), 268–279.

Keiningham, Timothy L., Lerzan Aksoy, Bruce Cooil and Tor Wallin Andreassen (2008), "Linking Customer Loyalty to Growth," *MIT Sloan Management Review*, vol. 49, no. 4 (Summer), 50–57.

Keiningham, Timothy L., Lerzan Aksoy, Bruce Cooil, Kenneth Peterson, Terry G. Vavra (2006), "A Longitudinal Examination of the Asymmetric Impact of Employee and Customer Satisfaction on Retail Sales," *Managing Service Quality*, 16 (5), 442–459.

Keiningham, Timothy, Lerzan Aksoy, and Luke Williams (2009), *Why Loyalty Matters*, Dallas, TX: BenBella Books.

Keiningham, Timothy L., and Terry G. Vavra (2001), *The Customer Delight Principle*, Chicago, IL: American Marketing Association-McGraw-Hill.

Schneider, Benjamin, Paul J. Hanges, D. Brent Smith and Amy Nicole Salvaggio (2003), "Which Comes First: Employee Perceptions or Organizational Financial and Market Performance?" *Journal of Applied Psychology*, 88, No. 5 (October), 836–851.

Schneider, Benjamin, Susan S. White, and Michelle C. Paul (1998), "Linking Service Climate and Customer Satisfactions of Service Quality: Test of a Causal Model," *Journal of Applied Psychology*, Vol. 83, No. 2: 150–163.

6

零售业中的战略性服务创新管理

阿拉德·C.R.范·里尔

▶**学习目标**

1. 了解零售环境中的挑战有哪些;

2. 了解服务创新如何帮助零售商家通过打造可持续竞争优势去处理与调和这些挑战;

3. 了解产品和流程创新如何提升顾客满意度和忠诚度行为;

4. 了解新型服务如何开发与实施。

篇首案例

文化与顾客价值:如何与亚马逊竞争?

亚马逊是世界上最大的在线娱乐产品零售商,并将自己定位成全世界最以顾客为核心的公司,也对大多数传统零售商形成了非常强有力的竞争。不过,也有传统零售商将成功局面维持下来,甚至还提高了他们的竞争地位——尽管对其盈利也耗费甚多。Fnac 是一家起源法国又扩展至整个欧洲的书籍零售商,欧洲之外仅有一家商店,在巴西。他们在许多欧洲大城市相当活跃。公司进入市场的目标和愿景相对比较简单:让文化面向大众,比当地书商提供更多选择,并且价格也尽可能更低。然而,当亚马逊进入市场后,以更低的价格提供了更多的选择,其竞争力立即变得引人瞩目。Fnac 公司也勉强步入了电子商务渠道,但通过该渠道取得的销售量仍然远远无法望及亚马逊的项背。Fnac 意识到他们在主场比赛中显然不能打败亚马逊,而是需要一些革新性的思路来维持竞争力。他们开始致力于创新,并进一步提升顾客体验,而这也是他们认为自己擅长的方面。他们组织了一些包含著名作家参与的现场论坛,邀请一些音乐家进入店面现场演奏,并增加了一些颇受好评的服务设施,如书吧,让人们可以在享受饮品的同时读书。他们也增多了签售会的频率,并致力于将他们的书店打造成面向文化爱好者的地道的文化圣殿和场所。

6.1 简介

在大多数行业里,创新都是打造可持续竞争优势的关键。在本章里,读者会阅读到零售业服务创新的有关发展状况。我们会解答以下几个关键问题:现代零售环境下服务创新的角色和范围是什么? 在当前动荡和竞争激烈的零售环境下,服务创新如何有助于取得可持续竞争优势? 现代企业如何组织创新流程,使各种新型服务理念顺利走过推介和实施的阶段,最终投放市场? 新型或改进后的服务绩效应当如何进行评测?

由于成本及成本缩减在服务管理中扮演着重要的角色,我们会从实际服务操作的观点上来讨论服务创新流程。然而,服务的重要目标,是通过比竞争对手创造更多的价值、更好地满足顾客来让企业实现差异化。根据服务主导逻辑,顾客会从他们购买产品所得的服务中获取到价值,而大部分的价值都是借由和顾客共同打造的零售体验中获得的。由此,我们支持这样的带有明确市场导向的经营观点,并对提升顾客零售体验予以充分的关注。本章会建立起在零售环境下组织服务创新流程的一览表。

6.1.1 零售服务创新的竞争优势及其战略上的重要性

打造一个具有创新精神的零售组织在战略上有着毫无疑问的重要意义。零售商家都从他们的行业环境中受到了大量的威胁(见专栏"Porter 的五力模型")。供货商——比如联合利华(Unilever)、宝洁公司(Procter & Gamble)、莎莉集团(Sara Lee)、雀巢(Nestlé)等等——都是跨国公司,商店密集,实力强大,进入零售行业的门槛以及达成差异化的局限相对也比较低。而其他许多替代形式——比如在线零售商、经销商,以及单一品牌批发商——也同时存在。这样的情况会导致较高的价格竞争水平,会对一个行业内的平均盈利造成负面的影响,这在不少的零售部门中也确实存在。与此同时,顾客所知道的信息也在不断增多。他们凭借信息高速公路,即通过平板电脑和智能电话,就能够找到专门的货物供应商家,比较零售商之间的价格。顾客在价格上和服务层面上的要求也变得更多了。同时,顾客对具体批发商家的忠诚正逐渐消失。这要部分地归结于产品和服务的便利舒适程度:作为技术发展的结果,产品和服务间的质量差异正变得越来越小,甚至不存在。

专栏

Porter 的五力模型

根据哈佛大学的经济学家 Michael Porter 所述,在行业内取得超出平均水平以上的盈利的可能性,以及由此产生的吸引力,可以根据所谓的五力框架对行业进行分析来决定。行业的吸引力会与有无竞争对手、替代形式、实力较强的供货商、顾客,以及行业进入门槛的存在成比例。通过开发一些战略去调和这五种力量,公司就能够提升盈利,获得超过平均水平以上的回报。尽管零售行业普遍都有着较低的进入门槛、激烈的竞争局面和实力强大的供货商,却只有为数不多的零售公司能够成功地调和这些威胁中的一项或多项。

零售行业不止是经受着重大的竞争威胁,同样也在零售环境下经历了一系列重大的改变。供货商家定期地推出新产品和服务,来回应顾客不断发展更新的需求和需要。此外,对于个人的零售需求,零售顾客也开始期望得到更快、更便宜且定制化的解决。最终,竞争者之间通过更加先进的武器进行竞争,通常通过多个分销渠道,比如,提供网上订货、在商店内或加油站取货的服务。要想在如此多变和竞争激烈的行业中持续取得平均水平以上的盈利,仅有的可能性就是在开发机遇及调和威胁上持续投入足够的人力和财务资源。通过创新打造起顾客真正欣赏和重视的优势,就能够让零售商实现差异化。

战略性创新项目必须同公司战略保持一致,并且意在真正地兑现或者执行公司战略。如果公司组织坚持的是低成本战略,那么战略服务创新项目可能会意味着更进一步提升流程效率,降低流程成本,而不会给服务质量造成负面影响,如 Aldi、Lidl、Kmart。如果公司坚持集中化或利基营销战略,比如,对共有性特定需求的相对同质性的顾客群体进行针对处理,那么创新项目就要定目标于更好地满足这些特定的需求,比如在不提高成本的情况下开发更多高效的服务,像 Giant 食品。最后,竞争优势会让顾客选择及偏爱该品牌,因为这样会带来更高的满意度水平。不过,只有在服务创新不能被轻易模仿时,竞争优势才可以持续。如果公司是凭着低价位提供商品而获得差异化,那么成本降低的创新措施务必要让竞争对手难以模仿。

满意和忠诚顾客对于零售经营极为重要,因为顾客忠诚度和一系列的行为紧密相关,而这些行为会带来更低的营销花费,并从每位顾客处取得更高的收入。一般认为忠诚顾客会对他们中意的品牌发展出一种偏爱度。这表示他们依据对自己需要或需求的判断,在各种各样的零售经销店中最可能选择他们偏爱的品牌下的零售经销店做出购买行为。满意和忠诚顾客也常常会推荐和称赞他们偏爱的品牌

(积极的口碑相传),从他们偏爱的商店中反复购买同样的或相似的物品,甚至愿意花更高价钱。

专 栏

什么是竞争优势?

零售商 A 的竞争优势,是消费者持续选择和偏爱该品牌的理由所在。零售商 A 的服务能够超越其竞争对手的服务,主要依赖于在消费者眼中,零售商 A 可以更好更积极地提供差异化服务。

战略性服务创新可以帮助零售商建立清晰的竞争定位,同时可以从不同维度上改进其服务,并与竞争者的服务形成差异化。在过程质量和价值方面,聚焦于不断改进整个流程的顾客体验将有助于创造可持续的竞争优势。零售服务创新有时会带来更高效率和更低成本的服务流程,有时会导致更有效果的流程和更高质量的服务,有时仅仅是一次更好的体验,但大多时候是以上三者的结合。

6.2 服务创新的不同类别

我们该怎么创新?既然我们意识到服务创新这个战略性的角色在竞争激烈和多变的行业中的重要性,如零售业,我们就要更加重点关注服务创新的不同类别。创新项目的不同类别针对的是不同的战略需求。有时候环境改变得太快——比如,在竞争对手推出一个比较激进的新型经营模式的时候,零售商就需要从根本上改善他们的供应方式以保持竞争力。又有时候发生的是较为缓慢的演变,创新流程就只需符合演变的迟缓步调,比如,提升卫生标准。

专 栏

顾 客 价 值

那么顾客在零售体验中视什么为价值?价值是一个很多元层面的概念。顾客通常倾向于流畅的处理程序、可方便到达、低价位、节省时间,以及人性化服务,同样他们也会看重零售商家尊重环境、善待员工、奉献社会、致力慈善等等。创新就是侧重于提升价值,要么通过缩减成本或劳务,要么就提升服务的内在价值。

根据创新的相关内容更新,以及新型服务和之前已存在的愿景间的关系,我们可以据此分辨出创新的各种类型。

首先,我们可以做一下增量和激进服务创新间的区分。服务创新内容更新的相关程度可以帮助我们在现有服务的增量或微变与激进或基础的创新之间以连续的形式进行服务创新的定位。在连续体的一个端点,我们可以找到增量服务创新。增量服务创新是服务、服务范畴或服务流程设计上轻微的、特定的改变。其目标要么是更正流程中细小的错误,改善服务体验(提高服务质量、提高标准,或者适应服务创造的价值),要么就是提高流程效率(缩减成本),或者两者兼有。服务范畴上增量创新的实例则有改换超市信号通知板上的色彩,使用更易认读的字体,或者在柜台设计上轻微的改变。

在连续体的另一端点我们找到了激进服务创新。激进或基础服务创新比较复杂,通常一次就触及服务的许多方面。所谓的构架创新,改变了流程间的相互连接,也改变了服务结构(即环节的顺序、分配渠道等)。在激进服务创新的情形中,新型服务会有着根本的不同,无论是从顾客的感知上(比如,改变电子服务设施的界面),还是从实际操作方面(比如,改变产品的分配)。激进服务创新同样也会给公司及顾客带来大量全新的盈利和利益。

6.2.1 激进创新的优势和劣势

增量与激进创新什么时候推出比较合适?激进创新更加复杂,成本更高,风险更大,一般来说也要花费更长时间开发和实现。激进服务创新的优势在于企业会藉此打造更稳固的竞争优势——在创新成功的情况下。激进、复杂的创新通常也更加难以模仿,这也会让他们打造出的竞争优势更加巩固。而当顾客不能够感知到改善努力所带来的变化,或者找不到或不看重所提供的服务中的利益,或者成本没有缩减下来,那么就要认为创新是失败的,是各种资源的浪费。零售服务创新越复杂、越激进,潜在的回报就会越多,与此同时失败的风险也会越大。

6.2.2 服务创新的可模仿性

不过,由于多数服务创新都十分容易模仿,竞争优势在时间期限上也就有着一定的局限。仅有少数机制能够保护服务创新中的知识产权。专利会不复存在,尽管它们也能够用于创新中一些有形的层面里。服务创新越复杂,对竞争对手而言就越难以了解其内容,难以复制其形式。增量服务创新一般成本较低,比激进创新而言通常需要较少的投资去推行。

6.2.3 服务创新项目组合

为使可得资源获得最佳利用,并降低失败的风险,大多公司开始尝试在增量和激进服务创新间寻求平衡。他们尝试构建一种创新项目的组合,将风险和回报均分在有限的一组项目中。零售创新可以集中于创新核心服务，并开发或推出补充服务。

在设计竞争战略和服务创新项目组合的同时，高层管理者也应当考虑到一般业务环境，尤其是零售行业中一系列层面上的演变。一般来说，零售业环境的政治、经济、社会、技术、生态和法律层面都会发生改变。我们很快就会讨论到在零售环境下对于服务创新而言最有影响力的层面，以及改变带来的启发。

6.2.4 技术的角色

我们通常认为技术的发展是为零售服务创新创造了机遇。新型高端技术的应用，如互联网技术、RFID（无线射频识别技术）等等，为全新的服务形式以及现有服务效率和效力的稳固提升创造了机会。由于仅有少数的机制能够防止竞争者模仿服务创新，所以也需要谨慎地提防这一威胁。技术的扩展应用可以让服务创新更加难以模仿，尤其是在信息交流技术的发展和其他独到的零售能力及公司资源结合应用时。特别是自助服务技术（SST）开始广为流行，力图提升服务质量，并同时缩减了成本。例如，欧洲许多劳工成本非常高的超市，已经开始推出在收款台自助扫描货物的形式，这样就可以加快检货速度（为顾客创造了时间价值），同时也降低了员工成本。

专栏

在线零售门户：区分核心和补充在线服务

在在线服务供应中，例如，在一家旅行社的网页中，我们可以区分出核心服务（如打理你的假期包裹，或预定汽车租赁服务）和补充服务（如核实你的假期目的地的天气预报）。补充服务为顾客增加了价值，并整体性地提高了他们对该门户的满意度。补充和增加价值的服务理念不止可以成功运用到在线零售服务创新的开发中，也可成功地应用到零售行业里。

6.2.5 竞争的角色

在经济层面上，竞争者施加着一个很重要的影响力。竞争公司不断做出战略决定，重新策划活动，重新集中服务供应，重新定位和拓展业务网点，等等。这所有的方面，在设计战略性的创新项目组合时，都要纳入到考虑中来。在许多情况下，零售服务创新都是用来降低或调和战略风险。比如，当一些超市连锁希望在地域上达到经济最大化，集中在城镇郊区打造大型市场时，另一些超市连锁会开设（或增设）小城市商店，在靠近人口聚集区域，或办公楼所在的位置提供一些基本的日常用品。通过对特定需求的侧重,尽管经营花费会更高些,货品价位也更高些,后者却成功地和大型超市相抗衡。在另外一些情况下,机遇也可能会是竞争零售连锁的战略活动的结果。像这类情况零售服务创新项目就可以利用这些机遇。

6.2.6 顾客角色的转变

零售顾客的行为正在发生着重大变化。顾客开始越来越珍惜他们的时间,越来越不愿意等待着被服务,因此偏爱于快速的自助服务。所以自助服务开始在零售业中占有了重要的位置。零售服务体验的许多方面可以自主实现,或者产生出了某些自助服务的潜力。一些例子像是购买水果、蔬菜、乳酪、肉类和鱼类产品。另外一种自助服务形式是退回空的或是经过告知的包裹,像瓶子或箱子。最终,一些活动,像是接收(邮件或是网络)订购的产品以及自主结算,常常成为了自助服务行为的一部分。

6.2.7 生态的角色

比其他行业领域更明显的是消费者对生态意识不断加强也已开始成为零售服务创新的机遇和灵感的源泉。基于各种原因,顾客开始更多意识到浪费问题,并要求零售商家采取措施减少包装上的浪费。类似地,生产商也可以创新百货产品的包装,减少包装的重量和体积。

6.3 从创新角度看零售服务的独特性

顾客几乎每天都在使用零售业的服务,从这个意义上说,零售服务是相当独特的。也因此,顾客会很快注意到服务系统中的变化(和错误)。一些顾客通常有着时间上的压力,所以会认为购物不好但不可缺少。由于他们频繁地使用零售服务,小的服务失误会很容易带来不理智行为、投诉和不满心理,所以也有必要对一部分顾客体验闭上"一只眼睛"。

6.3.1 新型服务流程

由于战略性的创新在零售业中已占有如此重要的地位,公司也开始给予流程创新越来越多的关注。众所周知,创新,尤其是服务创新,有着较高的失败率。为降低失败率,公司开始尝试更好地组织和建构他们的创新活动。过去 20 年里已积累了大量的知识,许多公司现在能够熟练地投资,进行快速和成功的创新。在服务创新流程的提升上取得的一个巨大进步,就是所谓的门径管理流程模式的推出。这一模式是由 Booz、Allen 和 Hamilton 在 20 世纪 80 年代推出的,并由其后一系列创新管理学者们进行了更多的发展。这一模式背后的理念是将创新流程分流到各个不同阶段,并由决策门径相连(图 6.1)。

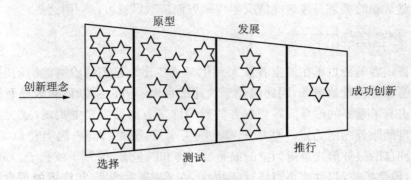

图 6.1 创新漏斗图

在每一阶段完成后,管理团队再决定创新项目是否值得继续。这一类型的流程模式一个巨大的优势就是创新中的各项目会按照相同或类似的标准得到充分的评估,而且公司也可以让这类标准更加明确,易于衡量。在新型服务开发流程的第一阶段,即创新阶段,常会被划在门径管理流程之外。但这仍然是所有创新的起点,因此,我们也应当将这一阶段视为新型服务开发流程的一个部分。

6.3.2 零售服务的创新

零售服务中的创新和理念一个重要的资源就是顾客。顾客反馈可以成为相对花费不多的灵感来源,尤其是在顾客投诉服务质量的情况下。现如今,这样的反馈可以在网上,以及 Facebook 和 Twitter 这样的社交媒体平台上经常看到。参与顾客的投诉和开展调查同等的重要。调查可以以调查问卷的形式结构性地展开,或者以观察、组织焦点小组这样的更具结构性的方式展开。服务供应所涉及的员工也同样可以成为现有服务流程的效率和效力一个重要的反馈来源。有关有效地开展市场研究,有大量的文献可以参阅。

6.3.3 新型服务提议

当潜在的新型服务,或服务创新设想出来时,有必要把想法写下来。想法能够将新型服务或服务创新提议的形式具体化。尽管在这个早期阶段会困难一些,但在提议中尽可能将更多的细节明确下来是至关重要的。提议是用来进一步探讨、推敲和检测新的服务理念,并说服更高层的管理团队投资开发新的服务或服务创新,从战略、经营和广告宣传的角度上予以合理化。

6.3.4 零售业中新型服务的筛选和抉择

高层管理团队,或者筛选委员会,一般会对服务创新的提案进行评估。首次评估最终会需要由某个行业案例支持，可能会以分检的形式决定。如果服务提案被许可，管理团队通常会指派一个项目经理和一个跨职能团队去负责新服务项目的开发。他们也会预先分派一个预算数目，获取必要的资源。在这一阶段，决策团队会面临较高程度的抽象、复杂和不确定局面，而各种提议的方法会让他们的决策制定流程更有效率和效力。近期的研究显示，反身性（一种"停下想想"的态度）与交互记忆系统在流程的本阶段会成为有用的认知工具。同时，在决策制定的效率和效力上强烈的正面影响力，也体现出了变革型领导、程序性理性，以及一种开放和革新的公司环境。

6.3.5　设计零售服务

在所谓的新型服务开发（NSD）阶段中，在筛选阶段提出和许可的理念会进一步推敲，并发展为服务设计。一项服务包含一系列的流程和一个所谓的服务范畴，即物理性环境和服务花费的物质层面。这些层面要从服务的操作角度上进一步探索。服务蓝图的制定是一项技能，通常用于判断和澄清流程中的问题与责任。在服务蓝图制定中，从和顾客互动以及筛选过程和后台流程背后所有需要的活动角度出发，推行服务必要的活动和流程都要清晰描述，并相互适应。

6.4　组织和管理新型服务开发流程

所谓新型服务的开发团队的组建和管理对于他们的成功而言是至关重要的。

6.4.1　NSD 团队组建

新型服务项目的开发通常由一个专业的跨职能团队完成，并由一个项目经理来领导。团队需要触及各种各样的服务经营接口，力图能够开发同公司组织的技术标准及经营准则（操作接口和法律接口）、顾客期待（市场接口）、服务员工的期待（人力资源接口），以及从成本和盈利角度上的财务期待（财务接口）相应的服务。

6.4.2　NSD 团队管理

一个 NSD 团队项目经理会需要应对跨职能团队成员间的复杂协调和沟通上的一些问题。团队领导者，或者说项目经理，应当能够促进参与和打造交易及合作平台的各专家间的沟通。在许多情况下，项目经理本人也同样要对推行某项规划的合作情况负责。NSD 团队的成功因素，是开放的、革新性的公司氛围，以及变革性的管理模式。

6.5　推出和推行新型服务

准备好进行广告宣传前,新型服务通常会首先在一个试点项目中受到检验,并与项目中各股东的期待进一步相符。项目经理一般要负责这些试点项目的组织。试点是一种理想的情形,一些较小的适应会自行达成,对于服务员工的培训需要也会借此显现和形成。只有新的服务从效率和效力角度满足了所有的需求,该服务才会从更广的范围内展开部署。

6.5.1　新型服务的成功因素和评定

在新型服务推出之后,持续地对服务进行评定,检验它是否能继续满足所有相关利益者的各种需求就显得尤为重要。由此,能从外在和内在相关利益者那里获得反馈就成了必不可少的环节。

新型服务必须从多个标准上进行评定,以对其绩效获得完整的了解。这些标准要在新型服务流程的早期阶段确立,最好是在服务推行之前。通常使用的标准就是服务在广告宣传和财务上的成功、可感知服务质量、服务对于顾客满意度和忠诚意图上的影响、服务对员工满意度上的影响、新型服务对公司知识体系的贡献,等等。为确立新型服务是否成功,可以用加权平均分数来计量各式各样的标准。使用哪种标准,哪种加权,要依照服务的类型而定。对于商务服务而言,销售数字和销售增长会比新型的售后服务更加重要。对于后者,顾客满意度可能就是一个关键的指标。

6.6　总结

零售业是一个多变且充满竞争的行业。要想在这个行业里生存和持续创造平均水平之上的盈利,公司需要不断提升和创新供应方式:通过创新性的思考,他们可以向顾客提供更多更好的价值。通过开发核心和补充服务创新的组合以及新型服务项目,加以对这些项目的精心管理,他们就能做到这些,同时减少了失败的风险。与服务创新的开发和推行同等重要的,是对其结果的评定和掌控。

讨论问题

1. 设想一下你有一家位于主要街道上的小型玩具商店。一家大型连锁店在隔壁开业了。他们的玩具卖得相当好,并且七折优惠。有没有可能通过创新重获竞争优势? 你应该怎么做?

2. 在线零售已开始在零售行业里占据了重要的位置。那么传统行业零售商所拥有的最重要的资产是什么? 在你看来,他们能否借由这些资产建立起优势对抗他们的在线竞争对手?

3. 服务蓝图的制定是一项技能,用于具象化服务中较大的有形层面。这种技能经常用于创新的项目中。你能推想出这种技能的优势和缺陷吗? 根据可判断出的缺陷,你能设想出可具象化服务的有形层面的替代形式吗?

4. 设想一下你是一个服务创新项目的项目经理,你在开发一种能够缩减收款台前排队人群的可感知等待时间的系统。如何能够确保你的服务创新会十分有效?

延伸阅读

Cooper (1990), Fitzsimmons and Fitzsimmons (2000), Froehle et al. (2000), Stevens and Burley (1997), Storey and Easingwood (1998), Sundbo (1997), Tax and Stuart (1997), Van Riel and Lievens (2004), 及 Van Riel et al. (2001)。

参考文献

Cooper, R. G. 1990. New products: What distinguishes the winners? *Research Technology Management* 33 (6): 27–31.

Fitzsimmons, J. A. and M. J. Fitzsimmons 2000. New service development: Creating memorable experiences. Thousand Oaks, CA: Sage.

Froehle, C. M., A. V. Roth, R. B. Chase and C. A. Voss. 2000. Antecedents of new service development effectiveness: An exploratory examination of strategic operations choices. *Journal of Service Research* 3 (1): 3–17.

Stevens, G. A. and J. Burley. 1997. 3000 raw ideas = 1 commercial success! *Research and Technology Management* 40 (3): 16–27.

Storey, C. and C. Easingwood. 1998. The augmented service offering: A conceptualization and study of its impact on new service success. *Journal of Product Innovation Management* 15 (4): 335–351.

Sundbo, J. 1997. Management of innovation in services. *The Service Industries Journal* 17 (3): 432–455.

Tax, S. S. and F. I. Stuart. 1997. Designing and implementing new services: The challenges of integrating service systems. *Journal of Retailing* 73 (1): 105–134.

Van Riel, A. C. R. and A. Lievens. 2004. New service development in high tech sectors: A decision making perspective. *International Journal of Service Industry Management* 15 (1): 72–101.

Van Riel, A. C. R., V. Liljander and P. Jurriëns. 2001. Exploring consumer evaluations of e-services: A portal site. *International Journal of Service Industry Management* 12 (4): 359–377.

7

电子零售和服务质量

金正焕　沙伦·L.列侬

▶**学习目标**

1. 提出电子商务、电子零售和电子服务的定义；
2. 探讨电子零售和电子服务质量的重要性；
3. 探索电子服务和电子客户满意度与忠诚度的关系；
4. 评述电子服务质量的多种维度与评估方法。

本章结构如下：第一节提出电子商务（以下简称电商）、电子零售（e-retailing）、电子服务（e-service）、电子服务质量（e-service quality）的定义，并探讨电子零售和电子服务质量的重要性。第二节对有关电子服务及其与客户满意度（以下简称e-satisfaction）和电子忠诚度（e-loyalty）的文献进行综述。在第三节描述并批判各种用来衡量或评估电子服务质量的标准。最后提出在管理上的意义。

随着电子商务的快速发展，很多实体零售商店将在线零售作为一种接近消费者、促进销售的手段。互联网使用的爆炸性增长，改变了消费者的购物模式（Yoo et al.，2010）。由于新技术的进步，如无线互联网服务和移动设备，现在消费者可以在任何时间、任何地点访问互联网。与线下零售相比，电子零售具有很多优势。例如，零售网站可以每周 7 天、每天 24 小时访问。此外，与线下商店不同，消费者可以在网上商店通过技术接口直接与销售人员进行互动。消费者对离线商店的互动期望似乎转移到网上商店。这意味着，消费者可以期待得到个性化的关注，准确地完成交易，按时收到产品，获取信息（Cristobal et al.，2007）。因此，在当前竞争激烈的电子商务中，想要获得成功，电子零售商需要注重电子服务质量。消费者对电子服务质量的感知能够决定一个电子商务企业的成败。

对于电子零售商而言，Y 世代似乎是最有影响力的一代人。Y 世代指的是出生于 1977—1994 年间的一代人，也被称为"Gen Y"，婴儿潮一代的回声，或者是千禧一代（Sullivan and Heitmeyer，2008）。Y 世代接触先进科技（Tyler，2007），对电子媒体的利用程度很高（Foscht et al.，2009）。针对 Y 世代消费者的一项调查结果显示，他们中 77％的人每天访问互联网，69％的人通过互联网购物、获取产品信息（Reisenwitz and Iyer，2009）。Y 世代振兴了美国经济（Noble et al.，2009），在电子商务中是非常有利可图的一部分。在美国大约有 7 000 万名 Y 世代消费者，约占人口的 26％（Heaney，2007）。与他们的收入相比，他们具备很强的可支配购买力（Foscht et al.，2009）。此外，Y 世代消费者已经适应将购物视为一种休闲方式（Bakewell and Mitchell，2003）。因此，电子零售商需要对 Y 世代及其对电子服务的看法有更多的了解，只有这样，才能在电子市场上获得成功。

7.1　电子商务、电子零售、电子服务和电子服务质量

狭义的电子商务被定义为通过互联网以电子方式购物（Walsh and Godfrey，2000）。然而，我们需要一种更为广阔的视野，采用 Ernst & Young 给出的定义，"通过电子方式，如互联网或专用网络，进行或实现货物和/或信息的营销、购买、出售"（引自 Van Vliet and Pota，2000）。这一定义，不仅包含了购物，引入了比互联网范围更大的媒介，也阐明除电脑之外的其他访问互联网的方式（例如，尽管我们通常认为只有通过电脑界面才能访问互联网，但是通过手机或者其他设备如 iPad 上网的情况越来越多）。这一更为宽泛的定义包含了网上银行（互联网或手机）、使用 ATM 机（非互联网消费者界面）、网上购物（互联网或手机）、电视购物（电视、电话）、移动购物（手机）、网上宾馆预订（互联网或手机）、目录购物（电话），所有这些都是电子零售的案例。电子零售可以被定义为企业对消费者的电子化零售（Burt and Sparks，2003）。

即使受到经济衰退的影响，美国的电子零售仍然继续以两位数的速度增长（US eCommerce，2008）。考虑到 2008 年对于美国零售业而言是灾难性的一年，这一增长非常引人注目。2007 年美国电子零售销售额达到 1 750 亿美元，预计 2012 年将达到 3 350 亿美元。Forrester 一份研究报告发现，2008 年零售商的网络部门数量增加了 18％（Online retail thriving，2009）。此外，Forrester 在对 97 家电子零售商进行的调查中发现，87％的零售商声称他们在 2008 年是盈利的。这些电子零售商中的大部分还表示，2008 年整体盈利水平有所增长。消费者可能会再次开始购物。在 Forrester 的另一份研究调查中发现，19％的消费者称他们在 2009 年将在网上购物上花费更多（Trends，2009）。

随着越来越多的人转向网络和燃油价格的不断波动，消费者可能会继续对电

子零售感兴趣（Sharing knowledge，2009）。多种类型的电子零售使用互联网,这使得"价格优势已经失去,因而服务是能够提供更多价值的区别……"（Internet Retailer，2008）。随着电子零售的不断增长,消费者对网上服务的期望值也在不断变化和增长（Internet Retailer，2008）。在主页上发布800免费服务电话号码就意味着提供了良好的客户服务,这样的时代已经一去不复返了。消费者希望能够在他们想要的任何地方、任何时间进行购物。他们期望零售商提供24/7的沟通选择,并及时回应客户的咨询。研究发现,消费者希望服务、支持和购买过程能够改善（Singh，2002）。在最新的一份调查中发现（引自Sharing knowledge，2009），参与者指出他们期待有一些改进,如永久购物车、结账单页、提供现场帮助——这些都是与服务相关的功能。零售商需要留意消费者的服务需求,有效地利用这些机会。但是,究竟什么是电子服务和电子服务质量呢?

　　提出这些问题要比回答这些问题容易得多。首先,目前电子服务的定义很多,服务的内涵又是含糊不清的。Grönroos（1984）根据预期确认（不一致）的定义服务质量（消费者感知质量）,对服务质量的预期与获得的服务质量感受作比较。顾客没有感受到预期的服务与低劣的服务质量相联系。SERVQUAL（Parasuraman et al.，1988）是被开发并广泛应用于评估离线服务质量的方法,同时也建立在服务感知和服务预期之间的差异之上。然而,用来评估人所提供服务（如在实体商店环境中）的定义不一定能应用于没有人际交往（例如,通过电子方式）提供的服务,这样的定义在电子服务环境中可能是不恰当的。

　　因此,研究者面临着提出电子服务和电子服务质量定义的任务。然而,定义范围从广义（Rust，2001；Santos，2003）到狭义（Francis，2007；Zeithaml et al.，2002）,往往并不特指电子服务的构成。通常,电子服务的定义是循环的。参阅表7.1可以看到文献中关于电子服务和电子服务质量的定义。Rust（2001）将电子服务定义为"通过电子网络提供的服务"（第283页）。这一定义非常广泛,包括了互联网以外的媒体。然而,这一定义也是循环的（即用服务定义了电子服务）,并没有特指电子服务包括什么,怎样与非电子服务相区别。Fassnacht和Koese（2006）认为,为人们普遍接受的电子服务定义并不存在,因此,他们将电子服务定义为那些利用信息技术,通过与消费者交互用户界面所提供的服务。这一定义在广义上与Rust的定义相似,但并没有特别指出电子服务包含哪些内容。然而,Fassnacht和Koese的确强调他们对电子服务的定义并不包括任何类型的消费者与服务人员的互动（例如,电子邮件）,这是以电子为中介的行为。在对电子服务的定义中,Zeithaml等人（2002）和Francis（2007）更大程度上侧重于网上购物服务。Zeithaml等人（2002）将电子服务定义为"发生在交易之前、期间和之后的所有事务"（第362页）。这个定义比其他人更为具体。由于我们采纳了将电子零售作为企业对消费者的电子化零售（Burt and Sparks 2003）的定义;我们采用了Fassnacht和Koese（2006）、Rust（2001）,及Zeithaml等人（2002）对电子服务的定义。我们将电子服务定义为消费者在利用用户界面之前、期间和之后的所有事务。这一定义提供了某些特异性，可以被应用于电子银行、ATM 机使用、网上购物、电视购物、移动购物、网上预约宾馆和目录购物。然而，这一定义没有包含产品交付和消费者与服务人员的互动，例如电话或电子邮件。然而，问题仍然存在，我们仍然没有具体定义电子服务究竟包含什么内容。

表 7.1　电子服务和电子服务质量定义

作　者[a]	电子服务定义	电子服务质量定义
Collier 和 Bienstock(2006)	第一层维度：隐私、设计、信息准确性、订单条件、互动公平、程序公平、结果公平	电子服务质量与消费者对服务结果的感受以及问题发生时的纠错感受相关
Fassnacht 和 Koese(2006)[b]	电子服务是利用信息技术，通过与消费者交互用户界面所提供的服务[c]	电子服务能够高效满足客户相关需求的程度
Francis(2007)	互联网零售是一种消费者可以在网上购买产品的服务	互联网零售质量包含服务过程的功能层面以及服务结果的技术层面
Rust(2001)	"通过电子网络提供的服务"（第 283 页）	
Rust 和 Lemon(2001)	电子服务为消费者提供关于互动信息流方面的卓越体验（第 86 页），处于消费者与公司之间	
Santos(2003)	电子服务为消费者提供关于互动信息流方面的卓越体验（第 234 页）	在虚拟市场，消费者对电子服务提供的卓越品质的整体评价和判断
Swaid 和 Wig(2009)		电子服务质量是在网络上提供的一流服务质量
Zeithaml 等人(2002)	"在交易发生之前、之中与之后的所有事物"（第 362 页）	"网站提供选购、采购以及交付的高效便捷程度"

注：a 按第一作者的首字母顺序排列；
　　b 他们称大部分作者既没有对质量结构的范围给出定义，也没有提出明确的电子服务的定义；
　　c 电子服务的定义不包括任何类型的消费者与服务人员之间的互动。

　　正如电子服务的定义是多种多样的，电子服务质量的定义也是如此。表 7.1 中还可以看到在研究文献中的一些节选的定义。大多数定义包括对服务提供的评估概念（如，卓越、优秀、高效、有效）。Swaid 和 Wig 和（2009）称电子服务质量是在网络上提供的一流服务质量。Santos 将电子服务质量定义为"在虚拟市场，消费者对电子服务提供的卓越品质的整体评价和判断"(第 235 页)。这些和其他的关于电子服务质量的定义都是循环的,因为他们在定义中使用了质量这一术语(即,质量是质量)。Swaid 和 Wig 的定义局限于在网络上的服务,并不包括 ATM 交易和电视购物。Francis 和 Zeithaml 等人对电子服务质量的定义特指网上购物。为了将电子服务质量的概念扩大至其他电子交易,我们采用 Fassnacht 和 Koese(2006)的如下定义:电子服务质量是指"电子服务能够有效和高效地满足相关消费者需求"的程度(第 25 页)。这一定义并不是循环的,包括了评价的概念,可以适用于各种电子交易。

7.2　文献综述

7.2.1　电子服务质量和电子满意度

在电子服务研究文献中最经常的发现就是电子服务质量与电子满意度成正比(例如:Ba and Johansson,2008;Collier and Bienstock,2006;Cristobal et al.,2007;Evanschitzky et al.,2004;Ribbink et al.,2004;Trabold et al.,2006;Vilnai-Yavetz and Rafaeli,2006;Yang et al.,2004;Zhang et al.,Prybutok,2005)。这些研究很多是建立在大学生对电子服务质量看法的调查研究基础上。调查研究包括对一组人的调查问卷(或是对一系列表述的回应)。例如,Ba 和 Johansson 对149 名经营管理和信息管理专业的本科生和研究生进行了调查。学生的任务是在六个零售网站上挑出一个进行访问,并在三种产品中选出一种产品。在访问网站后,参与者完成一份自填问卷,包括对电子服务质量的感受(例如电子服务提供体系过程)。Collier 和 Bienstock 对 338 名本科生进行调查,他们在调查之前完成了一项在线交易。要求调查对象在回答问题时,回忆他们做交易的最后一家电子零售商,包括描述电子化过程质量和电子化结果质量的一些问题。那些与电子零售商出现问题的人也要完成电子服务补偿的条目。

调查研究有利有弊。调查研究依赖于自我报告(即要求人们报告一些事),存在一些弊端(Lennon et al.,1995)。首先,自我报告要求调查对象必须回忆过去的事件(例如"根据你最后一次电子化购物体验回答以下问题"),而回忆并不总是准确的。第二,调查(Nisbett and Wilson,1977)显示人们无法准确地讲述什么对他们产生了影响(例如"你对 XYZ 感到满意的最重要原因是什么?"),因此,他们可能提供不准确的回答,即使他们认为自己是尽可能地准确讲述。第三,在完成自填问卷时,人们回答的可能是他们并不理解的问题。调查研究的优点包括:相对廉价;研究者接触大量的受访者;如果根据概率抽样,能够概括(即代表)普通人群。

有争议的是，建立在学生参与者之上的研究并不像建立在更广泛范围消费者之上的综合研究那样更为广泛。Evanschitzky 等人（2004）对 595 名德国网上消费者进行调查，询问一些人对电子购物的满意度，询问另一些人对电子银行的满意度。电子服务质量的各个方面影响着对电子购物和电子银行的满意度，但是对两种电子零售商产生不同方面的影响。Cristobal 等人（2007）对互联网用户进行了调查，这些人在之前的三个月内至少购买或使用过一次互联网服务。他们发现感受的电子服务质量（评估服务的卓越和优秀）与满意度呈正相关。由于这些研究的受访者是普通人群，研究结果更可能代表在普通人群中的关系（即德国网络消费者、互联网服务使用者或购买者）。

一些研究将服务质量对满意度的影响的研究支持建立在消费者的评价之上，而不是依靠从学生或是其他消费者那里收集来的数据。Trabold 等人（2006）使用的数据是公开可用的在线客户评级网站的数据。关于这一研究更为有趣的是，作者对几种不同的电子零售行业（例如书籍、服装、电脑、电子产品）进行了调查。消费者从八个方面对电子服务质量和整体满意度进行评级（例如付款过程、及时交付、回报和退款的便利性）。结果显示，电子服务质量的付款过程、及时交付、管理的可接近性与所有电子零售部门的电子满意度正相关，而其他的电子服务质量维度在某些方面与电子满意度相关。Yang 等人（2004）进行了一项类似的研究，采用848 名使用网上银行业务的客户评论作为数据。对这些评论进行分析来确定电子服务质量的维度。然后，在该研究的另一个部分，有一份由 235 名网络消费者填写的网络调查。结果显示，从客户评论中确定的电子服务质量的维度（可靠性、响应性、易用性和产品系列）与整体的电子满意度成正相关。

很少有实验性研究对电子服务和电子满意度的关系进行研究（如 Vilnai-Yavetz and Rafaeli, 2006）。在实验性研究中，研究者控制一个变量（自变量），并评估其对一些结果的效果（因变量）。通常来说，研究者控制自变量，因变量作为自变量（受控）的结果得到评估。在电子服务质量和电子满意度的关联问题上，我们发现很多调查研究报告指出，电子服务质量的评级与电子满意度评级成正相关。使用实验性策略，一个研究者可以明确地显示电子服务质量评级导致或确定电子满意度的评级。或者，用另一种方式来说，电子满意度是电子服务质量评级的结果。

Vilnai-Yavetz 和 Rafaeli（2006）设计了一个实验，研究电子服务的各个方面如何对电子满意度产生影响。他们对电子商务和电子服务体系的设计如何影响消费者很感兴趣。参与者（137 名员工自愿者）被告知他们的任务是评估一种互联网服务提供方法（电子化服务）。他们观看一段在线视频，一位服务提供者解释如何使用一种产品。有四段在线视频，服务提供者的办公室在美学和专业水平上都各有不同，每一名参与者观看其中一段视频。研究者推断在线视频传达的美学和专业性将会对电子满意度产生影响。尽管每一段视频所提供的电子服务并没有不同，但电子化服务显示的确有所区别,而这些差异影响了电子满意度。美学性和专业性都影响电子满意度,在更专业和更美观的条件下,电子满意度也更高。

7.2.2 电子服务质量和忠诚度

一些研究人员对电子服务质量和电子忠诚度之间的关系进行了调查(如:Chiu et al.,2005;Swaid and Wig,2009;Yang and Peterson,2004)。Swaid 和 Wig 对557 名有网络体验的大学生进行一项在线问卷调查。他们的电子忠诚度评估被称为偏好忠诚度(即我可能"在今后几年里与 XYZ 做更多的生意"或是我可能愿意将XYZ 视为"购买服务的首选")。研究人员还将价格容忍忠诚度定义为愿意在 XYZ购买付出更高价格的意愿。抱怨行为被作为一种忠诚度的否定形式的概念(即更换 XYZ 的可能性以及抱怨)。他们认为电子化服务质量有六种要素(信息质量、可靠性、响应性、确定性、网站可用性、个性化),据此对 XYZ 进行评级。结果表明电子服务质量的几个方面(可靠性、信息质量、网站可用性、响应性和确定性)与偏好忠诚度呈正相关。可靠性和确定性与价格容忍忠诚度有关,而响应性与抱怨行为有关联。

Yang 和 Peterson(2004)的研究名为"消费者的感受价值、满意度和忠诚度",对来自 18 个国家的 235 名消费者展开调查。这一研究有趣之处在于他们对电子满意度的定义(即订单履行、易用性、产品组合以及安全性/隐私性),他们在 Yang等人(2004)的研究中将这些定义为电子服务质量。此外,将订单履行、易用性、产品组合以及安全性/隐私性作为电子服务的定义,与其他研究者的定义更为一致。因此,这一研究更像是关于电子服务质量与电子忠诚度的研究。因而,他们的研究结果表明电子服务质量与电子忠诚度之间呈正相关。同样,Chiu 等人(2005)发现了五种电子服务质量维度与学者们称之为行为意向的一个变量之间的正相关关系,这一变量包含了评估忠诚度的一些条目(如,"我的首选是使用……","我更喜欢使用……","我赞赏……网站")。尽管这三项研究都发现了电子服务质量与电子忠诚度之间正相关关系的证据,但是这些证据并不是决定性的,也许可以通过与第三个变量即电子满意度的关系来进行解释。

7.2.3 电子满意度和电子忠诚度

研究人员已经发现了电子满意度与评估电子忠诚度的变量之间的正相关关系(Collier and Bienstock,2006;Cristobal et al.,2007;Ha,2006;Ribbink et al.,2004;van Semeijn et al.,2005;Yen and Lu,2008)。值得一提的是,个别研究人员对忠诚度的操作性和评估不同(参阅表 7.2,了解如何评估电子忠诚度),有时甚至不能将之定义为忠诚度。Keller 人(1993)将线下忠诚度定义为重复购买行为。在这一传统中,电子忠诚度被评定为重复的网上购买行为。Cristobal 等人(2007)对 461 名互联网用户进行调查,这些人在此前三个月内至少进行了一次购买或是使用互联网的服务行为。他们采用一项忠诚度评估:"在接下来的一年内,我在目前使用最多的网上商店的购买(或访问)频率将会"更多或更少?

表 7.2　忠诚度评估条目

作　　者[a]	变量名称	用于测量变量的条目
Collier 和 Bienstock (2006)	行为倾向	● 正面的口碑(我将向朋友推荐这个电子零售商) ● 继续访问的倾向(今后我将继续访问这个电子零售商的网站) ● 继续购买的倾向(今后我将从这个电子零售商购物)
Cristobal 等(2007)	忠诚度	● 继续购买的倾向[在下一年,我对目前最常用的网上商店的购买(或访问)将会更多或更少]
Ha(2006)	品牌忠诚度	● 更换(我很少想到更换到其他网站) ● 愿意付出更高的价格(相对于其竞争对手,我愿意在这个网站上付出更高的价格)
Ha(2006)	口碑	● 正面口碑(我向其他人讲述关于这个网上商店的正面事迹;我告诉更多的人熟悉的网店客户服务,而不是其他)
Ha(2006)	重复购买	● 重复购买意愿(即使这个网店变得难以访问,我也愿意继续在这里购物) ● 重复购买(我经常访问网站来购买其他的产品或服务)
Ribbink 等人(2004)	电子忠诚度	● 正面口碑(我将向其他人推荐这个网络公司;我将向其他人推荐这个公司的网址) ● 继续的意愿(我愿意继续使用这个网络公司) ● 网站偏好(与其他相比,我更喜欢这家网络公司)
van Semeijn 等(2005)	电子忠诚度	● 网站偏好(喜欢这家公司) ● 重复使用(再次访问同一网站) ● 正面口碑(推荐给其他人)
Yen 和 Lu(2008)	忠诚意愿	● 正面口碑(我将向征求我意见的人推荐这一在线拍卖网站;我讲述一些关于这家在线拍卖网站正面的内容) ● 继续购物的意愿(我愿意在拍卖中继续购物,我将继续在拍卖中购物)

注:a 按第一作者的首字母顺序排列。

　　其他研究人员将忠诚度视为正面的口碑或者是将正面的口碑视为他们评估忠诚度的一部分(Collier and Bienstock, 2006; Ribbink et al., 2004; van Semeijn et al., 2005; Yen and Lu, 2008)。Ha(2006)也评估口碑,但是并没有将之称为可变的忠诚度。研究人员对电子忠诚度的评估还包括网页上栏目点击倾向(Ha, 2006; Ribbink et al., 2004; van Semeijn et al., 2005)。这些研究中,另一种评估电子忠诚度的方式就是愿意付出更高的价格（Ha，2006）。电子忠诚度的最后一个评估方法就是在未来愿意购买的意向（有时被称为惠顾意向）（Collier and Bienstock，2006；Cristobal et al.，2007；Yen and Lu，2008）。Collier 和 Bienstock 的（2006）研究中一个有趣的问题就是他们并没有将研究描述成对电子忠诚度的调查；他们的既定目标是在除网站互动性外，将电子服务质量扩展至包含过程质量和纠错品质。他们对 338 名大学生进行调查，评估电子服务、电子满意度和行为意图的各个方面。然而，行为意图评估包括了"我打算向朋友介绍这家电子零售商"、"今后我打算在这家电子零售店购物"等其他研究人员用来评估电子忠诚度的维度。

综合以上研究，满意度和电子忠诚度的研究人员发现了一些强正相关关系。然而，电子忠诚度的定义和电子忠诚度的实际操作相当不同。电子忠诚度的定义包括正面的口碑、网站偏好、在一个网站购物愿意花更高的价格，以及愿意继续从一个网站访问或购买。

7.2.4　各种电子服务质量标准

由于电子零售竞争变得越来越激烈，网站的存在和低廉的价格是电子商务成功的保证。电子服务质量是电子商务的关键要素。服务质量的感受对购买意图、口碑介绍以及愿意为服务付出更高的价格有积极的影响（Cristobal et al.，2007）。因此，重要的是调查影响消费者电子满意度和电子忠诚度的关键要素。

随着对电子服务质量关注的增长，很多研究人员提出评估电子服务质量、识别影响整体电子服务质量评估的重要维度的标准。例如，Zeithaml 等人（2000）提出一个建立在消费者对电子零售服务体验基础上的 e-SERVQUAL 用于评估电子服务质量。标准包括 11 个要素：访问、导航易用性、有效性、灵活性、可靠性、个性化、安全性/隐私性、响应性，确定性/信任感、网站美学和价格知识。这一标准被应用于众多研究之中（Cristobal et al.，2007）。Madu 和 Madu（2002）在文献综述基础上提出电子服务质量的 15 个要素：网站性能、功能、结构、美学性、可靠性、存储能力、可维护性、安全性、信任感、响应能力、产品差异化、产品个性化、政策信誉、确定性和同理心。Yoo 和 Donthu（2001）提出 SITEQUAL 用以衡量电子零售商网站的可感知质量。这一标准有 4 个要素：易用性、美学设计、过程速度和安全性。Wolfinbarger 和 Gilly（2003）设计出 eTailQ 评估与消费者满意度判断相关的电子服务质量，采用焦点小组访谈和网上调查的方式。eTailQ 包括 4 个维度：网站设计、可靠性、隐私/安全性和客户服务。Parasuraman 等人（2005）提出 e-SQ，包括 ESQUAL 四维度（有效性、系统可用性、实现和隐私）和 E-Rec-QUAL 三维度（反应、补偿和联系），采用焦点小组访谈和互联网用户随机抽样调查的方式。表 7.3 总结了 2000 年以来研究者对电子服务质量维度研究

表 7.3　电子化零售服务环境中电子服务质量的关键维度

作者[a]	研究策略	样本	理论	关键维度	因变量
Liu 和 Arnett(2000)	调查研究法	财富 1 000 强网站管理员	无	信息/服务质量,系统使用,趣味性,系统设计	网站成功
Loiacono 等人(2002) WebQual	调查研究法	大学本科生	理性行动理论/技术接受模型	信息适合的任务,互动,信任,响应时同,便于理解,直观的操作/创新,流量/情绪感染力,视觉上的感染的形象;在线完整性;相对优势	有用性,易用性,娱乐性,重新使用倾向
Madu 和 Madu(2002)	内容分析法	文献综述	无	网站性能,功能,结构,美学,可靠性,存储能力,可维护性,安全性,信任,反应度,产品的差异化,产品定制,政策信誉保证,同理心	客户满意度
Parasuraman 等人(2005) E-S-QUAL/E-Re-cSQUAL	调查研究法	具有网上购物经历的互联网用户	手段与目的框架	效率,系统可用性,履行,隐私	感知价值,忠诚倾向
Szymanski 和 Hise(2000)	调查研究法	曾在网上购物的互联网用户	无	便捷性,网站设计,采购,财务安全性	电子满意度
Wolfinbarger 和 Gilly(2003) eTailQ	调查研究法	互联网用户	无	网站设计,履行性可靠性,隐私/安全性,客户服务	质量,满意度,客户忠诚度,对网站的态度
Yoo 和 Donthu(2001) SITEQUAL	调查研究法	大学生	无	易用性,美学设计,过程速度,安全性	整体网站质量,对网站的态度,网站忠诚度,网站权益,网站重新访问倾向
Zeithaml 等人(2000) e-SERVQUAL	调查研究法	互联网用户	无	访问,轻松导航,效率,灵活性,可靠性,个性化,安全/隐私,反应性,确定性/信任感,网站美学,价格知识	电子满意度

注：a 按第一作者的首字母顺序排列。

的整体情况。

被认定为电子服务质量的多种关键维度存在一些共同点。在多种确认的维度中,安全性、响应性、可靠性和网站设计是最常见的表示电子服务质量的关键维度:

- **安全性**:保护用户在使用信用卡和其他财务信息时,免受欺诈和财务损失的风险(如:Francis,2007;Wolfi nbarger and Gilly,2003;Zeithaml et al.,2002)。

- **响应能力**:消费者对于网上零售商提供服务的响应和帮助的感知程度,包括与网络公司接触的便利性、对请求的快速回复,随时准备帮助客户(如:Lin,2007;Ribbink et al.,2004)。

- **可靠性**:可靠、准确地完成承诺服务的能力,包括及时交货、准确处理订单、精确计费(如:Swaid and Wig,2009;Yang and Jun,2002)。

- **网站设计**:在网上零售商处购物时,消费者感受到的用户友好性程度,包括对导航方便性和有效性的感知、速度和易用性(如:Cristobal et al.,2007;Lin,2007;Szymanski and Hise,2000)。

7.2.5 未来研究方向

关于电子服务质量的大量研究致力于对电子服务质量的关键维度进行评估,正如表7.3所列的那些一样。然而,仍然存在很多缺陷。首先,很少有研究对质量构建提出明确的定义(Fassnacht and Koese,2006),各种研究中对一些维度的定义并不一致。例如,对可靠性/履行能力的可行性定义各有不同。据Zeithaml等人(2000)研究,可靠性与网站的技术运作相关联。履行性则包括服务承诺的精确性、产品库存和准时交货。Wolfinbarger和Gilly(2003)在提到可靠性/履行能力时将其作为产品的准确表述、准时交货和准确的订单。在很多研究中,可靠性与准确地履行承诺服务的能力相联系(如:Santos,2003;Swaid and Wig,2009;Yang and Jun,2002)。同样地,Srinivasan等人(2002)的研究以类似的方式,将整体网站外观,如文本、样式、图形、色彩、标识和扣货或是网站主题称为"特性",而Kim等人(2006)将网站外观定义为"图形样式"。Zeithaml等人(2002)将网站外观分为两部分,设计感染力和视觉感染力。设计感染力与网站美学相关联,如信息、组织和导航,而视觉感染力则与网站的图形和文字的呈现有关。Collier和Bienstock(2006)将视觉愉悦的网站,包括图形和输出尺寸称为设计。读者可能会感到困惑甚至误读每种不同的定义和术语。为了更好地理解,减少对维度的误解,研究者需要提供对每一种维度清晰的、可操作性的定义,建立在已有的定义之上,而不是各自提出电子服务的定义。

其次，大多数研究确定的关键维度是基于某种电子服务环境进行研究，如电子零售、电子银行和/或单一类型的产品，如书籍、服装或旅游等不同类型。如果将研究扩展到更大范围的电子服务环境或其他类型的产品，这些关键维度就值得质疑。为了使研究结果具有普遍性，研究者需要跨电子服务类别和多种类型产品来调查电子服务质量的关键维度。

第三，少数电子服务质量研究采用了一种理论解释研究的概念框架。Kerlinger(1979)将理论定义为"一组相互关联的结构、定义和命题，通过指出变量之间的关系得以系统地展现，其目的是解释自然现象"(第 64 页)。总的来说，用一种理论来解释为什么一个自变量 X 影响因变量 Y(Creswell，2009)。研究人员需要进行更多的以理论为基础的研究为该研究提供更全面的认知。

第四，大多数研究是在自我选择的(非随机)样本调查方法的基础上确定电子服务质量的关键维度。自我选择的样本不能推广到一般人群。为了提高普遍性，研究者需要对更广泛的人群进行调查。

7.3 管理启示

在当今竞争异常激烈的电子商务市场，竞争仅在点击之间，消费者不愿意容忍较差的服务质量(Fassnacht and Koese，2006)。在品质上的负面表现可能会对电子满意度产生巨大影响(Wolfinbarger and Gilly，2003)；一位满意的消费者更愿意留在同一家公司(Zhang and Prybutok，2005)。因此，高服务质量的保持是在目前市场上生存的关键。Sears.com 是在整体网络销售中最成功的一家电子零售商(互联网零售商 500 强中排名第 8)，不断增加新的服务属性来提供以客户为中心的零售环境，满足客户的需求和愿望。Sears.com 提供的高质量的电子服务质量使得 Sears.com 成为电子零售市场上的顶级零售商。参见研究案例 7.1。

案例分析 7.1

Sears.com 的个性化

一家大型零售商将做出举动向消费者提供更多个性化服务。目前 Sears.com 推出了一项个性化购物的功能，很快 Kmart.com 也将推出类似的功能。

AdYourWay 可以在商品价格下降时通知购物者

要使用 AdYourWay 功能,消费者需要登录自己的账户,他们可以看到个人页面,这个页面根据客户曾在网站上购买或者搜索的产品信息专门定制。

Sears 称,在该页面中购物者还可以选择他们感兴趣的产品,进行价格下降时启用电子邮件通知的设置。消费者可以输入他们希望支付的产品价格,当价格变化时他们希望获得通知的频率,以及在网页上查看所有他们关注的和设置提醒的产品信息。

Sears 控股有限责任公司高级副总裁,营销总裁 David Friedman 说:"我们生活在一个客户主导的零售环境中,这要求我们必须通过技术和创新不断地彻底改造公司,改进我们与客户之间的关系。AdYourWay 是一种独一无二的购物工具,将控制权重新归还到客户手中,使他们可以管理和组织他们感兴趣的商品和服务"。

作为互联网零售商指南 500 强中的第 8 名,Sears 还在电子和移动广告方面做出改变。

这家零售商将很快通过苹果公司的 iAd 移动广告网络,经由 iPhone 和 iPod Touch 投放广告。它还将使用 AdKeeper 服务,消费者可以保存在线广告以便日后查看。这一服务可以使正在忙着做其他事情的消费者,如看天气预报,或查询航班时,通过点击一个按钮将广告发送到个人网页。购物者可以在空闲时通过中心访问、查看、分类、分享他们所有的 AdKeeper。Sears 在最近的网络策略上有重大变化。本月早些时候,Sears.com 和 Kmart.com 均在其网站上推出了新的标识。Sears.com 还对网站进行较大改版,增加更多的用户生成内容。例如,Sears. com 上每一个目录页的右栏都列出该栏目的产品排行榜、MySears 社区的有关讨论,以及 Sears Blue Crew 提供的相关服务(Sears Blue Crew 提供家庭和产品维修服务,以及产品手册等)。

Sears 新网站还允许购物者定制他们在目录页浏览产品的方式,以及他们查看搜索结果的方式,如通过品牌或者评价的方式。购物者可以选择在 Kmart.com、Sears.com,以及通过西尔斯市场销售的外部商家进行购物。

与网站改版相呼应,Sears 公布了一个购物社交的微型网站测试版,消费者可以建立一个文件夹,关注其他购物者,进行打分和评论。

资料来源:Internet Retailer(2010)。

正如上一部分表明的那样,最常被认同的电子服务质量的关键维度是安全性、响应性、可靠性和网站设计。电子零售商应当确认具备足够的满足四个维度的属性。有关网上购物的众多研究强调安全性。如果消费者在交易时感到不安全,他们将在完成交易之前退出该网站。电子零售商需要提供足够的与安全性相关的信息,例如信用卡诈骗保护和安全证明,如 VeriSign 和 BBB,使消费者在提供信用卡信息时有安全感。由于网上消费者与零售商并不发生直接接触,在电子零售环境中,零售商如何有效处理问题并及时提供服务是至关重要的。及时处理消费者问题,提供 800 免费客服号码和电子互动性,如实时聊天,将是有利的。零售商提供满意保证信息、灵活的退换货政策,将改进响应性。这些信息降低了消费者对于网上购物相关风险的感知度。根据 Collier 和 Bienstock (2006)的研究,消费者对网上购物的主要担忧在于其想要的产品或服务的交付与提供。如果电子零售商不能按时交货,消费者就可能不再访问该网站购物。向消费者发送邮件通知其预计运输和交付日期和/或提供订单追踪过程,与知名的运输公司合作,如 FedEx 和 UPS,这将缓解消费者的忧虑感。通过提供这些服务,消费者可以更为准确地估算收货时间。据 Schaffer (2000)研究,30%没有购物便退出网站的互联网购物者,是因为网站并没有提供他们找到所需物品的便捷方式。一个网站应当很容易找到信息,很便于使用,并能进行方便快捷的交易。寻找信息的难度和/或处理订单的时间过长将会影响消费者的购物态度和意向。提供搜索引擎、网站地址和快速结账等有效的工具,可以改进网站设计,帮助消费者快速寻找到他们最想要的恰当物品,并且快速完成交易。

Kim 等人(2007)研究发现,很多在线零售商在网站上没能提供足够的信息。Forrester 研究公司进行的一项报告也显示,很多主要的在线网站设置不充分(Nusair and Kandampully, 2008)。不仅提供消费者感兴趣的产品信息,而且能够满足消费者体验的高服务质量这是非常关键的。正如本章开头所表明的,大量研究证明高质量的电子服务对消费者满意度和忠诚度具有影响力。很多研究也强调高质量的电子服务在更大的市场份额、投资回收等方面(如 Cristobal et al.,2007),购买意向方面(如 Zhang and Prybutok,2005),增加利润方面(如:Cristobal et al.,2007;Srinivasan et al.,2002;Kim et al.,2007;Yang and Fang,2004)的积极影响。在经济不稳定时期,消费者忠诚度创造了竞争优势,反过来也影响盈利水平(Zhang and Prybutok,2005)。电子零售商更多地从消费者角度提高电子服务质量,提供定制化服务将是非常明智的。无法了解消费者需求、提供令客户不满意的服务将对公司的成功产生不利影响(Zhang and Prybutok,2005)。因此,要在目前的电子市场取得成功,提供高质量的电子服务是一种必须而不是一种选择。

案例分析7.2

盖洛普调查发现:消费者在网上购买服装时的表现犹豫不决

根据盖洛普最新调查显示,尽管电子商务快速发展,但大多数消费者还是喜欢在零售商店购买服装服饰。在对超过 7 000 名成年人进行的调查中,盖洛普发现只有 9% 的人喜欢在网上购买服装,77% 的人喜欢在商店购买此类物品。

盖洛普发现,在网上商店购买服装时,与年轻消费者相比,年龄稍长的购物者表现得更为犹豫不决。年龄在 50 岁及以上消费者中,81% 的人对于在网上购买衣物持保留态度,而 50 岁以下的消费者中这一比例为 73%。

51% 的人认为网上购物方式不适合他们,其中 37% 的人强烈同意这一观点。据盖洛普调查发现,年长的消费者更倾向于认为电子商务不是适合他们的方式。50 岁及以上消费者中有 57% 的人这样认为,而年龄在 21—49 岁之间的消费者中,持这一观点的比例为 43%。

盖洛普称,购物者希望能够试穿衣服,62% 的受访者表示他们在购买之前通常要先试穿——这是他们喜欢在零售商店购物的一个原因。盖洛普公司零售业顾问 Kurt Deneen 称“网上购物不能取代在购买前对商品的实际接触、试穿和使用体验,这些因素使实体店继续作为提供真正的零售体验而存在”。但人们对身份信息被盗窃的担心也发挥了作用——44% 的受访者称他们认为在互联网上购物造成更多的信用卡被盗用的情况。

资料来源:Internet Retailer(2005)。

讨论和复习

1. 为什么在电子商务环境中高质量服务非常重要？

2. 阅读案例研究 7.2，哪些电子服务维度对消费者服务质量评估至关重要？

3. 请思考您自己的网上购物体验。您认为哪些电子服务质量的维度是至关重要的？

4. 您认为消费者对零售商网站的电子服务质量的感受会影响他们对零售商线下服务的评价吗，为什么？

参考文献

Ba, S. and Johansson, W. C. (2008), "An exploratory study of the impact of e-service process on online customer satisfaction", *Productions and Operations Management,* Vol. 17 No. 1, pp. 107–119.

Bakewell, C. and Mitchell, V-W. (2003), "Generation Y female consumer decision-making styles", *International Journal of Retail & Distribution Management*, Vol. 31 No. 2, pp. 95–106.

Burt, S. and Sparks, L. (2003), "E-commerce and the retail process: A review", *Journal of Retailing and Consumer Services,* Vol. 10, pp. 275–286.

Chiu, H-C., Hsieh, Y-C. and Kao, C-Y. (2005), "Website quality and customer's behavioural intention: An exploratory study of the role of information asymmetry", *Total Quality Management*, Vol. 16 No. 2, pp. 185–197.

Collier, J. E. and Bienstock, C.C. (2006), "Measuring service quality in e-retailing", *Journal of Service Research,* Vol. 8 No. 3, pp. 260–275.

Creswell (2009). *Research Design: Qualitative, quantitative and mixed methods approaches,* Sage Publications, Thousand Oaks, CA.

Cristobal, E., Flavian, C. and Guinaliu, M. (2007), "Perceived e-service quality (PeSQ): Measurement validation and effects on consumer satisfaction and web site loyalty", *Managing Service Quality*, Vol. 17, No. 3, pp. 317–340.

Evanschitzky, H., Iyer, G., Hesse, J. and Ahlert, D. (2004), "E-satisfaction: a re-examination", *Journal of Retailing,* Vol. 80 No. 3, pp. 239–247.

Fassnacht, M. and Koese, I. (2006), "Quality of electronic services: Conceptualizing and testing a hierarchical model", *Journal of Service Research*, Vol. 9 No. 1, p. 1931.

Foscht, T., Schloffer, J., Maloles, C. and Chia, S.L. (2009), "Assessing the outcomes of generation-Y consumers' loyalty", *International Journal of Bank Marketing*, Vol. 27 No. 3, pp. 218–241.

Francis, J. E. (2007), "Internet retailing quality: One size does not fit all", *Managing Service Quality,* Vol 17 No. 3, pp. 341–355.

Grönroos, C. A. (1984), "Service model and its marketing implications", *European Journal of Marketing,* Vol. 18 No. 4, pp. 36–44.

Ha, H-Y. (2006), "An integrative model of consumer satisfaction in the context of e-services", *International Journal of Consumer Studies,* Vol. 30, pp. 137–149.

Heaney, J-G. (2007), "Generations X and Y's Internet banking usage in Australia", *Journal of Financial Services Marketing*, Vol. 13 No. 3, pp. 196–210.

Internet Retailer (2005), "Consumers hesitant to buy clothes online, Gallup says", available at http://www.internetretailer.com/printArticle.asp?id=16038 (accessed 9 February 2010).

Internet Retailer (2008), "The increasing value of customer service", available at: http://www.internetretailer.com/article.asp?id=23935 (accessed 22 March 2008).

Internet Retailer (2010), "Sear.com gets personal", available at: http://www.internetretailer.com/2010/10/29/searscom-gets-personal (accessed 17 November 2010).

Keller, K. L. (1993), "Conceptualizing, measuring, and managing customer-based brand equity", *Journal of Marketing*, Vol. 57(January), pp. 1–22.

Kerlinger, F.N. (1979), *Behavioral research: A conceptual approach,* Holt, Rinehart, and Winston, New York, NY.

Kim, J-H, Kim, M. and Kandampully, J. (2007), "The impact of buying environment characteristics of retail websites", *Service Industries Journal*, Vol. 27 No. 7, pp. 865–880.

Kim, M., Kim, J-H. and Lennon, S. J. (2006), "Online service attributes available on apparel retail web sites: an E-S-QUAL approach", *Managing Service Quality,* Vol. 16 No. 1, pp. 51–77.

Lennon, S. J., Burns, L. D. and Rowold, K. L. (1995), "Dress and human behavior research: Sampling, subjects, and consequences for statistics:, *Clothing and Textiles Research Journal,* Vol. 13, pp. 262–272.

Lin (2007), "The impact of website quality dimensions on customer satisfaction in the B2C e-commerce context", *Total Quality Management*, Vol. 18 No. 4, pp. 363–378.

Liu, C. and Arnett, K. P. (2000), "Exploring the factors associated with website success in the context of electronic commerce", *Information & Management,* Vol. 38, pp. 23–33.

Loiacono, E., Watson, R. and Goodhue, D. (2002), "WEBQUAL: A measure of website quality", In K. Evans & L. Scheer (Eds.), *Marketing educators' conference: Marketing theory and applications,* Vol. 13, pp. 432–437.

Madu, C. N. and Madu, A. A. (2002), "Dimensions of e-quality", *International Journal of Quality & Reliability Management,* Vol. 19 No. 3, pp. 246–258.

Nisbett, R. and Wilson, T. (1977), "Telling more than we can know: Verbal reports on mental processes", *Psychological Review,* Vol. 84, pp. 231–259.

Noble, S.M., Haytko, D.L. and Phillips, J. (2009), "What drives collge-age generation Y consumers? ", *Journal of Business Research*, Vol. 62, pp, 617–628.

Nusair, K. and Kandampully , J. (2008),"The antecedents of customer satisfaction with online travel services: a conceptual model", *European Business Review*, Vol. 20 No. 1, pp. 4–19.

Online retail thriving: 8% growth expected this holiday season. (2009). available at: http://www.readwriteweb.com/archives/online_retail_thriving_09_holiday_season.php (accessed 17 January 2010).

Parasuraman, A., Zeithaml, V. A. and Berry, L. L. (1988), "SERVQUAL: A multiple-item scale for measuring consumer perceptions for service quality", *Journal of Retailing,* Vol. 62 No. 1, pp. 12–40.

Parasuraman, A., Zeithaml, V. A. and Malhotra, A. (2005), "E-S-QUAL: A multiple-item scale for assessing electronic service quality", *Jorunal of Service Research,* Vol. 7 No. 3, pp. 213–233.

Reisenwitz, T.H. and Iyer, R. (2009), "Differences in generation X and generation Y: Implications for the organization and marketers", *The Marketing Management Journal*, Vol. 17 No. 2, pp. 91–103.

Ribbink, D., van Riel, A. C. R., Liljander, V. and Streukens, S. (2004), "Comfort your online customer: quality, trust and loyalty on the internet", *Managing Service Quality,* Vol. 14 No. 6, pp. 446–456.

Rust, R. T. (2001). "The rise of e-service", *Journal of Service Research,* Vol. 3 No. 5, pp. 283–284.

Rust, R. T. and Lemon, K. N. (2001), "E-service and the consumer", *International Journal of Electronic Commerce,* Vol. 5 No. 3, pp. 85–101.

Santos, J. (2003), "E-service quality: A model of virtual service quality dimensions", *Managing Service Quality,* Vol. 13 No. 3, pp. 233–246.

Schaffer, E. (2000, May), "A better way for web design", *Information Week*, Vol. 784, p. 194.

Semeijn, J. van Riel, A. C. R., van Birgelen, M. J. H., and Streukens, S. (2005). "E-services and offline fulfilment: how e-loyalty is created," *Managing Service Quality*, Vol. 15 No. 2, pp. 82–194.

Sharing knowledge on the retail industry. (2009, January). *Issues Monitor*. available at: http://

www.kpmg.com/Global/en/IssuesAndInsights/ArticlesPublications/Issues-monitor-retail/Pages/Issues-monitor-retail-Jan-2009.aspx (accessed 17 January 2010).

Singh, M. (2002), "E-services and their role in B2C e-commerce", *Managing Service Quality*, Vol. 12 No. 6, pp. 434–446.

Srinivasan, S. S., Anderson, R. and Ponnavolu, K. (2002), "Customer loyalty in e-commerce: An exploration of its antecedents and consequences", *Journal of Retailing*, Vol. 78, pp. 41–50.

Sullivan, P. and Heitmeyer, J. (2008), "Looking at gen Y shopping preferences and intentions: Exploring the role of experience and apparel involvement", *International Journal of Consumer Studies*, Vol. 32, pp. 285–295.

Swaid, S. I. and Wigand, R. T. (2009), "Measuring the quality of e-service: Scale development and initial validation", *Journal of Electronic Commerce Research*, Vol. 10 No. 1, pp. 3–28.

Szymanski, D. M. and Hise, R. T. (2000), "E-satisfaction: An initial examination", *Journal of Retailing*, Vol. 76 No. 3, pp. 309–322.

Trabold, L. M. Trabold, G. R. H. and Field, J.M. (2006), "Comparing e-service performance across industry sectors", *International Journal of Retail & Distribution Management*, Vol. 34 No. 4/5, pp. 240–257.

Trends 2009: US online retail (2009). available at: http://www.forrester.com/rb/Research/trends_2009_us_online_retail/q/id/47611/t/2 (accessed 17 January 2010).

Tyler, K. (2007), "The tethered generation", *HRMagazine*, Vol. 52, pp. 40–47.

US eCommerce: 2008 to 2012 (2008). available at: http://www.forrester.com/rb/Research/us_ecommerce_2008_to_2012/q/id/45926/t/2 (accessed 17 January 2010).

Van Vliet, P. J. A. and Pota, D. (2000/2001), "Understanding online retail: A classification of online retailers", *Journal of Computer Information Systems*, Vol. 41 No. 2, pp. 23–28.

Vilnai-Yavetz, I. and Rafaeli, A. (2006), "Aesthetics and professionalism of virtual servicescapes", *Journal of Service Research*, Vol. 8 No. 3, pp. 245–259.

Wolfinbarger, M. and Gilly, M. (2003), "eTailQ: Dimensionalizing, measuring, and predicting etail quality", *Journal of Retailing*, Vol. 79, pp. 183–193.

Yang, Z. and Fang, X. (2004), "Online service quality dimensions and their relationships with satisfaction: A content analysis of customer reviews of securities brokerage services", *International Journal of Service Industry Management*, Vol. 15 No. 3, pp. 302–326.

Yang, Z. and Jun, M. (2002), "Consumer perception of e-service quality: from internet purchaser and non-purchaser perspectives", *Journal of Business Strategies*, Vol. 19 No.1, pp.19-41.

Yang, Z., Jun, M. and Peterson, R. T. (2004), "Measuring customer perceived online service quality: Scale development and managerial implications", *International Journal of Operations & Production Management*, Vol. 24 No. 11, pp. 1149–1174.

Yang, Z. and Peterson, R. T. (2004), "Customer perceived value, satisfaction, and loyalty : The role of switching costs", *Psychology & Marketing*, Vol. 21 No. 10, pp. 799–822.

Yen, C-H. and Lu, H-P.(2008), "Effects of e-service quality on loyalty intention: an empirical study in online auction", *Managing Service Quality*, Vol. 18 No. 2, pp. 127–146.

Yoo, B. and Donthu, N. (2001), "Developing a scale to measure perceived quality of an internet shopping site (SITEQUAL)", *Quarterly Journal of Electronic Commerce*, Vol. 2 No. 1, pp. 31–46.

Yoo, W-S., Lee, Y. and Park, J.K. (2010), "The role of interactivity in e-tailing: Creating value and increasing satisfaction", *Journal of Retailing and Consumer Services*, Vol. 17, pp. 89–96.

Walsh, J. and Godfrey, S. (2000), "The Internet: A new era in customer service", *European Management Journal*, Vol. 15 No. 1, pp. 85–92.

Zeithaml, V.A., Parasuraman, A. and Malhotra, A. (2000), "A conceptual framework for understanding e-service quality: Implications for future research and managerial practice", Working Paper, Report No. 00–115, Marketing Science Institute, Cambridge, MA.

Zeithaml, V. A., Parasuraman, A. and Malhotra, A. (2002), "Service quality delivery through web sites: A critical review of extant knowledge", *Journal of the Academy of Marketing Science*, Vol. 30 No. 4, pp. 362–375.

Zhang, X. and Prybutok, V. R. (2005), "A consumer perspective of e-service quality", *IEEE Transactions on Engineering Management*, Vol. 15 No. 4, pp. 461–477.

延伸阅读

Kim, J-H., Kim, M. and Kandampully, J. (2009), "Buying environment characteristics in the context of e-service", European Journal of Marketing, Vol. 43 No. 9/10, pp. 1188–1204.

Kim, J-H., Kim, M. and Kandampully, J. (2007), "The impact of buying environment characteristics of retail websites", The Service Industries Journal, Vol. 27 No. 7, pp. 865–880.

Kim, J-H., Kim. M. and Lennon, S. (2007), "Information components of apparel retail websites: Task relevance approach", Journal of Fashion Marketing and Management, Vol. 11 No. 4, pp. 494–510.

Kim. M., Kim, J-H. and Lennon, S. (2006), "Online service attributes available on apparel retail websites: An E-S-QUAL approach", Managing Service Quality, Vol. 16 No. 1, pp. 51–77.

8

采用多渠道营销活动建立客户关系:在消费电子产品零售业

帕特里克·韦塞尔　帕特丽夏·菲利彼克·奥莱尔　米蒂亚·斯彭德

▶**学习目标**

在本章结尾,读者会:

1. 理解多渠道消费者行为;

2. 从多渠道营销视角对成功的买卖双方零售关系的基本构成有概念性的了解;

3. 认识跨渠道为消费者提供品牌和服务一致性的重要性,即理解多渠道思维;

4. 了解如何通过线上和线下渠道的相互补充使用,使消费者的信任、满意度和承诺得以促进;

5. 认识实施多渠道策略的挑战;

6. 熟悉不同类型的多渠道营销活动。

消费者不断重复购买而对零售商产生依赖,从而形成买卖双方潜在的持续关系,这些对于零售商而言非常重要。基于这个原因,不仅仅是所出售的商品和服务质量,同消费者关系的质量对于零售商来说也是非常重要的,这可以让他们在竞争激烈的舞台上蓬勃发展。因此,关系质量的构建已成为维系消费者的一种策略。在过去的十年中,零售业研究一直集中于将顾客信任、满意度和承诺等概念当作这一现象的基石。多渠道零售如今已经成为一种标准的做法。位于中欧国家斯洛文尼亚的消费电子零售商 Big Bang 处于市场领先地位,该公司也显示出具体的多渠道活动可能会积极地触发关系质量现象的打造。

8.1 零售业中关系的重要性和互联网的力量

今天,无形资源,如共同创造的价值和关系构建,成为营销策略的重点(Vargo and Lusch,2004)。正如 Gummesson(2008,p.5)所说,"关系是人性的一部分。它们是永恒的。它们不受文化支配。它们存在于每一种类型和规模的企业之中。"

当然,零售行业中的市场营销者也认同此观点。该行业既出售耐用品又出售一致的服务,该行业中的顾客虽然高度参与其中但仍然会感到购买决策的不确定性。这类顾客的特征还在于:他们愿意并且有能力以高于市场的价格支付商品;他们对产品定制化和培训的需要;以及他们特殊的心理需求,如地位追求或关系构建(Christy et al.,1996)。这种类型的关系要求具有长远的眼光,相互尊重并且将客户作为价值的共建者,而不是单纯的被动接受者(Gummesson,1998)。

客户关系计划、复杂的数据挖掘、目标客户购物篮分析的广泛传播都证明了销售商越来越深刻地认识到买卖双方建立潜在持续关系的重要性(Grewal and Levy,2007)。依赖于回头客,零售商迫不得已致力于培养与客户之间的持久关系(Gable et al.,2008),尤其是在那些处于高度竞争的零售领域中,拥有非契约性的产品服务组合,低转换成本和高比较购物行为是家常便饭。出于这个原因,关系质量而不只是商品和服务的质量,正好属于当代零售商应该关注的范畴。很多零售商已经开始完全致力于建立客户关系(例如:Best Buy Fiscal Year 2008 Annual Report;2009 Sears Annual Report;2009 Wal-Mart Annual Report)。

但是,零售商们也意识到线上销售渠道对实体店销售越来越重要的角色和价值。事实上,在零售业内,跨渠道购物行为变得越来越流行,尤其是在预购买的线上研究方面(Deloitte,2009a)。零售商记忆这些消费者行为的能力"……对提供高质量的客户体验、服务和价值而言成为一个必要条件"(Weinberg et al.,2007,p. 393)。此外,正如 Mangold 和 Faulds(2009)指出的,21 世纪见证了以互联网为基础的通过社会化媒体传播的信息爆炸,这一点越来越成为影响消费者的意识、信息获取、观点、态度、购买行为、售后交流和评价等行为的主要因素。因此,社交媒体成为一种重要的零售趋势,可能彻底改变这一行业(Deloitte,2009b)。这是因为社交媒体能够为零售商提供一种乃至一百种形式的口碑营销,为消费者提供在市场中没有体验过的权力水平(Mangold and Faulds,2009)。消费者的购物方式、消费媒体都在发生变化,不仅消费者之间互动,还与零售商互动(Deloitte,2009a),这些巨大变化都强调零售业有必要采用一种新的手法。这种新的手法将会对零售商运营的各个方面产生影响(Deloitte,2008a),迫使零售商必须采取多渠道零售思维,并且有效使用多渠道营销方案,从而增强盈利能力和客户体验(Weinberg et al.,2007)。

8.2 不仅仅是产品和服务的质量:关系质量的概念

在当今激烈竞争的商务环境中,客户保留策略越来越依赖于关系质量(Meng and Elliot,2008)。这一现象被称为元构建,由多种要素构成,它标志着公司与客户之间的整体关系质量(Hennig-Thurau,2000;Hennig-Thurau et al.,2002)。因此,关系质量可以被视为一种长期关系和客户保留的前提条件(Bejou et al.,1996;Crosby et al.,1990;Hennig-Thurau,2000;Hennig-Thurau and Klee,1997;Moliner et al.,2007a)。因而关系质量反映出"在持续的客户关系中,长期质量形成的动态变化"(Grönroos,2007,p.91)。它意味着随着关系的持久,客户对质量感知的增长与发展,也意味着应对关系质量采取一种长远的眼光(Storbacka et al.,1994)。此外,关系质量意味着该组织拥有着"一种竞争对手难以复制的无形资产"(Wong et al.,2007,p.582)。很多作者将关系质量定义为一种高阶构建,其拥有多个相关的一阶要素作为反映性指标[①](Crosby et al.,1990;De Wulf et al.,2001;Hennig-Thurau et al.,2002;Lin and Ding,2005;Vesel and Zabkar,2010)。

对这一现象进行历史综述显示,最早描述"关系质量"(relationship quality)的作者是 Dwyer 和 Oh(1987),他们在 B2B 的背景下进行了讨论。正如 Hutt 和 Speh(2001)所说,一些知识、原则和理论在 B2B 和 B2C 营销中同样适用。然而,这些业务范围在市场区域、市场需求、买方行为、买卖双方的关系、环境影响和市场策略等方面明显存在差异。因此,这些范围的主要差异在于从买方的观点看关系需要的程度以及在这种关系下社会和情感的维度(Roberts et al.,2003)。所以,在 Crosby 等人(1990)所进行的 B2C 研究中,他们对这种现象进行了不同的解释。尽管在过去十年中的研究已经阐述了此现象的其他方面,但 B2C 的大多数研究仍然集中于将顾客信任、满意度、承诺作为关系质量的主要维度。尽管在 B2B 市场上的研究存在大量分歧(Athanasopoulou,2009),但在零售业中的研究却表明了显著的一致性。在过去十年的零售业研究中(De Cannière et al.,2009;De Wulf et al.,2001,2003;Moliner et al.,2007b;Qin et al.,2009;Vesel and Zabkar,2010),学者们已经连续不断地将信任、满意度和承诺看作是构建关系质量的主要元素。

所有概念都标志着一种长期导向以及和消费者市场之间的连通性(Farelly and Quester,2005;Garbarino and Johnson,1999;Lang and Clogate,2003;

---

① 对高阶构建的进一步解释,参见 Bollen(1989)。

Morgan and Hunt，1994；Woo and Ennew，2004）。满意度一直是预测消费者行为的全球性关键要素之一，而随着关系营销的兴起，信任和承诺也越来越受到关注（Garbarino and Johnson，1999），因为它们都是成功关系的必要组成要素。所有提议的维度，"……都能在一个特定的企业里总结出消费者的知识和经验，并且指引消费者的后续行为"（Garbarino and Johnson，1999，p.71）。这意味着在零售环境下，更好的关系质量可以导致更高水平的顾客信任、顾客满意度和顾客承诺（参见图 8.1）。

图 8.1　在 B2C 市场中构建关系质量模块

信任（trust）可以定义为："……当一方在交易中对合作者的正直可靠产生信心时"，便会建立起的心理意识（Morgan and Hunter，1994，p.23）。它所描述的是"……在某种情形下，一方对另一方产生特定的可预知的行为的期待"（Grönroos，2007，p.40）。在零售环境下，信任就是"……消费者对零售商家的正直可靠的信心"（De Wulf et al.，2001，p.36）。这一点也暗示着，一个人是可以对某个机构或企业产生信任的（Doney and Cannon，1997；Garbarino and Johnson，1999；Gummesson，1999）。此外，对公司机构的信任也体现在了顾客的积极体验上（Berry，2000；Grönroos，2007），并推动他们继续与其保持着良好的关系（Berry，2000；Foster and Cadogan，2000）。

满意度（satisfaction）"……是一家商店或一件产品能够迎合或者超出消费者多少预期的消后消费评估"（Levy and Weitz，2009，p.111）。正如 Gwinner 等人（1998）指出，一个企业不可将与不满意的顾客关系视作较高的关系质量，因为在任何产品或服务的传递过程中顾客对满意度的预期都是固有的心理。所以，关系到了越高阶段，顾客满意度在防止其他初级交易合作者提供类似利益中所扮演的角色也就越重要（Dwyer and Oh，1987）。根据 Storbacka 等人（1994）的总结，更加牢固的关系来自于更多满意度的提升，因此，将满意度放在交换关系的核心位置（Roberts et al.，2003）。

承诺同样被认为是关系营销模式下的一个基本成分（Morgan and Hunt，1994；Garbarino and Johnson，1999；Hennig-Thurau et al.，2002）。通常来说，它指的是带有建立双方长期共同价值实现目的的意图和行为所代表的心理倾向（Farelly and Quester，2005）。作为一种著名的"复杂构造体"（Fullerton，2005，p.99），承诺可以描述为"将顾客和公司机构联系在一起的一种心理力量"（Fullerton，2005，p.100）。

8.3 互联网的主宰地位

从销售增长率的角度来看,在线购物已经开始支配传统零售渠道(Bramall et al.,2004),而在一些市场领域内,甚至已经侵占了实体零售商家的市场份额(Deloitte,2008)。根据 Burt 和 Sparks(2003,p.276)陈述,"……电子商务的到来首先制造了一波冲击,以及防御式退避(抗拒等等),而后随着较大型和成熟的贸易商家推出经过深思熟虑的策略化回应后,才来到了一个理解、采纳和改变的阶段。""点击式企业"的时代就此兴起了。互联网的力量从它能够向顾客提供信息的层面来看是最不容忽视的,搜索成本也由此大为降低。但从相反方面看,传统零售商店不仅能够向顾客提供即时产品,而且也能够容许顾客触摸、感受、尝试,与销售顾问面对面交谈(Agatz et al.,2008)。由此,多渠道的活动也为零售商家带来了更大的管理挑战,不仅有了更庞大的系统需要运营(Agatz et al.,2008),相比单一渠道而言,多渠道的整个投资组合也亟需更高水平的整体性目光与协作精神(Weinberg et al.,2007)。正如 Lihra 和 Graf(2007)的告诫,想要保证以顾客为中心的多渠道营销的成功,营销活动也同样需要整合。当启用整合较好的多渠道策略时,消费者会认为零售商家是一个紧密的实体(Bermanand Thelen,2004),因此,他们会期待一种持续化的服务和交流,而忽略所使用的渠道(Datamonitor,2009)。

然而,由于所谓的多渠道间的冲突,以及在线渠道的潜在影响可能干扰到其他渠道销售,许多零售商家放弃了在线销售的努力,仅仅依靠于传统渠道的信息和销售的支持(Yan,2010,Retail Merchandiser,2008)。举例来说,瑞典宜家家居产业集团(IKEA)就在使用在线渠道支持它的线下商店(Mckinsey,2009),所以,传统零售商家需要改变他们对电子商务的认知,把它看做是对传统零售的一个补充,而不是取代(Sethuraman and Parasuraman,2005)。与之相反,"纯粹"的互联网零售商也应该创建"实体"商店(Agatz et al.,2008),毕竟当前的顾客仍需要真实可见的有形设施和产品服务呈现(Aksen and Altinkemer,2008)。

不过,许多传统零售商现如今已经开始寻求在线和传统零售渠道(Yan,2010),形成一种可持续和颇具吸引力的现有与新兴零售模式的结合(McGoldrick and Collins,2007),现在也已在全球范围内各处可见(Choi and Park,2006)。通过这样的结合,他们能够覆盖"人员所不能及"的区域,克服顾客的时间局限性(Schröder and Zaharia,2008)。若从经典的"零售轮"观点来看(Hollander,1960),似乎多渠道零售现在已成为了"标准运营法则"(McGoldrick and Collins,2007,p.139),尽管事实上这根本也不是全新的现象。许多零售商家很久以前就已提供多元化销售渠道(例如,电话或邮件订购商品),而如今仅仅是随着电子商务的发展，对于多渠道模式的兴趣有了显著的提高（Schröder and Zaharia，2008）。

8.4 适合消费电子产品零售领域的多渠道营销

8.4.1 多渠道消费者行为

按照 Nicholson 等人（2002，p.132）的描述，"多渠道营销策略，据其定义，是在谋求推动多渠道的消费者行为"。顾客在购物体验中应用大量的渠道，是为了在承诺购买前能够充分地探究和抉择（McGoldrick and Collins，2007）。这表明，"零售商家和消费者比起过去任何时候都有了更多方式的互动"（Datamonitor，2009）。因此，凭借能够满足如此复杂的顾客需求（Schröder and Zaharia，2008；Wallace et al.，2004），多渠道营销能够让企业通过两种或更多的渠道同时供应信息、产品、服务和支持，由此建立一种持久的顾客关系（Rangaswamy and Van Bruggen，2005）。对中欧国家斯洛文尼亚一家处于领先地位的消费电子产品零售商开展的案例研究中，显示了多渠道策略的整合是如何从一个实践的角度，积极影响了所谓的关系质量现象的每一构成要素，即顾客信任、满意度和承诺的打造。

Big Bang 是斯洛文尼亚消费电子产品领域一家处于市场领先地位的零售商品牌。公司创立于 1991 年，最初是一家批发公司，仅在两年之内，便成功建立了自己的一套零售哲学。如今，该公司在诸多的产品商目内，已经是"顾客首选"品牌，也在市场份额中赢取了领先地位，在特定商目内拥有超出 60％ 的份额。强大的 Big Bang 企业文化始终在给予公司强大的动力，去成功迎合当今世界日趋苛刻的顾客需求。对许多年轻人而言，满怀着一腔热情去寻求一条活力充沛的事业道路，与最新的技术趋势并驾齐驱，看起来就是一个很明显的优势所在。Big Bang 有着一群用心投入和积极上进的员工，其出色的定位迎合了新兴零售趋势的适应挑战，以及"电子产品消费者生活方式"的成功升级。通过它的在线销售渠道 www.bigbang.si便可一窥 Big Bang 这一电子商务市场运营者举足轻重的实力所在。他们已能够在日常经营的流程中秉持一种多渠道的意识形态来支持其"实体"电子产品商店，而到访顾客也会在这些实体店中显示出多渠道的消费者行为。下文中所述的一些顾客行为，由 Big Bang 多渠道消费者研究所揭示，显示出了一种复杂的、具有当前时代特征的消费者行为模式。

1. 互联网成为主要信息来源

正如图 8.2 所揭示，消费者在做出电子产品购买决策的过程中会参考数种信息来源。对多数消费者而言，互联网（60％）、"实体"商店（41％）、产品目录及宣传单页（29％）代表了最多使用的搜索工具。通过提示，又会有 15％ 的消费者也记得为求快捷而使用过互联网作为信息来源，由此也让互联网成为最多数消费者

（75％）所使用的主要搜索工具。

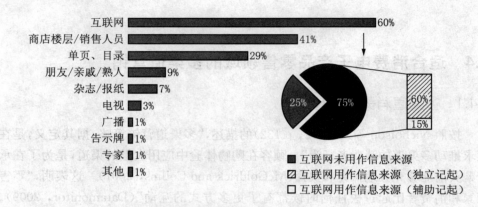

互联网　60%
商店楼层/销售人员　41%
单页、目录　29%
朋友/亲戚/熟人　9%
杂志/报纸　7%
电视　3%
广播　1%
告示牌　1%
专家　1%
其他　1%

25%　75%

60%
15%

■ 互联网未用作信息来源
▨ 互联网用作信息来源（独立记起）
□ 互联网用作信息来源（辅助记起）

图 8.2　电子产品信息汇集来源（n＝1 005）

毫无疑义，消费者在产品目录中参与程度越高，互联网就成为越强大的信息收集来源（见图 8.3）。

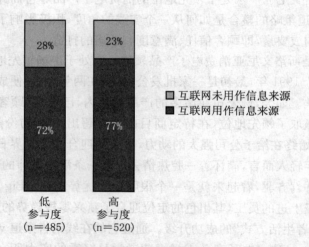

28%　23%

72%　77%

■ 互联网未用作信息来源
■ 互联网用作信息来源

低
参与度
（n＝485）

高
参与度
（n＝520）

图 8.3　互联网作为信息来源（根据产品目录参与度）

2. 零售商的在线势力

对于互联网应用的深入观察，揭示了零售商的网页和在线商店似乎成为最受欢迎的信息来源，之后是产品制造商的网页、在线社交网、论坛、博客或者类似网站（见图 8.4）。

而从零售立场来看，一个颇有意思的事情是研究发现零售商一方能直接开发和掌控的那些在线互动环节，对零售商疏于掌控的互动环节和实际电子产品购买决策有着同等的影响力（见图 8.5）。这一发现表明消费电子产品零售商有着无与伦比的机会可以直接影响到其顾客的购物体验。

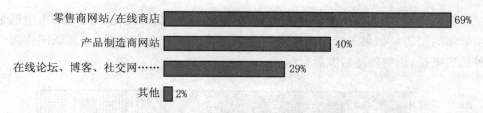

图 8.4 互联网应用——作为信息源使用的网站(n＝752)

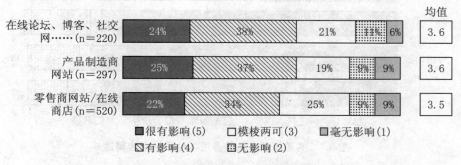

图 8.5 网站对产品购买决策的影响

3. 在线销售 vs.线下销售

以多渠道消费者行为的综合视角来看的话,对立面的存在也当引起重视,即传统的"实体"商店扮演着电子商务渠道的补充角色。正如图 8.6 中所示,在调查中,通过互联网购买消费电子产品的消费者,有半数在决定上网购买之前也在有形商店中咨询过同一产品。

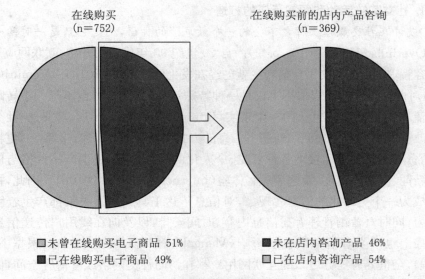

图 8.6 "实体"商店的补充角色

但是,最主要的结论来自于图 8.7,即"实体"商店仍然是电子商品购买中被采纳最多的渠道。如果不看产品目录的话,线下购买依然比较显著,而互联网作为一种销售渠道,仍然保持着其后台角色。

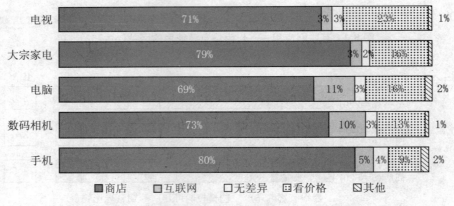

图 8.7　购买电子商品最多可能使用的销售渠道

正如在近期研究中所清楚证实的那样,不同的渠道在电子商品的购买过程中都是用作获取信息和购买的一个部分。这显然是在说明,从消费者角度而言,互联网和销售网点被认为是互为补充的渠道,而前者是后者有力的支持。在 Big Bang,一如关系质量现象的构成要素,即顾客信任、满意度和承诺所显示的那样,想要成功地支持多渠道消费者行为,后文中论述的多渠道营销活动组合就需要相互完好地补充。

8.4.2　多渠道营销活动

1. 社交营销活动和顾客承诺的打造

"或许在社交媒体上挥之不去的一个最危险的神话,就是它只是一时的心血来潮"(Overhulse-King,2010,p.42)。自 20 世纪 90 年代普及开始,互联网应用从信息内容管理功能向社交平台的转变就已经在发生(Squazzo,2010)。Vemuri(2010,p.20)对此论道:"社交媒体不再仅是一种特殊定向的稀奇物,也不是一个转瞬即逝的潮流";而零售商家也认同一个事实(Internet Retailer,2010a),"⋯⋯社交媒体正在改变着消费者搜集商品与服务信息的方式"(Wetzel,2010,p.90)。更精确来说,消费者愿意分享和接纳各种意见、个人化的品牌推荐、关于产品价格与促销的适时新闻、卖家可信度,及售后顾客体验(Internet Retailer,2010b)。因此,社交媒体正成为一个全球化的消费者现象,对信息传达工具和购买决策都产生着巨大的影响力,同时对营销管理者在信息内容、时间安排,以及向在线用户传递信息频率的掌控上也产生着潜移默化的影响(Mangold and Faulds,2009)。根据 Nielsen (2009),全世界有三分之二的互联网用户都在访问社交网络或者博客空间,由此将社交媒体领域甚至推至了私人电子邮件的前面,名列第四(仅次于网页搜索、门户网和电脑软件设施）。更令人惊讶的是，在线用户花在社交网站上的时间有了超出80％的增长（从2008年9月至2009年9月），并让Facebook成为全球第一大社交网络目的地（2009年9月）（Nielsen Wire，2010）。

接下来的对比，就是对Facebook巨大力量的最好描述：如果说广播需要38年才能达到5 000万听众的规模，电视需要13年达到同等的观众数量。然而，Facebook，这一世界最著名的社交媒体网络，仅用不到9个月的时间便达到了1亿用户数量（Patel，2010）。如今，Facebook是超过5亿活跃用户的网络代表，有50％的用户会每天登录，并在这一网站里花费越来越多的时间。另外，在2008年4月至2009年4月，Facebook用户花费在该网站上的总时间同比增长了700％（Nielsen Wire，2009）。别忘了，当被用作社交营销策略之一来吸引顾客时，Facebook也为零售商家提供了巨大的潜力（Internet Retailer，2010c）。不过，社交媒体的构成远远要多于一个Facebook。社交网络现象围绕着一系列在线、口碑相传的论坛平台，包括：博客、企业自设交流板和聊天室、消费者间电子信箱、消费者产品和服务评定网站与论坛、互联网交流板和论坛、微博（包含数码音频、图片、视频或照片的网站），以及社交网站（Mangold and Faulds，2009）。

根据Solis（2010）所说，社交媒体是"……信息的民主化进程，使得人们从信息的阅读者向发布者转变，这是由广播机构一对多的模式向着根植于作者、同行和民众谈话的多对多的模式转变"。这一现象代表了创造意识和关联性、建立消费者关系和提高销售的机遇（Hammond，2009）。社交媒体也为公司和其消费者提供了一个传递媒介（Laduque，2010），不仅促进了有关促销的信息传递，即公司对顾客信息的转达，也促进了与研究相关的信息传递，即顾客对公司的信息转达（Mangold and Faulds，2009）。伴随着持续的发展，社交媒体的营销潜力和机遇也在不断提升（Laduque，2010）。加以有效地利用，后者将对于任何公司机构都会是一个价值不菲的工具（Vemuri，2010）。知道了这点，就应该将社交媒体作为促销组合中的混合要素来对待，因为它已经成为消费者传播产品和服务相关信息"正实行的方式"，这要求公司机构将其沟通方式由单纯的说教转变为与顾客对话交流（Mangold and Faulds，2009）。

社交媒体对于顾客承诺（关系质量的三要素之一）的影响，可以从顾客参与社交媒体，在虚拟社区中找到归属感这一方面得到更好的解释。在社交身份理论中，社交身份的定义是："一个人在某个群体中找到自我认同并认为自己从属于这一群体（即，我是其中一员）"（Bhattacharya et al.，1995，p.47）。通过援引这一理论，我们可以得到一个充分的说明。根据Algesheimer等人（2005）所言，一个品牌社区的身份象征着消费者与品牌社区的关系力度。由此，一个社区中的会员，体现着代表消费者的社交身份，在这里消费者"会将他或她自己视作一个特定社交实体中的一员"（Bergami and Bagozzi，2000，p.557）。Casaló等人（2010，p.359）将其解释为"……一个人会有多大程度看待他自己是（虚拟）社区的一部分"，而这一点，

Bagozzi 和 Dholokia(2006,p.1104)又将其解释为"……依附感与归属感"。知道了这一点,身份就成为了"对某个群体的一个情感参与的结果"(Casoló et al.,2010,p.359),这就可以定性为一种情感性的承诺(Bergami and Bagozzi,2000)。

由于不少社交媒体网站在斯洛文尼亚都比较受欢迎,Big Bang 决定只聚焦于互联网用户使用最多的一个,即 Facebook。Big Bang 使用 Facebook 来进行消费者引导和双向沟通,以促进消费者的承诺度。用全方位的以顾客为中心的方式进行 Facebook 的管理,使得 Big Bang 的 Facebook 网站社区会员数在全国零售商家中一度达到了最多(2010 年 10 月 24 日)。Facebook 同样还被用来作为 Big Bang 打造顾客承诺的其他在线营销活动的支持工具,例如,广告游戏和网页创意测试(见图 8.8)。

图 8.8 "大爆炸"为液晶屏与等离子电视制作的广告游戏,以及为家居设施制作的网页创意测试

Svahn(2005,p.188)将广告游戏定义为"……一种目标明确而具有竞争性的活动,它使用一个统一的规则框架,其设计与制作完全或部分是为了便于主动或被动地辅助信息携带和传播,从而引导消费者在生活魔法阵之外的世界中改变行为"。也就是说,广告游戏就是以一种参与娱乐的方式,无论是通过不断提升的品牌认同度或是其他的方法,以推动某一产品或服务销售为目的打造出的游戏(Smith and Just,2009)。由此,它可以提供一种新鲜的途径去吸引和带动一大批顾客。尤其是,广告设计吸引的网页访问者跨度十分广泛,男女用户平分秋色,从年龄上包括了 10 多岁的孩子到 30 多岁的成人(Internet Retailer,2006a,b)。

Big Bang 同样在液晶屏和等离子电视的品牌推广上利用广告游戏产生了巨大

的效用。广告游戏将液晶屏和等离子电视品牌的图像集成放进了游戏中，玩家被激发去赚取最高分数，获得每周奖励，此外还有一个最终大奖授予拿到最高总分数的玩家。通过举办长期竞赛，并且每周遴选赢家，Big Bang 由此成功地吸引玩家对某一个特定品牌产生最大化的愿求。广告游戏也同样可以简单地整合入社交媒体应用中，以获得玩家更高的参与度和承诺度。为达到这一目的，Big Bang 的广告游戏提供特殊植入码来赢取额外得分，将此发布在公司的 Facebook 网站上。自然，Facebook 应用也允许玩家分享和发布他们的游戏结果，这样其他应用用户也能看到、评论，并最终也被吸引进游戏中。

网页创意测试可以理解为是广告游戏的子类型，参与者可在其中创建以及/或者发布他们的创作。不要忘了自我参与的力量要强过其他引导力量很多（Bogost，2007），玩家对某一流程或任务的承诺度也会通过网页创意测试得以大幅提升。因此，Big Bang 利用网页创意测试来将设计的提升作为家庭用品品牌的一个竞争优势。玩家会接受挑战，设计一个诸如冰箱门把手这样的家庭用品。和广告游戏一起，网页创意测试也同样受 Facebook 应用的支持，来鼓励用户向他们的朋友分享和发布其创意。以这种方式，其他应用用户也可以看到、评论，激发起兴趣来，用微型网站内置的页面创意测试软件测试他们自己的创造力。在对社交媒体应用的更多挖掘下，他们还为一些玩家提供了一个规模巨大的投票池，从品牌推广角度看，制造这一声势的结果也自然是巨大的利益回收。在设计的最后阶段，在内置页面创意测试软件的微站上获得投票数目最多的几组设计，就能够晋身最后的环节。

2. 简化信息搜索，提高顾客满意度

通常来说，人们对于一件东西花钱越多，在购买决策中的参与程度也就越高，因为他们会经过更多深思熟虑以做出正确的决定。因此，有着较高参与度的顾客对于产品自然而然就会有兴趣获得更多详细的信息（Puccinelli et al.，2009）。正如 Big Bang 消费者行为研究所显示的那样，消费电子产品的复杂性以及/或者较为高额的花费通常会让一个人开展所谓的"积极信息搜索"，即寻找阅读材料、朋友的意见、在线搜索，以及去商店获得产品的有关信息（Kotler and Keller，2009）。如今的消费者明显更侧重于互联网，因为它信息广泛、容易获得，这是零售商家不能忽视的一个事实。零售商家亦可从这个理想的营销渠道来收获效益，以极低的成本传送大批量的信息（Nobel et al.，2005）。

从零售商的角度来看，零售营销从简的需求正变得越来越强烈（Rubinson，2009）。故此，帮助顾客快速而轻松地解决问题便成为零售商家首当其冲的要务（Dixon et al.，2010），因为后经济时代的消费者寻求的是不复杂的、平易近人的产品和服务来让他们的生活变得更加简单（Flatters and Willmott，2009）。为顺应这一观念，Big Bang 向他们多渠道的顾客提供了一个实用方便、易于导航的富媒体微型网站。根据 IAB（互联网结构委员会），富媒体是指"……用户可以在一个网页模板中自由互动（不同于单一动画且不包括需要点击完成的功能）的广告版面。这些

广告版面既可以单独利用，又可以没有限制地加入各种技术，包括声音、视频或动画，以及各种程序语言，如 java、javascript 和 DHTML"。如 Lihra 和 Graf(2007) 所述，与其强迫顾客去使用特定渠道，Big Bang 首先考虑的是吸引顾客进入一个特定渠道的各种因素，然后逐一策略化地应对。

Big Bang 富媒体微站上受到访问者格外青睐的是所谓的产品介绍短片，解说详细、易于理解。一般而言，视频受欢迎的程度在逐步提升，因为它的制作和推出成本都比较低，还会鼓动起顾客的购买信心(Internet Retailer，2010d)。此外，在 Spalding 等人(2009)的研究中也对此有所阐述，富媒体视频技术会和更加强烈的购买意图直接相关。Cohen(2009)同样表示，零售商家在顾客购买之前使用视频来进行制作更精良的产品展示，可以从中获益良多，尤其是对于一些需要指导和信息指南的复杂产品。当它们满足了一定的条件，像是娱乐性较好，或者让观众产生了独特兴趣，视频短片便能够成为病毒式营销活动一个强而有力的工具。

通过提供最佳销售产品全天候(24 小时×7 天)的展示详尽、信息充足的富媒体微站，Big Bang 自然而然提升了顾客满意度。对于零售商家而言，了解消费者购买流程作为一个营销步骤是至关紧要的(Solomon，2009)，此时在线活动的推出就会扮演起一个重要的角色，尤其是在信息搜索阶段以及随后的替代品评价和产品选择阶段。通过借助像互联网这样的一种方便易用且在顾客中广为接受的沟通渠道提供信息，并借助对顾客告知与引导某些产品特征来提升它们的技术竞争力，加以简单平易的富媒体微站的使用，Big Bang 大大减少了顾客在信息搜索上的时间和精力的投入(图 8.9)。

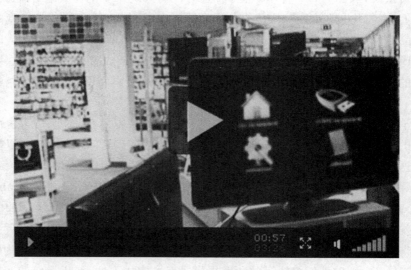

图 8.9 "大爆炸"可在网上搜到的液晶屏电视介绍短片

从这个意义而言，"大爆炸"可以说是简化了消费者的生活，即企业通过对信息搜索阶段的促进作用满足甚至超出了顾客的预期。从这一积极的服务体验可以判断,消费可以产生愉悦感,从而导致 Big Bang 更高的顾客满意度(Oliver,1997)。尽管有些消费者愿意使用一种渠道搜索信息,另一种渠道进行购买(Nobel et al.,2005),但是这些顾客一旦在商店中"感触"到更好的可替代性产品,他们也可能得到更好的讲解,并借助必要的技术信息更简单快速地做出购买决定。由此,他们也会得到一种更愉快和满足的完全线下购物体验。

3. 管理线下接触,打造顾客信任度

Grönroos(2007)论证,与顾客接触的员工要么会建立顾客关系,要么会破坏顾客关系。因此,销售人员在和顾客面对面交流中扮演着十分重要的角色(Doney and Cannon,1997)。零售服务所面对的一个关键要素,就是在销售辅助进行的过程中培养消费者信任度,因为信任度的存在决定着顾客关系的质量(Swan et al.,1999)。当一种信任感和亲切感在顾客与销售人员的零售关系中建立起来,这样的关系就更加有利于解决不时发生的临时问题(Wong and Sohal,2002)。

在长久持续的关系打造中,顾客对销售人员信任的重要性,在具有高风险特征的产品和服务背景下得到了更多的强调。也就是说,高风险论调的存在本身就表明了大多数消费者在制定购买决策中体验到至少一定程度上的不确定性(Jagdish and Venkatesan,1968),尤其在他们的决定是建立在不完整和不完善信息的基础上时(Kim et al.,2008)。在这种不确定情形下,消费者会多踟蹰上几步,通过他人援助来降低认知风险(Jagdish and Venkatesan,1968),而这就是人际关系和持续信任登台亮相的时机。这同样也表明了所谓的广告信息来源的重要性(Kotler and Keller,2009),也即寻求和仰赖于某个销售人员的意见。这一点在较为复杂的购买决策中尤其真实可见,当消费者缺乏足够的经验以及/或者缺少产品和服务的相关知识,所有这些都会在购买决策环节中制造出一种高度的不确定性,结果就是对人际互动和更多信息的需求。也就是说,正如 Guenzi 和 Georges(2010)所论证的,消费者的技术能力越低,认知风险越高,人际关系也就越显重要。在这类情形下,销售人员的专业知识就会在互动中降低顾客的不确定性和脆弱心理,从而让他/她做出更有信心的购买决策(图 8.10)。

图 8.10　Big Bang 商店一景

在消费电子产品零售领域中，顾客信任的重要性怎么强调也不为过，因为电子产品的购买决策被认为有着固有的风险性（Bhatnagar et al.，2000）。这一领域的购买决策需要顾客所谓更长时间的"问题解决式"购买决策流程（Levy and Weitz，2009）。高度的风险性和不确定性来自于如今市面上大多数产品经常需要消费者拥有极高的技术能力和专业水准的现实情况。不过，作为一个典型的电子产品的顾客，仍然会寻求一种"感触"、尝试，以及一种在传统销售渠道下的对话效应，这也在隐含地表明，一般消费者拥有的仅是较为中等的技术能力和较为贫乏的知识水平。因此，消费者会寻求销售的稳定感，到访商店，以便在购买前实地检验有形的产品（质量），以降低在线订购以及递送中的产品不能满足他/她的预期而产生的不确定性（Liang and Huang，1998）。

当顾客通常缺乏精确信息和足够的专业知识时，在这类情形下，顾客对销售人员的信任成为了一个先决条件（Guenzi and Georges，2010）。为确保"无意外"的产品购买，即降低产品风险（Schröder and Zaharia，2008），传统"实体"渠道的销售人员提供示范性的专业知识，以值得信任的方式帮助消费者获得产品的深入了解就显得十分重要，因为"信任度是由销售人员的能力来支持的，这种能力包括技术、专业知识、能力，以及销售人员提供的信息有效、可靠"（Swan et al.，1999，p.94）。作为一家保留了传统销售基础设施的零售商家，又有着较高技术专业度且积极热情的员工支持，Big Bang 成功管理着每天数以千计的顾客接触。通过值得信任方式降低顾客认知的风险，尤其是在顾客与销售人员互动的时候，以此提升他们的产品熟悉程度，Big Bang 也同样成功打造起了关系质量现象的第三个构成要素，即，顾客信任度。总而言之，"……零售就是最直接的顾客接触"（Elg，2007，p.569）——无论在线上与线下——正如当前多渠道的顾客所期待的那样。

8.5　结语

零售业的面貌正在消费者行为的推动下经历着根本改变。由于互联网的启示作用，消费者开始利用各种各样的易得渠道，不仅是用于购买，而且还会传达信息给零售商或者与其互动。知道了这一点，多渠道顾客行为因此也自然成为了消费者日常生活不可避免的一部分，成为许多传统零售商家的必需。由于许多零售商家依赖于顾客的重复购买，他们能够意识到买卖双方潜在持久的关系也正变得更为重要。在本章中，我们阐释了各种不同的多渠道营销活动是如何影响到顾客的信任、满意度和承诺，也即关系质量（一种近期在竞争剧烈的零售领域中作为关系培养和顾客维护的策略而出现的现象）的构成要素。不过，由于互联网不断变化的特性，在本章中提出的一系列多渠道活动，自然既非独有的，也非全面涵盖的，而更多是行业和市场的特例。与之相应的是，多渠道经营的意识形态不应当作为一种"以不变应万变"的问题解决之道。多渠道经营的意识形态更应该被理解成一种同步化经营模式，适用于具体的领域，能够通过所有渠道向顾客提供品牌和服务的持久性。选择多渠道活动十分重要，因之会积极推动顾客的信任、满意度和承诺的打造，以便零售商家培养和维持与顾客更加贴近与持久的关系。意识到多渠道行为正成为"实际上的"购物以及/或者购买标准，一些大型的传统零售商家已经开始做出必要的在线市场的业务拓展，并开始通过多渠道的零售进行融资。这使得整个零售社会都提升了积极性。漠视这一巨大的改变会不可避免地导致商业机遇的流失。反之，更明智的策略将在已接受全新零售哲学的所有商家中取得领头地位。"我们会继续聘请更有才华的领导者，提升我们的在线和多渠道性能来投资我们的未来。"Sears 控股公司临时 CEO 及董事长 W.Bruce Johnson 如是说道（《互联网零售商》，2008）。

8.6　宜家多渠道活动简述

宜家（IKEA），瑞典的家具零售商，利用它易于导航的网页，促进了营销信息传达和顾客的购物体验。实际上，从多渠道零售角度来看，它不仅向其在线顾客传达了详实的产品介绍，也更加完整、全面地应对了多渠道零售的挑战。就拿一个在线工具的例子来说，这个在线工具提供了商店实时存货的信息，使得顾客能够更好地安排他们对当地的商店光顾日程。此外，在线提供每一产品精确的走廊位置的信息，对于顾客也有着更多的意义，因为这类信息促进了产品的检索和定位。同时，基于减少顾客整个精力损耗的要旨，宜家也提供在线的计划工具。这使得顾客在光顾商店之前就开始熟悉特定的产品目录，这一点反过来又促进了顾客的线下购物体验。由此，顾客可以在特定产品目录的结构组成、款式新旧、尺寸大小，和性能特质上提前指导自己，在商店内加以专业的宜家销售人员的辅助，便可以最终更好地确定下购买方案。

8.7　百思买多渠道活动简述

百思买（Best Buy），一家专长于消费电子产品的零售商，使用其网页打造起了一种跨渠道的无缝式顾客体验。为达成这一目的，他们推行了各种各样的多渠道活动。比如，百思买提供了一种便捷的多渠道零售问题的解决之道，顾客可以直接从商店购买,或者对于特定的大宗货物,可以直接从最近的仓库购买。这一解决之道让消费者免去了物流费用,打消掉了包裹运输的一些忧虑,而且也能更快地收到货物。同样地,顾客也可以直接将他们的在线订购产品返回任何的百思买商店,由此免去了物流费用,且更快拿到退款。为了打造无缝式顾客体验,百思买同时推出了一个忠实度项目,无论顾客从任何渠道进行的购买都可以获得积分。当具备获奖励的资格之后,顾客会收到一封邮件,并可在线打印出资格证明,并且随后通过在线或者实体商店领取。与此相似,还有一种方便的解决之道面向礼品卡的接收者推出,让他们可以在线查看礼品卡的余额。顾客发现将他们的产品退返当地的商店更方便些时,百思买的主要电脑技术支持服务也遵循着同样的方式,在线面向这些顾客开放。

讨论问题

    1. 假如你被你最喜欢的零售商家聘用为顾问,请评论一下该企业的多渠道策略。你认为它已经具备了和顾客打造亲密持久的关系所必须的所有要素了吗?

    2. 你会向你当地的食品零售商建议怎样的多渠道活动? 如果是当地的服装零售商呢? 请根据关系建设理论提供一些建议。

    3. 从一个顾客的角度比较一下多渠道环境下和传统"实体"环境下的销售人员的区别。详细描述在多渠道环境下一名销售人员想要成功应具有的能力。

    4. 从零售商的角度,阐述商店落实互补策略的利益何在? 在落实之前还有其他什么特殊问题需要对待吗? 试着在你的讨论中对两种不同类型的零售商做一下比较(例如,消费电子产品零售商之于图书零售商)。

    5. 探讨一下技术对于多渠道更长远发展的影响。

    6. 社交媒体活动尽管大受欢迎,但是你有没有考虑过,它对每一家零售商的多渠道营销策略都是一个合适的要素吗?

    7. 你会给一个成功的、有着长期稳定的目录零售商 CEO 怎样的建议? 该企业需要采纳在线销售渠道之外的其他多渠道吗?

    8. 你会给一个正使用在线和线下销售渠道的零售商怎样的定价和分类策略建议? 找到使用多渠道意识形态的论据,即意在通过两种渠道向顾客提供品牌和服务的持久性。

    9. 思考一下奖励忠实顾客的挑战性,无论他们是通过哪一种渠道进行的购买。考虑让顾客以何种方式赢取奖励。

    10. 一家相机零售商想要关掉门店,仅仅通过在线销售渠道来售卖他们的产品,你会给这家零售商怎样的建议?

11. 尽管尽了最大努力,一家多渠道零售商的 CEO 接受年度顾客研究调查,结果显示顾客关系质量下滑,也即较低的顾客信任度、满意度和承诺度。顾客的主要投诉集中在线下和在线销售渠道不能有效地同步。你作为一名销售主管,被邀请向管理团队简短地提出一个活动方案来改善状况。论证一下多渠道策略对于零售商为何必须为之,针对顾客提出的问题应当推行怎样的补救措施。

参考文献

Agatz, A.H.N., Fleischman, M., and van Nunen, A.E.E.J. (2008), "E-fulfillment and multichannel distribution – A review", *European Journal of Operational Research*, Vol. 187 No. 2, pp. 339–356.

Aksen, D. and Altinkemer, K. (2008), "A location-routing problem for the conversion to the "click-and-mortar" retailing: The static case", *European Journal of Operational Research*, Vol. 186 No. 2, pp. 554–575.

Algesheimer, R., Dholakia, U.M., and Herrmann, A. (2005), "The Social Influence of Brand Community: Evidence from European Car Clubs", *Journal of Marketing*, Vol. 69 No. 3, pp. 19–34.

Athanasopoulou, P. (2009), "Relationship quality: a critical literature review and research agenda", *European Journal of Marketing*, Vol. 43 No. 5/6, pp. 583–610.

Bagozzi, R.P. and Dholakia, U.M. (2006), "Open Source Software User Communities: A Study of Participation in Linux User Groups", *Management Science*, Vol. 52 No. 7, pp. 1099–1115.

Bejou, D., Wray, B., and Ingram, N.T. (1996), "Determinants of Relationship Quality: An Artificial Neural Network Analysis", *Journal of Business Research*, Vol. 36 No. 2, pp. 137–143.

Bergami, M. and Bagozzi, R.P. (2000), "Self-categorization, affective commitment and group self-esteem as distinct aspects of social identity in the organization", *The British Journal of Social Psychology*, Vol. 39 No. 4, pp. 555–577.

Berman, B. and Thelen, S. (2004), "A guide to developing and maintaining a well-integrated multi-channel retail strategy", *International Journal of Retail & Distribution Management*, Vol. 32 No. 3, pp. 147–156.

Berry, L.L. (2000). "Relationship Marketing of Services", in Sheth, N.J. and Parvatiyar, A. (Eds.), *Handbook of Relationship Marketing*, Sage Publications, Inc., London, pp. 149–170.

Best Buy Fiscal Year 2008 Annual Report.

Bhatnagar, A., Misra, S., and Rao, H.R. (2000), "On risk, convenience, and Internet shopping behavior", *Association for Computing Machinery. Communications of the ACM*, Vol. 43 No. 11, pp. 98–105.

Bhattacharya, C.B., Rao, H., and Glynn, M.A. (1995), "Understanding the Bond of Identification: An Investigation of Its Correlates Among Art Museum Members", *Journal of Marketing*, Vol. 59 No. 4, pp. 46–57.

Bogost, I. (2007), *Persuasive Games: The Expressive Power of Videogames*. MIT Press, Cambridge.

Bollen, A.K. (1989), *Structural Equations with Latent Variables*. John Wiley & Sons, New York.

Bramall, C., Schoefer, K., and McKechnie, S. (2004), "The determinants and consequences of consumer trust in e-retailing: a conceptual framework", *Irish Marketing Review*, Vol. 17 No. 1/2, pp. 13–22.

Burt, S. and Sparks, L. (2003), "E-commerce and the retail process: a review", *Journal of Retailing and Consumer Services*, Vol. 10 No. 5, pp. 275–286.

Casaló, L.V., Flavián, C., and Guinalíu, M. (2010), "Relationship quality, community promotion and brand loyalty virtual communities: Evidence from free software communities", *International Journal of Information Management*, Vol. 30 No. 4, pp. 357–367.

Choi, J. and Park, J. (2006), "Multichannel retailing in Korea. Effects of shopping orientations and information seeking patterns on channel choice behaviour", *International Journal of Retail and Distribution Management*, Vol. 34 No. 8, pp. 577–596.

Christy, R., Gordon, O., and Penn, J. (1996), "Relationship Marketing in Consumer Markets", *Journal of Marketing Management*, Vol. 12 No. 1–3, pp. 175–187.

Cohen, H. (2009), "Eight Ways to Use Vide to Boost Your Marketing", available at: http://www.clickz.com/clickz/column/1708709/eight-ways-use-video-boost-your-marketing (accessed 21 August, 2010).

Crosby, A.L., Evans, R.K., and Cowles, D. (1990), "Relationship Quality in Services Selling: An Interpersonal Influence Perspective", *Journal of Marketing*, Vol. 54 No. 3, pp. 68–81.

Datamonitor (2009). *Multichannel Retail: Using Technology to Achieve Cross-Channel Consistency (Strategic Focus)*.

De Cannière, M.H., De Pelsmacker, P., and Geuens, M. (2009), "Relationship Quality and the Theory of Planned Behavior Models of Behavioral Intentions and Purchase Behaviour", *Journal of Business Research,* Vol. 62 No. 1, pp. 82–92.

Deloitte (2008a). Reinventing retail: A Multi-channel Transformation.

Deloitte (2008b). *2008 Global Powers of Retailing*.

Deloitte (2009a). *Re-platforming e-commerce in the age of the cross-channel consumer. Audiences may not be happy with the same old script.*

Deloitte (2009b). *Emerging from the downturn. Global Powers of Retailing 2010.*

De Wulf, K., Odekerken-Schröder, G., and Iacobucci, D. (2001), "Investments in Consumer Relationships: A Cross-Country and Cross-Industry Exploration", *Journal of Marketing*, Vol. 65 No. 4, pp. 33–50.

De Wulf, K., Odekerken-Schröder, G., and Van Kenhove, P. (2003), "Investments in consumer relationships: a critical reassessment and model extension", *The International Review of Retail, Distribution and Consumer Research*, Vol. 13 No. 3, pp. 245–261.

Dixon, M., Freeman, K., and Toman, N. (2010), "Stop Trying to Delight Your Customers", *Harvard Business Review,* Vol. 88 No. 7/8, pp. 116–122.

Doney, M.P. and Cannon, P.J. (1997), "An Examination of the Nature of Trust in Buyer-Seller Relationships", *Journal of Marketing*, Vol. 61 No. 2, pp. 35–51.

Dwyer, F.R. and Oh, S. (1987), "Output Sector Munificence Effects on the Internal Political Economy of Marketing Channels," *Journal of Marketing Research*, Vol. 24 No. 4, pp. 347–358.

Elg, U. (2007), "Market orientation processes in retailing: a cross-national study", *European Journal of Marketing,* Vol. 41 No. 5/6, pp. 568–589.

Farelly, J.F. and Quester, G.P. (2005), "Examining important relationships quality constructs of the focal sponsorship exchange", *Industrial Marketing Management*, Vol. 34 No. 3, pp. 211–219.

Foster, D.B. and Cadogan, W.J. (2000), "Relationship selling and customer loyalty: an empirical investigation", *Marketing Intelligence & Planning*, Vol. 18 No. 4, pp. 185–199.

Flatters, P. and Willmott, M. (2009), "Understanding the Post-Recession Consumer", *Harvard Business Review,* Vol. 87 No. 7/8, pp. 106–112.

Fullerton, G. (2005), "The service quality-loyalty relationship in retail services: does commitment matter?", *Journal of Retailing and Consumer Services*, Vol. 12 No. 2, pp. 99–111.

Gable, M., Fiorito, S.S., Topol, T.M. (2008), "An empirical analysis of the components of retailer customer loyalty programs", *International Journal of Retail & Distribution Management*, Vol. 36 No. 1, pp. 32–49.

Garbarino, E. and Johnson, S.M. (1999), "The Different Roles of Satisfaction, Trust, and Commitment in Customer Relationships", *Journal of Marketing*, Vol. 63 No. 2, pp. 70–87.

Grewal, D. and Levy, M. (2007), "Retailing research: Past, present, and future", *Journal of Retailing*, Vol. 83 No. 4, pp. 447–464.

Grönroos, C. (2007), *Service Management and Marketing*, John Wiley & Sons, New York.

Guenzi, P. and Georges, L. (2010), "Interpersonal trust in commercial relationships. Antecedents and consequences of customer trust in the salesperson", *European Journal of Marketing*, Vol. 44 No. 1/2, pp. 114–138.

Gummesson, E. (1998), "Implementation Requires a Relationship Marketing Paradigm", *Journal of the Academy of Marketing Science*, Vol. 26 No. 3, pp. 242–249.

Gummesson, E. (1999), *Total Relationship Marketing. Rethinking Marketing Management: From 4Ps to 30Rs,* Butterworth-Heinemann, Oxford.

Gummesson, E. (2008), *Total Relationship Marketing. Marketing management, relationship strategy, CRM, and a new dominant logic for the value-creating network economy*, Butterworth-Heinemann, Amsterdam.

Gwinner, P.K., Gremler, D.D., and Bitner, J.M. (1998), "Relational Benefits in Services Industries: The Customer's Perspective", *Journal of the Academy of Marketing Science*, Vol. 26 No. 2, pp. 101–114.

Hammond, C.C. (2009), "Reaching Them With Social Media", *AgriMarketing*, Vol. 47 No. 7, p. 38.

Hennig-Thurau, T. and Klee, A. (1997), "The Impact of Customer Satisfaction and Relationship Quality on Customer Retention: A Critical Reassessment and Model Development", *Psychology & Marketing*, Vol. 14 No. 8, pp. 737–764.

Hennig-Thurau, T. (2000), "Relationship Quality and Customer Retention through Strategic Communication of Customer Skills", *Journal of Marketing Management*, Vol. 16 No. 1–3, pp. 55–79.

Hennig-Thurau, T., Gwinner, P.K., and Gremler, D.D. (2002), "Understanding Relationship Marketing Outcomes. An Integration of Relational Benefits and Relationship Quality", *Journal of Service Research*, Vol. 4 No. 3, pp. 230–247.

Hollander, C.S. (1960), "The Wheel of Retailing", *Journal of Marketing*, Vol. 25 No. 1, pp. 37–42.

Hutt, D.M. and Speh, W.T. (2001), *Business Marketing Management. A strategic view of industrial and organizational markets. 7th edition.* Harcourt College.

Internet Retailer (2006a), "Viewpoint Releases Advergaming Product To Drive Positive Brand Recognition and Engagement On The Web", available at: http://www.internetretailer.com/2006/08/23/viewpoint-releases-advergaming-product-to-drive-positive-brand-r (accessed 21 August, 2010).

Internet Retailer (2006b), "In-game ads give retailers a new way to engage a broad audience", available at: http://www.internetretailer.com/2006/07/13/in-game-ads-give-retailers-a-new-way-to-engage-a-broad-audience (accessed 21 August, 2010).

Internet Retailer (2008), "The big chains weigh in", available at: http://www.internetretailer.com/2008/07/30/the-big-chains-weigh-in (accessed 21 August, 2010).

Internet Retailer (2010a), "Social media set to shine during holiday shopping season", available at: http://www.internetretailer.com/2010/06/24/social-media-set-shine-during-holiday-shopping-season (accessed 21 August, 2010).

Internet Retailer (2010b), "Retailers See New Opportunity in High-Growth Social Shopping; Mercent Launches eCommerce Tools for Facebook, Twitter, and …", available at: http://www.internetretailer.com/2010/02/11/retailers-see-new-opportunity-in-high-growth-social-shopping-me (accessed 21 August, 2010).

Internet Retailer (2010c), "Retailers can't ignore Facebook", available at: http://www.internetretailer.com/2010/06/30/retailers-cant-ignore-facebook (accessed 21 August, 2010).

Internet Retailer (2010d), "Retailers are turning to social media, video and faster buying, study shows", available at: http://www.internetretailer.com/2010/02/10/retailers-are-turning-to-social-media-video-and-faster-buying (accessed 21 August, 2010).

Jagdish, N.S. and Venkatesan, M. (1968), "Risk-Reduction Process in Repetitive Consumer Behavior", *Journal of Marketing Research*, Vol. 5 No. 5, pp. 307–310.

Kim, D.J., Ferrin, D.L., and Rao, H.R. (2008), "A trust-based consumer decision-making model in electronic commerce: The role of trust, perceived risk, and their antecedents", *Decision Support Systems*, Vol. 44 No. 2, pp. 544–564.

Kotler, P. and Keller, L.K. (2009), *Marketing Management, 13th edition*, Pearson Prentice Hall, New Jersey.

Laduque, J. (2010), "Get More Leads, Engage Customers with Social Media", *Franchising World*, Vol. 42 No. 7, pp. 23–25.

Lang, B. and Colgate, M. (2003), "Relationship quality, on-line banking and the information technology gap", *International Journal of Bank Marketing*, Vol. 21 No. 1, pp. 29–37.

Levy, M. and Weitz, A.B. (2009), *Retailing Management, 7th edition*, McGraw-Hill/Irwin, New York.

Liang, T.P. and Huang, J.S. (1998), "An empirical study on consumer acceptance of products in electronic markets: A transaction cost model", *Decision Support Systems*, Vol. 24 No. 1, pp. 29–43.

Lihra, T. and Graf, R. (2007), "Multi-channel communication and consumer choice in the household furniture buying process", *Direct Marketing: An International Journal,* Vol. 1 No. 3, pp. 146–160.

Lin, C. and Ding, G.C. (2005), "Opening the black box. Assessing the mediating mechanism of relationship quality and the moderating effects of prior experience in ISP service", *International Journal of Service Industry Management*, Vol. 16 No. 1, pp. 55–80.

Mangold, G.W. and Faulds, D.J. (2009), "Social media: The new hybrid element of the promotion mix", *Business Horizons,* Vol. 52 No. 4, pp. 357–365.

McKinsey Quarterly (2009), "The promise of multichannel retailing."

McGoldrick, J.P. and Collins, N. (2007), "Multichannel Retailing: Profiling Multichannel Shopper", *International Review of Retail, Distribution and Consumer Research*, Vol. 17 No. 2, pp. 139–158.

Meng, G.J. and Elliot, M.K. (2008), "Predictors of relationship quality for luxury restaurants", *Journal of Retailing and Consumer Services*, Vol. 15 No. 6, pp. 509–515.

Moliner, A.M., Sánchez, J., Rodríguez, M.R., and Callarisa, L. (2007a), "Relationship quality with a travel agency: The influence of the postpurchase perceived value of a tourism package", *Tourism and Hospitality Research*, Vol. 7 No. 3/4, pp. 194–211.

Moliner, A.M., Sánchez, J., Rodríguez, M.R., and Callarisa, L. (2007b), "Perceived relationship quality and post-purchase perceived value", *European Journal of Marketing*, Vol. 41 No. 11/12, pp. 1392–1422.

Morgan, M.R. and Hunt, D.S. (1994), "The Commitment-Trust Theory of Relationship Marketing", *Journal of Marketing*, Vol. 58 No. 3, pp. 20–38.

Nicholson, M., Clarke, I., and Blakemore, M. (2002), "One brand, three ways to shop: situational variables and multichannel consumer behavior", *International Review of Retail, Distribution and Consumer Research,* Vol. 12 No. 2, pp. 131–148.

Nielsen (2009), "Global Faces and Networked Places. A Nielsen report on Social Networking's New Global Footprint", available at: http://blog.nielsen.com/nielsenwire/wp-content/uploads/2009/03/nielsen_globalfaces_mar09.pdf (accessed 21 August, 2010).

NielsenWire (2009), "Time spent on Facebook up 700%, but MySpace Still Tops for Video", available at: http://blog.nielsen.com/nielsenwire/online_mobile/time-spent-on-facebook-up-700-but-myspace-still-tops-for-video/ (accessed 21 August, 2010).

NielsenWire (2010), "Led by Facebook, Twitter, Global Time Spent on Social Media Sites up 82% Year over Year", available at: http://blog.nielsen.com/nielsenwire/global/led-by-facebook-twitter-global-time-spent-on-social-media-sites-up-82-year-over-year/ (accessed 21 August, 2010).

Noble, M.S., Griffith, A.D., and Weinberger, G.M. (2005), "Consumer derived utilitarian value and channel utilization in a multi-channel retail context," *Journal of Business Research,* Vol. 58 No. 12, pp. 1643–1651.

Oliver, L.R. (1997), *Satisfaction: A Behavioral Perspective of the Customer, McGraw-Hill*, New York.

Overhulse-King, J. (2010), "Ignoring Social Media Growth Can Be Dangerous", *National Underwriter,* Vol. 114 No. 14, pp. 41–42.

Qin, S., Zhao, L., and Yi, X. (2009), "Impacts of customer service on relationship quality: an empirical study in China", *Managing Service Quality*, Vol. 19 No. 4, pp. 391–409.

Patel, L. (2010), "The Rise of Social Media", *T+D*, Vol. 64 No. 7, pp. 60–61.

Puccinelli, M.N., Goodstein, C.R., Grewal, D., Price, R., Raghubir, P., and Stewart, D. (2009), "Customer Experience Management in Retailing: Understanding the Buying Process", *Journal of Retailing*, Vol. 85 No. 1, pp. 15–30.

Rangaswamy, A. and Van Bruggen, H.G. (2005), "Opportunities and challenges in multichannel marketing: an introduction to the special issue", *Journal of Interactive Marketing*, Vol. 19 No. 2, pp. 5–11.

Retailer Merchandiser (2008), "The Multi-Channel Challenge", May/June, pp. 30–34.

Roberts, K., Varki, S., and Brodie, R. (2003), "Measuring the quality of relationships in consumer services: an empirical study", *European Journal of Marketing*, Vol. 37 No. 1/2, pp. 169–196.

Rubinson, J. (2009), "The Opportunity for Marketing "Simplification"", *Journal of Advertising Research,* Vol. 49 No. 3, pp. 260–262.

Schröder, H. and Zaharia, S. (2008), "Linking multi-channel customer behavior with shopping motives: An empirical investigation of a German retailer", *Journal of Retailing and Consumer Services*, Vol. 15 No. 6, pp. 452–468.

Solis, B. (2010), "Defining Social Media: 2006–2010", available at: http://www.briansolis.

com/2010/01/defining-social-media-the-saga-continues/ (accessed 21 August, 2010).

Solomon, R.M. (2009), *Consumer Behavior, 8th edition,* Pearson Prentice Hall, New Jersey.

Spalding, L., Cole, S., and Fayer, A. (2009), "How Rich-Media Video Technology Boosts Branding Goals", *Journal of Advertising Research,* Vol. 49 No. 3, pp. 285–291.

Sears 2009 Annual Report.

Sethuraman, R. and Parasuraman, A. (2005), "Succeeding in the Big Middle through Technology", *Journal of Retailing*, Vol. 81 No. 2, pp. 107–111.

Squazzo, D.J. (2010), "Best Practises for Applying Social Media in Healthcare", *Healthcare Executive,* Vol. 25 No. 3, pp. 34–39.

Storbacka, K., Strandvik, T., and Grönroos, C. (1994), "Managing Customer Relationships for Profit: The Dynamics of Relationship Quality", *International Journal of Service Industry Management*, Vol. 5 No. 5, pp. 21–38.

Smith, H.J. and Just, N.S. (2009), "Playful Persuasion. The Rhetorical potential of Advergames", *Nordicom Review*, Vol. 30 No. 2, pp. 53–68.

Svahn, M. (2005), "Future-proofing Advergaming: A Systematisation for the Media Buyer", *Proceedings of the 2nd Australasian conference on Interactive entertainment*, pp. 187–191.

Swan, E.J., Bowers, R.M., and Richardson, D.L. (1999), "Customer Trust in the Salesperson: An Integrative Review and Meta-Analysis of the Empirical Literature", *Journal of Business Research,* Vol. 44. No. 2, pp. 93–107.

Vargo, L.S. and Lusch, F.R. (2004), "Evolving to a New Dominant Logic for Marketing", *Journal of Marketing*, Vol. 68 No. 1, pp. 1–17.

Vemuri, A. (2010): "Getting Social: Bridging The Gap Between Banking And Social Media", *Global Finance,* Vol. 24 No. 5, pp. 20–21.

Vesel, P. and Zabkar, V. (2010), "Comprehension of relationship quality in the retail environment", *Managing Service Quality,* Vol. 20 No. 3, pp. 213–235.

Wallace, W.D., Giese, L.J., Johnson, L.J. (2004), "Customer retailer loyalty in the context of multiple channel strategies", *Journal of Retailing*, Vol. 80 No. 4, pp. 249–263.

Wal-Mart 2009 Annual Report.

Weinberg, B.D., Parise, S., and Guinan, J.P. (2007), "Multichannel marketing: Mindset and program development", *Business Horizons*, Vol. 50 No. 5, pp. 385–394.

Wetzel, T. (2010), "Social Media – How To Assess Its Costs", *Rough Notes,* Vol. 153 No. 6, pp. 90–91.

Wong, A. and Sohal, A. (2002), "An examination of the relationship between trust, commitment and relationship quality", *International Journal of Retail & Distribution Management*, pp. 34–50.

Wong, Y.H., Hung, H. and Chow, W. (2007), "Mediating effects of relationship quality on customer relationships: an empirical study in Hong Kong", *Marketing Intelligence & Planning*, Vol. 25 No. 6, pp. 581–96.

Woo, K. and Ennew, T.C. (2004), "Business-to-business relationship quality. An IMP interaction-based conceptualization and measurement", *European Journal of Marketing*, Vol. 38 No. 9/10, pp. 1252–1271.

Yan, R. (2010), "Product brand differentiation and dual-channel store performances of a multi-channel retailer", *European Journal of Marketing,* Vol. 44 No. 5, pp. 672–692.

延伸阅读

Evans, M., O'Malley, L., and Patterson, M. (2004), *Exploring Direct and Relationship Marketing, 2nd edition.* Thomson Learning, London.

Müller-Lankenau, C., Wehmeyer, K., and Klein, S. (2005/2006), "Multi-Channel Strategies: Capturing and Exploring Diversity in the European Retail Grocery Industry", *International Journal of Electronic Commerce,* Vol. 10 No. 2, pp. 85–112.

Rhee, E. (2010), "Multi-channel management in direct marketing retailing: Traditional call center versus Internet channel", *Journal of Database Marketing & Customer Strategy Management,* Vol. 17 No. 2, pp. 70–77.

Van Baal, S. and Dach, C. (2005), "Free Riding and Customer Retention Across Retailers' Channels", *Journal of Interactive Marketing,* Vol. 19 No. 2, pp. 75–85.

Vesel, P. and Zabkar, V. (2010), "Relationship quality evaluation in retailers' relationships with consumers", *European Journal of Marketing,* Vol. 44 No. 9/10, pp. 1334–1365.

9

重新塑造顾客体验：技术与服务营销组合

洛兰·李　特蕾西·迈耶　杰弗里·S.史密斯

任何新技术本质上是没有破坏性的，破坏性更多来自于管理新技术的行业领导者和参与者的行为。

——ResearchandMarkets.com

▶ **学习目标**

1. 熟悉一些有潜力对顾客零售体验产生戏剧性改变的新技术；
2. 更好地了解每一种新技术会如何影响到服务营销组合的要素；
3. 了解各种新技术推行中一些相关的问题；
4. 更好地了解新技术推行的内在与外在的障碍。

9.1　零售行业内的技术挑战

技术在以极快的速度持续升级。零售商所面临的挑战，就是去决定哪种技术可能会对零售体验有着最大的破坏性，并决定采纳与否来维系竞争力。几种新兴技术已经对顾客体验产生了重大的影响，例如，购物者可以用他们的移动设备拍下杂志广告中的二维码，进入其网站，在那里了解产品更加详细的信息，如果需要的话，还可以买下。此外，通过类似 Shopkick 这样的软件推出忠诚度项目，移动设备可以接收到定制的优惠信息以及产品推荐。借助像 Magic Mirrors 这样的社交网络技术的应用，会比较容易获得比较偏远位置的朋友/家人的潜在购买意见（Buechner et al.，2007）。这些例子一个共有的要素就是，技术有能力使零售体验产生积极的改变。

对零售商家而言，第一步是要充分了解各种新兴技术。在这里，零售商家需要决定哪些新技术能够整合进他们的服务供应方式中以维系竞争力。调查技术如何影响到零售商的一个方法是去观察新技术和它们对于服务营销组合（即，营销 7P）的影响上的关联性。服务营销组合的 7P 代表了一些特定的层面，各行业可以进行策略化使用，来实现自身的差异化，并以此来打造与目标市场共同满意的交易。

新技术的过剩也代表了大批量的技术可选性，这也是需要考虑到的一点，每种选择都有着各自迥异的需求。过量的选择项也会让公司机构陷入抉择的矛盾中。公司面临太多技术上的选择，以至于每选择一种（或一系列）都会营造出一种状况，那就是感觉停留于当前工作流程会是更好的策略，而选择一种新技术则有可能不会让必需的资源得到积极的回报。受到这种大批量新技术选择的激发，我们这里推出的工作框架根据 7P 理论，提供了一种在零售业中有潜力重新塑造顾客体验的新型或新兴技术的评估方法。本章中，我们会首先推介一种归类为硬件或软件技术的框架。接着，我们会以营销 7P（价格、产品、场所、促销、人员、流程和有形展示）来对技术进行分析。本章最后会针对在零售业中应用新技术的内在挑战进行简短讨论，以此作出总结。

9.2 技术的机遇

只有了解了不同技术的各种类型或分类，零售商方能选择出合适的技术。具体一点说就是，公司需要在硬件或软件驱动技术，或者两种技术组合的选择和推行上做出决定。按照我们框架的区分，硬件驱动技术是指需要有形的、具体器械设备的技术类型。反之，软件驱动技术是指在像电脑或移动设备这样寻常可用的硬件平台上运行的软件应用程序。按照这一区分，我们的框架汇总出了一些技术，将之划分开了硬件驱动和软件驱动两类，也展示了软件驱动技术的常规平台正在向移动设备的应用程序发生的进化。需要注意的是，任何以硬件为基础的技术都需要各种软件组件以完整地组合成现有的技术体系。

基于硬件的技术，是那些需要采用一些特定、有形的专门器具来推行其体系的技术。在我们的框架所评估的七种技术中，有三种属于硬件驱动：RFID（无线射频识别技术）、Magic Mirrors 与 Shopkick。这些技术都需要硬件组件方面上的投资，来让该技术为顾客体验传递价值。

与之相反，基于软件的技术会利用一些寻常可得的硬件平台，像是电脑和手机，来运行应用程序，软件技术也通常是以网络为基础的。在零售环境下，使用手机应用程序的例子如二维码、AisleBuyer、Groupon 和 Foursquare。即使这些软件应用程序不要求零售商家投资任何新硬件,这类选择项也会要求应用者对这类工具妥善管理,以满足意向消费者的使用。

9.3　通过服务营销组合改变顾客体验

　　传统意义上,营销扮演的角色是在一些核心层面上向顾客供应价值。价值主张最初的几个层面是以"4P"框架(即产品、促销、价格与定位)来定义的(McCarthy and Perrault,1993)。随着行业发展,营销组合也开始拓展,更具效力也更符合企业运营的实情。这般努力达到的巅峰,连同服务导向型经济的发展方向,引出了包含七个独特层面的营销组合理论,在原来的四层上予以了新的拓展,包含入了有形展示、人员与流程(Ziethaml et al.,2009)。

　　我们框架的依据就是服务营销组合(或说 7P)理论,用来评估七种新型或新兴技术,以及它们对整个顾客体验的影响力(表 9.1)。在这一部分中,7P 的每一层面都会有简短的解说,并提供技术实例来诠释每一层面如何被技术所影响。

表 9.1　技术与服务营销组合

技术实例	服务营销组合的层面						
	有形展示	流 程	场 所	促 销	价 格	人 员	产 品
硬件驱动							
RFID	×	×			×	×	×
Magic Mirrors	×	×				×	
Shopkick			×	×			
软件驱动							
AisleBuyer	×	×				×	
Groupons				×	×		
二维码		×	×	×			
Foursquare			×	×		×	

9.3.1　有形展示与流程

　　当顾客进入零售机构时,他们会立即与有形环境及服务流程产生互动。通常,有形展示是指顾客接触商店的所有有形的方面,如商店氛围(色彩、气味、音响、家具、设备与布局)、标牌、网页设计、员工制服,这些均可影响到顾客的印象。类似地,服务流程代表着实际程序、机制与行为的流畅性,通过这些,服务得到传递。这么说来,流程就是指顾客从开始参与直到完成整个服务交易的具体步骤。在零售环境下,实际发生的流程也会与有形设施重叠、整合,打造顾客体验。

有形展示与流程要素对零售商家而言极为重要,因为顾客常常会依据他们和服务流程以及相关有形环境的互动,对零售机构(比如其质量)形成各自的感知。换句话说,消费者会根据他们的所见与体验对一个企业下结论(Bitner,1992)。研究者发现,甚至是卫生状况(灰尘和脏乱)这种很普通的事情都可能会影响到顾客的行为(Vilnai-Yavetz and Gilboa,2010)。

即便是服务流程和有形设施间存在着重叠,还有其他一些地方可以应用技术,来改善顾客体验。例如,公司机构可以决定推行 Magic Mirrors(由 LBi Icon Nicholson 开发,http://ibi.com),它是一种互动设备,融合了移动通讯、在线商务和传统营销,提供了机会来提升零售体验(Mui,2007)。Magic Mirrors 在《时代》杂志中被誉为 2007 年最佳发明(Grossman,2007),能够让用户为朋友或家人进行更衣室体验的现场直播,以征求他们对具体意向产品的意见。根据 Worley 和 Ferran 所说,"Magic Mirrors 可能会在时尚和社交网络的流行领域之间搭建起桥梁"。零售商家 Nanette Lepore 已经报告,随着其 Magic Mirrors 的推出,销售已激增了四倍之多。

然而,营销改革也会有成本投入,每一台 Magic Mirrors 的价位大概是在 25 000 美元。尽管造价不菲,但它可以被视为一种技术的进步,比如 Magic Mirrors 可以通过调整工具应用来改变服务流程,同时也向消费者发出更新有形设施的信号,成为公司机构提供更多定制体验的颇有潜力的工具。

另一个可以应用来改变有形设施以及/或者流程的技术是无线射频识别(RFID)标签。这些标签都是有形物体,被公司机构粘贴在每一件销售的产品上,让公司机构能够更好掌控产品的位置。在这一例子中,RFID 是一个广义的概念,所指的是包含 RFID 具体硬件(即标签、阅读器),信息交换网络和一些软件组件在内的一种综合系统。一般来说,RFID 标签会放在像托盘这样的应用设施上,以更有效地追踪产品经由供应链条所到的地点(Angeles,2005),这样就能够提高产品的可见度,并减少耗时耗力的存货盘点的需要(Dunne and Lusch,2005;Jones et al.,2005)。迄今,RFID 技术应用最大的支持者是沃尔玛,因为它已经看到了这项技术在快速周转货物、提高记录的准确度、提升货物定位,甚至是更高效的产品回收上能够节省巨额花费的潜力(Cox,2003)。沃尔玛也已经透露,这一系统的使用对于潜在财务的贡献会达到 2.8 亿美元(Nystedt,2007)。

毫无疑义,推行 RFID 系统会在货物管理流程上产生显著的影响。然而,随着零售商家开始对每一商品种类都粘贴标签,也会产生更多的机会去改变服务供应方式。比如,顾客进入商店,选择欲购产品,尔后通过能够自动识别所有产品并自动处理顾客信用卡或商店账户的系统进行结算,到最后离开,这样的 RFID 能动系统的应用,会致使公司机构完全依赖于自助服务。可以想见,这会让顾客—员工互动公式完全失衡,或者,也可以使得公司机构让他们的员工成为各处走动的顾客服务代表,而不是让他们始终站在结算柜台后方固定不动。公司机构也可以将 RFID

技术和智能购物车结合起来，根据顾客近期在购物车内放入的商品提供产品推荐。我们可以看到一个例子，德国的零售商店 Metro，近期就在试验其"未来商店"的新理念。

在硬件驱动技术之外，也有很多其他的机会通过软件来改变设施与流程的面貌。有一个手机应用程序叫 AisleBuyer(http://aislebuyer.com)，最初是为玩具商店 Magic Bean 而推出(CNBC.com，2010)。AisleBuyer 界面能够让顾客扫描所有的 UPC 码，获得相关产品信息，并通过手机直接为产品付费。这有一些类似于我们上面所探讨的 RFID 技术，后者也会让顾客免除检验结算环节。和 RFID 相似，像 AisleBuyer 这类智能手机应用程序于零售商家而言也有着潜力让有形设施以及/或者流程有显著的改变，让购物体验变得更加愉悦。

最后一个能够改变设施与流程环节的新兴技术的例子是二维(QR)码，它同样能有效地将手机和其他媒体建立连结(Story，2007)。快速响应码类似于传统的条形码，但也可以容纳附加的信息(如网页处理、电话号码等等)。从物理学角度来说，这类码都是二维的、黑白图案相间的正方形马赛克(图 9.1)。传统条形码一般能容纳大概 20 位数，但二维码通过竖直和水平方向的布列能够储存大约 7 000 位数(Gubitosi，2009)。基本上，从信息角度讲，2D 码介于传统条形码和 RFID 技术之间，但同样也能结合入移动电话中，为顾客提供更多和产品有关的信息(如价格、位置、具体详情等)。

图示 9.1 二维码样本

总之，零售商家有许多技术可以选择，以重新打造服务传递流程和相关有形设施。对零售商而言，关键是要了解预期改变的方向。比方说，如果公司想更多关注速度和效率，那么 RFID 或者 AisleBuyer 可能会是不错的选择，因为这样它们就可以缩减整个的结算流程，而体验也就完全变成了自助式服务。反之，如果公司更愿意走向一种定制服务模式，那么可以结合 Magic Mirrors 来提升体验，并同时引入其他技术(RFID、二维码等等)，将员工解脱出来，去服务有着更高效率需求的顾客。

9.3.2 场所

场所指的是能够向顾客提供产品的地方。一种产品或服务销售的场所在"传统"的地方、在线网页上，甚至在苹果手机中的一个应用程序之间会有着很大的区别。伴随着技术发展，这种零售商能够和顾客进行互动的场所也在相应增多。在许多情况下，技术可以废弃顾客互动所发生的一些陈旧的场所。比如，Gameloft是一家法国的游戏开发商，在 2009 年 1 月退出了卡带游戏市场，不再在有形的零售场所中销售卡带游戏，转而集中于通过向苹果应用程序商店的网页这样的在线场所销售移动设备的游戏(Wauters，2010)。

二维码也会有潜力对"场所"产生影响，一些事务不再需要直接去传统场合，消费者互动便可以发生。消费者可以去看一则广告，用手机扫描，浏览二维码链接的网站，然后从手机中直接购买商品——这一切程序都不需要进入有形的店面。

另一种会影响到服务供应"场所"的技术是 Foursquare，它是 2009 年推出的一种定位社会媒体应用程序，帮助人们通过移动电话来建立联系。Foursquare 被《时代周刊》誉为 2010 年最佳发明之一(Fletcher，2010)。这种移动设备应用程序，部分是游戏，部分是社交网络，部分又是提供优惠信息的软件，是为鼓动消费者浏览多个感兴趣的场所而设计的(Sutter，2010)。当顾客走到一个特定的场所，登录 Foursquare，顾客会立即接收到该处当前正在进行的特定交易的通知，如具体商品的优惠折扣，或是任何形式的服务供应。为了鼓动寻找与探索乐趣的态度，Foursquare 会在消费者每次进入一处商业区时奖励积分，并且给具有探索精神（比如，探索城市的不同地方）的使用者额外积分奖励。使用 Foursquare 的次数越多，分数积累得也就会越多。使用者在分数累积中会得到特定的奖章，光顾某个商业区次数最多的使用者会被视作"市长"(mayor)，也有资格获得更多额外的优惠(Oliver，2010)，所以使用者可以在任何时间把他们在任何地处的 Foursquare 积分作为参照依据。此外，这一系统还会向使用者的朋友们展示他或她所在的位置，让朋友们也能在各种各样的地方彼此相聚。

使用 Foursquare 的商企可以得到他们顾客的信息，如和顾客的光顾度有关的实际次数数据。系统会追踪光顾商店的人数，提供每天登录的柱状图、顾客的性别划分，以及有多少顾客将他们的光顾情况发布在了 Twitter 或者 Facebook 上。从顾客角度出发，与 Foursquare 相关的不好的一面是，顾客需要人为登录系统登记他们所在的位置，而从零售商角度来说，麻烦在于消费者可能会伪造他们的真实位置，降低登录的精确度(Ha，2010)。尽管有着这样的局限，Foursquare 所提供的游戏般的环境仍是一种革新性的装置，鼓励消费者尝试更多新的场所。

另一项有潜力改革忠诚卡项目的技术叫 Shopkick，从消费者终端来看，Shopkick 是一种免费的苹果应用程序，让用户能够赚得"Kick 币"来进入参与软件使用的商店(http://shopkick.com)。Kick 币是累积的分值，能够享受商店折扣以及特别服务供应。零售商家也可以提供具体的奖励，在该设备中体现，比如享受商店内任何东西的九折优惠。从零售商家这端来讲，想参与其中必须要安装一个特制的、带有 shopkick 信号的硬件。Shopkick 在 2009 年夏与百思买(Best Buy)合作推出了这一概念(Mobile Marketing Watch，2010)。为了赚得积分，消费者首先要在其移动电话中安装 Shopkick 应用程序，但是不同于 Foursquare 用户要先启动登录程序，消费者进入商店时，Shopkick 信号硬件会将他们自动登记，分数会奖励到消费者的 shopkick 账户，任何新出的产品供应都会由一条消息直接推送到苹果手机上。Shopkick 应用程序同时能够让消费者通过使用内置的条形码扫描器扫描具体商品，或者光顾具体的商店部门来获得额外的 kick 币（Ask，2010）。和惯常的忠诚卡相似，kick 币可以在购买时兑成相应折扣价，但是忠诚卡只能应用于购买中，Shopkick 应用程序所不同的是只要消费者迈进商店门时就会进行奖励。根据 shopkick.com，其他有 shopkick 参与的零售商家有 Macy's、American Eagle 与 Sports Authority。从"场所"角度来说，Shopkick 能够精确地奖励到实际光顾商店的消费者，也会奖励其在商店中进行的有形行为。当顾客由该软件引导漫步商店的不同区域时，也同样会奖励 Kick 币的分值。

9.3.3 价格与促销

价格是指在获取一种产品或一种服务时所给予的交换比例。基本上，它可以表示顾客所接收到的价值。与之相应地，促销涉及的是零售企业在他们所供应的产品或服务上与顾客进行互动的形式。促销是一系列工具的结合，像是广告宣传、公共关系、人际营销、卖点展示，以及产品推销（免费样品、优惠券、店内活动等）都会被用来覆盖目标市场，以完成公司机构的整体目标。促销活动也是在提高商店的客流量。在一个特定的时间段内，他们通常会向消费者提供一些刺激点，以吸引来光顾商店或购买商品（Levy and Weitz，2011，p.448）。在零售环境下，促销多应用于在企业按一定价格标准所提供的产品或服务中制造消费者的兴趣点。由于两个概念有着极高的关联性，技术的潜在影响对于两者而言基本会同时发生。

二维码就是技术如何应用来推进促销的一个例子，因为在其中就可以提供几种特别的价格选择。最早使用二维码促销的公司之一是迪克体育用品店（Dick's Sporting Goods）。2009 年 9 月 5 日，在达拉斯牛仔体育场举行的橄榄球赛第三节赛局中，视频板引导在场球迷拍下了其上展示出的二维码，以链接到网站，获取购买 50 美元商品的九折或更多优惠（Arnold，2009）。另一个促销活动的例子来自于美国篮球职业联赛 NBA。在 2010 年全明星大赛中，球迷被邀请扫描整个体育馆的视频屏幕上展示出的二维码。一旦在场者扫描了二维码，立刻就会有一张优惠券发送到手机，获得体育馆内主队商店赠送的免费礼物。这场比赛持续了 6 个小时结束，观看比赛的在场者有 10% 真正扫描和点击了二维码，体育馆赠送出了所有的免费礼物（Pellow，2010）。

前面谈到的 Foursquare，影响到了营销体验中的"场所"，也同样是"促销"的工具之一。使用了 Foursquare，人们就已经会开始谈论起你的营销形式。企业可为 Foursquare 登录用户提供折扣优惠和免费赠券。就像前面探讨的，这一应用程序会鼓动消费者经常登录来赢取积分。通过这个程序，一些特别供应和惊喜价就可以提供给用户来赢取一定的分数值。与它有些类似，Shopkick 也会用 kick 币来奖励现身在商店内的消费者，kick 币就可以兑现一定的折扣价。在消费者进入商店时，商店可以直接将各种各样的店内供应和优惠券发送至消费者的移动电话中（Ask，2010）。

随着技术进步，目标能够具体定位于个人或群体的机会也在不断地拓展。上面提到的一些例子只是诸多潜在机会的冰山一角，基本上，零售商家都有不断拓展中的技术可作遴选。不过，零售商家需要调和好他们选择的热情，在如何能够将这类技术结合到现有的促销和降价活动上做出谨慎的抉择，不要对当前的公司经营或者顾客造成太大的冲击。

9.3.4　人员

人员代表的是所有参与到具体购物体验，以及在购物者的感知中起着影响作用的个人（Ziethaml et al.，2009）。根据人员的概念，我们在这里指的是所有参与者，包括公司的一线职员、正式顾客，以及在接触时间和环境内的其他顾客。营销组合的人员方面表明，所有员工均可影响到顾客从购物体验中获得的满意度（Lovelock and Wirtz，2011）。有关失败服务的文献中有着充分的研究，揭示出了粗鲁或怠慢的员工是如何对一切事情产生消极影响的，从顾客对企业的整体满意度，到他们最终的忠诚度（Kelley et al.，1993；Hess et al.，2006）。同理，好的员工对顾客满意度有着不可抗拒的积极影响力。许多研究都已表明与商店员工积极良好的互动会带来更高水平的满意度（Brown and Lam，2008）。

虽然看起来好像有点违反常识，但顾客在双方接触中也扮演着重要的角色。比如，不了解怎么使用自助结账服务或者交互式"镜子"显示器，就可能会引起沮丧和不满。这表明，在某种程度上，顾客自己在满意度上也起着一定作用。比如，当在需要的时候顾客有没有从售货员那里寻求帮助？这所隐含的概念是，顾客的作为与不作为，在一定程度上，也影响到他们的整体满意度（Ziethaml et al.，2009）。

RFID 是影响到营销流程中人员层面的一个例子。尽管 RFID 的大部分使用都集中于零售供应链的改善，RFID 同样也是可以影响到消费者的。沃尔玛最初的 RFID 应用策略是将标签贴于托盘和包装盒处，而真正的产品本身却没去贴任何标签。沃尔玛使用 RFID 策略的下一步，就是给这些托盘里的单个产品都贴上了标签（Bustillo，2010）。随着单个商品也贴上了标签，一些消费者出现了隐私问题。这些问题的核心事实就是一些标签可以从衣物或者包裹上摘除，但它们仍然处于激活状态，容易受到追踪。Bustillo（2010，p.A14）写道："许多隐私权益拥护者猜测，肆无忌惮的营销商以及犯罪分子能够开车到消费者家里，查看他们的垃圾，寻找他们最近购买的东西。"

Magic Mirrors 让家人和朋友不必亲自现身就能参与到对方的购物中，影响到了零售体验中的社交层面。由于 Magic Mirrors 是置于真实更衣室之外的，其他人能通过视频直播看到顾客，在着装搭配上提供反馈意见。

使用 Foursquare，顾客现身时会立刻得到奖励。这一应用程序会帮助使用者和朋友们保持紧密联系,促进他们在各种场所相聚。使用者已经能够对各种各样的商企提供内部讯息(比如,"很划算"、"食物很美味"、"别去那家")。这个程序被认为是将企业忠诚度进行了社交化。

最后,借助 AisleBuyer 程序,消费者能够更加自给自足。减去了冗长的排队等待结算时间,避免了和潜在的消极结算职员接触,AisleBuyer 给了消费者在购物流程中更多的控制权,提升了顾客满意度。

9.3.5 产品

产品指的是顾客在市场中所中意并付钱购买的供应品(Ziethaml et al.,2009),有些是物质性的、有形的商品,像是汽车,而有些则是无形的事物,像是信息技术咨询服务。在零售环境下,产品在整个顾客利益包裹中处于核心的位置,也就是说,顾客经常光顾零售机构(无论是本人到场还是远程操作)来购买他们想要或需要的东西,来维持他们各自的生活方式。

从简单地促进消费者更多地了解某件产品或服务,到实质性地改变有形产品的供应方式,技术都在影响着产品(Levy and Weitz,2011)。技术如何让产品发生着改变,一个例证就是 RFID。RFID 在零售库存管理上有着大量的应用程序,有了 RFID,零售商家就可以保持更精确的库存盘点,更加时宜恰当地补充库存,由此降低缺货发生的可能性(Swedburg,2010)。此外,公司的网页只是用来提供可以实际购买商品的信息,而 RFID 还可以提供产品在商店内所处位置的一些增值服务(Uhrich et al.,2008)。比如,尽管库存系统中可能会显示库存里有某件具体物品,但有时候它却不在原定的位置上,如果这件物品贴上了 RFID 标签,商店员工用手持扫描器就可以很容易地快速定位物品。

9.4 技术的固有挑战

从以上我们对技术框架的探讨中可以看出,每种新技术都借由服务营销组合(即人员、场所、有形展示、流程、产品、价格与促销)对顾客体验产生了基本的改变。尽管上面的分析阐述了顾客体验是如何通过技术发生着改变,这个框架却有着一定的局限,那便是它没有涉及技术采纳的促进或抑制的因素。

在信息系统领域中,有着以积极心态研究技术推广的传统。也就是说,调查对新技术的成功采纳产生影响的具体因素的理论模型有着非常丰富的历史可鉴。比如,从技术接受模型(TAM)和计划行为理论(TPB)来看,技术采纳就有着多元的派生模型(如:Davis et al.,1989;Taylor and Todd,1995)。这些研究的目的就是调查影响技术采纳(或计划采纳)的因素,然而,对于潜在的抑制技术采纳的因素却没有任何有形的提及。考虑到这一点，对于在我们的框架内提及的技术有可能潜在性地阻碍到成功采纳和推行的因素（包括内在和外在的）进行了一些简单的探讨。

在推行方面潜在障碍的调查上，我们将讨论分成公司机构内在障碍因素和外在障碍因素两部分。在这种区分下，内在障碍因素针对的问题主要是管理、员工和现有系统，外在障碍因素针对的是面对顾客最终是否愿意参与进技术改革后的服务体验中而进行的多方考虑。

从零售机构的视角来看，起初的挑战都是内在的障碍，基本上都是顾及到管理。像这类情况，就要意识到潜在的技术和随之而来的服务系统的改变对于企业而言都是积极举措。由于在管理中会常常考虑到对于投资是否有显著回报的潜力，所以有时候会无法意识到可能出现的潜在影响力，尽管可能并不会直接体现在企业的财务账目上。正如研究（例如：Weill and Olson，1989；Mahmood and Mann，1993）经常指出的，很难用一种具体的方式来描述技术投资的回报。但这并不是说技术投资就不明智，它只是在做出了采纳决定时要处理好的一个小小挑战。

在管理之外，还有关乎到员工方面的问题。已经有大量的研究记载（如，Davis et al.，1989）表明，即便是技术已被公司机构正式采纳和推行的情况下，企业的员工仍不能充分地使用它们。这种结果可能来自于"惯性效应"，即每一个人可能已经养成了习惯，用特定的方式开展各自的工作，对于新技术所需要的工作新程序所要求的改变，可能会依据他们各自对新型技术的理解而适应得较为缓慢（Agarwal and Prasad，1998）。此外，如果零售商决定启用某种具体技术来拓展当前的业务范畴，就肯定会有阻力，这种阻力来自员工不满意于没有恰当的培训以及/或者补偿而增加劳动负重。因此，通过让员工去理解改变既对企业又对员工都是积极可行的，以得到员工的支持就显得尤为重要。

人力问题解决之后，还仍然存在着将新技术结合到现有系统中的挑战。围绕这一线条的主要问题，包括简单地开始计划或者已准备好掌控新技术推广常会带来风险的一些技术层面，譬如，改革的复杂性已经成为影响技术采纳的一个显著特征（Rogers，1995）。从复杂性角度来说，在启用新技术的举措中，一个潜在问题所应对的问题，关系到了多种新型应用程序的结合，例如，一家公司机构可能决定既维持 Facebook 页面的使用，又同时提供 Groupons 服务。像这类情形，就会出现向消费者提供不间断信息的负担，这些技术之间断开了连结，也就会有可能在顾客群体中引起麻烦和失望。所以最终需要意识到，以上讨论过的诸多技术都是新兴的，并不存在一定的标准，因此在未来某一时间，这种局面还有可能继续改变。要记住的关键点就是，任何技术的推行都需要遵循一定的组织架构，才可向消费者推出和维持源源不断的信息。

在内部问题解决后，零售商也需要考虑到外部环境带来的潜在挑战（比如与顾客相关的问题）。顾客方面的挑战主要来自于顾客的意识、最初的接受力和最终的应用。意识方面的主要问题在于能不能将信息有效传达给潜在的顾客。举例说来，如果顾客并不知道 Magic Mirrors 或者 AisleBuyer 是什么的话，他们也不会要求公司机构去推行。因此，很重要的一点就是公司机构在对服务供应方式做出任何改变的时候，同时将改变如何会提升当前购物体验的所有相关信息公开。

在顾客意识到零售商家对体验做出改变之后，公司机构要做的就是找到一种方式让这些顾客开始参与进已经改变了的服务供应模式中。通常，顾客参与进技术改革后的服务体验中的最大障碍集中在隐私问题上。我们已经提到过，一旦技术有超出特定的服务交易范畴而侵入他们生活的潜在可能性时，消费者就会有严重的隐私担忧。研究已经发现，只有在益处清楚可见时，消费者才会愿意参与进 RFID 所改变的服务体系中，而隐私担忧仍是一个很显著的障碍（Smith et al.，2010）。此外，研究也已经显示，对于隐私问题可能存在隐患的服务系统，消费者也会非常的机警（Cleff，2007；Crespo et al.，2009）。对公司机构的信任会抑制隐私担忧（Ha and Stoel，2009），但是信任的建设通常是一个很难解决的问题。

从顾客视角出发的最终挑战，是顾客对已更改的服务系统的真正参与。要处理的最大问题是通过对新技术使用方法的有效培训来让顾客开始使用。比如，如果一位顾客进了更衣室，想使用 Magic Mirrors 来把图像发送给朋友，但设备却出了故障，顾客就会因带着很高的期望却最终失败而变得更加失望。关联到顾客任务的具体方面（如，含糊不清或较为复杂的方面）会在技术使用的情形下影响到顾客的行为意图（Jarvelainen，2007），所以对公司机构而言就很有必要考虑到新的服务程序是否已被顾客所熟悉。

最后，通过选择新技术使用来改变顾客体验的每一家公司机构都会面临一系列的挑战，如果零售机构能充分了解潜在的风险，同样也就有可能获得显著的成功。

9.5   总结

在本章中，通过援引几种硬件和软件是如何改变了服务营销组合（即 7P），我们提出了技术影响顾客体验的方式。具体来说，我们探讨了七种新兴的技术，零售商家可以使用来改变其服务供应的模式，更加有效地服务现有顾客和新顾客。正如所见，零售机构决定调整顾客体验的具体方式会依据期望的结果，从较小的调整（如通过手机应用程序提供促销信息）到更加激进的改革（如在零售供应链中全部使用 RFID）不等。

在我们的框架中，通过对影响服务营销组合的每一种技术进行检验，就会很容易辨析每一种技术的复杂性。比如，在图 9.1 中，我们可以看到，Shopkick 应用程序基本上影响到的是场所和促销，相比 RFID，便是一种不甚激进和破坏力较小的改革，而后者则影响到了流程、有形展示、价格、人员和产品。我们希望通过我们在该框架中所提供的技术实例，成为管理者探索其他技术选择项，以及选取和对体验产生期望中的改变最相符的技术参照依据。

在技术可改变服务供应的方式之外，我们还提出了有关推行方面的潜在问题的讨论，目的就是为表明使用特定工具的决定都有着特定的含意，我们这样总结，是相信当管理者能够权衡好潜在效益和固有成本之间的对比才可做出好的决定，并选取最好的技术应用到具体的经营环境中。基本来说，公司机构需要考虑的关键点是，每一种技术（或者一大堆技术）都会有风险伴随，需要在技术推出的最初阶段就要妥善处理，以令其和现有的企业系统进行无缝衔接。

案　例

苹果在产品和场所上的影响

iPhone 是硬件与软件技术的结合如何能够改变零售体验的例子之一。从"产品"角度来说，iPhone 凭借丰富的功能设置，已实现了和其他许多智能手机的差异化。iPhone 提供网络和多媒体功能，包括摄像、短信、可视化留言信箱、便携式媒体播放器、邮件和网页浏览。

不过，iPhone 对苹果公司而言意义要多于一件新型的硬件技术产品。不仅 iPhone 有着丰富的功能设置，它还改变了零售体验的"场所"层面。iPhone 也可以被看做是一个硬件平台，支持超大量的第三方应用软件（apps），包含各种领域如游戏、GPS 导航和社交软件。iPhone 这种对应用软件的支持，也为苹果创造了一种全新的产品供应方式——"苹果商店"（App Store）。"苹果商店"是在线的应用程序商店，能让用户为其 iPhone 浏览和下载应用程序，一些免费，一些仅需 99 美分。根据《财富》杂志（Elmer-Dewitt，2010），自从 2008 年推出之后，苹果商店已为苹果公司贡献了超过 18.9 亿美元的毛利润。Piper Jaffray，一家投资银行和监管企业，估计 iPhone、iPad 和 iPod 的用户每天会下载超过 1.66 亿个应用程序（Elmer-Dewitt，2010）。尽管一开始打造该商店是为了推动苹果硬件的销售，但苹果商店已经演化成了苹果公司全新的、潜在盈利的营销线。借此苹果公司也能够提升 iPhone 的价值，它不再只是一个手机，而是为苹果公司驱动了硬件和软件的销售。

案 例

大众优惠券 Groupon

团购是非常有效的促销工具,能借助吸引大众的理念来提供特定的优惠。基本上,团购的活动都是"即时交易"的特定供应,只有在一定数量的人注册、且提前预付时才可生效(http://groupon.com)。一旦达到了"神奇"的数量,特定的促销优惠就会对当前所有注册成员生效。比如,Freemont Brewing 酿酒公司推出了一种团购,包括一次公司游览、一品脱啤酒和一品脱酒杯,总共只需 7 美元,相当于是超出五折的优惠。在最初的 24 小时内,Freemont 公司就有了超过 1 300 位用户安排出了参加公司游览的时间(Del Rey, 2010)。另一个例子是 Hannah's Bretzel(一家有机三明治商店),提供了用一次购买价购买两个三明治的活动,这代表着顾客要预付 9 美元。仅有几个小时时间,就有将近 3 500 人做出了回应,这在一天之内就带来了超过 1.5 万美元的销售毛利。尽管知道 Hannah's 仅是在三明治上提供这样的优惠,但还是有大量的顾客首次前来光顾,并有近 40% 的顾客还另购了其他物品(Del Rey, 2010)。

在目标定位于当地的生意之外,Groupon 也提供了全国的优惠信息。例如,2010 年 8 月,Groupon 首次推出了全国范围内的优惠活动——一张 25 美元的代金券,可以在 The Gap 公司交换价值 25 美元的商品。25 美元代金券在 Groupon 共卖出了 445 000 张,为这次活动带来了超出 1 100 万美元的销售(Diaz, 2010)。

为了得到 Groupon 提供的优惠,用户必须在 Groupon 网页上对产品提前预付,只有在 24 小时内代金券销售达到了预定的数量,优惠供应活动才会生效。此外,Groupon 一般会收取供应量 50% 的费用(Del Rey, 2010)。

正如所见,Groupon 的真正力量在于它的促销能力能够覆盖大批量的真实顾客。不像传统的优惠券,目标定位的潜在顾客既可能选择也可能不选择其优惠供应,Groupon 上已经为优惠供应付费的顾客就代表了这一生意的真实顾客。

讨论问题

1. 技术对零售公司紧紧把握其目标市场会有多么重要?
2. 你认为以上讨论的技术中哪一种对顾客体验有着最大和最小的影响? 为什么?

3. 在以上阐述的几种技术中,你最可能使用哪一种? 是什么原因让这种技术被格外迫切地应用?

4. 每一种技术是怎么改变顾客对于零售企业的体验的?

5. 各种类型的零售商家(百货商店、药店、便利店、折扣店)是如何从以上讨论的各种技术中得到不同的益处的?

参考文献

Agarwal, R & Prasad, J, 1998, 'The antecedents and consequents of user perceptions in information technology adoption', *Decision Support Systems*, vol. 22, no.1, pp. 15–29.

Angeles, R 2005, 'RFID technologies: Supply-chain applications and implementation issues', *Information Systems Management*, Winter, pp. 51–65.

Arnold, K 2009, 'Dick's uses QR code marketing on cowboys stadium jumbotron', viewed 24 September, 2010, http://brandingbrand.com/blog/dicks-uses-qr-code-marketing-on-cowboys-stadium-jumbotron/.

Ask, J 2010, 'New mobile service to drive legitimate foot traffic', viewed 24 September, 2010, http://blogs.forrester.com/julie_ask/10-08-03-shopkick_new_mobile_service_drive_legitimate_foot_traffic3.

Bitner, MJ 1992, 'Servicescapes: the impact of physical surroundings on customers and employees', *Journal of Marketing*, vol. 56, no.2, pp. 57–71.

Brown, S & Lam, SK 2008, 'A meta-analysis of relationships linking employee satisfaction to customer responses', *Journal of Retailing*, vol. 84, no.3, pp. 243–255.

Buechner, M, Dell, K, Dorfman, A, Grossman, L, Hamilton, A, Keegan, R, Kluger, J, Lemonick, M, Masters, C, McLaughlin, L. Park, P, Rawe, J & van Dyk, D 2007, 'The best inventions of the year 2007', *Time Magazine*, viewed 24 September 2010: http://www.time.com/time/specials/packages/completelist/0,29569,1677329,00.html.

Bustillo, M 2010, 'Wal-Mart radio tags to track clothing', *Wall Street Journal*, 23 July, pp. A1 and A14.

Cleff, EB 2007, 'Privacy issues in mobile advertising', *International Review of Law Computers & Technology*, vol. 21, no.3, pp. 225–236.

CNBC.com 2010, *iPhone as Cash Register*, CNBC.com, viewed 22 August 2010, http://www.cnbc.com/id/15840232/?video=1572943604&play=1.

Cox, J 2003, 'Wal-Mart leading the RFID charge', *NetworkWorld*, 16 June, viewed 26 August, 2010, http://www.networkworld.com/news/2003/0616walmart.html.

Crespo, AH, del Bosque, IR & Sanchez, G 2009, 'The influence of perceived risk on internet shopping behavior: a multidimensional perspective', *Journal of Risk Research*, vol. 12, no.2, pp. 259–277.

Davis, FD, Bagozzi, RP & Warshaw, PR 1989, 'User acceptance of computer technology: a comparison of two theoretical models', *Management Science*, vol. 35, no.8, pp. 982–1003.

Del Rey, J 2010, 'How to use groupons to boost sales', *Inc.*, viewed 21 October, 2010, http://www.inc.com/magazine/20100401/how-to-use-groupon-to-boost-sales.html.

Diaz, S 2010, 'Groupon's $11 million Gap day: a business winner or loser?', viewed 26 October, 2010, http://www.zdnet.com/blog/btl/groupons-11-million-gap-day-a-business-winner-or-loser/38259

Dunne, PM & Lusch, RF 2005, Retailing, 5th edn, Mason, South-Western, Ohio.

Elmer-DeWitt, P 2010, 'App Store: 1% of Apple's gross profit', viewed 26 October, 2010, http://tech.fortune.cnn.com/2010/06/23/app-store-1-of-apples-gross-profit/

Fletcher, D 2010, '10 tech trends for 2010: 1. location, location, location', *Time Magazine*, 22 March, viewed 26 August, 2010, http://www.time.com/time/specials/packages/article/0,28804,1973759_1973760_1973802,00.html.

Foursquare 2010, viewed 19 August, 2010, http://foursquare.com/.

Grossman, L 2007, 'The best inventions of 2007', *Time Magazine*, 21 November, viewed 26 August, 2010, http://www.time.com/time/specials/2007/article/0,28804,1677329_1678102_1678096,00.html.

Groupon 2010, viewed 10 September 2010, http://www.groupon.com.

Gubitosi, L 2009, 'QR codes: the future of marketing', viewed 27 August, 2010, http://interactive-blen.com/blog/interactive/qr-codes.

Ha, A 2010, 'Shopkick's mobile shopping app tracks you in stores, delivers real-time deals', viewed 3 August, 2010, http://mobile.venturebeat.com/2010/08/03/shopkick-best-buy/.

Ha, S & Stoel, L 2009, 'Consumer e-shopping acceptance: antecedents in a technology acceptance model', *Journal of Business Research*, vol. 62, no.5, pp. 565–571.

Hess, Jr. RL, Ganesan, S & Klein, N 2006, 'Interactional service failures in a pseudo relationship: the role of organizational attributions', *Journal of Retailing*, vol. 83, no.1, pp. 79–95.

Jarvelainen, J 2007, 'Online purchase intentions: an empirical testing of a multiple-theory model', *Journal of Organizational Computing and Electronic Commerce*, vol. 17, no.1, pp. 53–74.

Jones, M, Wyld, D & Totten, J 2005, 'The adoption of RFID technology in the retail supply chain', *Coastal Business Journal*, vol. 4, no.1, pp. 29–42.

Kelley, SW, Hoffman, KD & Davis, MA 1993, 'A typology of retail failures and recoveries', *Journal of Retailing*, vol. 69, no.4, pp. 429–452.

LBI.com 2010, *Putting "magic: into a mirror*, LBI.com, viewed 21 October, 2010, http://www.lbi.com/us/our-work/socialretailing/.

Levy, M & Weitz, BA 2011, *Retailing Management* Eighth Edition. McGraw-Hill Irwin, Boston.

Lovelock, C & Wirtz J 2011, *Services Marketing: People, Technology, Strategy,* 7th edn, Prentice-Hall, Boston.

Mahmood, MA & Mann, GJ 1993, 'Measuring the organizational impact of information technology investment: an exploratory study', *Journal of Management Information Systems*, vol. 10, no.1, pp. 97–122.

McCarthy, EJ & Perrault, Jr., WD 1993, *Basic Marketing: A Global Managerial Approach*, Richard D. Irwin, Burr Ridge.

Mobile Marketing Watch 2010, *Shopkick debuts genius retail check-in solution, teams with Best Buy*, Mobile Marketing Watch, viewed 3 August, 2010, http://www.mobilemarketingwatch.com/shopkick-debuts-genius-retail-check-in-solution-teams-with-best-buy-8216/.

Mui, YQ 2007, 'Interactive mirror mirror on the wall', *Washington Post*, 16 January, viewed 24 September, 2010, http://www.washingtonpost.com/wp-dyn/content/article/2007/01/15/AR2007011501140.html.

Nystedt, D 2007, 'Wal-Mart eyes $287 million benefit from RFID', *NetworkWorld*, 12 October, viewed 26 August, 2010, http://www.networkworld.com/news/2007/101207-wal-mart-eyes-287-million-benefit.html.

Oliver, S 2010, 'Who elected me mayor? I did', *The New York Times*, 18 August, viewed 26 August, 2010, http://www.nytimes.com/2010/08/19/fashion/19foursquare.html?_r=1&8dpc.

Pellow, B 2010, 'The NBA ... taking a shot with QR codes, viewed 30 August, 2010, http://www.outputlinks.com/html/columnists/Barb_Pellow/infotrends_NBA_CodeZ_QR_040510.aspx.

Story, L 2007. 'New Bar Codes Can Talk With Your Cellphone', The New York Times, 7 April, viewed 26 August, 2010, http://www.nytimes.com/2007/04/01/business/01code.html.

Swedburg, C 2010, 'RFID helps Florida shoe retailer keep its customers from walking away', *RFID Journal,* 26 July, viewed 21 October, 2010, http://www.rfidjournal.com/article/print/7758.

Rogers, EM 1995, *Diffusion of Innovations,* Free Press, New York.

Shopkick, 2010, viewed 26 August, 2010, http://www.shopkick.com/.

Smith, JS, Park, SH & Gleim, MR 2010, 'The acceptance of RFID-enabled service systems: a regulatory focus theory approach', Florida State University Working Paper.

Sutter, J 2010, 'With Foursquare, life is a virtual game', *CNN.com*, 4 June, viewed 21 October, 2010, http://www.cnn.com/2010/TECH/innovation/06/04/foursquare.dennis.crowley.index.html?iref=allsearch.

Taylor, S & Todd, PA 1995 'Understanding information technology usage: a test of competing models, *Information Systems Research*, vol. 6, no.2, pp. 144–176.

Vilnai-Yavetz, I & Gilboa, S 2010, 'The effect of servicescape cleanliness on customer reactions', *Services Marketing Quarterly*, vol. 31, no.2, pp. 213–234.

Uhrich, F, Sandner U, Resatsch, F, Leimeister, J & Krcmar H 2008, 'RFID in retailing and customer relationship management', *Communications of the Association for Information Systems*, vol. 23, pp. 219–234.

Wauters, R 2010, 'Gameloft made $25 million from the App Store last year', *TechCrunch*, 2 February, viewed 27 August, 2010, http://techcrunch.com/2010/02/02/gameloft-iphone-revenue.

Weill, P & Olson, MH 1989, 'Managing investment in information technology: mini case examples and implications', *MIS Quarterly*, vol. 13, no.1, pp. 3–17.

Worley, B & Ferran L 2008, 'New tech invites quick and easy shopping: cell phone shoppers and magic dressing room mirrors', *Good Morning America*, 14 August 14, viewed 21 October, 2010, http://abcnews.go.com/GMA/story?id=5575640&page=1.

Ziethaml, V, Bitner, MJ & Gremler DD, 2009, *Services marketing: integrating customer focus across the firm*, 5 edn, McGraw-Hill Irwin, Boston.

延伸阅读

Meyer, C & Schwager, A 2007, 'Understanding customer experience', *Harvard Business Review*, vol. 85, no. 6, pp. 116–126.

Berry, LL 2001, 'The old pillars of new retailing', *Harvard Business Review*, vol. 79, no. 4, pp. 131–137.

Nambisan, S & Nambisan P 2008, 'How to profit from a better 'Virtual Customer Environment'', *MIT Sloan Management Review*, vol. 49, no. 3, pp. 53–61.

10

多元文化消费者及零售服务体验

韦娜·沙塔拉曼

▶**学习目标**

    1. 了解美国多元文化市场对零售业的重要意义；

    2. 了解与多元文化市场营销及零售策略有关的当前知识形态；

    3. 根据多元文化市场的顾客突出特征，从零售店的属性偏好、参照群体影响力、品牌忠诚度、商店品牌与国产品牌偏好对比、开销类别、产品偏好、定向宣传、媒体影响力，以及零售促销这些方面描述少数多元文化市场；

    4. 区分三种主要多元文化板块，了解形成其独特性的各自文化要素；

    5. 评估多元文化零售策略应用的效力；

    6. 识别与运用板块的划分方法，以能够对每一多元文化板块融会贯通；

    7. 依据对每一多元文化板块的深入了解，开发出一种定向市场营销策略。

10.1　介绍

    近期美国的经济危机和全球经济形势开始让大量零售商家动荡不安，其中也有不少已经登记申请破产，将全国范围内的商店纷纷关门，大幅度缩减职工人数与投资水平以应对销售量的下滑。除了以上这些貌似稍有作用的举措在勉力维持着零售行业以外，美国零售商们恢复元气的方法只有硬拖，但也丝毫谈不上发展顺利，只是每过一季便有可能产生更多的萧条与破产。既然有这般严峻的挑战，那么问题来了：到底有没有一种直接有效的策略，在动荡不安的大环境下能帮助零售商维系生存，也为未来发展稳住阵脚？一个普遍通用的答案，便是集中力量,为消费者开发营造档次更高的和铭记于心的零售购物体验。因此,消费者体验管理成为了经济萧条时代异军突起的关键性零售战略,以解决销售量下滑和消费者忠诚度流失的问题(Grewal et al.,2009;Puccinelli et al.,2009;Verhoef et al.,2009)。

在经济转入低迷之前,受跨国移民和文化多元发展的影响,美国与欧洲的本地及全球市场版图就已经开始发生戏剧性的变化,2004年美国人口普查报告公布了几组重要的统计数据:美国非拉丁裔白人(NWH)人口占总人口的67.4％,其次为拉丁裔人口占14.1％,非裔美国人(AA)为13.4％,亚裔人口为4.8％。针对不断深化的民族多样性,美联邦人口普查局曾在2009年的国家人口规划中揭示出自2010年至2050年间美国人口种族和民族构成的惊人变化(Ortman and Guarneri,2009)。与当时国际移民网络的高水平发展相应,这一期间亚裔和拉丁裔人口将经历最高速增长。拉丁裔人口预计将在2000年至2050年翻番,由2000年占总人口11.8％增至2050年占总人口24.3％(U.S.Census Bureau,2000a,b)。而亚裔人口预计呈三倍增长,由2000年占总人口4.1％增至2050年占总人口9.3％。非裔美国人也将有少量增长,由2000年占总人口12.8％增至2050年占总人口14.7％。纵观以上数据,不断增长的多民族与种族人口预示着在2050年,以上三组民族/种族群体将占据美国总人口大约50％的比重。

除了人口构成外,这些群体的购买力也开始纳入了零售商和市场营销人员的重点考虑范畴中。根据Selig经济增长研究中心的数据,非裔美国人购买力将从2000年的5 900亿美元上升到2011年的1.1万亿美元(Humphreys,2006)。非裔美国人不断增多的工作职位促成了这一巨大的消费增长。亚裔人的购买力将由2000年的2 690亿美元上升至2011年的6 220亿美元。这一增长趋势也是在国际移民大潮下亚裔人口快速增长的结果。拉丁裔人的经济能力亦将由2000年的4 900亿美元上升至2011年的1.2万亿美元。实际上,美国拉丁裔人的购买力比起非洲裔和亚裔而言会有更快的增速,充分表明了这一消费群体的市场价值。这一增长也是多方力量的结果,包括不断增多的移民数量,和美国拉丁裔人群更多更好的工作机会。

为应对市场的文化多样性发展,许多公司开始使用定向市场营销策略,来满足文化多样性市场不断增长的多样化需求。定向营销策略是指一个公司为服务特殊的、有着某些共同特征的消费者群体的需求而制定的决策(Kotler et al.,1991)。在这类方法的实施过程中,研究学者和运营商们同样不断意识到单一产品或以沟通为基础的定向市场营销办法比起以周到服务为基础的营销模式,其效力要低上许多。而开发文化定向的产品、品牌、零售环境以及服务体验开始成为这种周到服务模式的重要策略。这些努力也和市场营销中不断凸显的服务核心逻辑——通过服务消费者为核心来提升经营业绩,通过消费体验来实现价值创造——是相辅相成的(Vargo and Lusch,2004;Lusch et al.,2007)。将服务核心逻辑与种族/民族定向市场营销结合，也反映出了一种侧重点的变更，即为多元文化顾客提供更为深入、更有意义、更切合实际的消费体验。本章给出了以下模板，作为在零售中发展文化关联式服务的范例，并针对每一模板的组成板块进行研究文献和零售实践上的探讨。

如图 10.1 所示：

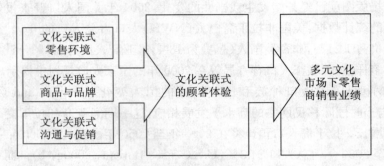

图 10.1 零售业文化关联式服务模式

10.2 文化关联式零售环境

零售环境对多元文化背景的购物者而言也许是最首当其冲的，它直接影响着购物者对零售商店的心理期待。零售环境包含了一系列因素的多样性特征，这些因素可分类为设计，如橱窗/商店展台及装修；氛围，如音乐、灯光；以及社会层面，如雇员的素质（Baker and Cameron，1996；Puccinelli et al.，2009）。这一节我们就来着重考察多元文化关联下的社会与非社会层面在三组群体——非裔美国人、拉丁裔和亚裔消费者的零售环境中的重要意义。

另外，社会环境同样也是零售环境另一个重要的方面，但其在零售业的研究中却从未获得过相当的重视（Bagozzi，2000）。零售业中的社会环境层面考察的是，举个例子说来，在跟随家人、朋友或同龄人一同购物时，消费者在群组中扮演的是什么样的角色，甚至于，在消费者之间的互动对消费者零售服务体验的重要影响力开始被发现以后（Baron et al.，1996；Martin，1996），虚拟社区群体的影响力在消费者购买决策上的影响（Verhoef et al.，2009，p.34）。

10.2.1 非裔美国人消费者

有关非裔美国人消费者零售环境的重要价值的研究是非常有限的。Kim 和 Kang（2001）二人在不同民族群体中曾展开过一项调查，来研究商店属性的重要性（Store attribute importance），发现非裔美国人顾客群在采购小型电子器件和社交服饰时比白人顾客更为注重商店的高端形象和便利的因素。高端形象的组成要素所包含条目有知名的公司商企、琳琅满目的展销和丰富的产品选择；而便利性要素的包含条目有方便的地理位置、停车场所及来回路途的通畅。而在参照群体的影响力对购物决策的影响方面，该项研究也发现了非裔美国人消费者比拉丁裔消费者更容易受到朋友、同僚的影响，不过和白人消费者间的影响方式也有所相似。

10.2.2　拉丁裔消费者

对于文化关联下商店环境的设计/氛围层面进行的拉丁裔消费者的研究也同样非常有限。根据 Kim 和 Kang(2001)的研究发现，拉丁裔消费者所购买的社交服饰和小型电器产品，对商店的高端形象也比白人顾客更为注重。在拉丁裔顾客群中所进行的一项更新的研究，商店品质的重要性，表明了在服饰类条目上，便利性、购物环境和客户服务，是影响顾客光顾登门的最重要的方面(Seock，2009)。便利性要素包含的条目有商店位置、店面布局和令人舒心的试衣间；购物环境因素包含的条目有得体的橱窗展台、吸引人的店面布局、精心的产品展示，以及音乐；客户服务要素包含的条目则有销售人员的协助和商店的形象。

作为对以上的补充，Seock(2009)的研究还着重揭示了一点，在拉丁裔消费者较为青睐零售商店传统形式而无视其设计规模的情况下，顾客服务成为了零售环境层面最重要的一点。而这一点，和一项针对拉丁移民购物者的群体性采访和定向研究的结果也不谋而合(Fowler et al.，2007)。这些深度采访表明：在环境氛围层面中，人际和社交才是拉丁裔消费者群对零售体验满意度的最重要因素。实际上，研究表明一个态度热情友好的销售员的重要性要远远胜过一个态度冷淡高傲的销售员，尤其是当英语语言表达技巧的匮乏让这些消费者在零售环境中落入尴尬与弱势境地之时。研究参与者又接着指出，如果能受到营销人员好的对待(态度和蔼友善)，他们愿意忽视零售环境的其他方面，同时也强调更为理想的状态是在销售过程中实现双语交流。

建立在 Bitner(1992)、Tom 和 McColl-Kennedy(2003)社会服务全景架构(social service scape framework)之上的一项密切相关的研究表明，对服务行业而言，地方认同的重要性和拉丁裔消费者的自我认同度相契合(Rosenbaum and Montoya，2007)。二位撰述者将地方认同定义为顾客自我认同度和某个位置的和谐相适。基于定性的数据统计，该研究第一次揭示了拉丁裔消费者群会在零售机制中以地方喜好(Place likening)——哪些商店雇员和消费群体跟他们是同一民族——来评估他们的地方认同度。随后的定性数据统计结果则进一步揭示了，地方性喜好才是拉丁裔消费者愿不愿意持续光顾某零售商店最重要的指标，而物价是否上调则显得无关紧要。这些结果都表明了，通过地方性喜好这一途径普遍吸引拉丁裔人群对零售的光顾，像是雇用拉丁裔人做商店助手，以及为拉丁裔购物者创造一个热情周到的环境，同样也会对零售店主大有裨益。

针对拉丁裔采购群体参照群体的影响力（reference group influence）的研究，已经揭示了拥有较为强烈民族认同感的人更容易将自己的熟人当成他们购物决策的专家顾问（Webster and Faircloth，1994）。此外，这类消费者在选购品牌的抉择中也会因为熟人或者家庭成员的期待而受到影响。因此，在家庭/群体促销活动中调整聘任员工策略，以此鼓动这类消费者成群结队地购物，这对零售店主也是大有好处的。

10.2.3　亚裔消费者

商店品质的重要性在亚裔顾客群体中也展开过几项调查研究。经过在夏威夷的亚裔消费群体中展开的一项研究发现，相比种族认同意识较弱的人，有着较强种族认同意识的人会在橱窗展台的关注度上将种族因素放在更重要的位置上（Kim and Arthur，2003）。Kang 和 Kim（1998）调查了美国三大城市的中国、日本和韩国消费群体，将商店品质划分为三大要素：产品吸引力（如产品的丰富选择、物有所值），高档氛围（如知名品牌、精致的展台）和便利性（便捷的位置、可方便地停车）。研究者发现最后两个要素的重要性在以上三组群体中都有着相关的近似性。不过，中国和韩国消费群体在商店产品的吸引力上要比日本顾客群会更看重一些。在三组亚洲消费群体的购买决策上，参照群体的影响力也做了研究调查，发现中国消费群体要比韩国和日本消费群体更信赖于家庭和亲戚的影响。而中国和韩国消费群体也比日本消费群体更信赖于种族因素和美国朋友的影响。

10.2.4　零售实践

许多大宗零售商家已经开始推行几种富有创造力的方法，来提升与多元文化购物者相关的购物环境。为了与拉丁裔购物者建立情感和文化层面的交流，瑞典家居商城宜家将商场建立在一处较大的拉丁裔群居社区附近，并在商店运作上努力与拉丁裔群体家庭价值观取得共鸣（Breyer，2006）。零售商家重新设计了店面布局，以展示出空间宽敞的起居室，因为大型的家庭聚会是拉丁裔文化的重要组成部分。沃尔玛也利用商场环境设计，与拉丁裔购物群体建立起有效的沟通。该商场有其中 515 家（分布于 14 个州）对拉丁裔购物群体尤其看重，零售商家与一家西班牙语网站 Telemundo 共同建立起了面向拉丁裔顾客群的 5 分钟项目（DSN Retailing Today，2005），该西班牙语媒体板块聚焦于和拉丁裔观众群相关的家庭、家居、娱乐和体育信息。家庭补给站是另一种较大型的零售商店，通过几种零售环境能动性的开发，现在也已经深入了拉丁裔市场（见示例研究 1）。

案例分析 1

家庭补给站与拉丁裔市场

根据下方引用的研究例证,家庭补给站首次表明,拉丁裔社区居民对家庭状况改善的期望代表着一个相当重要的市场:

- 比起非拉丁裔户主(17.1%),2006 年有更多拉丁裔户主(19.4%)着力于家庭条件改善。
- 2005 年,拉丁裔人在家庭条件改善上花费达 106 亿美元。

零售商也因此发挥积极能动性(如下),来促进非英语购物者的店内体验(物质化氛围),将商场环境打造成了一个令当地家庭处处感觉热情温馨的地方(社会服务层面),并通过赞助和社区服务来跟整个社区建立起密不可分的关系(参照群体影响力)。

- 双语标示:部门以及产品具体方位,针对拉丁语消费者。
- 双语诊所:促进双语人文环境交际,每月定期提供义诊服务、儿童健康工作坊。
- 体育赞助:对足球事业的积极赞助,如墨西哥国家足球队。
- 社区服务:参与非盈利性国民项目,在拉丁裔群居区超过 180 个社区中打造起安全牢固的市场基础。

资料来源:http://corporate.homedepot.com/en_US/Corporate/Public_Relations/Online_Press_Kit/Docs/THD_and_Hispanic_Market.pdf。

10.3　文化关联销售规划和品牌推广

在市场运营者、零售商家和多元文化消费者的复杂关系间,产品和品牌是作为文化介质而存在的(Penaloza and Gilly,1999)。文化关联产品和品牌促进了多样性消费者的文化、二元文化或多元文化认同度,也让移民消费者的文化移入变得可行。消费者与产品和服务的关系围绕着几个重要的层面,包括品牌认同度、品牌忠诚度和产品品质。本节我们会来考察一下针对三类消费群体,非裔美国人、拉丁裔和亚裔美国人文化关联下的品牌推广与产品销售策略的重要性。

此外,本节也会来考察一下三组消费群体间不同类型产品的消费类别或消费格调。在消费类别上的种族差异性早在 20 世纪 90 年代进行的几个研究中就已发现(Abdel-Ghany and Sharpe,1997;Fan,1997,1998;Wagner and Soberon-Ferrer,1990),在消费类别上的同种族影响力也在调查文献中分成了几个因素来说明

(Fan,1998):(1)文化族群的参照性,每一种族群体独一无二的文化与传统,直接影响了同种族家庭间经济行为的参照和结果;(2)经济能力的局限性,有可能包含各种因素,如家庭大小与成员结构,这同样又是文化与传统的体现,并最终影响该家庭的经济行为;(3)非经济局限性,包含因素如语言沟通障碍、种族歧视,这些会改变种族家庭的消费选择,并也最终影响到他们的经济行为。

10.3.1 非裔美国人消费群

品牌忠诚度这一主题在非裔美国人消费群中从 20 世纪 70 年代、80 年代起开始得到了更多的研究关注(Hirschman,1980;Larson and Wales,1973;Wilkes and Valencia,1986)。然而,最近的研究却表明,这一群体中获得社会经济地位和购买力增长的人数其实还很少。从非裔美国人消费群正逐步深入的品牌忠诚观念这方面来看,研究学者们已经表明,高端的全国性品牌凭靠着价值符号而有着成功象征感,反映出他们为更高期望而打持久战的状况(Miller and Kemp,2005)。作为结果,非裔美国人也被认为会更忠诚于高价品牌,通过显性消费来满足他们的社会期望值。但从最近针对非裔美国人消费群体品牌忠诚度的一项研究发现,非裔美国人消费者在购买高价长效商品如移动电话上的品牌忠诚度和其他消费者并无多少显著的差别(Podoshen,2008)。但尽管有这样并不一致的发现结果,在调查范畴中也发现,非裔美国人消费群对知名品牌的偏爱度要比其他消费群更加明显。而对于黑人专属产品,研究发现并非绝大部分非裔美国人消费者都持接纳态度,也表明了一些品牌,如 FUBU、Sean John,除了是黑人专属产品以外,其成功也是其他诸多因素的综合结果(Podoshen,2008)。

近期,由一家客户研究公司在 2006 年春展开另一项研究,更多关注了种族群体间"品牌认同度"的差异(Korzenny et al.,2006)。该研究对 25 个品牌的认同等级做出了衡量,并根据其通用构件的解析,划分出了四个主要等级:(1)大型"电子品牌"(tech brands),指电子行业中人尽皆知的品牌名称,如 IBM、MSN、美国运通、苹果、诺基亚;(2)"成熟品牌"(established brands),如麦当劳、沃尔玛、雀巢、可口可乐;(3)"扮酷品牌"(cool brands),指面向年轻人的定向设计品牌,如耐克、Gap、Calvin Klein、索尼;(4)"搜索品牌"(search brands)如谷歌、AOL、雅虎。这项研究表明,比起拉丁裔白人消费群,非裔美国人消费群更倾向于认同"大型电子品牌"和"搜索品牌",而在"成熟品牌"上,非裔美国人消费群和拉丁裔白人消费群又都比亚裔消费群更着强烈的认同。

针对非裔美国人消费群的消费类别,20 世纪 90 年代进行的研究发现,非裔美国人消费群在汽车、音响设备、电视机和珠宝上的花费比白人消费群要更多(Woods,1995)。20 世纪 90 年代早期,非裔美国人消费群消费的两大主要市场类别为健康与美容市场(19%)和养发护发产品市场(34%)从消费者消费调查部门给出的其他一些研究数据(Fan,1998)中,我们也可以发现,比起拉丁裔白人家庭而言，非裔美国人家庭并不太欣赏以救济和健康护理主导的消费格调（健康保险、医疗服务、处方开药、医疗供应）。不过研究也发现，非裔美国人家庭比拉丁裔白人家庭更愿意有食物和公共设施为主导的消费格调，或许这也反映出了在家中与朋友和家人共餐的一种文化偏爱。

10.3.2 拉丁裔消费群

20 世纪 80、90 年代所进行的拉丁裔消费者行为研究着重于拉丁裔的品牌消费格调，尤其是品牌忠诚度（Deshpande et al.，1986；Donthu and Cherian，1992，1994；Saegert et al.，1985）。针对这方面进行了大量研究后，其核心发现是，相比认同意识淡薄的拉丁裔和非拉丁裔消费群而言，有着较强认同意识的拉丁裔消费群更容易也有着更高的品牌忠诚度（Deshpande et al.，1986；Donthu and Cherian，1992，1994），尤其是对有声望的品牌，和在他们的种族群体中广告宣传较为普及的品牌（Deshpande，1986），同时也包括家庭成员和朋友购买的品牌（Donthu and Cherian，1994）。这些品牌忠诚度上的发现，也证实了在拉丁裔移民开始不断进入社会主流文化的大环境，而主流文化环境也会影响到他们对名牌产品的购买（Segal and Sosa，1983）。无独有偶，近期的一项在种族群体中对品牌认同度的研究，也揭示了拉丁裔消费群对较为大型的"成熟品牌"像沃尔玛、可口可乐、麦当劳，以及"搜索品牌"如谷歌和雅虎这类有着较高的认同度（前面章节探讨过这点）（Korzenny et al.，2006）。

商店品牌与国产品牌的忠诚度抗衡作为拉丁裔消费群消费行为的另一重要方面，在近期也开始得到了更多的研究（Mulhern and Williams，1994；Berkotwitz et al.，2006）。根据 Mulhern 和 Williams 的一项研究发现，与通常所认为的拉丁裔消费群对国产品牌会比商店品牌更加忠诚有所矛盾的是，与非拉丁裔市场相较而言，拉丁裔市场会更少使用国产品牌替代商店品牌，这一点也表明了商店品牌在拉丁裔市场中有着更大的市场渗透率。Berkowitz 等人更加晚近的研究则发现，相比非拉丁裔消费群而言，拉丁裔消费群会较少去购买商店品牌下的实用产品，不过对于商店品牌享乐产品的购买则与非拉丁裔顾客群没有多少差别。

产品和品牌的品质评估也会对消费者的购买决策起到一定影响，此调查也对拉丁裔消费群的消费行为给予了研究。在其中一项研究中，拉丁裔和盎格鲁裔顾客群被要求按四类不同产品品质而购买的重要性划分等级——衣用洗涤剂、咖啡、电视机和汽车（Faber et al.，1987）。研究发现，相比高文化移入的拉丁裔和盎格鲁裔消费群而言，对于洗涤剂的购买，低文化移入的拉丁裔消费群会更多考虑价格因素和亲友的偏好。对咖啡的购买，低文化移入的拉丁裔消费群会把品牌和价格视作最重要层面，其次是高文化移入拉丁裔消费群，和盎格鲁裔消费群。而对于长效商品的购买（电视和汽车），最重要的是其信誉的有效性，而非价格，这一点不同于其余群体。尤其是电视机的购买，信誉度在低文化移入的拉丁裔消费群看来是最重要的，而高文化移入拉丁裔消费群则要淡化一些，而对盎格鲁裔消费群而言则明显地次要很多。对购买汽车而言，各层面的重要程度——信誉、行驶计程和担保，还有对服务与质量的关心——低文化移入拉丁裔较高文化移入拉丁裔、盎格鲁裔消费群而言依次下降。一项更为近期的研究支持了以上所有发现，类似地，研究发现有着较强认同意识（或说低文化移入）的拉丁裔人比认同意识淡薄（即较高文化移入）的拉丁裔人在品牌购买决策中会更少受到经济价值的驱使（Donthu and Cherian，1994）。根据一项近期关于产品品质偏爱的研究揭示，比起主流文化关联的层面，对于产品中与拉丁文化关联的层面（服饰色彩），拉丁裔消费群显示出了更高的评估度（Chattaraman et al.，2009）。该研究也同时发现，对于文化关联层面的偏爱，也因文化环境和形势而有所区别。具体来说，拉丁裔消费群在面对一致的文化形势和环境时会对文化关联层面的评估持更多赞同态度。

关于消费类别，消费者消费调查部门的数据（Fan，1998）表明，比起非拉丁裔白人家庭，拉丁裔家庭会比较愿意接受以救济为主导的消费格调，也体现出了拉丁裔消费群对于家庭和家人较为看重的文化特征。拉丁裔家庭也比非拉丁裔白人家庭更愿意接受以食物和公共设施为主导的消费格调，这一点也反映出了他们愿意在家与家人和朋友共餐的偏好（Fan，1998）。但相比非拉丁裔家庭而言，拉丁裔家庭也较少愿意接受以健康护理为主导的消费格调，这点不同也可以归因于制度和言语上的障碍。

10.3.3　亚裔消费群

在种族群体中进行的关于品牌认同度的研究，揭示了亚裔消费群较为认同大的"电子品牌"，像 IBM、MSN 和苹果，大的"成熟品牌"像沃尔玛、可口可乐、麦当劳，并且比其他种族群体更认同一些"扮酷品牌"像耐克、Gap 和索尼（Korzenny et al.，2006）。一些研究也对特定的亚洲亚文化进行了考察，研究发现华裔美国人并无品牌忠诚意识，但他们体现出了较高的商店忠诚度（Ownbey and Horridge，1997）。

一些有关亚裔消费群独特的产品偏好的研究文献也比较一致地揭示了两个方面的重要性——种族认同意识和文化移入水平。种族认同意识的力量表明了一类个体与种族群体或本族文化关联水平的根基，而文化移入水平则涉及移民群体对主流文化或主体文化特征与行为的适应程度。Xu 等人（2004）发现，在亚裔美国人中，较高的种族认同意识和种族/传统习性的饮食消费有着积极的联系。在服饰偏好方面，一项针对加利福尼亚州湾区的华裔和日裔消费群的研究发现，有着较高种族认同意识的个人会比种族认同意识淡薄的个人更多选用或认同具有本种族特征的服饰（Forney and Rabolt，1985—1986）。与之相似地，Kim 和 Arthur（2003）对夏威夷地区亚裔美国人消费群进行了调查，发现种族认同意识的程度会对带有种族特征的包装产品的重视程度上起着积极影响。在文化移入水平方面，一项近期研究发现在美国东南部印度裔消费群中，印度裔种族特征的文化移入水平与消费参与度存在着较为消极的关系(Rajagopalan and Heitmeyer,2005)。这些研究结果一致表明,种族认同程度和亚裔美国人消费群对文化关联产品的消费有着积极的联系,而文化移入水平则与这类消费有着消极的联系。

目前而言,亚裔美国人在消费类别上体现出了和其余所探讨的种族群体一定的相似性和对比性。几组研究也最终支持了亚裔美国人会比其他种族群体在救济相关的消费上给予更多预算的假设(Fan,1997,1998)。Fan 在 1997 年的研究向我们提供了这种消费格调的三点解释:(1)血缘关系在亚裔的文化价值观中占有着极其重要的地位,因此,家就成了所有家人能在一起共度时光的场所;(2)亚洲人将家居以及相关消费视为投资,并有着较为稳固的储蓄和投资习惯;(3)美好的家业也是一种体现经济地位和人生成就的方式。除了救济相关消费以外,亚裔美国人在教育和健康护理上的花费预算要明显多过非裔和拉丁裔家庭(Fan,1997)。不过,亚裔人明显花费较少的方面为:(a)家用储备食物比非裔和拉丁裔家庭都要少;(b)服饰也比非裔和拉丁裔家庭要少;(c)家用电器、娱乐设施、烟酒也要比白人家庭要少(Fan,1997)。

10.3.4 零售实践

作为销售规划和品牌推广策略的一部分,许多零售商家也开始面向不同的种族群体努力尝试推行文化关联的产品品牌。拉丁裔消费群比非拉丁裔消费群更加忠于商店品牌的事实,尤其享乐产品,使得大量的拉丁裔导向的商店品牌已开始蜂拥上市。K-Mart 是最早推行这一策略的零售商家。该商家签约了拉丁裔演员和歌手 Thalia Sodi,并在 2003 年仲夏推出了一档品牌"Thalia Collection",以期通过该品牌吸引拉丁裔女性之外更广泛的顾客。不过,这一构想最终铩羽。而 Kohl's在 2004 年所推出的拉丁裔导向的品牌 Daisy Fuentes 则要成功得多。零售商家展开研究,考察了 Daisy Fuentes 在广泛的购物群体中的辨识度,并发现这位前 MTV主持人的"时尚家居"风潮在拉丁裔市场和主流市场中有着同等较高的辨识度,形成了跨界吸引力(Skardino,2004)。自从推出之后,这档品牌在 Kohl's 购物者中取得了巨大成功,并已拓展至鞋袜和家用装备这些类别。沃尔玛也推行过类似的策略,但并未取得像 Kohl's 一样的成功(见案例分析 2)。

案例分析 2

沃尔玛与 Metro 7 服装产品线

2005 年,沃尔玛推出了时尚前沿并贴有零售商家标签的新颖包装销售线:Metro 7。旨在打造拉丁裔市场和主流市场的跨界吸引力。零售商选择之前的"环球小姐"Dayanara Torres 作为新线代言人。作为与新线高端形象的结合,零售商家也在首屈一指的杂志《时尚》(Vogue)中为新线做足了宣传,希望带动其较为薄弱的三个领域——服饰、家用装备和电子产品中某一领域的销售(Bhatnagar,2005)。

然而,高端包装的付出并没有引起沃尔玛购物群体太多的共鸣,无论拉丁裔还是社会主流消费群体,对沃尔玛的更多期待是商品本身的价值而非华丽时尚的外表(Kavilanz,2006)。在其 600 家商场最初成功推行过后,零售商家不得不在 2006 年 10 月将销售线大幅收缩。这一实例研究也表明,商店形象与产品质量之间如何做好关联互动,才是影响消费者对新推出产品销售线做出回应的最重要因素。

来源:CNNMoney.com。

10.4　文化关联下的沟通与促销

对于消费者和广告宣传某些方面(像语言、人力资源或模特,及其代表的生活方式)之间相似性的理解,通常会对沟通和广告宣传之下进行定向市场营销的效果产生影响,会引导顾客对广告有着积极反响,并更容易被广告说服(Aaker et al.,2000；Whittler and Dimeo,1991)。研究学者们更进一步发现,针对独特群体成员(如非裔美国人)进行定向市场营销,会比非独特群体成员(如高加索白人)产生更加良好的效果(Aaker et al.,2000)。本节我们会来考察针对多元文化消费者消费的传播与促销,包括定向宣传、媒体对购买决策的影响力、公共关系以及零售商的社区定位、零售商的促销措施。

10.4.1　非裔美国人消费群

非裔美国人消费群对定向广告(targeted advertising)的反响,多年来一直是被各项研究所重视的主题。许多研究发现,比起白人模特,非裔消费群会对有非裔美国模特参与其中的广告有着更积极的反响(Choudhury and Schmid,1974；Williams et al.,1995；Whittler,1989)。研究表明了这些结果的出现是由于对广告中模特的认同以及感知相似性的不断增长。一些更为近期的研究也详细地调查了这一现象,并更深入调查了非裔美国人消费群种族认同的力量、媒体定位,以及广告中的人种构成之间的相互影响力(Green,1999)。这类研究的结果也揭示了非裔美国人消费群对广告的反响也是因产品类型而有所不同的。举个例子,文化基础产品(基本生活所需物品)与文化中立产品(香水)间的比较。具体说来,对文化基础产品,非裔美国人消费群会因种族认同意识程度的不同,在广告的人种构成和媒体定位上受不同程度的影响,但对文化中立产品就不是这种情况了。从媒体定位方面来讲,研究发现,比起无定向媒体,有较强种族认同意识的人会更偏爱于种族定向媒体,而种族认同意识淡薄的人则恰好与之相反。关于广告的人种构成方面,研究结果揭示了较强种族认同意识者会更容易受到黑人模特参与广告的影响,而种族认同意识较为淡薄者则大部分会受到(综合人种广告中)白人模特主导的广告所影响。研究同样也关注到了非裔美国人消费群对多人种参与广告的反响,并发现非裔美国人消费群对多人种参与广告会比白人模特广告有更多偏爱和反响,这一积极的结果也正是由对广告中角色相似性的感知所决定的(Brumbaugh and Grier, 2006)。

宣传的另一重要主题是媒体影响力(media influence),媒体影响力会对购买决策产生影响。在购买一些娱乐产品如装饰物品时,非裔美国人消费群比白人消费群会更容易受电视影响(Kim and Kang, 2001)。不过,在购买一些实用物品如小型电子商品上,电视对两类群体的影响并无多少差别。但在小型电子物品方面,广播影响力在非裔美国人消费群和白人消费群间却有着相当明显的区别。

经销商和零售商的公共关系(public relations)处理,或更进一步说,社区定位(community orientation),也是能够引起各种族群体积极反响的广告和传播的另一重要方面。实际上,在经销商和社区间的关系中,非裔美国人消费群比起其他种族消费群体来说要更加稳固,在经销商对非裔美国人社区推行更多善意的举措时,他们也愿意付出额外的花费(Korzenny et al., 2006)。

广义来讲,零售促销(retail promotions)可分类为价格促销如价格折扣优惠,和非价格促销如产品展览、购物券和广告。一项研究曾对非裔美国人消费群和白人消费群对零售促销的态度展开调查,发现两组群体仅在购物券上存在着显著差别,而在价格、产品展览和广告促销上则差别不大(Green, 1995)。研究也更加具体地发现,非裔美国人消费群对优惠券的赎回率要明显小于白人顾客群。对两种不同格调的一个解释使用优惠券的主要动机,体现了不同种族群体在节省钱财上的不同价值观。Green 在前面的研究中曾假定过,节约钱财是非裔美国人消费群的次重要选择项,另一种更讲得通的原因,是种族消费群所面对的信息障碍,他们中大部分都未订阅发布优惠券信息的当地报纸。同样地,这些信息障碍并不存在于价格、产品展示和广告促销中(可在商店直接获得),也解释了为何这些促销的反响差别并不是太大。

10.4.2　拉丁裔消费群

跟非裔美国人消费群相类似,研究发现拉丁裔消费群对有拉丁裔模特参与的定向宣传会有更多的偏爱(Stevenson and McIntyre, 1995)。另一项有趣的发现是,比起白人模特,拉丁裔消费群会对非裔美国模特参与其中的广告有更好的反响

（Appiah，2001）。此外，一项更为近期的研究揭示了拉丁裔消费群也对兼有西班牙语的广告有着更积极的反响（Dimofte et al.，2003）。该研究也另有趣味地发现，比起英语语言广告，拉丁语广告片会更有效地引起人们对广告更多的记忆复述，并对广告中的叙述者和广告本身产生更多好感。研究指出，这种良性结果决定于对定向广告的反响中不断增长的种族自我意识，并反馈回来也刺激了种族信息流通的进程。

研究也考察了媒体影响力对拉丁裔消费群购买决策的影响，在这方面拉丁裔消费群和非裔美国人消费群非常相像。具体说来，和非裔美国人消费群非常相似地，拉丁裔消费群比白人消费群在购买享乐产品如服饰，以及使用产品如小型电子商品上更容易受电视影响（Kim and Kang，2001）。在广播影响上，相比白人消费群，拉丁裔消费群在购买以上两类产品上也更容易受这一媒体影响。另外对于媒体影响力，媒体曝光在不同种族群体中也显示出了一定的媒体消费格调的相似性（Korzenny et al.，2006）。拉丁裔和非裔美国人消费群另一相似点是，他们都更加偏好于经销商和零售商在针对社区开展的营销中体现出社区定位（Korzenny，2006）。

拉丁裔消费群在优惠券使用上也和非裔美国人消费群极其相似。一项由Donthu 和 Cherian 开展的研究（1992）对有着较强和较弱的拉丁裔种族认同者的优惠券使用进行了调查，而他们与主流的白种美国人也十分相似。研究发现，比起拉丁裔认同意识淡薄者，有着较强拉丁裔认同意识者会较少使用优惠券，其原因为：（1）品牌忠诚度，会让他们忠于更加熟悉的品牌；（2）种族自尊心，这让优惠券使用看起来是不值得的，因为它代表着较低的经济地位；（3）阅读拉丁语报刊杂志，这有可能会妨碍他们接触主流媒体发布的优惠信息；（4）对商场内营销策略较低的反响。其上几点都是拉丁裔消费群关于优惠券使用举措的几点影响因素。

10.4.3 亚裔消费群

关于亚裔美国人消费群对定向广告反响的研究，得出了一些不同的结果，也跟非裔美国人消费群和拉丁裔消费群迥异。通常来说，比起非裔和拉丁裔消费群，亚裔消费群对针对他们进行的广告宣传和市场营销举措普遍缺乏积极的反响（Korzenny et al.，2006）。研究进一步发现非裔和拉丁裔消费群会比亚洲裔消费群更少挑剔甚至于更感兴趣于商业广告信息。不过，一些早期的研究也表明，亚裔消费群会较喜欢能让他们产生认同感的模特参与的广告（Rossman，1994）。更新的研究发现，自种族首要代表曝光唤起种族群体的自我意识以来，亚裔消费群也开始对有亚裔模特参与的种族定向广告宣传产生良好的反响（Forehand and Deshpande，2001）。作为亚裔代表开始脱颖而出的结果，亚裔消费群开始觉察到有亚裔模特参与广告更多的定向性，并对广告开始抱有更多积极的态度。另一研究深入探究了亚裔消费群对定向广告反响的诸多细节,考察了这一反响同另一重要因素,也即消费者对广告商的文化敏感度的期望值之间的关系(Karande,2005)。令人惊讶的是,这项研究发现,使用亚裔模特(与高加索白人模特对比)却对亚裔消费群对广告、品牌以及公司的真实性感知、态度和购买愿望并无任何有益的影响。不过,这项研究也的确发现,对广告商文化敏感有所理解的亚裔消费群,比起有白人模特参与的广告而言也的确对有亚裔模特参与的广告反响更为良好。而对广告商文化敏感不够理解的亚裔消费群则完全不是这样。这些结果表明,亚裔消费群在评估定向广告上要比非裔和拉丁裔消费群更加挑剔,而广告商的文化敏感度也由此成为获得这些消费者对定向广告反响良好的一个重要因素。

对亚裔消费群购买决策媒体影响力的考察,关注到了亚裔消费者板块内的亚文化差异。Kang 和 Kim(1998)的一项研究在美国几个主要城市的华裔、日裔和韩裔消费群间展开,由此发现了几个种族亚文化群体间显著的差别。该研究在考察不同媒体影响力的同时也考虑到了消费者的文化移入水平这一因素所起的作用。研究发现,在华裔和韩裔消费群体中,较低文化移入水平的群体比起高文化移入水平群体会受电视与广播影响较多一些。另一方面,在日裔消费群体中,有较高文化移入水平的群体会比低文化移入群体更多接受电视与广播的影响。一项更为近期的研究也对亚裔消费群购买决策受媒体影响程度进行了考察,更有趣的是,相比其他群体,杂志、报纸、卫星广播和网络对亚裔消费群会有更多影响(Korzenny et al.,2006)。

10.4.4 零售实践

有种族模特与代言人、以及种族语言参与的定向营销和传播,或许就是多元文化市场营销中最广泛使用的策略,自 20 世纪 70 年代或更早时候就已普遍流行。举例说来,在 90 年代,JCPenney 推出了一系列面向非裔美国女性的电视商业广告,该公司也针对这些观众而发行杂志(Cuneo,1997)。与此同时,Sears 公司在一系列杂志上刊登杂志广告,如《黑魅》(*Black Elegance*)、《乌檀》(*Ebony*)、《精华》(*Essence*)、《竭诚》(*Heart and Soul*),这些杂志都有着庞大的非裔美国人阅读群体(Cuneo,1997)。更近一些的是在 2005 年 4 月,沃尔玛发起了第一次面向亚裔美国人的宣传海选活动。海选包括电视、广播和印刷广告,在亚裔美国人较为集中的区域内发布,像休斯敦、洛杉矶、圣地亚哥、旧金山和圣何塞。这些带有奖励回报的广告来自于说广东话、普通话和越南话的亚裔美国家庭(Troy,2005)。在贸易类文献中,定向促销背景下的零售实践较少被公开,然而,零售商们拼力去斩获收益的主要目的,就是通过零售促销,去平衡零售商提升生产商的品牌业绩与零售商的产品种类销售业绩之间的对立(Ailawadi et al.,2009)。

专栏

复习与讨论问题

1. 在 2000 年至 2050 年预计哪一多元文化群体将会迎来最高增长速率？

2. 影响三个主要多元文化群体购买力增长的因素有哪些？

3. 以种族划分为基础的定向市场营销所主要关注的是什么？

4. 讨论针对三个主要多元文化群体的零售环境层面的重要性，包括社会与非社会层面。

5. 根据拉丁裔消费群对传统商店零售体验的满意度，零售环境的哪一层面是最至关重要的？

6. 种族分别是如何影响多元文化群体间商品种类开销和花费的区别？

7. 影响美国拉丁裔消费群品牌忠诚度的重要因素有哪些？

8. 讨论影响美国亚裔消费群产品偏好的两个重要构成因素。

9. 在三个主要多元文化群体中定向宣传广告产生效力的因素有哪些？

10. 讨论非裔美国人与拉丁裔消费群间使用优惠券的相似点。是什么原因形成了这样的相似？

10.5 对未来研究的建议

本章指出了关于多元文化消费群体与零售服务体验研究的几个缺口。本节也会指出未来研究需要注重几个具体缺口，为多元文化购物者行为研究打造起全面广泛的和有事实依据的知识实体。首先，有很少研究会考察到针对非裔美国人消费群的几个零售环境层面的重要性，包括社会的和非社会的。非裔美国人消费群已经并且将会继续在多元文化市场中占有重要比重。有关非裔美国人消费群购物态度的研究已经发现，他们比其他的多元文化群体表现出了对自身文化内部的人际网络（对种族群体成员适用产品的讨论）与社区定位（对服务种族群体的媒体娱乐的享用）更多的偏好（Korzenny et al.，2006）。因此，社会与非社会零售环境层面对这一板块是至关重要的，也理应得到更深入的考察。

第二点，对非裔和亚裔消费群的品牌忠诚度以及商店品牌和国产品牌偏爱度的主题也缺少相当的研究。尽管在 20 世纪 70 年代与 80 年代，对非裔美国人消费群品牌忠诚度的考察研究较为普遍（Hirschman，1980；Larson and Wales，1973；Wilkes and Valencia，1986）。针对如何提升这一板块购买力的近期研究较少，而考察亚裔消费群，尤其是亚裔消费群不同的子群像华裔、日裔、韩裔和印度裔顾客品牌忠诚度的研究较少。对这些子群品牌忠诚度相似性的假定,会引发零售实践者的错误认识,因为这些亚洲的亚文化群体无论是文化价值观还是文化态度都有着巨大的差异。另外,由于大量零售商正着力增大自家品牌分量以作为吸引忠诚消费群来店消费的方法,非裔美国人与亚裔消费群在商店品牌和国产品牌忠诚度上的对比情况也值得考察。因此,对于多元文化板块国产品牌与商店品牌(自家品牌)的偏好性与忠诚度的研究,也有助于零售商改革在种族群体(亚裔、拉丁裔或非裔美国人)较高密度聚集区域扩展自家品牌供应的决策。

第三点,针对不同亚裔群体进行多样化零售促销(包括价格的与非价格的)的重要性的研究十分缺乏。对未来研究而言,这将是一个相当重要的领域,因为之前研究已经显示,和主流市场相比,优惠券促销对非裔与拉丁裔消费群效果甚微,其导致因素我们之前也已有探讨。但拉丁亚裔消费群的价值观也确凿地反映出了他们对于储蓄更高的偏向与动机,或许这有可能会增加优惠券促销与价格折扣对于这一群体的重要性。

在对不同文化消费群体行为更广泛的相似性与对比性的考察之外,对同文化消费群体行为差异性领域的研究也存在着空白(Ogden et al.,2004)。这种同一种族群体下同文化的差异性有可能是由多种多样的因素所致,譬如文化移入水平差异、种族自我认同度、家世背景地位和原国别的差异,将广义的种族类别继续细分成了各种精微文化群体,从而避开了综括概之的特定类别的界限。举例说来,美国的拉丁裔人口包含有 65.7% 的墨西哥裔、8.9% 的波多黎各裔、3.5% 的古巴裔、3.3% 的萨尔瓦多裔、2.8% 的多米尼加裔、2.1% 的危地马拉裔、1.9% 的哥伦比亚裔、1.3% 的洪都拉斯裔、1.3% 的厄瓜多尔裔和 1.1% 的秘鲁裔(Pew Hispanic Center,2010)。将这些顾客群单纯地分类成"拉丁裔"的广义类别,忽视不同国别下同文化的差异性,这对拉丁裔顾客行为的确是过分简化地看待。这很有可能会造成零售商成本的提升,尤其是涉及不同的地理区域,像拥有大量古巴裔消费群的迈阿密,和拥有大量波多黎各裔消费群的纽约之间的对比。未来的研究也需要去更多关注致使种族群体间消费行为的复杂性和异质性的各种因素,且调查也要超出广义的特定类别。

10.6　管理启示

零售商可以选择三种定向市场营销方法,去开发多元文化板块的市场:基本市场营销、辅助市场营销和归纳市场营销(Schumann et al.,2009)。基本市场营销同本章简介中谈到的以热情周到服务为基础的模式紧密相关,并将营销定向扩展至广告宣传之外的其他各市场构成要素间(Schumann et al.,2009),包括产品、品牌、零售环境和促销。零售商家实施的拉丁裔定向策略,家庭补给站,就很好地遵循了这一方法。此外，为了促进拉丁裔购物者的店内体验，针对拉丁裔家庭而将商店环境全面营造成友好热情的场所，通过赞助社区服务和拉丁裔社区建立起密切的关系（在案例分析 1 中已有过探讨），零售商家们也推出了一些产品销售线，像 2005 年的"色彩起源"绘画项目，缤纷绚烂的颜色配以多彩的西班牙语名称，灵感便是源自拉丁裔美国人和加勒比文化。另外，零售商家也同样打造出了双语和双文化广告，通过电视、印刷品、广播以及在线媒体进行宣传。这种全面定向方法也获得了多元文化购物者的积极回响，而他们对广告营销、或以单纯信息为基础的定向方法经常持怀疑的态度。这类营销方式所指的，即是辅助市场营销，而它比归纳市场营销更有成效，因为后者在使用同样的产品和信息去开发种族市场和主流市场。推行全面的方法会让零售商家从各种营销定向中吸取更加多样的利益，并在更多元的层面上与多元文化顾客建立起更加深刻而意义深远的关系。

零售商推行营销定向方法时，也要考虑到产品差异性，尤其涉及文化基础产品与文化中立产品间的对比。具体说来，研究已经发现针对非裔美国人消费群，就种族定向广告宣传（广告中的人种构成与媒体定位）而言，文化基础产品会比文化中立产品更见成效。研究也发现拉丁裔消费群更忠诚于商店品牌，尤其在娱乐产品上要比实用产品更加明显。享乐产品，如服饰，也可以看做是文化基础产品，因为它们体现出了一定的价值表达，并为社会认同度的功能而服务。同理，实用产品可以看做是文化中立产品。以上发现均显示了种族定向市场营销更有效力，且比起文化中立产品类别，文化基础产品会带来更高的利润率。因此，广告宣传、品牌营销，以及零售环境的种族定向策略，也应当依据文化差异而确定不同的产品类别。例如，在百货商场的化妆品廊内使用非裔、拉丁裔或亚裔模特来做店内展览，并且（在多元文化购物群体中）进行产品的灵活移动式推销，就会比家用电器同等情况的展销更有成效。

在对多元文化板块的定向中，大量零售商家也已开始尝试面向购物群体开发较为成功的商店品牌，尤其针对享乐产品类别，像服饰和家居陈设物品。一些零售商家像 Kohl's 使用归纳市场营销方法，开发一些既能适销多元文化市场又能适销主流市场的品牌，与此同时，其他一些商家则专门推出特定板块的定向品牌，像 Sears 推出的品牌"Latina Life"，其定向便是拉丁裔女性群体，后来被终止。为了确保文化定向私人品牌的成功性，零售商家也需要采纳建立在社会认同度基础上的品牌营销，并从中受益（Reed et al.，2009）。品牌营销中的社会认同度是指"顾客通过商品标签的收集来展示自我"，而这一点直接影响到大量旗舰品牌的成败，像苹果、哈雷戴文森（Harley Davidson）、星巴克与耐克（Reed et al.，2009）。说到文化定向品牌，种族性自然会反映出社会认同度的文化范畴，尤其是对那些在思想观念中种族占有着显著地位的消费群。在新品牌开发中，要保持好多元文化消费者、种族基础的社会认同度，以及新品牌之间的一致性，以此来建立新品牌与社会认同度基础上的品牌营销的紧密联系（Reed et al.，2009）。因此，品牌管理者应当立意于打造起新推品牌与社会认同度之间强而有力的连结（品牌→社会认同）。如果零售商家和品牌管理者能够成功打造起这条纽带,有着较强社会认同意识的消费者(消费者→社会认同)自然会对新推品牌表现出积极踊跃的反响(消费者→品牌)。

这也让我们来到最后一点启发,那就是在本章提及的各种研究发现中所不断显现出的一点——任何一种多元文化群体内的消费者行为都有着内在的异质性。本章基于多元文化消费者的种族认同程度或文化移入水平的区别,揭示出了非裔美国人、拉丁裔、亚裔消费群体间品牌忠诚度、产品评估、产品偏好、定向广告反响,以及优惠券使用的差异。由此,以文化移入水平为基础的市场板块分类方法,也应当适用入定向产品与品牌的开发、零售环境的打造,以及针对单个多元文化板块的促销策略的推行中。例如,Wrangler Jeans 就为西班牙裔男性消费群的不同文化移入水平为基础的板块提供了不同的产品销售线。群体内的板块划分让零售商们既可以从多元文化市场的定向策略开展中获得最大化的收益,也能够引起多元文化购物者更多积极的反响。

10.7 探讨要点

提起多元文化市场营销,尤其是拉丁裔市场营销,有一个正在渐渐浮现的情况需要特别强调,那就是一种在已同化的拉丁裔群体中的被称为"复古式文化移入"(retroacculturation)的新趋势。尽管新近的研究文献还未对这一趋势进行调查,但随着已同化个体间沟通中对本种族语言增多的使用、本种族语言媒体的消费,以及种族习惯的保留,这一点已经得到确证。线性的、直线型的文化移入模式预示了随着消费群体文化移入水平的提高,他们也会采纳主流文化的价值观与社会行为,同时将之与根源文化相系的部分逐渐放弃,而上述趋势则有悖于这种模式。

的确,依据消费者文化移入的二维空间视角,近期研究似乎也开始指出了双文化平衡趋势的存在:消费者既会采纳主流文化特征与行为,同时又会保留其与根源文化相连的部分。因此,一个被同化的个体也会显示出双文化平衡倾向,要么通过重建种族文化联系,要么从一开始就未完全放弃种族文化的价值观与行为。关于拉丁裔和非裔美国人消费群文化移入的新近趋势的更多探讨,及其对消费行为的影响均可在本章末的推荐阅读里找到。

总结

种群人口戏剧性的增长改变了美国的人口统筹环境,而零售商家也正在渐渐意识到在其商业策略，尤其在整体经济下滑形势下保有竞争力和维持生存中去应对种群人口统计变化的需要。对多元文化市场营销的优先研究阐明了定向市场营销策略，即行业惯例方法的单个组成要素。然而，当前经济环境旨在营建一种全面综合的服务模式，使之成为文化关联产品、品牌、零售环境、沟通、促销策略产生的效益，与多元文化消费群体的文化关联零售体验之间的一个杠杆。本章通过对三个多元文化零售的关联概念的探讨，对综合性服务模式的各种要素作出了阐释：(1)文化关联的零售环境；(2)文化关联的销售规划和品牌推广；(3)文化关联的传播与促销。这些概念的探讨也已被调查研究的证据以及零售行业的案例所证实。由之本章又强调了一些方法，通过综合式价值创造策略来维护消费者权益，并积极制定零售服务，以满足多元文化消费群体多样而不断发展的需求。

参考文献

Aaker, J. L., Brumbaugh, A. M., & Grier, S. A. (2000). Nontarget markets and viewer distinctiveness: The impact of target marketing on advertising attitudes. *Journal of Consumer Psychology, 9*(3), 127–140.

Abdel-Ghany, M. & Sharpe, D. L. (1997). Consumption patterns among ethnic groups in Canada. *Journal of Consumer Studies and Home Economics, 21,* 215–223.

Ailawadi, K. L., Beauchamp, J. P., Donthu, N., Gauri, D. K., & Shankar, V. (2009). Communication and promotion decisions in retailing: A review and directions for future research. *Journal of Retailing, 85,* 42–55.

Anonymous (2005, June 13). In-store network adds Spanish content. *DSN Retailing Today, 44*(11), 74.

Appiah, O. (2001). Black, White, Hispanic, and Asian American adolescents' responses to culturally embedded ads. *The Howard Journal of Communication, 12,* 29–48.

Bagozzi, R. P. (2000). On the concept of intentional social action in consumer behavior. *Journal of Consumer Research, 27*(3), 388–396.

Baker, J., & Cameron, M. (1996). The effects of the service environment on affect and consumer perceptions of waiting time: An integrative review and research propositions. *Journal of Academy of Marketing Science, 24*(4), 338–349.

Baron, S., Harris, K., Davies, B. J. (1996). Oral participation in retail services delivery: A comparison of the roles of contact personnel and customers. *European Journal of Marketing, 30*(9), 75–90.

Berkotwitz, D., Bao, Y., & Allaway, A. W. (2006). Hispanic consumers, store loyalty, and brand preference. *Journal of Targeting, Measurement, and Analysis for Marketing, 14*(1), 9–24.

Bhatnagar, P. (2005, October 31). 'Seven' cheap and chic tips from Walmart. Retrieved February 15, 2010 from http://money.cnn.com/2005/10/21/news/fortune500/walmart_seven/index.htm.

Bitner, M. J. (1992). Servicescapes: The impact of physical surroundings on customers and employees. *Journal of Marketing, 56*(April), 57–72.

Breyer, R. M. (2006, March 27). Marketing tactics involve nuance within each culture. *DSN Retailing Today, 45*(6), 5.

Brumbaugh, A. M. & Grier, S. A. (2006). Insights from a failed experiment: Directions for pluralistic, multiethnic, advertising research. *Journal of Advertising, 35*(3), 35–46.

Chattaraman, V., Rudd, N. A., & Lennon, S. J. (2009). Identity salience and shifts in product preferences of Hispanic consumers: Cultural relevance of product attributes as a moderator. *Journal of Business Research, 62*(8), 826–833.

Choudhury, P. & Schmid, L. (1974). Black models in advertising to blacks. *Journal of Advertising*

Research, 14 (June), 19–22. Consumers. *Journal of Consumer Research, 12*(June), 104–109.

Cuneo, A. Z. (1997, May 5). New Sears label woos black women. *Advertising Age, 68*(18), p.6.

Deshpande, R., Hoyer, W. D., & Donthu, N. (1986). The intensity of ethnic affiliation: A study of the sociology of Hispanic consumption. *Journal of Consumer Research, 13*(2), 214–220.

Dimofte, C. V., Forehand, M. R., & Deshpande, R. (2003–4). Ad schema incongruity as an elicitor of ethnic self-awareness and differential advertising effectiveness. *Journal of Advertising, 32*(4), 7–17.

Donthu, N. & Cherian, J. (1992). Hispanic coupon usage: Impact of strong and weak ethnic identifiers. *Psychology & Marketing, 9*(6), 501–510.

Donthu, N. & Cherian, J. (1994). Impact of strength of ethnic identification on Hispanic shopping behavior. *Journal of Retailing, 70*(4), 383–393.

Faber, R. J., O'Guinn, T. C., & McCarty, J. A. (1987). Ethnicity, acculturation, and in the importance of product attributes. *Psychology & Marketing, 4*, 121–134.

Fan, J. X. (1997). Expenditure patterns of Asian Americans: Evidence from the U.S. Consumer Expenditure Survey 1980–1992. *Family & Consumer Sciences Research Journal, 25*, 339–368.

Fan, J. X. (1998). Ethnic differences in household expenditure patterns. *Family & Consumer Sciences Research Journal, 26*(4), 371–400.

Forehand, M. R. & Deshpande, R. (2001). What we see makes us who we are: Priming ethnic self-awareness and advertising response. *Journal of Marketing Research, 38*(August), 336–348.

Forney, J. & Rabolt, N. (1985–1986). Ethnic identity: Its relationship to ethnic and contemporary dress. *Clothing and Textiles Research Journal, 4*(2), 1–8.

Fowler, D. C., Wesley, S. C., & Vazquez, M. E. (2007). Simpatico in store retailing: How immigrant Hispanic emic interpret U.S. store atmospherics and interactions with sales associates. *Journal of Business Research, 60*, 50–59.

Green, C. L. (1995). Differential responses to retail sales promotions among African-American and Anglo-American consumers, *Journal of Retailing, 71*(1), 83–92.

Green, C. L. (1999). Ethnic evaluations of advertising: Interaction effects of strength of ethnic identification, media placement, and degree of racial composition. *Journal of Advertising, 28*(1), 49–64.

Grewal, D., Levy, M., Kumar, V. (2009). Customer experience management in retailing: An organizing framework. *Journal of Retailing, 85*(1), 1–14.

Hirschman, E. (1980). Black ethnicity and innovative communication. *Journal of the Academy of Marketing Science, 8*(2), 100–119.

Humphreys, J. M. (2006). The multicultural economy 2006. *Georgia Business and Economic Conditions, 66*(3), 1–15, Retrieved, March 23, 2010, from http://srbsa.org/public/services/hispanic_scouting/financial/demographics/Economics%20Buying%20Power.pdf.

Kang, J., & Kim, Y. (1998). Ethnicity and acculturation: Influences on Asian-American consumers' purchase decision making for social clothes. *Family and Consumer Science Research Journal, 27*(1), 91–117.

Karande, K. (2005). Minority response to ethnically similar models in advertisements: An application of accommodation theory. *Journal of Business Research, 58*, 1573–1580.

Kavilanz, P. B. (2006). Walmart: 'Cheap' better than 'chic'? Retrieved February 15, 2010, from http://money.cnn.com/2006/10/30/news/companies/walmart_setback/index.htm.

Kim, S. & Arthur, L. B. (2003). Asian-American consumers in Hawai'i: The effects of ethnic identification on attitudes toward and ownership of ethnic apparel, importance of product and store-display attributes, and purchase intention. *Clothing and Textiles Research Journal, 21*(1), 8–18.

Kim, Y. -K. & Kang, J. (2001). The effect of ethnicity and product on purchase decision making. *Journal of advertising research,* (March), 39–48.

Korzenny, F., Korzenny, B. A., McGavock, H., Inglessis, M. G. (2006). The multicultural marketing equation: Media, attitudes, brands, and spending. Retrieved March 31, 2010, from http://hmc.comm.fsu.edu/content/download/4057/29135/September 2006- Multicultural Marketing Equation Study.pdf.

Kotler, P., Armstron, G., & Starr, R. G. (1991). *Principles of marketing* (5th ed.). Englewood Cliffs, NJ: Prentice Hall.

Larson, C. & Wales, H. (1973). Brand preferences of Chicago blacks. *Journal of Advertising Research, 13*, 15–21.

Lusch, R. F., Vargo, S. L., & O'Brien, M. (2007). Competing through service: Insights from service-dominant logic. *Journal of Retailing, 83*(1), 5–18. *Management Review, 26*, 120–134.

Martin, C. L. (1996). Customer-to-customer relationships: Satisfaction with other consumers' public behavior. *Journal of Consumer Affairs, 30*(1), 146–169.

Miller, P. & Kemp, H. (2005). *What's Black about It?* Paramount, Ithaca, NY.

Mulhern, F. J. & Williams, J. D. (1994). A comparative analysis of shopping behavior in Hispanic and non-Hispanic market areas. *Journal of Retailing, 70*(3), 231–251.

Ogden, D. T., Ogden, J. R., Schau, H. J. (2004). Exploring the impact of culture and acculturation on consumer purchase decisions: Toward a microcultural perspective. *Academy of Marketing Science Review, 3,* 1–22.

Ortman, J. M. & Guarneri, C. E. (2009). United States population projections: 2000 to 2050. Retrieved March 23, 2010, from http://www.census.gov/population/www/projections/analytical-document09.pdf.

Ownbey, S. F., & Horridge, P. E. (1997). Acculturation levels and shopping orientations of Asian-American consumers. *Psychology and Marketing, 14*(1), 1–18.

Penaloza L. & Gilly M. C. (1999). Marketer acculturation: The changer and the changed. *Journal of Marketing, 63*(July), 84–104.

Pew Hispanic Center (2010). Country of origin profiles. Retrieve Feb 15, 2010 from http://pewhispanic.org/data/origins/.

Podoshen, J. S. (2008). The African-American consumer revisited: Brand loyalty, word-of-mouth and the effects of the black experience. *Journal of Consumer Marketing, 25*(4), 211–222. Publishing Company.

Puccinelli, N. M., Goodstein, R. C., Grewal, D., Price, R., Raghubir, P., & Stewart, D. (2009). Customer experience management in retailing: Understanding the buying process. *Journal of Retailing, 85*(1), 15–30.

Rajagopalan, R., & Heitmeyer, J. (2005). Ethnicity and consumer choice: A study of consumer levels of involvement in Indian ethnic apparel and contemporary American clothing. *Journal of Fashion Marketing and Management, 9*(1), 83–105.

Reed, A., Cohen, J. B., & Bhattacharjee, A. (2009). When brands are built from within: A social identity pathway to liking and evaluation. In D. J. MacInnis, S. Whan Park, & J. R. Priester (Eds.), *Handbook of Brand Relations* (pp. 124–150). Armonk, NY: M. E. Sharpe.

Rosenbaum, M. S., & Montoya, D. Y. (2007). Am I welcome here? Exploring how ethnic consumers assess their place identity. *Journal of Business Research, 60,* 206–214.

Rossman, M. L. (1994). *Multicultural marketing: Selling to a diverse America.* New York: American Management Association.

Saegert, J. Robert 1. H., & Hilger, M. T. (1985). Characteristics of Mexican American

Schumann, D. W., Davidson, E. F., & Satinover, B. (2009). Ethnicity, race, and brand connections. In D. J. MacInnis, S. Whan Park, & J. R. Priester (Eds.), *Handbook of Brand Relations* (pp. 212–229). Armonk, NY: M. E. Sharpe.

Segal, M. N. & Sosa, L. (1983). Marketing to the Hispanic community. *California*

Seock, Y. -K. (2009). Influence on retail store environmental cues on consumer patronage behavior across different retail store formats: An empirical analysis of US Hispanic consumers. *Journal of Retailing and Consumer Services, 16,* 329–339.

Skardino, E. (2004, February 23). Kohl's signs Fuentes to spice things up. *DSN Retailing Today, 43*(4), 4.

Stevenson, T. H. & McIntyre, P. E. (1995). A comparison of the portrayal and frequency of Hispanics and whites in English language television advertising. *Journal of Current Issues and Research in Advertising. 17,* 65–74.

Tombs, A. & McColl-Kennedy, J. R. (2003). Social-servicescape conceptual model. *Marketing Theory, 3*(4), 447–475.

Troy, M. (2005, April 11). Wal-Mart launches Asian language ads. *Drug Stores News.* Retrieved June 20, 2005, from http://www.drugstorenews.com.

U.S. Bureau of Census (2000), *Projections of the resident population by race, Hispanic origin, and nativity: Middle series, 1999 and 2000,* Retrieved November 10, 2003, from http://www.census.gov/population/projections/nation/summary/np-t5-a.pdf.

U.S. Bureau of Census (2000), *Projections of the resident population by race, Hispanic origin, and nativity: Middle series, 2050 to 2070,* Retrieved November 10, 2003, from http://www.census.gov/population/projections/nation/summary/np-t5-g.pdf.

Vargo, S. L., & Lusch, R. F. (2004). Evolving to a new dominant logic for marketing. *Journal of*

Marketing, 68(January), 1–17.

Verhoef, P. C., Lemon, K. N., Parasuraman, A., Roggeveen, A., Tsiros, M., & Schlesinger, L. A. (2009). Customer experience creation: Determinants, dynamics, and management strategies. *Journal of Retailing, 85*(1), 31–41.

Wagner, J., & Soberon-Ferrer, H. (1990). The effect of ethnicity on selected household expenditures. *Social Science Journal, 27*(2), 181–198.

Webster, C. & Faircloth III, J. B. (1994). The role of Hispanic ethnic identification on reference group influence. *Advances in Consumer Research, 21,* 458–463.

Whittler, T. E. & Dimeo, J. (1991). Viewers reaction to racial cues in advertising stimuli. *Journal of Advertising Research, 31*(6), 37–46.

Whittler, T. E. (1989). The effects of actors' race in commercial advertising: Review and extension. *Journal of Advertising, 20,* 54–60.

Wilkes, R. & Valencia, H. (1986). Shopping related characteristics of Mexican-Americans and Blacks. *Psychology and Marketing, 3*(4), 247–259.

Williams, J. D., Qualls, W. J., & Grier, S. A. (1995). Racially exclusive advertising: Public policy implications for fair housing practices. *Journal of Public Policy and Marketing, 14,* 225–244.

Woods, G. B. (1995). *Advertising and marketing to the new majority.* Belmont, CA: Wadsworth

Xu, J., Shim, S., Lotz, S., & Almeida, D. (2004). Ethnic identity socialization factors, and culture-specific consumption behavior. *Psychology and Marketing, 21*(2), 93–112.

延伸阅读

Chattaraman, V., Lennon, S. J., & Rudd, N. A. (2010). Social identity salience: Effects on identity-based brand choices of Hispanic consumers. *Psychology & Marketing, 27*(3), 263–284.

Hong, Y., Morris, M. W., Chiu, C., & Benet-Martinez, V. (2000). Multicultural minds: A dynamic constructivist approach to culture and cognition. *American Psychologist, 55*(7), 709–720.

Martin, G. & Gamba, R. J. (1996). A new measurement of acculturation for Hispanics: The bi-dimensional acculturation scale for Hispanics (BAS). *Hispanic Journal of Behavioral Sciences, 18*(3), 297–316.

Rajagopalan, R. & Heitmeyer, J. (2005). Ethnicity and consumer choice: A study of consumer levels of involvement in Indian ethnic apparel and contemporary American clothing. *Journal of Fashion Marketing and Management, 9*(1), 83–105.

Spectra Marketing Systems, Inc. (2004). *A look inside the bicultural consumer: Understanding the largest Hispanic consumer group.* Retrieved October 10, 2006, from http://www.spectramarketing.com/docs/products/Bi-Cultural_Consumers-f.pdf.

11

文化与社交媒体:改变服务预期

桑吉克塔·普库朗加拉

▶**学习目标**

1. 更好地了解社交媒体对消费者行为的影响;
2. 识别文化特征对社交媒体的影响;
3. 了解并且开发数字环境下的服务方式;
4. 熟悉文化与社交媒体对服务预期的影响。

11.1 简介

现如今,消费者正开始越来越多使用技术作为购物体验的有效工具。网络在全球范围内的普及,使得社交媒体无论丰富程度还是公众流行度都大幅增长,开辟出了一个合作与沟通的全新世界。

社交媒体可定义为以互联网为基础并带有终端用户发布信息的应用程序。终端用户使用各种在线网络模板(如博客、播客、社交网、告示板、维基、新闻群、聊天室)来表达他们对产品、服务、品牌,以及/或者公司的个人见解(Cleary and Terry,2008;Kaplan and Haenlein,2010;Paine and Lark,2005)。除了分享既有产品、服务或品牌的观点以外,终端用户还使用社交媒体与其他消费者紧密联系,其观点和公司方相较之下,会被视为更加客观的信息来源(Kozinets,2002)。像这类信息多由目前所假定的仅使用或是消费网络内容的人们所创造,因而被称为消费者自创信息(CGC)(Dwyer,2007)。同理,消费者自创媒体是指潜在的、确知的或者曾经的消费者制造的关于某产品或服务任何正面或负面的评论信息,并通过网络与更多数人群和机构共享(Stauss，2000)。

购物一向都是社会化体验，而消费者也得益于社交媒体与其他人展开交流互动，有可能其中大多数人都是完全互不相识的。社交媒体不仅使购物者研究和购买意见阶段发生转变，并且也提供了让他们可以拥护自己喜爱产品与商店的平台。拥护是历来就有的，而社交媒体扩大了潜在受众的比例，让拥护深入人心，这也使得这一平台变得更尤为关键(Swedousky，2009)。

同理，社交媒体也给予了公司机会，通过积极的信息外拓和及时反馈，去体察消费者需求，提高消费者满意度。同时，它也让公司获得了前所未有的洞察力，更富效力和创造力。另外，社交媒体也开始从边缘现象逐渐移转为主流趋势：一种甚至对文化开始产生影响的趋势。尽管跨文化差异是存在的，并影响到人们使用社交媒体的方式，但毫无疑问，这种现象会大大促进人们相互间的交流与信息分享。

互联网已经成为全世界最重要的交流途径之一，对网络不断增多的使用已改变了消费者的购物流程(Casalo et al.，2007)。消费者也越来越多投身于社交媒体的使用，以便收集信息，制定决策(Kozinets，2002)。

社交媒体的力量也开始逐渐普及，其活跃范围从经济(如购物)到市场营销(如品牌设立)到社交(如个人网络空间)再到教育(如远程教育)(Teo et al.，2003)。之前口头交流的简短方式，也仅限于一两个朋友之间，如今已转为可容纳无限信息并让全世界可见的模式(Duan et al.，2008)。社交媒体使得公司机构可以追踪消费者的观点、消费者服务的问题，还有消费者数据库中不满意情况的明细。因而对零售商来说，当务之急就是要把这种新兴媒体融合进市场营销计划中来，制定以社交媒体为基础的策略，并使之与品牌紧密相系，让社交媒体来掌握消费者的服务体验。

零售商家也正开始使用新兴的方便技术，在线销售产品或服务、解答消费者的问询，在已完成的购买上建议附加产品与服务项目，并且针对他们自身付出评估消费者的满意度——完全不需要和消费者面对面(Kasim and Ismail，2009)。然而社会媒体也并非万能药，这一点亟须注意。零售商应该将这种媒体简单理解为如何革新理念以能在数字时代提升服务质量的催化剂(Swartz，2009)。社交媒体已将力量交付于消费者的双手，敦促公司兑现他们的承诺。零售商家在服务策略重塑中对社交媒体的使用仍然是需要更多调研的新课题，尤其是在社会媒体策略与服务策略开始取得一致地位并对商业成功产生了至关重要的意义的情形下。

类似地，消费者在获取信息、识别品牌、对品牌以及/或者零售商家发表见解中对社交媒体的使用，也会从根本上受其文化背景的影响。研究已经表明消费者在服务质量的期待上的差别，会取决于他们的文化(Donthu and Yoo，1998)。通常来讲，消费者的文化价值观会影响他们对产品或服务的认知与期待，进而与之相关地，也会影响到购买决策和购买行为(Kueh and Voon，2007)。由此推导，我们可以说文化也会影响到社交媒体的使用。社交媒体已使得"文化分享"成为可能，每一个体都可对产品与服务提供反馈，并让所有人看到。既然文化会影响到人们行为与互动的方式已成事实,那么考察文化在这类典型的由终端用户制造信息的社会媒体与在线网络中的影响力也变得异常紧要,但作为使用者不断增多的一个可供分享好坏兼有的经验的平台,到目前为止却很少甚至没有研究开展,去考察文化在社交媒体中的影响力。

此外,对社交媒体的使用呈大幅增多趋势,影响着人们在全球范围内分享知识的方式。然而,这其中却留有一处信息空白,那便是这种新兴媒体,连同它覆盖全球的吸引力,也正影响着服务认知。因此,本章提出了对于深入调查的需求,并提议使用 Hofstede 的文化维度(1980、2001),以及 Venkatesh 和 Bala 的技术接纳模板 3(TAM3)作为概念模板。Hofstede 的文化维度可作为与之相适研究模板的向导,因为这些维度有助于解释各种文化下民族气质的要素构成。TAM3 也可用来做相应研究模板的向导,是因为它有助于去总结每一类消费群体对社交媒体予以接受的关键因素。

11.2 社交媒体的"分享文化"

无论经济活动还是社会面貌,皆因信息技术发生了戏剧性的改变(Konsbruck,n.d.)。社交媒体成为新的主导,消费者可自由交流,与朋友联络,了解新形势。现如今,通过消费者自发性活动,互联网已使得消费者分享对产品以及/或者服务的观点和体验成为可能(Kim and Park,2008)。社交媒体是一种文化的进化,且还在不断发展变化中,我们应对其抱以一种欣赏的态度。通过信息使用渠道更宽广的拓展、更好的社会网络构建、传播能力的提升,互联网和虚拟社区也改变了消费者、公司与社交圈本身(Kucuk and Krishnamurthy,2007)。最近一项由德勤全球(Deloitte Touche Tohmatsu)公司开展的研究揭示了 62% 的美国消费者会阅读消费者自创评论,其中有 98% 的人认为这些评论足够可信,在调查者中有 80% 的人吐露这些评论在某些方面上影响到了他们的购买行为(Industry Statistics,n.d.)。在社交媒体逐步普遍的情形下,品牌信誉和朋友评价之间的差别正越来越变得模糊。因此,对公司机构而言,对顾客期望的及时管理,以保持在终端用户中的受欢迎程度也正变得越来越至关重要。

在意识到社交媒体带来的好处后,一些公司也正开始投入更多时间和努力开发社交媒体平台,以吸引不断增长的对创新、恢复和开发消费者生成内容感兴趣的用户(Di Gangi and Wasko,2009)。社交媒体无论对公司还是对消费者都创造了一个双赢局面,并在社交媒体策略与消费者服务策略取得一致时达到最理想结果。巨大的会员群体会提供各种资源,包括市场洞察力、成本节约、品牌意识和创意激发,公司便能从中获益颇丰(Deloitte,2009),用户也可以满足个人需求和意趣,并从中获益。如此，公司了解社交媒体如何影响购物行为、改变服务预期，这一能力也会确凿无疑成为公司的巨大竞争优势。

11.3 文化与社交媒体

技术，在相当程度上，是由文化性和社会性两方面构成（Schwarz 和 Thompson，1990），因此不能脱离开人类活动而单独考察（Hendriks and Zouridis，1999）。文化影响到生活方式，反过来，生活方式又影响到个体使用新媒体技术进行传播与互动的方式（Brandtzæg，2010）。在线社交网络已成为当今一大文化现象。社交网站，像 Facebook 和 Myspace，已见证了会员大批的增长。随着这类社交网站的流行和普及，一个人可以很有把握地断言，世界正逐渐"变小"，人们也会比人类历史中的任何一个时代都更加紧密相系。

购物的社会层面在消费者文化中向来是根深蒂固的，因为购物通常被认为是一个社交出口。询问某个人她从哪儿买来的漂亮的外衣，从朋友那里听说到最近销售的讯息，或者将购物商场作为交际场合，这些都是消费者文化的构成面。社交媒体使得消费者能够使用技术，持续进行在线"社交购物"。理解文化对社交媒体使用的影响是至关重要的，尤其是在这种技术正大范围普及、用户暴涨和流行度大幅提升的情形下。Facebook 仅仅在几个市场上推出自然语言界面的简介，便帮助其网站发展向前推进了 153％，用户使用率仅 2008 年间便在全球内激增了 25％（Social Networking Explodes，2008）。此外，尼尔森全球在线（Nielson Global On-line）顾客调查（Global Advertising，2009）发现，靠个人关系推荐，以及消费者在线发布的见解，成为了全球宣传营销最受信任的形式。就文化角度而言，全世界每一地区都各不相同，因此，社交媒体有没有让文化走向一致，有没有让全球范围的消费者所思所行趋于统一，弄清楚这一点也相当必要。

文化已经证实对市场有着影响，包括广告宣传、营销策略以及购物习惯（Green，1999；Grier and Brumbaugh，1999；Simester 等人，2000；Taylor and Miracle，1996；Ueltschy and Ryans，1997）。但是针对以社交媒体为代表的新兴技术的跨文化适应度的调查却很少见，也鲜有相关理论与经验为基础展开的研究，而文化作为在线购物的先知，基于它对在线购物行为的影响，已经开始呈显各种不同的特征（Kim et al.，2009）。当一些研究建议在线商店去适当调节氛围以适应既定文化间的细微差别时（Chau et al.，2002），Cole 等人（2000）却也坚持文化差异不会影响到在线零售商吸引和维护顾客的能力，并引用一些有名的在线商家，如亚马逊（Amazon.com），通过使用规范化业务交接模式获得了全球性成功的案例。文化与生活方式深刻影响了消费行为，且由于使用者数目的增长，社交媒体也很快融入生活,成为一种提供多选择的、跨世代的和带有文化特征的生活方式。若将这一惊人的成就更深地挖掘,社交媒体毫无异议能够承接起更与行业切近和更加全面的考验。

11.4 数字化环境下的服务

前所未有地,技术能够让消费者实时地获取信息,并针对各种公司、产品,还有服务进行意见交换(Duan et al.,2008)。另一方面,凭借技术平台的稳步增多而让服务范畴不断成熟,公司机构也继续寻求可靠的方式,去衡量其在线渠道所传递的服务的质量(Tate and Evermann,2010)。不过,提到服务质量,也应该注意到在数字化环境下的服务既缺少实际有形的要素,又缺乏人实际的互动。同时,在数字化环境下,消费者需要更多地去自行考虑掌握服务传递的流程(Gounaris and Dimitriadis,2003)。

研究已经表明,服务质量也会影响到消费者行为动机,如再购买愿望、口碑传播,以及消费者忠诚度(Zeithaml et al.,1996)。研究也已表明,口碑相传(WOM)的交流在服务评估上扮演着重要的角色,因之有着公平性、服务质量的异质性、更高的沟通风险,以及服务方式的无形性(Bansal and Voyer,2000;Ekelund 等人,1995;Jolson and Bushman,1978)。此外,信息与数字化社交网络也为在线社区提供了价值不菲的服务。考虑到数字化社交网络对于经验的依赖,多样化的服务类型的支持也会对社交网络起到加强作用。在这种不断变化的数字化环境中,服务的重要性便不可低估,传统的口碑相传已被网络口碑相传所取代,即消费者生成内容(CGC),后者为消费者提供了机会,能够就产品和服务从其他消费者那里搜集公正的信息。由于其独一无二的特性,社交媒体可以远比传统的口碑形式更快地传播信息(Han et al.,2007)。结果,由于 CGC 的扩散效果,消费者所掌握的监控文化也产生了一股推动力(Blackshaw,2006),消费者会积极主动地监控营销商家和他们的服务策略。总之,我们可以确凿无疑地说,在今天的数字化环境下,公司机构必须保持他们行为举措的透明性和义务性。服务仍是重中之重,消费者体验会塑造品牌,更优质的服务会提升消费者重视度,反过来,忠诚的顾客也会创建品牌的品质,这些最终都会转化为销售、收入和利润的增长。

11.5 文化与社会媒体的融合:改变服务预期

社交媒体,作为一种近年兴盛的文化现象,正改变着人际关系格局和交流方式(Byrne,2007;Hargittai,2007;Humphreys,2007)。社交媒体的扩散与其增长的文化影响确保了消费者决策过程中的不断增长的技术影响。通过公司方的及时参与，指引终端消费者保持更有效的联络，社交媒体也确保公司机构有了比传统交流工具更具吸引力的替代平台，且成本更低（OECD，2007）。文化影响了人们思考和理解事件的方式，而社交媒体又构建起了文化的融合，赋予一些基本文化词汇全新的定义，如"知识"、"智慧"、"权威"、"信任"，以及"意义的社会传播"（Maj and Derda-Nowakowski，n.d.）。社交媒体促成了新型文化的进化，这种新型文化的形成并非仅靠个人价值观和意识形态，而同样也依靠 Web 2.0 的社交空间中所存在的新型程序和交流工具。

根据 eMarketer 数据显示，创建在线 CGC 的人数将从 2009 年的 8 880 万上涨到 2013 年的 1 亿 1 450 万（The Future of User CGC，2010）。消费者通过社交媒体进行消费行为正对文化和经济产生积极深远的影响，并也推动了各种行业改革他们的经营模式，而在零售行业中有超过 81% 的顾客会在决定购买之前参考其他消费者的意见，正可谓是这类现象最典型的例子（Leggatt，2009）。社交网络也给零售商家提供了新的机遇去开发新的消费群体。公司机构也可利用这一条件，创建群组和拥护者网页，让用户可以迅速链接零售商家的网址。由此，我们可以确信，文化与社交媒体的使用同样在影响着消费者对这种全新的、不断优化的数字版图的顾客服务预期。

之前的研究已经表明，能够衡量好服务传递过程中的文化因素也会构成一种竞争的优势（Riddle，1992），纵然是服务质量的构成和理解会因文化的差异而有所不同（Liu et al.，2008；Shareef et al.，2008；Singh et al. 2008）。不过，社交媒体已经改变了服务质量的理解方式和消费者的服务预期，这无关于他们传袭了怎样的文化。消费者现如今开始希望有每周 7 天和 24 小时（24/7）的全天候服务，因为他们已开始使用各种各样的社交工具，来让他们以及别人"同他们一样地"知晓他们与产品以及/或者服务间的互动成果。所以，是不是这意味着公司机构设计他们在社交媒体影响下的服务策略时，应该采纳"单一规格适应全体的方法"？答案是一声响亮的"不行！"诚然，社交媒体从一定程度上规范了消费者的操作平台，其全球范围内的用户也会致力于新型广告内容的创造，但说社交媒体用户之间没有文化差异的存在是冒然而武断的。零售商家需要知道在不同国家与文化间，以及在其内部，行为的同质性和异质性是有可能共同存在的（Broderick et al.，2007；Tung，2008；Yavas et al. 1992）。文化族群与社会现象，像社交媒体的使用，就一国国内而言，也会受到全球文化的持续影响，进而会重新塑造个人的"私人"文化，并也因此强化了横向全球板块理论的正确性（Eckhardt and Houston，2007；Kjeldgaard and Askegaard，2006；Malhotra et al.，1996）。

社交媒体确实有着大量的优点，包括它宽广的涉及面和巨大的容量所进行病毒式信息传播。不过，应该予以承认，它也包含着一些弊端，包括时间、努力、还有资源都需要不断地同消费者基群持续衔接。通常来讲，如果公司机构不能及时且合理地处理顾客服务投诉，可能就会对其形象造成无法挽回的损害。然而，双方交流发生在虚拟空间，其交流内容所有网页用户都有可能一目了然，这种情况下上述风险会更进一步加大，所以作为这种开放可见的交流结果，公司机构会迫于无奈屈从于消费者的需求，不论其正当与否。只要一有投诉，公司方就挫败退让，这种现象越多，情况就会越糟，且社交媒体的服务有可能会陷入巨大的、无法掌控的经营困境。同样地，社交媒体会制造出在线的文化分歧，尤其当参与者来自不同的文化背景时。因于不同的文化在服务预期上会有所分别，公司机构要确保满足多样化顾客群体的服务需要，而这样做也是基于一种文化的感知度。由此我们可以说，借助社交媒体进行市场营销既可成为开展业务最有效也最有前景的方式，使用不当又可能引发极坏的后果。

不管零售商家采用文化特定方法还是全球统一方法进行市场营销，至关重要的是他们能否意识到将社交媒体融入基础设施中时更多紧迫的状况。社交媒体的使用从根本上改变了消费者版图，对于品牌而言，如想要切合当下环境需要，就必须立即开发技术，改善消费者行为（Feed，2008）。由此，零售商家的在线工作应当着力于最基本的开发顾客群体，参与其中，且要倡导通过第三方软件会话，如一些社交网络，能很好地聚集在线购物群体（Swedowsky，2009）。

这一概念性的论点提出了一个针对文化影响力更进一步的考察建议，即使用一种经调整的技术接受模型3（TAM3），考察社交媒体是否已凌驾于消费者意图，以及它对购物行为和服务评估的影响（即，社交媒体影响购物意图和后来的购买行为的程度）（Venkatesh and Bala，2008）。技术接受模型3和Hofstede的文化理论均描述了我们接下来一节所要谈到的，要介绍的组合模型和提议关系的发展。

11.6　概念框架

11.6.1　技术接受模型3

技术接受模型（TAM）是最广泛应用的模型之一，用来解释用户使用革新技术的行为意图。考虑到消费者自创媒体是一个技术体系，而使用社交媒体网站的消费者是电脑用户，所以一个人可以应用TAM，用问卷的方式来检验它能否预测消费者使用技术，也即社交媒体的意图。TAM借用自慎思行动理论（TRA）（Fishbein and Ajzen，1975），最早则由Davis（1986）提出，它假设了在一个人的信息体系中，接受程度取决于两个主要的方面：（1）认知有用性（PU）；（2）认知易用性（PEOU）。TAM3（Venkatesh and Bala，2008）是一个技术接受的综合模型，整合起了TAM2（Venkatesh and Davis，2000）和PEOU决定因素模型（Venkatesh，2000）。

Venkatesh和Davis（2000）推出了TAM的扩展板——TAM2，将PU常规决定因素加以确认和理论化，也就是说，主观行为规范、形象、职业关联、输出质量、结果论证可能性。PEOU 有两个调节因素——体验和自愿性。TAM3 侧重于 PU 和 PEOU 的独特作用及其相关程序，并将 PU 和 PEOU 的决定因素之间不会相互影响确立下了理论基础（Venkatesh and Bala，2008）。

11.6.2　霍夫施泰德的文化维度

文化是一个概念化的较为复杂的观念，并一改过去广泛的、多边的一致同意的定义（Lam et al.，2009）。Hofstede 影响深远的工作（1980，2001）着力于个人主义、权力差距、阳刚程度、不确定性规避和长期定位的文化层面。个人主义是指一个社会强调个人地位的程度。权力差距是指公司机构内较低权力成员接受权力分配不均的程度。阳刚程度是指一个社会对比女性价值而言强调传统阳性价值的程度。不确定性规避是指人们在其生活环境里感到潜在的以及结构性缺失的威胁程度。最后，长期定位是指一个社会能够展现出一种实用性的、以未来为定向的前景而非常规的、历史的或是短期前景的程度（Hofstede，2001）。个人主义、不确定性规避和长期定位是该研究中所包含的三个文化维度。

服务的创造与消费从性质来讲是同步并举的，而且也会受到消费者文化背景的影响。但不要忘了另一点也很重要，那便是全球发展趋势，譬如社交媒体，是消费者态度与行为的异质性在同一国内不断增长，而与此同时，不同国家间的共通性也在不断增长（Hofstede et al.，1999）。因此，我们能够推导出文化有可能会影响到一个消费者对社交媒体的使用，塑造其行为如购物行为，且会影响其服务预期。

11.6.3　服务质量

社交媒体已经改变了公司机构理解自身服务策略的方式。如今的经营有着一个更大的需求，那就是对社交媒体"体验"方面的关注，因为在网络上分享的糟糕体验也会迅速传达给百万用户。如今，随着迅速发展的社交媒体成为重要的交流媒介，服务也成为了成功经营的关键因素。而服务的质量却是一个模糊抽象的构成面，难以解释和衡量（Cronin and Taylor，1992）。在任何服务接触中，顾客判定服务质量是依据服务提供者对顾客需求的回应能力（Zimbres and de Oliveria，2009），服务质量反映出了所接受服务水准的总体评估（Brady and Cronin，2001；Grönroos，1984）。

服务质量的概念通常包含技术性质量和功能性质量两个要素（Grönroos，1984）。功能性质量代表了服务如何传递，关系到服务过程中的人际与关系层面（Grönroos，1984；Soderlund and Rosengren，2010）。另一方面，技术性质量反映出了服务体验的结果，并被认为是服务质量的"核心"（Grönroos，1984；Soderlund and Rosengren，2010）。快速、准确，以及提供给消费者多重选择和个人问题解答的程度，是技术性质量的几个范例（Soderlund and Rosengren，2010）。在该概念文本下，功能性质量指代的是使用社交媒体的消费者与零售商家之间的人际关系沟通情况。技术性质量，就社交媒体而言，也涉及快速准确地处理消费者各种问题。在这里,图示 11.1 给出了带有建议关系的概念模型。

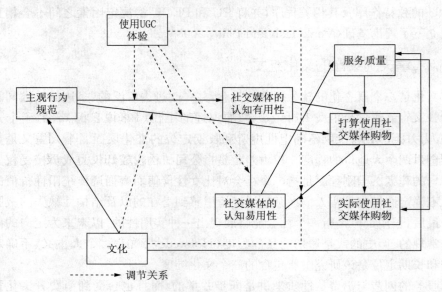

图 11.1 概念化研究模型

11.7 研究变量

社交媒体和文化的影响已经改变了消费者的服务预期。社交媒体对各行业而言都是建立与消费者之间关系的重要工具,并且,这一媒体平台已具有了全球属性,了解新媒体与文化如何相融并由此塑造了服务质量预期也是十分重要的。本研究的目的是提出一个概念化模型,借用文化、服务便利情况、服务评价度和 TAM3,来了解消费者购物时对社交媒体的使用。接下来一节提出了通过研究模型得出的各种变量之间的提议关系。较为全面的研究涉及的问题可以分为以下几点考察:

1. 检测在认知有用性上主观行为规范的影响;

2. 检测文化的直接与调节效应;

3. 检测使用社交媒体的体验调节作用;

4. 检测使用社交媒体购物意图的技术接受要素的影响;

5. 检测打算使用社交媒体购物对实际使用社交媒体购物的影响。

11.7.1 技术接受要素:认知有用性和认知易用性

TAM 假定消费者使用一种新技术的意图,像使用社交网络,会受到两种理念的影响:(1)认知易用性(PEOU);(2)认知有用性(PU)。前者涉及"一个人相信使用某种特定的系统会提升他或者她的业绩表现的程度"（Davis，1989）；而后者涉及"一个人相信使用某种特定系统能够节省心力的程度"（Davis，1989）。该模型提示PU会受到PEOU影响是因为，在所有状况均等的情形下，一项技术越易上手，它便越会有用（Venkatesh，2000）。通常来说，PEOU会对消费者意图产生积极巨大的影响（Lee et al.，2003），PU则是行为意图强有力的预示（Venkatesh and Bala，2008），行为意图在本研究中是指使用社交媒体进行在线购物的意图。

社交媒体慢慢被消费者所接受，然而，对许多消费者来说它仍然显得复杂而咄咄逼人。由此，让社交媒体的PEOU成为服务质量一个重要的决定因素也是合乎情理的（Parasuraman et al.，2005）。之前的研究已经假定PEOU与服务质量之间有着一种积极的关系（Sohn and Tadisina，2008；Yang and Jun，2002）。

11.7.2 主观行为规范

主观行为规范体现的是一个人受欲望鼓动的行为，按他人（像朋友、家人或泛指的社会）所认同的举止，或按他们自身的实际举止，作为一个重要的参照举止（Bearden et al.，1989）。换句话说，主观行为规范是个人决定是否采取某一种特定行为时所面对的认知社会压力。主观行为规范是作为行为意图的直接决定因素包含在慎思行动理论（TRA）（Fishbein and Ajzen，1975）以及随后的计划行动理论（TPB）（Ajzen，1991）中的。主观行为规范在意图上产生直接效应的基本原理是，人们会遵从某些重要的参照而选择行为举止，即便是他们自己对这类行为及其结果并不持赞成态度（Venkatesh and Davis，2000）。研究发现主观行为规范和PU也有积极的联系（Venkatesh and Davis，2000）。另外，主观行为规范对意图的直接影响也产生各种不同的结果，Mathieson（1991）发现主观行为规范对意图并无大的影响，而Taylor和Todd（1995）则发现其有重大的影响。研究也显示，在新技术推行的最初阶段，主观行为规范也会对意图产生积极的影响（Taylor and Todd，1995），并且，使用社交媒体进行购物也是近期才普及开，我们也可以假定，主观行为规范会对意图产生积极的影响。

11.7.3 社交媒体使用经验的调节效应

经验可以定义为熟悉以及精通兴趣内的技术，依照我们研究范畴即是社交媒体（Sun and Zhang，2006）。这也就是说，一个消费者对社交媒体的使用越是有经验，他们越有可能在制定决策时使用到它。在本提议模型中，使用社交媒体的经验便成为了(1)主观行为规范与PU；(2)主观行为规范与使用社交媒体购物的意图；(3)PEOU与PU；(4)PEOU与使用社交媒体购物的意图之间的调节因素。

从经验主义角度来讲，主观行为规范被确立为对PU影响最大的决定因素，尤其是用户对正考虑使用的技术缺乏经验时（Venkatesh and Davis，2000）。消费者可能会使用他们的直接经验，而不是别人的意见去看待社交媒体发布的信息，以此感知和理解某种社交媒体形式是否对其有用（Venkatesh and Davis，2000；Venkatesh and Morris，2000）。另外，研究也显示一些潜在用户（如无经验的使用者）会比当前用户（如有经验的使用者）更易受到主观行为规范的影响（Karahanna and Straub，1999）。

认知易用性，指一个系统在使用上是比较容易还是较为困难，是一个人使用某个系统最初的障碍，Venkatesh。使用者经验越多，PEOU 对 PU 或意图的影响就会变得越小（Davis et al.，1989；Szajna，1996）。由此可以推断，随着经验不断增长，一旦消费者使用社交媒体逐步老练，经验的调节影响便会随之下降。

11.7.4　文化维度

个人主义的社会体现出了其成员互相间较为宽松的纽带关系，因此可以预期该社会成员间的社交互动也不牢固，这一点可能会降低决定因素的重要性。由此可以推断，在集体主义社会中，人们之间有着稳固的纽带关系，单个人便会很容易受到其他社会成员的影响。

有着较为强烈不确定性规避的社会，其成员会对生活中的不确定感有着强烈的感知，而有着较微弱不确定性规避的社会，其成员对不确定感也会较为容易接受（Stremersch and Tellis，2004；Yaveroghi and Donthu，2003）。另外，不确定性规避也和消费者的冒险感知有关（Jarvenpaa and Tractinsky，1999），由此也可以推断，根据不确定性规避的程度，消费者对使用社交媒体也会做出不同的反应。

个人认知也会因定向而有所差异，短期定向文化下的个人希望结果立竿见影，而长期定向文化下的个人会秉持更为长期的目标。因此，短期定向文化下的个人很容易体会到物质主义者的消费压力（比如，追赶流行趋势，像是社交媒体）（Dwyer et al.，2005），但就结果来说也更快且更容易接受新技术的使用。

主观行为规范不仅受到个人水平差异的影响，也同样受到文化价值观和社会规范的影响（Hofstede，2001；Triandis，1989）。由于文化规范对市场营销认知与消费行为有着最基本的影响（Winsted，1997；Furrer et al.，2000），任何不包含主观行为规范影响的市场营销方法都是缺少远见的。

研究已显示，文化影响到消费者服务体验的诸多层面（Zhang et al.，2008）。之前的研究也表明，集体主义和阳性程度会影响到服务表现（Birgelen et al.，2002）。另外，Ekinci 和 Riley（2003）已观察到，消费者会更愿意依据文化价值观去评估服务的互动交流，因为他们在服务传递过程中是更积极的、合群的买家。

11.7.5　文化的调节效应

Strite 和 Karahanna 在研究（2006）中使用了一项模型，测验了 Hofstede 的四个主要文化维度在 PU 与 PEOU 的关系中的调节作用。研究结果发现，只有阳性—阴性层面会调节 PEOU 和意图的关系。另外，Karahanna 等人（2005）的研究也显示，文化可以调节主观行为规范与行为意图间的关系。

11.7.6 服务质量

研究已表明服务质量对行为意图有着直接影响(Cronin and Taylor,1992;Cronin et al.,2000;Parasuraman et al.,1988,1991;Taylor and Baker,1994;Zeithaml et al.,1996)。另外,大量可靠研究经验也证明了意图与行为间有着因果联系(Taylor and Todd,1995;Venkatesh and Davis,2000;Venkatesh and Morris,2000)。根据推理逻辑,我们可以说积极的服务质量也会影响到实际的行为。

11.7.7 使用社交媒体意图与购物行为

一项由美国市场营销学会(American Marketing Association)展开的调查表明,47%的消费者会访问社交网络页面,寻找与谈论有关假期礼物的看法,其中29%表示同时会在网页中购买(Horovitz,2006)。应用社会化购物设施的社交网络会极有潜能让服饰零售业面貌焕然一新。社交媒体使得消费者能够去体会购物内在的社会化属性,不止是通过在线发言提供相关信息,而且同时超出了传统范畴,满足了更多的娱乐需求。这些需求包括同类人的认可、自我表达的愿望和获取娱乐的愿望(Cohn and Park,2007)。一些主要的私人化、符合个人情况的结果,个人也会乐于接受改变。另外,一个人是否接受改变,决定这一点的是个人所关心的需求与某种改变的特征之间的协调程度(Valente and Rogers,1995)。而放到当前世界的环境中,我们可以假定,社交媒体是一种重要的技术革新方式,直接影响了消费者,也最终会影响到他们的消费行为。

11.8 结论和启示

据估计,2009 年,7.97 亿互联网用户中占 40%的美国用户每月会用社交媒体至少发布一条内容,既有更新内容摘要,又有公开交流(The Rush to Social Network,2009)。越来越多精于技术使用的消费者开始过重依赖于社交媒体的集体智慧,来发现他们自己的所需所求,也可能比起专家意见或生产商推荐而言更看重于这类共识性的推荐。一项近期研究表明,零售商家的页面在购物过程中扮演着重要角色,但依据调查对象所表示,如缺少用户自主媒体平台,近一半(49%)的调查对象将会退出零售商家的页面(Online Retailers,2010)。

尽管零售商家已经意识到了在线研究与在线购物的力量,比起消费者自创内容板块,许多商家仍然更偏重于社交网络运营。消费者需要的是可以拿来使用的数据信息作为参考以方便购物,而不是一个商家招徕了多少的追随者(Vreeland,n.d.)。对一些用户来说,由消费者发布于社交媒体平台的信息代表了一种可予参考的附加值,而如果零售商家的网页上缺少这样的信息,就会致使这些人群转往他处,另觅信息,甚至于产品(Vreeland, n.d.)。由此,我们可以明白无误地说,在市场营销的复杂过程中,不引入社交媒体操作不仅意味着不够档次的服务质量,而且毋庸置疑会造成生意流失。社交媒体成为市场营销谜题中一个至关重要的环节,不止建立于消费者对它的需求上,也建立在它所传递的销售的各个方面上。透过这些原因体现出的优点,社交媒体值得更为深远的研究和考察,以及消费者是如何使用社交媒体来形成购物意图及最终的购买行为,并证明其对 21 世纪零售商家生存的不可或缺。

文化对新技术影响如此之大,却没有得到应有的注重。成功的市场运营者逐渐认识到文化在消费者态度、生活方式和行为中强有力的决定作用。借助于研究文化既作为一个预言者,也作为新技术接受中各种变量的调节者,可以为这一新兴领域的研究增添更多至关重要的新信息和理论。零售商家要积极参与社交媒体,鼓励对话,并学会聆听顾客,与其建立密切关系。最后的结果也会改善顾客服务,并有助于将忠诚顾客转变为热情积极的拥护者。

11.9　管理启示

随着更多公司机构跃入社交媒体大潮,认识到社交媒体绝非只是一时狂热也是很重要的:它的时代已经到来,并在发展壮大,也会普及到行业运作的方方面面。社交媒体策略的成功推行需求公司机构成为消费者日常生活的一个整合体,鼓动他们相互交流,畅所欲言,并且从志趣相投的消费者中有所获益。社交媒体也是消费者娱乐、即时联络,以及消费者间互动的基本工具。由此,管理者可通过下列建议项,扶持各种社交媒体平台建设:

1. 时间就是金钱。时间是任一行业中一个重要的成本组成。在社交媒体应用维护中,管理者需把时间投资看做是一种机会成本。消费者始终都在寻求产品与服务的最新信息,这些倘若缺乏,便会致使服务失败。
2. 利用社交媒体平台下的人际交流作为顾客服务与市场营销的一个新标准。顾客已经在对品牌、零售商家与公司机构的意见上形成了全天候(24/7)的密切联系,因此公司机构要在这种会话语境下实实在在地与他们的消费者基群建立紧密的关系,这也是获悉消费者心理诉求一个极好的途径。
3. 保持真诚。与消费者在社交媒体的对话中,公司机构对其品牌形象保持坦诚这一点是非常重要的。消费者都会愿意去宽谅和忘记真诚的错误,公司机构坦诚与真实的沟通态度会定下正确的基调,并可取得双赢的局面。
4. 文化是重要的。公司机构需要意识到消费者使用社交媒体的潜在的文化差异,防止在服务问题中使用"单一通用"的解决方式。

复习问题

1. 社交媒体是如何改变消费者购物行为的?
2. "单一通用"概念是否适用于社交媒体环境,在后者开始全球范围流行的情形下?
3. 服务预期是怎样以及为何借助于社交媒体和文化影响的?
4. 列举出两个已在使用社交媒体向消费者提供相符期望的服务的公司。

案　例

社交媒体:消费者服务的面貌改变

　　如今的零售行业正被一种全新的、颇具活力的平等性所驱使,在消费者的进化中不断前进。Web 2.0 的普及使得社交媒体使用大幅增多和普及,构建出了交流与合作的全新世界。互联网已成为全世界最重要的交流渠道之一,对互联网增多的使用也引发了消费者购物过程的改变(Casalo et al.,2007)。

　　这是顾客服务新的竞技场,在这里顾客不再单纯满足于——或是情愿——选择盘根错节的电话线路进行投诉或解决问题。如今的消费者会转向谷歌、论坛,以及公司专家来寻求答案,并将他们的怨言通过互联网传播到千万的"朋友"那里。结果便是:社交媒体渠道,如 Twitter、Facebook 和 Youtube,会深具力量影响到互联网用户对公司方于消费者而言的基本价值看待的期望。将社交媒体融入交流渠道策略的重要性对零售商家来说也越来越显而易见。今天的公司机构需要在如何与消费者互动、为其汇集信息、散播信息方面着力培训他们的顾客群体服务者,这些社交渠道必须成为一个公司整体服务流程的一部分,并列明具体案例详情,以便能够作为参范,快速容易地解决问题。

　　Sigg Switzerland AG 过去曾是绿色时尚潮流的尖端公司。多年以来,该公司那色彩醒目的铝制水瓶一直是各路名人及潮流追随人士时尚配备的重要选择,以避免使用双酚 A(BPA)制水瓶。BPA 是化工材料,用来固化塑料制品,会致使心脏损害与癌症——这一点也可解释 Sigg 公司2009 年被公开了在 2008 年 8 月份之前制造的水瓶包含 BPA 痕量的消息时所引起的激烈反响。消费者成群结队地使用 Twitter 来发泄愤怒、担忧以及遭受背叛的感觉,博客世界也因此充满激愤难平的声音,在 Sigg 公司公开消息的几周之内,户外装备的零售商家 Patagonia 将 Sigg 水瓶从商品目录到货架完全清除一空(Doyton,2010)。

Zappos.com 作为公司之一，显然意识到也利用好了社交媒体的力量。在 Facebook(FB)上他们当前有超过 73 000 个"粉丝"，主页显示他们与追随者关系密切程度极高，Zappos 网上活动会在 Facebook 上日常状况更新，包括无论是问题答询还是信息发布，他们都参与其中。网络空间的出现，以及它将消费者服务的门槛降低为电子邮件收件的范围乃至更少，Zappos 便将消费者在线服务视为一条黄金准则，并继续不断努力，将信息教化带入一种完全不至于陷入极端僵化的在线体验中。

时至今日，社交媒体改变了顾客服务格局，公司方也应当忠于他们在所有人都能看到信息的公开论坛里发出的诺言。技术层面的改变也使得公司更贴近现代性的、互动性的、合作性的操作程序，以帮助他们回应顾客需要即时满足的心声与抨击。消费者也同时需求行业所有渠道协同作用，这就意味着公司方需要将 Twitter、Facebook、谷歌——还有接下去无论哪种大的平台出现——无缝地衔接入消费者服务的流程和系统中去(Dayton，2010)。

资料来源：

- Casalo, L., Flavian, C., & Guinalıu, M. (2007). The impact of participation in virtual brand communities on consumer trust and loyalty. The case of free software. *Online Information Review, 31*(6), 775–792.
- Dayon, A. (October, 2010). There's No 'Press 1' on Twitter: How social media has radically changed customer service. *1 to 1 Media*. Retrieved on October 25,2010 from: http:www.1to1mediacomviewaspx?docid=32611&utm_source=1 to1MediaSite&utm_medium=HomepageRotator&utm_campaign=rotator_ expertOpinion&utm_source=1to1MediaSite&utm_medium=Homepage Rotator&utm_campaign=rotator_expertOpinion.
- Albright, M. (October, 2010). Zappos CEO thinks online customer service is essential to survival. *Tampabay.com*. Retrieved on October 25, 2010 from: http:// www.tampabay.com/news/business/retail/zappos-ceo-thinks-online-customer- service-is-essential-to-survival/1128880.

问题讨论

用自己的语言探讨一下你个人在这个新的数字化世界中观察所得的服务预期中的改变，举出实例来支持你的答案。

活动

访问 Zappos.com 的网页，使用在线与非在线资源，分析该企业的服务策略。

参考文献

Ajzen, I. (1991). The theory of planned behavior. *Organizational Behavior and Human Decision Processes, 50*(2), 179–211.

Bansal, H.S. & Voyer, P.A. (2000). Word-of-mouth processes within a service purchase decision context. *Journal of Service Research, 3*(2), 166–177.

Bearden, W. O., Netemeyer, R. G., & Teel, J. E. (1989). Measurement of consumer susceptibility to interpersonal influence. *Journal of Consumer Research, 15*(4), 473–481.

Birgelen, M. V., Ruyter, K. D., Jong, A, D. & Wetzel, M (2002). Customer evaluations of after-sales service contact modes: An empirical analysis of national culture's consequences. *International Journal of Research in Marketing, 19*(1), 43–64.

Blackshaw, P. (2006). The consumer-controlled surveillance culture. *Clickz*. Retrieved on September 9, 2010 from: http://www.clickz.com/clickz/column/1706163/the-consumer-controlled-surveillance-culture.

Brady, M. K. & Cronin, J. J. (2001). Some new thoughts on conceptualizing perceived service quality: A hierarchical approach. *Journal of Marketing Research, 65*(3), 34–50.

Brandtzæg, P. B. (2010). Towards a unified Media-User Typology (MUT): A meta-analysis and review of the research literature on media-user typologies. *Computers in Human Behavior, 26*(5), 940–956.

Broderick, A.J., Greenley, G. E., & Mueller, R. D. (2007). The behavioral homogeneity evaluation framework: Multi-level evaluations of consumer involvement in international segmentation. *Journal of International Business Studies, 38*(5), 746–763.

Byrne, D.N. (2007). Public discourse, community concerns, and civic engagement: Exploring black social networking traditions on BlackPlanet.com. *Journal of Computer-Mediated Communication, 13*(1), 319–340.

Casalo, L., Flavian, C., & Guinalıu, M. (2007). The impact of participation in virtual brand communities on consumer trust and loyalty. The case of free software. *Online Information Review, 31*(6), 775–792.

Chau, P. Y. K., Cole, M., Massey, A. P., Montoya-Weiss, M. & O'Keefe, R. M. (2002). Cultural differences in the online behavior of consumers. *Communications of the ACM, 45*(10), 138–143.

Cleary, J., & Terry, A-B. (2008). Gatekeeping at the portal: An analysis of local television websites' user-generated content. Chicago, IL: *Annual meeting of the Association for Education in Journalism and Mass Communication*. Retrieved on May 24, 2010, from http://www.allacademic.com/meta/p_mla_apa_research_citation/2/7/1/9/9/p271993_index.htm.

Cohn, A. & Park, J. (2007). *Social Shopping: How technology is reshaping the consumer experience in apparel retailing*. Retrieved on March 7, 2010, from http://mba.tuck.dartmouth.edu/digital/Research/ResearchProjects/ResearchSocialShopping.pdf.

Cole, M., O'Keefe, R.M., & Siala, H. (2000). From the user interface to the consumer interface. *Information Systems Frontiers 53*(4), 349–361.

Cronin, J. J., Brady, M. K. & Hult, G, T. M. (2000). Assessing the effects of quality, value, and customer satisfaction on consumer behavioral intentions in service environments. *Journal of Retailing, 76*(2), 193–218.

Cronin, J. J. & Taylor, S. A. (1992). Measuring service quality: A reexamination and extension.

The Journal of Marketing, 56(3), 55–68.

Davis, F. D. (1986). *A technology acceptance model for empirically testing new end-user information systems: Theory and results.* (Doctoral dissertation, Sloan School of Management, Massachusetts Institute of Technology).

Davis, F. D. (1989) Perceived usefulness, perceived ease of use, and user acceptance of information technology. *MIS Quarterly, 13*(3), 319–340.

Davis, F.D., Bagozzi, R.P., Warshaw, P.R. (1989). User acceptance of computer technology: a comparison of two theoretical models. *Management Science, 35*(8), 982–1003.

Deloitte. (2009). *2009 Tribalization of Business Study.* Retrieved on September 8, 2010 from: http://www.deloitte.com/view/en_US/us/Industries/technology/940bf5d47d124210VgnVCM200000bb42f00aRCRD.htm.

Di Gangi, P. M. & Wasko, M. (2009). The co-creation of value: Exploring user engagement in user-generated content websites. Proceedings of JAIS Theory Development Workshop. *Sprouts: Working Papers on Information Systems, 9*(50). Retrieved on September 8, 2010 from http://sprouts.aisnet.org/772/2/Co-creation_of_value_-_summary.pdf.

Donthu, N. & Yoo, B. (1998). Cultural influences on service quality expectations. *Journal of Service Research, 1*(2), 178–186.

Duan, W., Gu, B., & Whinston, A. B. (2008). The dynamics of online word-of-mouth and product sales – An empirical investigation of the movie industry. *Journal of Retailing, 84*(2), 233–242.

Dwyer, S., Mesak, H., & Hsu, M. (2005). An exploratory examination of the influence of national culture on cross-national product diffusion. *Journal of International Marketing, 13*(2), 1–27.

Dwyer, P. (2007). Measuring the value of electronic word-of-mouth and its impact in consumer communities. *Journal of Interactive Marketing, 21*(2), 63–79.

Eckhardt, G.M. & Houston, M. J. (2007). On the distinction between cultural and cross-cultural psychological approaches and its significance for consumer psychology, in N.K. Malhotra (Ed.) *Review of Marketing Research*, 81–108, Armonk, NY: M.E. Sharpe Inc.

Ekelund, R., Mixon, F. G., & Ressler, R.W. (1995). Advertising and information: An empirical study of search, experience, and credence goods. *Journal of Economic Studies, 22*(2), 33–43.

Ekinci, Y. & Riley, M. (2003). An investigation of self-concept: actual and ideal self-congruence compared in the context of service evaluation. *Journal of Retailing and Consumer Services, 10*(4), 201–214.

Feed: The Razorfish Consumer Experience Report (2008). Retrieved on October 20, 2009, from http://d27vj430nutdmd.cloudfront.net/2587/6896/6896.pdf.

Fishbein, M. & Ajzen, I. (1975). *Belief, attitude, intention and behavior: An introduction to theory and research.* Addison-Wesley, Reading, MA.

Furrer, O., Liu, B. S-C., & Sudharshan, D. (2000). The Relationships between culture and service quality perceptions. *Journal of Service Research, 2*(4), 355–371.

Global Advertising: Consumers Trust Real Friends and Virtual Strangers the Most. (2009). Retrieved on September 8, 2010 from: http://blog.nielsen.com/nielsenwire/consumer/global-advertising-consumers-trust-real-friends-and-virtual-strangers-the-most/.

Gounaris, S. & Dimitriadis, S. (2003). Assessing service quality on the Web: Evidence from business-to-consumer portals. *Journal of Services Marketing, 17*(5), 529–548.

Green C. (1999). Ethnic evaluations of advertising: interaction effects of strength of ethnic identification, media placement, and degree of racial composition. *Journal of Advertising, 28*(1), 49–64.

Grier S.A & Brumbaugh A.M. (1999). Noticing cultural differences: ad meanings created by target and non-target markets. *Journal of Advertising, 28*(1), 79–93.

Grönroos, C. (1984). A service quality model and its marketing implications. *European Journal of Marketing, 18*(4), 36–44.

Hargittai, E. (2007). Whose space? Differences among users and non-users of social network sites. *Journal of Computer-Mediated Communication, 13*(1), 276–297.

Han, J., Park, N. & Jung, J. (2007). A study of online public segmentation variables' change by on/off-line com communication process. *Korean Journal of Communication & Science Studies, 7*(1), 319–350.

Hendriks, F. & Zouridis, S. (1999). Cultural Biases and New Media for the Public Domain: Cui Bonn? in *Cultural Theory as Political Science*, Ed. M. Thompson, G. Grendstad and P. Selle, pp. 121–37. London: Routledge.

Hofstede, G. H. (1980). *Culture's consequences: International differences in work-related values.* Beverly Hills: Sage Publication.

Hofstede, G.H. (2001). *Culture's consequences: Comparing values, behaviors, institutions, and organizations across nations.* Thousand Oaks: Sage Publication Inc.

Hofstede, F. T, Steenkamp, J-B., & Wedel, M. (1999). International market segmentation based on consumer-product relations. *Journal of Marketing Research,* 36(February), 1–17.

Horovitz, B. (November 23, 2006). Survey: Social network sites could also lure shoppers. *USA Today.* Retrieved on March 7, 2010, from http://www.usatoday.com/tech/news/2006-11-23-social-shopping_x.htm.

Humphreys, L. (2007). Mobile social networks and social practice: A case study of dodgeball. *Journal of Computer-Mediated Communication, 13*(1), 341–360.

Industry statistics. (n.d.) Retrieved on October 20, 2008, from www.bazaarvoice.com.

Jarvenpaa, S.L. & Tractinsky, N. (1999). Consumer trust in an Internet store: A Cross-cultural validation. *Journal of Computer Mediated Communication, 5*(2), 1–35.

Jolson, M. A. & Bushman, F. A. (1978). Third-party consumer information systems: The case of the food critic. *Journal of Retailing, 54*(4), 63–79.

Kaplan, A. M. & Haenlein, M. (2010). Users of the world, unite! The challenges and opportunities of social media. *Business Horizons, 53*(1), 59–68.

Karahanna, E., Evaristo, J.R., & Srite, M. (2005). Levels of culture and individual behavior: An integrative perspective. *Journal of Global Information Management, 13*(2), 1–20.

Karahanna, E., & Straub, D.W. (1999). The psychological origins of perceived usefulness and ease-of-use. *Information and Management, 35*(3), 237–250.

Kasim, N. M. & Ismail, S. (2009). Investigating the complex drivers of loyalty in e-commerce settings. *Measuring Business Excellence, 13*(1), 56–71.

Kim, J., Kim, J-H., & Lee, K-H. (2009). Redefining factors affecting online purchase: A comparison of US and Korean online shoppers. *ITAA Proceedings, 66.*

Kim D-H., & Park, S. (2008). The effects of consumer knowledge on message processing of electronic word-of-mouth via online consumer reviews. *Electronic Commerce and Research Applications, 7*(4), 399–410.

Kjeldgaard, D. & Askegaard, S. (2006). The globalization of youth culture: The global youth segment as structures of common difference. *Journal of Consumer Research, 33*(2), 231–247.

Konsbruck, R. (n.d.). *Impacts of Information Technology on Society in the New Century.*Retrieved on August 4, 2009, from www.zurich.ibm.com/pdf/Konsbruck.pdf.

Kozinets, R.V. (2002). The field behind the screen: using netnography for marketing research in online communities. *Journal of Marketing Research, 39*(1), 61–72.

Kucuk, S. U., & Krishnamurthy, S. (2007). An analysis of consumer power on the Internet. *Technovation, 27*(1/2), 47–56.

Kueh, K. & Voon, B. H. (2007). Culture and service quality expectations: Evidence from Generation Y consumers in Malaysia. Managing Service Quality, 17(6), 656–680

Lam, D., Lee, A., & Mizerski, R. (2009). The effects of cultural values in word-of-mouth communication. *Journal of International Marketing, 17*(3), 55–70.

Lee, Y. Kozar, K. & Larsen, K. (2003). The Technology Acceptance Model: Past, present, and future. *Communications of the AIS, 12*(50), 752–780.

Liu, X., He, M., Gao, F., Xie, P. (2008). An empirical study of online shopping customer satisfaction in China: a holistic perspective. *International Journal of Retail & Distribution Management, 36*(11), 919–940.

Leggatt, H. (2009). What reaction do consumers have to negative reviews? *BizReport.* Retrieved on September 9, 2010 from: http://www.bizreport.com/2009/02/what_reaction_do_consumers_have_to_negative_reviews.html.

Maj, A. & Derda-Nowakowski, M. (n.d.). *Cyber-communities in their quest for free culture. User-generated content portals in the anthropological perspective.* Retrieved on September 9, 2010 from http://www.inter-disciplinary.net/ci/cyber%20hub/visions/v3/Maj%20and%20Derda%20paper.pdf.

Malhotra, N. K, Agarwal, J., & Peterson, M. (1996). Methodological issues in cross-cultural marketing research: A state of the art review. *International Marketing Review, 13*(5), 7–43.

Mathieson, K. (1991). Predicting user intentions: Comparing the technology acceptance model with the theory of planned behavior. *Information Systems Research, 2*(3), 173–191.

Online Retailers Socialize Shopping. (2010). *eMarketer*. Retrieved on May 24, 2010 from: http://www.emarketer.com/Article.aspx?R=1007671.

Organization for Economic Co-operation and Development (OECD). (2007). *Participative Web and User-Created Content, Web 2.0, Wikis and Social Networking*. Retrieved on September 9, 2010 from http://213.253.134.43/oecd/pdfs/browseit/9307031E.PDF.

Paine, K. D. & Lark, A. (2005). How to measure blogs and other consumer generated media and what to do with the data once you have it. *Miami, FL: 8th International Public Relations Research Conference*. Retrieved on May 24, 2010 from http://www.instituteforpr.org/files/uploads/PaineLark_05IPRRC.pdf.

Parasuraman, A., Zeithaml, V. A., & Malhotra, A. (2005). E-S-QUAL: A multiple-item scale for assessing electronic service quality. *Journal of Service Research, 7*(10), 1–21.

Parasuraman, A., Zeithaml, V.A. & Berry, L.L. (1988). SERVQUAL: a multiple-item scale for measuring consumer perceptions of service quality. *Journal of Retailing, 64*(1), 12–40.

Parasuraman, A., Zeithaml, V.A. & Berry, L.L. (1991). Refinement and reassessment of the SERVQUAL scale. *Journal of Retailing, 67*(4), 420–450.

Riddle, D. (1992). Leveraging cultural factors in international service delivery. *Advances in Services Marketing and Management, 1*, 297–322.

Schwarz, M. & Thompson, M. (1990). *Divided We Stand: Redefining Politics, Technology and Social Choice*, New York: Harvester Wheatsheaf.

Shareef, M., Kumar, U., & Kumar, V. (2008). Role of different electronic commerce (EC) quality factors on purchase decision: A developing country perspective. *Journal of Electronic Commerce Research, 9*(2), 92–113.

Singh, N., Baack, D., Kundu, S., & Hurtado, C. (2008). US Hispanic consumer e-commerce preferences: expectations and attitudes toward web content. *Journal of Electronic Commerce Research, 9*(2), 162–75.

Simester, D. I., Hauser, J. R., Wernerfelt, B. & Rust, R. T. (2000). Implementing quality improvement programs designed to enhance customer satisfaction: Quasi-experiments in the United States and Spain. *Journal of Marketing Research, 37*(1), 102–112.

Social Networking Explodes Worldwide as Sites Increase their Focus on Cultural Relevance. (2008). Retrieved on September 9, 2010 from: http://www.comscore.com/Press_Events/Press_Releases/2008/08/Social_Networking_World_Wide.

Soderlund, M. & Rosengren, S. (2010). The happy versus unhappy service worker in the service encounter: Assessing the impact on customer satisfaction. *Journal of Retailing and Consumer Services, 17*(2), 161–169.

Sohn, C. & Tadisina, S. K. (2008). Development of e-service quality measure for Internet-based financial institutions. *Total Quality Management & Business Excellence, 19*(9), 903–918.

Srite, M. & Karahanna, E. (2006). The Influence of national culture on the acceptance of information technologies: An empirical study. *MIS Quarterly, 30*(3), 679–704.

Stauss, B. (2000). Using new media for customer interaction: a challenge for relationship marketing. *In: T. Henning-Thurau, U. Hansen (Eds.), Relationship Marketing*.

Stremersch, S. & Tellis, G. J. (2004). Understanding and managing international growth of new products. *International Journal of Research in Marketing, 21*(4), 421–438.

Sun, H. & Zhang, P. (2006). The role of moderating factors in user technology acceptance. *International Journal of Human-Computer Studies, 64*(2), 53–78.

Swartz, J. (2009). Social media like Twitter change customer service. *USA Today*. Retrieved on September 9, 2010 from: http://www.usatoday.com/tech/news/2009-11-18-twitterserve18_ST_N.htm.

Swedowsky, M. (2009). *A social media 'how-to' for retailers*. Retrieved on October 20, 2009, from: http://www.gourmetretailer.com/gourmetretailer/content_display/news/e3id2735b8f1234ea9cdf76f00120c43211.

Szajna, B. (1996). Software evaluation and choice: predictive validation of the technology acceptance instrument. *MIS Quarterly, 18*(3), 319–324.

Tate, M. & Evermann, J. (2010). The End of ServQual in Online Services Research: Where to from here? *e-Service Journal, 7*(1), 60–85.

Taylor, S. A. & Baker, T. L. (1994). An assessment of the relationship between service quality and customer satisfaction in the formation of consumers' purchase intentions. *Journal of Retailing, 70*(2), 163–178.

Taylor, C. R. & Miracle, G. E. (1996). Foreign elements in Korean and U.S. television advertising. *Advances in International Marketing*, in S. Tamer Cavusgil and Charles R. Taylor, eds., Advances in International Marketing, 7, Greenwich, CT: JAI Press Inc., 175–195.

Taylor, S., & Todd, P. A. (1995). Understanding information technology usage: A test of competing models. *Information Systems Research, 6*(2), 144–176.

Teo, H. H., Chan, H. C., Weib, K. K., & Zhang, Z. (2003). Evaluating information accessibility and community adaptivity features for sustaining virtual learning communities. *International Journal of Human-Computer Studies, 59*(5), 671–697.

The Future of User-Generated Content. (2010). Retrieved on September 9, 2010 from: http://www.modusassociates.com/ideas/newsletter/spring-2010/.

The Rush to Social Network. (2009). Retrieved on March 7, 2010, from http://www.emarketer.com/Article.aspx?R=1006910.

Triandis, H.C. (1989). The self and social behavior in differing cultural contexts. *Psychological Review, 96*(3), 506–520.

Tung, R.L. (2008). The cross-cultural research imperative: The need to balance cross national and intra-national diversity. *Journal of International Business Studies, 39*(1), 41–46.

Ueltschy, L., & Ryans, J. (1997b). Advertising strategies to capitalize on Spain's second golden age. *International Journal of Management, 4*(13), 456–467.

Valente, T. W, & Rogers, E. M. (1995). The origins and development of the diffusion of innovations paradigm as an example of scientific growth. *Science Communication, 16*(3) 242–273.

Venkatesh, V., & Bala, H. (2008). Technology Acceptance Model 3 and a research agenda on interventions. *Decision Sciences, 39*(2), 273–315.

Venkatesh, V., & Davis, F. D. (2000). A theoretical extension of the technology acceptance model: Four longitudinal field studies. *Management Science, 46*(2), 186–204.

Venkatesh, V. & Morris, M. G. (2000). Why don't men ever stop to ask for directions? Gender, social influence, and their role in technology acceptance and user behavior. *MIS Quarterly, 24*(1), 115–139.

Venkatesh, V. (2000). Determinants of perceived ease of use: Integrating control, intrinsic motivation, and emotion into the Technology Acceptance Model. *Information Systems Research, 11*(4), 342–365.

Vreeland, J. (n.d.). *Retailers sacrifice customer reviews for – social shopping. Merchants focus on social networking even though most consumers don't use those sites when making a purchase*. Retrieved n ay 4, 010 rom: http://www.ollegenews.om/ndex.hp?/money/retailers_sacrifice_customer_reviews_for_social_shopping_05042010 20132526/.

Winsted, K. F. (1997). The service experience in two cultures: A behavioral perspective. *Journal of Retailing, 73*(3), 337–360.

Yang, Z., & Jun, M. (2002). Consumer perception of e-service quality: From Internet purchaser and non-purchaser perspectives. *Journal of Business Strategies, 19*(1), 19–41.

Yavas, U., Verhage, B. J. & Green, R. T. (1992). Global consumer segmentation versus local market orientation: Empirical findings. *Management International Review, 32*(3), 265–273.

Yaveroglu, I. S. & Donthu, N. (2002). Cultural influences on the diffusion of new products. *Journal of International Consumer Marketing, 14*(4), 49–63.

Zeithaml, V.A., Berry, L.L. & Parasuraman, A. (1996). The behavioral consequences of service quality. *Journal of Marketing, 60*(2), 31–46.

Zhang, J., Beatty, S. E., & Walsh, G. (2008). Review and future directions of cross-cultural consumer services research. *Journal of Business Research, 61*(3) 211–224.

Zimbres, R. A. & de Oliveira, P. P. B. (2009). Dynamics of quality perception in a social network: A cellular automaton based model in aesthetics services. Electronic *Notes in Theoretical Computer Science (ENTCS), 252*(1), 157–180.

12

零售业中的投诉管理

贝恩德·施陶斯　沃尔夫冈·赛德尔

▶**学习目标**

阅读本章，要对零售业中投诉管理的以下几个关键方面培养起精确的理解：

1. 投诉管理在顾客忠诚度与零售商家在经济上成功之间的策略关联性；

2. 专业投诉管理系统的目标；

3. 直接与间接投诉管理程序的基本任务；

4. 可满足投诉管理任务的零售业具体框架条件的结果；

5. 在"零售业投诉管理四方板"中公司机构内各单位(投诉管理部门总部、顾客服务中心、商店)的职责，及与生产商间的合作。

12.1　简介

近年来，大多数公司皆已开始面对紧张的竞争、顾客期望的增长以及顾客忠诚度的降低，在这种情况下，顾客引导措施成为每个公司的核心策略，而顾客满意度成为主要的目标。在此环境下，投诉管理也变得越来越重要。在投诉中，顾客清楚表达了他们对公司产品或者服务某些方面的不满，并且经常性地，这些不满的方面也会使得顾客放弃他们对一个公司的忠诚度，容易受外界影响而转投另一公司。不过在这种情况下，一个积极先发的投诉管理系统也经常能够较为容易地稳定濒临流失的顾客关系。如成功的话，投诉管理则会重获顾客满意度，有助于从许多方面挽回顾客的离开，同时也对投诉者的再次购买和交流沟通产生积极的影响（Smith and Bolton，1998；Tax et al.，1998；Durvasula et al.，2000；Miller et al.，

2000；Maxham，2001；Mattila，2004；Homburg and Fürst，2005）。TARP（1979）展开的研究显示了那些清楚表达了他们的问题而他们的投诉也得到满意解决的顾客群体中有 70％保持了品牌忠诚度。这一数据迄今已增至 95％，如果公司方给出迅速的回应让投诉者获得满意的话。

　　大多数零售商家会在买家市场上遭遇激烈的竞争，伴随着收入停滞和激烈的价格战争。作为结果，顾客也会有更多方便的购物选择，并在同类比较上察觉到了更低的转换障碍。考虑到这种情况，零售商家会特别看重通过推行一种专业的投诉管理制来防止顾客视线转移，但不过，专业投诉管理的设立在零售公司中并不常见。迄今，也仅有很少的经验论据能够提供关于如何应对投诉顾客的零售管理程序的信息。反而，近期的研究在这一问题上提供的是些令人无法振奋的结果：在对不同类型的零售商家进行的投诉管理调查中，举例说来，Hansen 等人（2010）在研究所覆盖的零售商家中甚至无法找到一组拥有较高活跃能力的投诉掌控者。

　　不过，假如零售商家要采取措施，为商品销售行业量身打造的投诉管理概念便不能简单地照搬，不根据具体零售环境而不加以任何调整。本文目的便是要揭示零售行业的具体参量，以培养适应特定环境的投诉管理概念，同时也详细推敲了零售业投诉管理中的具体机会和问题：零售业投诉管理四方板。这一概念的建立不仅遵循了概念构思原则，而且也基于零售业中的投诉管理系统推行和优化中各种研究和咨询项目得出的经验。

12.2　投诉管理的目的

　　投诉管理的设立围绕一个公司制定的所有措施的计划、执行和掌控，并与之所收到的所有投诉紧密相联系。投诉管理的目的是通过恢复顾客满意度、将顾客不满的负面影响降低至最小程度来提升企业的盈利空间和竞争能力，并借助投诉中包含的有价值信息来洞察当下的操作缺陷和市场机遇（Brown et al.，1996；Tax and Brown，1998；Johnston and Mehra，2002；Davidow，2003）。

　　由这一主要目标出发，与营业额和成本相关的次要目标也会随之衍生出来（Stauss and Seidel，2010）。

　　（1）通过（投诉）满意达成来稳固濒临破裂的顾客关系。

　　作为关系维持管理的一个核心要素，投诉管理的目标就是重新稳固因为不满而濒临破裂的顾客关系。这种稳固是建立在经验确认的基础上，即通过对投诉快速从容的解决，能够发掘出投诉满意的达成（Smith and Bolton，1998；Durvasula et al.，2000；Stauss，2002）。投诉满意的结果则是顾客对业务关系、对产品及对公司忠诚度的全方位满意的巨大改善，进而对公司稳定的销售和利润的持续贡献。

(2) 增加购买强度与购买频率,促进跨购物行为。

一次满意的投诉操作应当会增强顾客的信任心理,强化他们的购买愿望,进而顾客会更多地投身购物,增加购买频率,或将它们的购买拓展至其他类型的产品与服务中去。

(3) 阐明与推行顾客定向的公司策略。

顾客定向的投诉管理向顾客传达了一种保障性,进而有助于防止不满度,或强化满意度。通过这种方式,投诉管理为顾客友好合作形象的维护与发展做出了很重要的贡献。另外,它也给了公司员工一个明确的信号,使之重视消费者定向合作策略的严肃意义,因为在消费者定向的形式下,应对消费者的内在压力也被强调为顾客反馈量的增长。

(4) 通过口碑相传打造额外促销效应。

通过投诉管理,当以防止负面的口口相传,而鼓动正面的口口相传。鉴于消费者的问题会引发投诉,与之相应的投诉体验在顾客的社会范畴内已经谈及。而这种私人化的交流即是一种事关重大的变量,会影响到其他消费者对公司或者对产品的态度(倍增效应),进而是潜在顾客销售量的开拓。

(5) 借助投诉中包含的有用信息改善产品与服务的质量。

投诉中包含了不少有价值的信息,关联到使用者在产品、服务,或者公司引导方面遇到的问题。这类信息对质量管理是十分重要的,因为它对固有质量是否够水平,以及对质量标准是否坚守提供了一种说明。此外,投诉信息提供了针对用户期望的丰富洞察,也为公司机构提供了一个机会去掌握那些信息有助于产品与服务可靠性的提升,并推动持续的变革(La and Kandampully,2004;Vos et al.,2008)。

(6) 避免转换成本。

稳定顾客关系的目标也许可以规划入成本目标,从某种意义上说,避免转换成本。如果不满意的顾客群体选择立即转投竞争对手的商品,而不是提出投诉的话,营业额流失的结果便可看做是转换成本。

(7) 避免纠纷成本。

当顾客向公司直接投诉来表达他们的不满时,其实也是为公司提供了一个机会去干预事件并采取正确行动。但是如果他们转而选择通过第三方机构进行投诉(例如媒体、仲裁机构和律师),这种纠纷通常就会成为公司更为沉重的时间与成本压力。一个能够引导顾客选择正确的方式向公司投诉的投诉管理系统,自然会降低这类纠纷的成本。

(8) 避免其他外部失败成本。

能成为投诉内容的问题,经常会引致动用担保或保障的情况。通过参照产品的缺陷对投诉信息进行系统的分析,能够降低担保成本和保障要求。

(9) 避免内部失败成本。

投诉中不仅包含了产品缺陷的提示,而且也指向了操作过程的瑕疵。对这类信息加以恰当的利用,可以使内部流程获得更富生产力的规划,避免流程中的错误和冗余的步骤。

12.3　投诉管理的基本任务

唯有一系列基本的任务完成,投诉管理的目标才能够达成,而这种任务又可分配入既有"直接"又有"间接"的投诉管理流程中完成。"直接"投诉管理,意味着它的任务直接关联到个人案例,目标则是消除顾客个人的不满,建立投诉满意度。而顾客没有直接参与其中的投诉管理任务称之为"间接投诉管理"流程。直接投诉管理系统流程着重与消费者保有期相关联,而间接投诉管理流程对质量管理而言尤为重要(见图 12.1)。

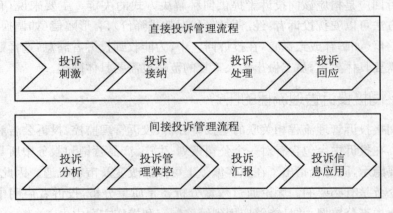

图 12.1　投诉管理的基本任务

12.3.1　直接投诉管理流程的任务

与直接投诉管理流程相关联的是投诉刺激、投诉受理、投诉处理与投诉回应。投诉刺激的关联性起因于大部分不满意的顾客并不投诉,而是直接转移的事实(Chebat et al.,2005)。对每一个相关的投诉而言,背后有着更多的"无声投诉"。根据 Goodman 等人(2000)的发现,我们完全可以去假定,先抛开行业不谈,会有大约 50%—80% 的不满顾客放弃机会,让他们的烦恼引起公司方的关注。因此,如果一个公司真心希望能达成顾客满意的目标并获得顾客的忠诚度,更加理性的方法是不要妄求将投诉降至最低限度,而是增加投诉的不满意顾客的比例。这一点可以通过投诉刺激达成,而这也需要系统地设计并应用某种工具,去鼓励不满意顾客将他们不满的层面带至公司的关注范畴中。

投诉受理是指将接收的投诉输入进行整合，将投诉信息备案。一旦投诉被清楚地表达，公司方对投诉者的即刻回应会在消费者不满度是降低还是增多甚至更严重上起着决定性的作用。所以说，将投诉的接收程序进行整合也是十分重要的，通过这种方式明确责任归属，也让接到投诉的任一员工能够有所准备。在与投诉者的初步接触阶段，不止是在情况需要下对恼怒的顾客立刻做出处理十分重要，能够将投诉案例所有的关联信息尽快完全地，且有条不紊地备案也尤为关键。

投诉处理主要是关于内部处理程序的整合、处理期限的确定，以及监控机制的配备以监控投诉处理流程。此外，责任归属须明确到三个方面："处理所有者"、"投诉所有者"和"任务所有者"。"处理所有者"是公司内人员，在投诉管理中担负所有程序的全部责任和义务。他/她引导与协调所有投诉管理的任务范畴，即便是超越部门权限。"投诉所有者"是消费者问题的第一个收到者，因此担负起投诉人问题的识别、备案和处理职责。他/她须当保证及时、顺利地协调与掌控个人投诉处理。在投诉处理过程（案例审核、调解答复的筹备等）中完全用来执行个人任务的员工可称为"任务所有者"。

投诉回应是指应该向投诉者提供何种解决方式的决定。主要来说，有三种基本赔偿方法可以安抚投诉者：经济赔偿（如退款或降价）、有形赔偿（如调换或修理）和无形赔偿（如解释或致歉）。在投诉回应中，为能收到投诉者满意，选择赔偿方式的标准需要具体界定，员工做出个人答复的范畴也需要具体确定。

12.3.2　间接投诉管理流程的任务

与间接投诉管理流程相关联的是投诉分析、投诉管理监控、投诉公告和投诉信息利用。在投诉中会包含有对一个公司策划、生产、产品营销和服务中所具有的缺陷的重要隐示，同时也指出了在顾客偏爱上可做的改变及市场机遇。因此，系统化的投诉分析是有必要的。无论通过数量分析还是质量分析，投诉者声明中的潜在信息需要去充分挖掘，并且能够应用到策略制定和操作方案中去。

在重新复核投诉管理是否达到目标时，会需要到投诉管理监督，它包括三个重要的方面：证据监督、任务监督和成本效益监督。任务监督的中心要旨是把投诉管理能够多大程度上把公司消费者不满意程度确切的总结结果清晰地呈现给管理部门。任务监督关乎的是为投诉管理的所有任务决定质量指标和质量标准。在这里，人们会把主观的和客观的任务监督区分开来。在客观任务监督中，为投诉管理中所有任务界定服务水平的固有方式会受到客观标准方式的监督，如投诉处理的时限目标。在主观任务监督的工作框架内，投诉满意度得分会作为其工作标准，并会由投诉消费者间的调查结果来进行复核。成本收益监督是旨在评估投诉管理工作所带来的效益，及对公司成功的贡献度（Stauss and Schöler，2004；Stauss and Seidel，2004）。

通过投诉分析与投诉管理监督收集的信息应当免费提供给相关的内部顾客群体。由此，投诉公告的中心任务便是决定哪些分析（数量上的与质量上的）可以公布或在哪个期限（工作日、周、月等）中针对哪一类内部顾客群体（高层管理部门、质量监督部门、市场营销部门)的要求免费提供。

投诉管理的一个关键目标是通过确保已存档投诉信息的积极利用为改善工作的方法,从而为质量管理做出可观的贡献。为达成这一目标,不仅执行投诉公告非常重要,通过具体管理方法和工具制定一个系统化的投诉信息应用机制也同样至关重要。这诸多的工具其中就包括具体的质量规划技术设施,用来提升问题解决效率,增加质量研讨小组和质量提升小组对投诉信息的使用,并将投诉信息整合为一种对顾客知识的管理。

12.4 零售业投诉管理的具体框架情形

基本来说,零售商家是从其他公司机构购得货物并转卖给顾客。从分配角度来讲,他们是连接生产商和消费者的终极行业(Levy and Weitz,2007,p.7)。在零售中,在商品销售、货品多样性、顾客服务水平、商品价格等等方面也存在着一定的形式差别,比如超市、便利商店、百货商店、专卖店,或网上零售店铺(Berman and Evans,2001,pp.144—170;Zentes et al.,2007,pp.31—42)。另外,零售商家也因为企业规模而有所差别,从单一零售店铺到大公司零售连锁不一而足。在这个范围内投诉管理的规划和相关声明就需要依据零售商家的规模和类型来制定。为能简明扼要地做出声明,其条款侧重应放在零售商家本身并遵循以下几项准则:(1)通过店铺渠道进行基本操作(而非主要是通过电子渠道);(2)多商店零售商(而非单一商店企业),因此,他们不仅拥有几家店面,而且有一个总部指派基本任务如集中收购,且也负责直接听属总部命令的分散单位的协调与支持;(3)通过销售从制造商购得的产品而具有生产商与消费者间的媒介功能。此外,他们还经常供应自己的品牌(商标)与附加服务(如提供停车场地、接受信用卡,或为消费者选购合适的产品配备助手)。

这些方面适用于大多数零售连锁,也代表了零售商家进行投诉管理的具体框架条件与挑战。

针对准则(1):商店渠道会使得消费者进入零售商店购物,因此,零售商店的销售存在着与顾客最直接的个人接触。从这方面来说,零售商家需要做足充分的准备,来应对顾客通过与零售员工各种情况的个人接触来发表投诉,且经常需要立刻得到问题的解决。

针对准则(2):零售行业中多商店结构会致使有两种角色存在:一方面是一个中心单位(总部);另一方面是一些分散的地方性单位。投诉顾客可以既在总部投诉又可在地方商店投诉,于是这里就有了相互并行的两个投诉途径,因此两种途径需要进行适当的协调。此外,总部也有责任去协调商店的活动,并确保现场经营能够继续进行。

针对准则(3):零售商家的媒介功能,以及对自产品牌与服务的销售会致使一个事实,那就是顾客投诉会涉及各种不同的问题,可能会具体关联到不同的部门。依据经验,顾客在零售商店买到产品感觉不满意,会首当其冲向零售商而不是向制造商投诉。从这方面讲,投诉的对象会是制造商的产品,而零售商家自然成为了向制造商传递投诉的渠道。另外一些顾客投诉会涉及零售商家自己的商标,涉及公司方的动作(如沟通方式或价格政策),或者涉及地方商店的具体服务。这种投诉的异质性,使得掌控与分析投诉的程序设计区分开来,以及决定公告、监督和改善程序的方式区分开来尤为必要。

由于这些特定的框架情形,零售业中的投诉管理需要一个具体的组织结构和一个有标签的观念,即零售投诉管理四方板。

12.5 零售投诉管理四方板

之前我们已提到,零售业中有两个不同的角色,也都与投诉管理相关联:地方商店与总部。此外,遭受恶评产品的制造商也应该纳入到相关联的角色中来。

商店渠道给顾客提供了机会对相关接洽员工直接投诉,而很多情况下,员工也能够有机会当即解决此类问题。因此在零售行业中,对散乱投诉进行有效掌控的可能性也是可以想象的。

然而,多商店结构需要一个总部制定策略基础,进行协调监控。它要做到协调程序执行、分派责任,并在总部与地方单位间制造必要的组织和技术条件,以便二者能够方便快速地对话。因此,一个投诉管理的中心部门需要擅长执行宏观任务,善于解决多于单个商店的问题,善于处理受到制造商影响的在总部所购产品的投诉。在这个范围内,零售业的投诉管理不能单一地用集中或分散方式来组织,而是需要一种融合了集中与分散两个要素,以及针对制造商的双边关系的解决之道。这样一种设置可称之为有着双边角色介入的"双重投诉管理系统"(Stauss and Seidel,2004)。

事实是,从集中角度而言,需要区分开投诉管理的策略总部,和实际操作的顾客服务中心。这样双边组织结构会升级为三角结构。投诉管理部门的总部负责投诉管理的策略导向,投诉处理政策的提升、预算处理,以及监控地方商店的投诉管理活动。

除了这些,似乎也有必要再建立一个单独的执行部门,负责顾客直接接洽。建立这样一种顾客服务中心,有两点要特别指出。首先,一部分特定的不满顾客希望将他们的投诉直接反映给零售商家的总部,这类情况如果不能及时在商店内得到充分解决,情况便会越演越烈。像这类顾客要对其提供特殊的投诉渠道。其次,有一个顾客服务中心,零售商家可以针对顾客所体验到的各种问题有更为周全的认识。一般来说,我们期望零售商家的总部对产品要求要有一个精确的(数量上的)把握,这意味着它主要接受的信息是针对顾客投诉的有质量缺陷的产品。不过,这个总部同时也欠缺一些其他相关信息:商店员工没有相关的鼓励机制将那些检验商店服务质量的投诉呈递给总部,甚至于检验各类零售商家的系统或服务(如接受信用卡使用);这类跨商店问题的顾客投诉也通常不能得到呈递,如果商店管理层对已表达的问题采取漠视态度或认为此类情况或程序无法得到改善的话。就这一点来说,公司管理层如果对消费者所持有的问题仅有一个极不完整的视角,这是十分危险的,因为顾客对一家商店的不满,会很快拓展为他/她对其他所有商店甚至于整个公司的不满。这种信息上的逆差是极其麻烦的。因此,总部如果有越多渠道接收顾客向服务中心表达的不满,零售商家的信息水平和正确决策的基础就越能得到提升。

最后,生产商方面也应当划入问题考虑中来。许多对所购产品不满意的顾客会直接转向零售商,其结果就是在投诉中会将生产商的产品问题转嫁给零售商,不过,与之相反的情况也会发生。许多生产商也会在产品包装上注明服务电话和具体联系地址。如一旦所购产品有问题,顾客也可以通过这类渠道去解决。就这种情况而言,顾客不仅可以对生产商的产品问题进行投诉,同样也可以就他们的不满与零售商家取得沟通。拒绝顾客的问题并将他/她推交给各自的行业伙伴,这无论从顾客角度还是公司双方角度来讲都是极不明智的行为。因此,零售商家有必要与其几个最重要的生产商家在双边投诉管理上达成共识,这类共识要覆盖在直接投诉管理程序中如何应对投诉者、产品退回程序如何操作,以及投诉分析和投诉管理监控下的哪些义务公告可向顾客提供。此外,双边投诉处理中的成本分配也要妥当安排。

由此,零售业的投诉管理需要一个四方组织结构,有着四个端点的零售业投诉管理四方板:投诉管理部总部、中央顾客服务中心、商店、生产商(见图 12.2)。

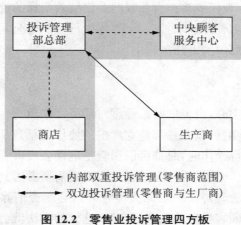

图 12.2 零售业投诉管理四方板

接下去,我们会逐一解释在履行直接与间接投诉管理流程的任务中四方各自的角色。

12.5.1 投诉管理部总部的角色

投诉管理部总部是一个单独的组织单位,会与零售商家的最高管理层直接接触。它可以被划定为投诉管理中的理念领导部门,以及整个投诉管理程序的"流程所有者"。它的任务是为投诉管理开发理念基础,制定策略导向,以及确定基本流程和绩效指标。具体来说,它的主要任务之一就是监管与协调商店中的以及中央顾客服务中心的投诉处理操作。这其中也同样包括投诉管理部的总部要确保必要的金融、人力和技术资源的分配。另外,它也有责任去协调与生产商家之间的直接与间接投诉管理流程。

直接投诉管理流程:关于直接投诉管理流程,该部门的关键领导职能是持续不断地提升和优化投诉管理绩效。这包括筹划一些投诉刺激活动,为投诉接洽的各个方面制定指导方针和流程说明,同时对投诉接收的理念进行持续监管,对投诉输入的处理过程进行总结。

此外,针对顾客所需的工作流程的详细以及跨职能发展,包括责任部门与责任人的明确、投诉回应的时限标准,以及沟通内容。比如,确认投诉收到或调解回复,也同样在这里进行。涉及投诉回应的员工行为指导方针必须确立下来。

如果处理顾客投诉的所有指导方针和流程说明同时使用,他们也即为商店中和中央顾客服务中心的实际处理操作奠定了基础。

间接投诉管理流程:投诉管理总部的重要职责中也包括间接投诉管理流程。这种流程的步骤是投诉分析、投诉管理监控、投诉公告,以及投诉信息的利用。在这里,应当发展相关的分析理念,应当设计、制作多种式样的公告形式,用以和其他外部的、集中的以及分散的顾客进行沟通。还有,直接投诉管理流程中各个部分的任务绩效应当得到监控,整个投诉管理系统的证据和任务掌控也需要介入启用。另外,涉及与主观与客观任务掌控有关联的关键绩效指标的选择也应当有所决定。同理,投诉管理中的成本收益掌控的策划与执行——与公司的掌控部门携手推进——也当划入这一部门的责任范畴中。

12.5.2 商店的角色

商店通常是收益中心,由他们的总经理对经济结果负责。从某种程度上讲,根据既有的分配体系,他们可以和总部建立严格的协作关系。从分散角度来说,当在自己的店内范畴下进行操作时,总部可以很轻易地领会投诉管理的理念,但如果应对授权经销商或加盟商时,投诉管理的相关方面则需要考虑到合同形式,并最终发表声明。甚至于投诉管理协议一旦无法遵守时合同能否消除也应予以妥当安排。当一个公司志在建设顾客导向的经营策略时,这样的方法就会尤为重要。

直接投诉管理流程：从商店角度来说，任务的侧重点就在于直接投诉管理流程。在这里，如果售出的是较为低价格的货物，如果顾客因其微不足道的利益而不愿意表达投诉，转而"去别的地方买"的话，投诉刺激就会尤为重要（Berman and Evans，2001，p.40）。针对这一点，在销售中顾客如有不满的话，就有必要邀请顾客通过各种媒介，如海报或者传单，将责任申明到员工或是某个具体的顾客服务柜台，并填写意见簿。

"当消费者出现在'服务车间'时，他们常会向他们能找到的最近的员工提出投诉"（Tax and Brown，1998，p.84）。因为消费者有机会向员工直接去表达他们的投诉，这意味着公司也同样有一个好机会立即回应，致以歉意，将产品回收，将钱归还或者提供优惠券作为对顾客不便体验的补偿。另外，人际接触也提供了机会在投诉数据库中将所有投诉相关的信息及时备案。

不过，这些都是在假定所有员工已接受过足够的培训，懂得如何正确地收授投诉，如何处理，并且最终如何做出回应。作为顾客前来联络的"投诉所有者"，员工在面对简单的并与服务相关的投诉时需要尽量给出即刻的解答，而在一些复杂的情况下，他们就需要能够胜任的个人或者组织单位介入到投诉处理中来。这就需要在一些行为指导方针的创建、在选择不同的回应方式时有清楚无误的职权范畴的划定，以及相应的员工培训。

然而，对很多零售商家来说，这种方法缺乏一些先决条件。尤其是大打价格战略的商店类型，比如折扣店，经常会出现突出的员工配置问题。基于此，员工会尽他们最大程度进行销售、出纳、仓管、行政管理方面的工作，没有多余的时间，来顾及不满意的顾客。所以，对于这种零售形式的员工来说投诉机制并非是一份"厚礼"（Barlow and Moller，2008），反而成了加重他们工作压力的因素。员工们会发现他们自己成了一个矛盾的角色：一方面要相符管理期待，快捷高效地处理销售和出纳事务；另一方面又要进行个人感情移入去打理顾客的投诉。此外，员工们本身又缺乏针对各种投诉状况的培训。所有此类情况要承担的风险，使得员工会排斥顾客的投诉，而不是刺激和解决问题让顾客达到满意。

在这种情况下，让所有员工仅仅成为"任务所有者"，态度友好地接受投诉，并迅速回收恶评产品看起来才是较为实用的。对于更多复杂的问题，应当指导他们将投诉转达给专门的服务柜台。这类服务台可以聘用有过培训经验的员工来从事与顾客间的对话，而这些员工也需要能够以顾客导向，并且同时以效率充沛的方式参与直接投诉管理流程中的所有任务。

间接投诉管理流程：从商店角度来说，履行间接投诉管理流程中各种任务的机会是非常少的。当然，涉及零售商家在产品投诉、公司广泛问题以及相关问题的寻常投诉管理流程的商店是有义务将（至少一部分）信息传达的。然而，在与商店相关的问题上，间接投诉管理流程的关联性直接依赖于投诉接收机制的设置，以及汇集投诉信息的完成质量。然而在很多情况下，有关当地服务问题的多数关联至商店的具体信息要么没有记录在案,要么只是部分零散的记录。绝大多数店面都缺少人力、时间和系统的支持。另外,收集这类信息也有一个严重的障碍,那就是无论员工还是商店管理者都常会担忧这类备案是否意味着服务的失败从而导致受罚。考虑到投诉信息较低的数量和质量,在一些情况下引入投诉分析、投诉公告、投诉管理监控和提升投诉流程管理看起来是不值得的。

另一个不同的情形存在于大型商场接触顾客投诉的专用服务点("服务台")中。在那里,有全天候的员工接收投诉,并通过投诉管理软件来详实地记录信息。由此,既有数量又有质量的投诉分析的先决条件会得到保证,公告也会成为可能,这样不仅能向总部给予反馈,也同时能够起到监控商场内经理和员工的作用。通过这种方式,投诉信息就会在商场工作流程和服务的提升上作出巨大的贡献。

如果商店也能够设立服务台,依据总部的指导也可以进行有选择的投诉管理监控,包括监控质量和产出指标的遵守状况,来作为任务掌控以及在成本掌控范畴内的投诉成本信息的收集工作的一部分。对处理产品投诉中所花成本的调查要特别注重,因为一些成本有可能需要计入生产商的账户上。

12.5.3　中央顾客服务中心的角色

顾客服务中心是直接与顾客接触的中央公司界面,直接投诉管理流程的基本任务都在这里完成,同时间接投诉管理流程的一些重要职能也会在这里有所体现。

直接投诉管理流程:一个顾客服务中心的部门纯粹性及与顾客沟通的积极性就已经是投诉刺激的一项重要因素。这项投诉管理任务关联性极高,因为大多数不满的顾客并不投诉,而顾客直接在商店表达出的大量投诉也鲜有无登记和提交。顾客服务中心便提供出了一个附加的投诉渠道,让顾客更加方便地进行投诉表达,例如,通过免费的(或低税的)投诉电话以及/或者有机会通过电子反馈表格,用这类方式,顾客对快速方便的投诉表达的期望便会得到满足,能够收到和记录下的投诉数量也相应增加,同时提升顾客维护水平的机会也会增加。此外,这一投诉渠道也提供了机会去完善投诉信息的备案和归档作业,而这反过来又会提升零售商家对顾客问题的洞察力——即使只是一个商店级别。

顾客服务中心兼顾投诉接收、处理、回应,提供了一种绝好的机会,较为专业地接收顾客投诉,正确把握投诉案例中的细节情况,并向每一顾客单独有效地予以回应。顾客服务中心应聘员工全职进行与投诉顾客的对话工作。因此,充分领会策略化的投诉管理理念,并将他们个人建议注入其顾客导向的长远发展中去也是他们的本职义务所在。

间接投诉管理流程:为配合投诉管理总部的工作,也可以分配给顾客服务中心一些间接投诉管理流程中的任务。这些任务兴许会包括一些分支工作如投诉分析、投诉公告和投诉管理监控。

在这里,要尤其侧重事关公司范畴和跨商店的问题的分析,以及由此而被投诉管理总部解决的问题(比如分类工作、定价与沟通政策、营业时间、营业场所或者商标)。如果一家商店对其各种问题所致的数目可观的投诉予以接受的话,那么关于商店的具体分析和报告也可以就此展开,并使得商店自主的标准检验程序启动以及改善升级成为可能。此外,投诉分析要对涉及生产商产品的顾客问题的性质和投诉频率有一个成熟的概览。这类信息不仅需要传达给生产商,整合进他们的投诉管理中,还要使之成为促进协商的基础,在此场合下,零售商家便可要求生产商提高质量监督、提升质量品质,或者(如果质量标准没有合格的话)将价格降低。

在投诉管理监控方面,顾客服务中心有三个基本的功能职责:第一,证据和任务掌控中尤为重要的关键要素,尤其是涉及顾客服务中心投诉中心自身的质量和产出能力要素,很明显是需要在这里收集的。这可以应用到一些指标中去,如顾客电话的长短、错过电话的数量,或者对已划定服务水平的坚持与否。第二,从商店角度出发,已决定的质量和产出力标准是否遵守也会得到重新考核。例如,在处理期限或投诉满意度的指标上取得的收获。第三,在成本收益掌控上,至少投诉管理总部和顾客服务中心这样的级别为投诉管理价值创造的评估提供信息基础也是非常重要的。在这里尤其注意,涉及生产商产品的投诉处理所花费的成本应当要区分开单独看待。在这种情形下,零售商会承担起生产商的部分职能,所以,向供应方收取一定的操作成本也是合情合理的。这同样也体现了善始善终的顾客投诉管理对零售商家而言一个独特的优势。在大部分操作成本并不是由零售商家而是由生产商支付时,将问题产品回收或替换的慷慨政策也会维护好以购买力旺盛的消费者为基础的公司企业的良好形象,同时建立起顾客忠诚度。

12.5.4 生产商的角色

生产商追求的是他们的个人利益,并不总是与零售商追求的相一致。这里就有一个迫切的需要去建立一种双边投诉管理机制,作为相互协作的垂直营销策略的一个基本组成。

直接投诉管理流程:由生产商和零售商双方来执行投诉刺激、接收、处理和认真回应,且双方能够协调活动完全是源于共同的利益,因为顾客所投诉的问题很有可能是源于业务合作方的责任。因此,对待任何的投诉(无论是否事关自己公司的范畴)都要当做像是直接关系到自己的公司,这也是至关重要的。经常性地,消费者并不知道两个各相独立的公司会在投诉管理处理上牵涉在一起,以至于一些投诉案例不恰当的处理会有可能引起意外的负面影响。

相关的投诉程序可通过合同方式固定下来。在这里,合作双方的工作范畴要予以确定。从顾客利益以及高效的投诉处理出发,工作重点应当是快速解决问题,而应避免在转达处理中的复杂化,这就需要快捷简便的沟通模式,以及在执行处理、分析和公告流程中的良好协作。

间接投诉管理流程:这儿首先考虑到的一点是要用双方协调好的投诉报告的形式来传递投诉信息给合作方。其次,涉及意外负面影响的一些问题要及时讨论。由此,在工作质量的提升上,合作双方都要同样付出相当的努力。另外重要的一点是要公开投诉管理监控的结果,让合作方确信自己直接投诉管理流程的正规和高质量,符合了双方协议达成的质量标准。此外,成本掌控也为双边成本协作提供了基础。

在零售业投诉管理四方板中各组织单位的角色应当履行的各种任务分配如图12.3 中所示:

责　任	投诉管理部门总部	中央顾客服务中心	商　店	生产商
直接投诉管理流程				
投诉刺激	S	O	O	Oa
投诉接收	S	O	O	Oa
投诉处理	S	O	O	Oa
投诉回应	S	O	O	Oa
间接投诉管理流程				
投诉分析	S	O	(O)	Oa
投诉管理监控	S	O	(O)	Oa
投诉公告	S	O	(O)	Oa
投诉信息利用	S	O	(O)	Oa

注:S＝策略理念的基础;O＝操作执行;(O)＝操作执行,如商店内存在服务单位的话("服务台");Oa＝在与零售商达成协议基础上的操作执行。

图 12.3　零售业投诉管理四方板中的任务履行

在实际运行中,依据零售商和其公司具体配置的类型与规模,投诉管理部门总部、中央顾客服务中心,以及商店、生产商,同样包括商店与生产商双边关系性质下的常规任务分配也需要具体划分。

12.6　结论

近几年来,投诉管理被证明是一个意义极其重大的管理领域。通过专业的投诉管理,陷入困境中的顾客关系会得以稳固,收入和效益的流失也会得以避免。更重要的是,投诉中所包含的信息给了以顾客为导向的工作流程、产品和服务的潜能提升颇有价值的提示。

零售商家对投诉管理的益处加以应用,有几点特别的原因。首先,他们的顾客通常有着较多选项,而且正常情况下任何类型的零售商家都会面临当地多个竞争对手。其次,产品的种类和价格都大同小异,转换障碍并不存在。此外,特别是一些提供物美价廉商品的零售商家会假想顾客不会大动干戈进行投诉,只是离弃,不再给该公司第二次机会而已。这种情况下,不仅顾客需要确信他/她的投诉是受欢迎的,公司方也应当进行投诉管理,以便在任何时候都能遵守承诺。

这样的投诉管理会包含一系列复杂的任务设置,而这其中又包含了直接与间接投诉管理流程。直接投诉管理流程的任务处理会与不满顾客直接进行接触(投诉刺激、投诉接收、投诉处理和投诉回应),间接投诉管理流程的任务可由零售商自行处理(投诉分析、投诉管理监控、投诉公告,以及投诉信息的利用)。

这些任务的实现会让零售商家面临一些巨大的挑战,从多商店并立、均与顾客有着同等程度接触所以要求销售中要直接进行投诉处理,到有必要在商店内进行处理程序的协调和掌控。这一职能会由投诉管理部门总部接手,并且这一部门也负责一些其他重要任务,如投诉管理策略规划、资源筹备,以及同其他中央部门和生产商的工作协调。此外,有必要设立一个中央操控单位,提供接触顾客直接明确的方针,并且也能接手间接投诉管理流程中的一些关键环节。

所以,在零售业中,投诉管理部门总部、商店、零售商方面的以及在零售商与投诉产品影响到的生产商的双边关系中,中央顾客服务中心之间要有职能间的清晰合作与工作流程的良好协调:零售业投诉管理四方板。

在市场竞争激烈的情况下,零售商家应当不惜余力地防止因为不满而造成顾客流失。因此,投诉管理亟需极高的优先重视。以下 10 条建议给出了投诉管理极好的定位方式:

① 利用任何机会刺激不满的顾客向你的公司投诉!

② 培训你的员工,如何恰当地应对投诉顾客,如何收集完整和精准的投诉信息!

③ 注意要快捷适时地处理投诉!

④ 选择一种快速且严谨的问题解决方式。

⑤ 彻底地分析投诉中包含的信息,以便发现产品和服务中的缺陷!

⑥ 同负责管理的以及负责接触顾客的员工交流投诉分析的结构!

⑦ 将投诉分析所得信息用于质量保证和质量提升!

⑧ 依据客观标准,以及投诉满意度结果调查来监控投诉管理的任务履行程度!

⑨ 统计你的投诉管理的成本和效益!

⑩ 要清晰地划定投诉管理部门总部、顾客服务中心、商店和生产商的角色与责任!

案例 1

食品零售业顾客的投诉行为

一项由德国某食品零售龙头之一的企业开展的市场研究计划——主要在当地——调查了顾客的投诉行为、顾客针对投诉流程的体验，以及顾客对投诉处理的满意情况。

一开始，对五家杂货商店的 250 名顾客进行了单独采访，在此之外，也联络了之前 6 个月内曾向零售商区域总部提起投诉的所有 41 名顾客，询问他们对投诉体验的评价。

在其他一些结果中，该研究也揭示了以下三个观察点是食品零售商的普遍利益所在：

1. 食品零售业顾客投诉的主要为产品的缺陷，而服务的问题很少成为投诉的主体。

在单独采访中，顾客被询问到他们近期是否有某种理由去投诉的问题，大约有近半数的答复者（48％）声明这类问题确有发生。不过，针对负面体验的投诉愿望也极大程度上会依据问题的类型而定：有大概 84％的答询者都表示当与产品相关的问题出现时他们才会投诉。相对而言对服务相关问题的投诉愿望则大幅跌落，举例说来，三个答询者中仅有一个会就员工行为造成的服务问题有投诉的意愿。

启示：这些投诉中包含并由食品零售商记录在案的问题并不是完全的反映出顾客的负面体验。尤其是服务相关的问题没有足够地呈现出来，因此可能不会像本应该需要的那样引起管理上的注重。为避免这种状况，就有必要使用额外的方法（如开展顾客调查或者雇用神秘顾客）以便能从顾客的视角认识到问题的存在。

2. 食品零售业的顾客都在当地直接性地进行个人投诉。书面投诉并非惯常的方式。

在食品零售业中，投诉顾客中有 56％确实是这样，直接在商店中将投诉传达给员工。像收银员/结账员经常是他们最容易找到的接触人员。有 27％的投诉者会转向当地商店经理，只有 4％会联系地区总部，而没有一个投诉者会将问题带到公司的国内总部那里。

启示：首先，这一结果加强了地方商店员工接受专业培训的需要，因为这些员工的行为会对挽回顾客的满意度和顾客之后的忠诚行为起着至关重大的影响。其次，很明显在销售中，针对投诉者而言一个具体的联络人是非常需要的，因为结账员经常会在时间上十分紧张，因此不能妥当地解决投诉者的个人问题，并且收集所有必要的投诉信息。再次，很明显，国内和地区总部对顾客在销售中的负面体验并没有可靠的信息资源可使用,甚至于连当地商店经理对这类事件掌握信息都不算多。因此,刺激投诉是需要实际努力的,需要在当地商店以及中央公司中建立起易于接触的投诉渠道。

3. 投诉体验会对食品零售行业顾客的未来行为有着重大的影响。

向地区总部递上书面投诉信件的顾客不仅被采访到他们的投诉满意度,还询问了是否有着投诉经验所致的任何行为结果。有30%的投诉者表示他们现在"很少买"或"几乎不会去买"所谈及的零售公司产品,18%的人甚至表示"绝对不会再去那儿购买"。在某些情况下也可以避免更高的用户变动率,那就是所谈及的杂货商店是该城镇上唯一一家,由此对消费者而言没有其他的购物选择。

另外,该研究也确立了一项概念"补救悖论":对那些对投诉处理非常满意的投诉者而言,全部满意度为2.00(该量表从1=非常满意到5=非常不满意之间变动),由此,比起问题产生时(2.33)提高了很多。相反地,那些对投诉处理曾经不满意的或者非常不满意的顾客的全部满意度明显下降到了2.86至4.42之间(见图12.4)。

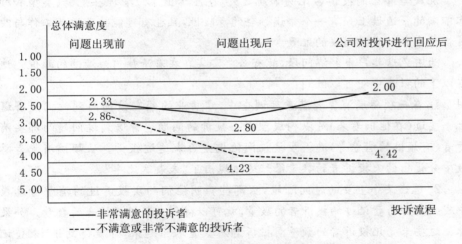

图12.4 投诉流程中顾客全部满意度发展线

启示:在食品零售业直面的较低利润收益和激烈竞争中,没有任何一家公司担负得起顾客不满度的增长,且不使用专业手段处理投诉而让顾客不断流失。反而,零售商家应当开始意识到去稳定因为不满因素而致危险的顾客关系的优先重要意义所在,因此,投诉管理构成了任何成功的顾客维护管理的核心。

案例 2

发现烦恼的端倪

如果烦恼顾客能将他们的烦恼直接表达给零售商而不是立刻转向该商家的竞争对手，那么侧重于顾客维护和质量提升的投诉管理的目标就能够达成。但尽管如此，烦恼顾客中仍有很大一部分没有选择投诉。这一点在零售业中尤其常见，因为这一行业中仅存在着非常低的转换障碍。根据德国全国消费者满意度调查(Servicebarometer，2008)，失望而没有投诉的顾客比例占到了75.2%(杂货店)，82.8%(家居改善商店)，甚至于达到91.5%(药店)。

这些"沉默消费者"的数量之大也是造成一个事实的主要原因，那就是零售商家记录在数据库中的投诉信息只是显示出了一点"烦恼的端倪"。另一个原因是很多已表达的投诉也没有被公司登记备注。尤其是在零售公司，由于大多数的顾客投诉都是在商店内向接触人员单独表达，导致了很多这类"潜藏的投诉"的存在，而接收这类投诉的中间人员也经常对各种投诉情况准备不足，或者担忧一些不好的结果，因此只是将他们接收到的投诉的大概框架信手一记。

沉默与潜藏的投诉占比例如此之大，也显示出了该管理在范畴、类型和顾客不满的紧迫性上如有一个错误领会的危险性，且也有可能导致矫正工作与改善操作中各种资源错误的配置。

为避免这些严重经济问题，就有必要实实在在看清楚何为烦恼的端倪。这在以下的程序中即可以做到：

1. 在一项年度消费者满意度调查中，零售业的顾客被询问到他们是否遇上一些过(在他们看来)足以构成理由去投诉的问题。曾遇到过问题的那些消费者(有烦恼的消费者)进一步被询问他们是否表达过投诉。从烦恼消费者总数中分化出的未投诉者的数量很好地体现出了"未表达比率"。

2. 选出某个重要的时间阶段，从那些声明他们确实投诉过的消费者总数中减去在公司登记过的投诉者的数量，就可以得到未登记投诉者的数量。如果你把这些未登记投诉者的数量同投诉者总数量联系起来，你就得到了"未登记比率"。

3. 预测烦恼端倪最重要的要素是"证据比率"。证据比率表达出了相对烦恼消费者总数量而言登记投诉者的比率，显示投诉管理能够在投诉分析的范畴内辨别公司顾客中烦恼群体的程度，由此，它也是评价投诉管理程序的一个重要因素。

图12.5简单举出了一例，显示了如何计算这些不同的要素：如果在一项满意度调查中，有1 000位烦恼的消费者而实际只有300位消费者进行了投诉，那么我们会得到未表达比率为70%；如果300位消费者表示他们进行过投诉

而只有 100 位投诉者在公司登记过,那么就有 200 位没有登记,那就意味着未登记比率是 66.7%。如果将这 100 位已登记投诉者同恼怒的消费者总数(1 000)联系起来,结果就会得到证据比率为 10%。这就意味着有 90% 的"烦恼的端倪"没有借助登记投诉而清晰地浮出水面。

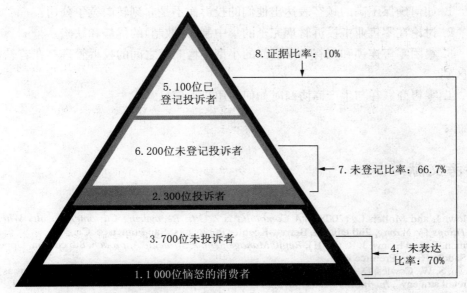

资料来源:Strauss 和 Seidel(2008,p.41)。

图 12.5　烦恼端倪要素确定模板

烦恼端倪的发现和几种比率的计算对于零售商家的投诉管理而言是极为重要的:

- 未表达比率显示出了去分析与公司具体相关的不投诉原因的迫切性。从这基础上,投诉障碍才能移除,更容易便捷的投诉渠道才可得以建立,投入交流。
- 较高的未登记比率说明投诉管理并没有笼括大多数来到公司投诉的投诉者,并没有作为一种矫正方式应用于基本的工作中。因此,缺少登记的各种原因应当予以分析。在这基础上,对登记的期望程度应当以成本和效率的形式确定下来,投诉处理流程也需要相应地重新调整。
- 就投诉分析、投诉公告和投诉信息利用而言,证据比率是至关重要的一点,因为它体现了标准投诉分析中所使用的某种数据对消费者体验而言的代表性或者需要加以改编的程度。在不少情况下,考虑到投诉表达与登记程度较低,投诉分析的结果也将有必要进行调整。

讨论的问题和要点

1. 如何确保不满的顾客表达出他们的投诉而不是立刻转向竞争公司?
2. 讨论在零售业中投诉管理完全的集中制(分散制)的优势和缺陷。
3. 集团零售连锁和仅有一家店面的小型零售商家之间的投诉管理存在着怎样的区别?
4. 零售商家在与生产商协商时如何使用投诉信息?

参考文献

Barlow, J. and Moller, C. (2008): "*A Complaint Is a Gift: Recovering Customer Loyalty When Things Go Wrong*, 2nd edition, Berrett-Koehler Publishers, San Francisco, Ca.

Berman, B. and Evans, J. R. (2001), *Retail Management. A Strategic Approach*, 8th edition, Upper Saddle River, Prentice Hall.

Brown, S. W., Cowles, D. L. and Tuten, T. L. (1996), "Service recovery: Its value and limitations as a retail strategy", *International Journal of Service Industry Management*, Vol.7 No. 5, pp.32–44.

Chebat, J.-Ch., Davidow, M. and Codjove, I. (2005), "Silent Voices. Why Some Dissatisfied Consumers Fail to Complain", *Journal of Service Research*, Vol. 7 No. 4, pp. 328–342.

Davidow, M. (2003), "Organizational responses to customer complaints: What works and what doesn't", *Journal of Service Research*, Vol. 5 No. 3, pp. 225–250.

Durvasula, S., Lysonki, St. and Mehta, S. C. (2000), "Business-to-business marketing: Service recovery and customer satisfaction issues with ocean shipping lines", *European Journal of Marketing*, Vol. 34 No. 3/4, pp. 433–446.

Goodman, J. A., O'Brien, P. and Segal, E. (2000), "Turning CFOs into quality champions", *Quality Progress*, Vol. 33 No. 3, pp. 47–54.

Hansen, T., Wilke, R. and Zaichkowsky, J. (2010), "Managing consumer complaints: differences and similarties among heterogeneous retailers", *International Journal of Retail & Distribution Management*, Vol. 38 No. 1, pp. 6–23.

Homburg C. and Fürst A. (2005), "How organizational complaint handling drives customer loyalty: An analysis of the mechanistic and the organic approach", *Journal of Marketing*, Vol. 69 No. 3, pp. 95–114.

Johnston, R. and Mehra, S. (2002), "Best-practice complaint management", *Academy of Management Executive*, Vol. 16 No. 4, pp. 145–154.

La, K. V. and Kandampully, J. (2004), "Market orientated learning and customer value enhancement through service recovery management", *Managing Service Quality*, Vol. 14 No. 5, pp. 390–401.

Levy, M. and Weitz, B. A., (2007), *Retailing Management*, 6th edition, McGraw-Hill/Irwin, New York.

Mattila, A. S. (2004), "The impact of service failures on customer loyalty", *International Journal of Service Industry Management*, Vol.15 No. 2, pp. 134–149.

Maxham III, J. G. (2001), "Service recovery's influence on consumer satisfaction, positive word-of-mouth, and purchase intentions", *Journal of Business Research*, Vol. 54 No. 1, pp. 11–24.

Miller, J. L., Craighead, Ch. W. and Karwan, K. R. (2000), "Service recovery: A framework and empirical investigation", *Journal of Operations Management,* Vol. 18 No. 4, pp. 387–400.

Smith, A. K. and Bolton, R. N. (1998), "An experimental investigation of customer reactions to service failure and recovery encounters - paradox or peril?", *Journal of Service Research,* Vol. 1 No. 1, pp. 65–81.

Servicebarometer (2008): *"Kundenmonitor Deutschland"*, München, Servicebarometer AG, München.

Stauss, B. (2002), "The dimensions of complaint satisfaction: Process and outcome complaint satisfaction versus cold fact and warm act complaint satisfaction", *Managing Service Quality*, Vol. 12 No. 3, pp. 173–183.

Stauss, B. and Schöler, A. (2004), "Complaint management profitability: What do complaint managers know?", *Managing Service Quality,* Vol. 14 No. 2/3, pp. 147–156.

Stauss, B. and Seidel, W. (2004), *"Complaint Management: The Heart of CRM"*, Thomson Learning, Phoenix, AZ.

Stauss, B. and Seidel, W. (2008): "Discovering the 'customer annoyance iceberg' through evidence controlling, *Service Business,* Vol. 2 No 1, pp. 33–45.

Stauss, B. and Seidel, W. (2010), "Complaint Management", Salvendy, G. and Karwowski, W., *Introduction to Service Engineering*, John Wiley Sons, Inc., Hoboken, New Jersey, USA, pp. 414–432.

TARP (1979), *"Consumer Complaint Handling in America*: Final Report", Washington DC.

Tax, S. S. and Brown, S. W. (1998), "Recovering and learning from service failure", *Sloan Management Review,* Vol. 40 No. 1, pp. 75–88.

Tax, S. S., Brown, S. W. and Chandrashekaran, M. (1998), "Customer evaluations of service complaint experiences: Implications for relationship marketing", *Journal of Marketing,* Vol. 62 No. 2, pp. 60–76.

Vos, J. F. J., Huitema, G. B. and de Lange-Ros, E. (2008), "How organisations can learn from complaints", *The TQM Journal,* Vol. 20 No. 1, pp. 8–17.

Zentes, J. l., Morschett, D. and Schramm-Klein, H. (2007), *Strategic Retail Management, Text and International Case*, Gabler, Wiesbaden, pp. 31–42.

13

通过卓越服务推广零售品牌

黄智英　茱莉亚·F·库珀

▶学习目标

1. 在零售业中企业服务的重要性；
2. 产品与服务零售的区别；
3. 通过产品、服务和零售商进行品牌推广；
4. 服务和品牌推广是如何把不同零售商区分开的；
5. 服务如何成为消费者体验的附加价值；
6. 与消费者进行合作和共创价值的重要性；
7. 以新观念（企业社会责任）进行品牌推广。

零售模式中一个新的趋势，就是重新开始重视零售行业中的服务价值导向，以求在市场中获得持续的竞争优势。如果说消费者在商店中购物是"体验性购物"（Kim et al.，2007），那么将独一无二的、令人满意的服务传达给消费者就是如今零售最关键的要素了。的确，在零售行业中各种不同营销方式的侧重点，现如今都已从多样化产品转向了"卓越的服务"。

根据定义，零售是指"为售卖给消费者作为他们个人和家用的产品与服务附加价值的一种商业活动"（Levy and Weitz，2004，p.719）。这一定义暗示了"附加价值"就含在零售行业本身中，并凸显了在零售概念中服务层面的重要性。而在实践中，零售商也已推出了各种各样提升消费者体验的服务。一些例子，包括消费者在线点评（例如 Epionions.com），消费者集约市场，像是消费者自主拍卖网站（例如 eBay.com），还有通过各类网站进行价格比较（例如 Pricegrabber.com），这些都是在传统零售环境下不曾存在过的。这些新的行业情势大大加剧了市场竞争，进而也使零售商家意识到将卓越服务作为区分他们与竞争对手的根本驱动力的重要性所在。零售的概念本身中就包含了多元渠道的服务传递，以及由此而生的服务机遇。

"区别"（differentiation，或译"差异化"）这一概念也同样与零售业的品牌推广紧密相系。品牌推广可定义成"为商品、服务和公司建立知名度，将之与竞争对手区分开的一套综合流程"（Kotler，2003）。一个品牌代表着商业上的知名度，这种辨识度不只通过某种品牌成分如某种标示，发生在某家商店内，也同样会发生在一些更广阔的地处，像是商业街驻地（Caylor，1999）。举例说来，当消费者去逛明尼阿波利斯的"美国商城"，或者在某个商场的广告展示里看到红色公牛眼的图标时，他们会想到什么呢？他们会辨出前者是美国最大的商场，想到后者是大型市场零售商 Target（美国第二大零售商家）的标志。而这种辨识能力会帮助消费者更容易做出决定。

成功的品牌推广最重要的效益之一就是品牌的区别度。通过服务策略打造出的品牌推广的区别度也建立起了品牌产权，由此也增加了零售商家在消费者意识中的附加"价值"（Pechmann and Ratneshwar，1991）。我们来想一下 L.L.Bean 的例子，他们因为卓越的消费者服务，已经在所有零售行业中位列第一（Nrffoundation.com，2009）。该商场要求零售商家为其产品提供"终生保障"，毋论其产品类型，要无理由进行售后服务。一封恰逢时宜的顾客好评信，发布在了消费者在线社区 CustomerServiceManager.com 上（日期不明），其中便描述了一家零售商是如何将消费者服务考虑到淋漓尽致。该顾客的体验是他在新加坡时更换他的一条旧裤子，尽管已经过去了 20 年时间，零售商家不仅换了他的裤子，还返还了该顾客的国际邮递费用。这样的轶事恰也告诉我们为什么这一零售商家会在长时间内保持着第一服务价值供应者的地位，由此博得喝彩，并成功地在服装零售业中将自己同各形各色的竞争对手区分开的原因所在。同样，像这样被零售商家的服务精神所感动的顾客，自然也就会成为该商家一生的忠诚顾客。

对如今的零售商而言，一个关键要素就是通过重新确立服务导向精神，向顾客提供引人瞩目和铭记在心的消费体验。这一章会阐述如何以及为何服务对于零售商至关重要，通过服务主导逻辑（Vargo and Lusch，2007），为零售产业勾勒出一个全新的图景。服务主导逻辑的方法已成为零售业通过服务进行品牌推广愈渐兴盛的方法。

13.1　服务零售业：专注于消费者体验

服务主导逻辑凸显出了一点，即用传统视角来看待服务组成是对有形商品进行价值附加的档次提升，但如今这类观点已演变为了"独立的变量"，更紧要的是已成为了"交换的基本关注点"(Lusch et al.，2007)。这种针对服务主导逻辑之于商品主导逻辑的常规辩论也为营销背景下对于消费者的理解带来了本质上的区分，即后者是将消费者看成一个消极的群体，为市场所驾驭。由此，这种商品主导逻辑侧重于如何将消费者划分层次，并用市场驾驭消费者。而与此相反，前者的观点，服务主导逻辑，是将消费者看成一个参与市场的群体，也就是说，消费者是"一种能对其他资源产生作用力的资源，一个能够与公司企业共创价值的合作伙伴"(Lusch et al.，2007，p.6)。换句话说，创造消费者体验固然重要，但能反映消费者购物体验中的意见在零售品牌的区分上会成为更加重要的因素。我们把公司寻求消费者意见作为例子来举，和过去比起来，许多公司已开始使用各种各样的途径去探寻消费者对于公司产品、服务以及整个购物体验的意见。这些探寻的渠道从消费者商店内反馈，到在线反馈和建议、消费者在线调查、社交媒体等等，均得到了大幅拓展。这样的改变也反映出了一种观念上的改变，去辨识消费者购物体验中的评价，以及将他们的意见融合进商业沟通渠道中来，已成为如今零售商家们一项不容推却的任务。

此外，从服务主导逻辑的视角来看，消费者体验是能够实现与其共创价值的中枢组成部分，在此过程中，零售商家向消费者提供的服务就显得尤为重要。研究者(Levy and Weitz，2004；Rayport and Jaworski，2004)将消费者服务定性为零售商家与他们的顾客进行互动的一系列活动与程序。这些服务的组成部分在提升销售价值中扮演着十分重要的角色。举例来说，一家全球性的咖啡零售商，星巴克(Starbucks)，就闻名于其开创的新型消费者文化，谓之"第三空间"，意思就是作为一项消费者服务，星巴克提供了一个在家庭和工作环境之外的私人的放松场所(Starbucks.com)。尽管他们的产品选择项与咖啡的口味在市场中并非无可比拟，但正是他们的顾客服务促成了消费者的忠诚度(Moon and Quelch，2006)。这就是通过服务区别，而不是通过产品区别来促成品牌推广的实例。我们不妨将这个范例引申更多一些，星巴克不仅是以免费添加咖啡来吸引顾客，而且当顾客有无论任何原因导致的不满时，或者提供了无论已推迟多长时间的优惠券或者其他任何在店内发生的不便问题，星巴克都会向消费者供应新的咖啡饮品。该零售商还通过提供多种不同的特权(如免费饮品、新产品的免费试品)给忠诚顾客，以此推行多层面的顾客忠诚度项目。像这样的消费者服务当然会对公司积极形象的建立大有贡献(Moon and Quelch，2006)。因此，各种服务的要素便成为零售行业一个明确的"独立的变量"。

13.1.1　服务零售 vs.产品零售

服务零售的概念从多方面来说都是有别于产品零售的。产品零售，或者说"通过产品来进行品牌推广"，围绕的是零售商家能够将他们行业内的或该零售商家所擅长的产品开发到如何卓越的程度。例如，在各种杂货零售商家中，Whole Foods

Market 就因其多样化的健康导向的产品而闻名,从当地种植作物到有机产品该零售商家都有提供。在几乎每一个产品类别中,他们都会提供私人品牌产品的选择,包括"365 Everyday"与"365 Organic"。作为更加进步的私人品牌产品,该零售商家还推出了一个优质私人品牌"Whole Foods Market",来满足消费者在一个可担负价格上求得更优质有机食品的愿望。这种私人品牌的多样化方法为其在消费者观念中开创出的品牌形象便是:"这个零售商是我能够买到并买得起健康食品的地方。"

就以产品进行品牌推广而言,私人品牌是零售商使用的较为流行的方法。私人品牌(通常又称为私有标签品牌和商店品牌)是指仅在特定的零售商家销售的产品,而该产品也同样展现了零售商家的品质。零售商家推出私人品牌也是因为开发私人品牌会带来一定的经济效益,且能提升消费者的商店忠诚度(Ailawadi et al., 2008)。一个潜在的逻辑就是,通过去掉中间商,零售商就可以在一个较为低廉的价格上提供同国有品牌质量相仿的私人品牌。

但不过,这种"以产品推广品牌"的方法从纯粹产品到纯粹服务的整个谱系(见图 13.1)中都缺乏周全的考虑。一些纯粹服务零售商家的例子,包括航空、健康护理或金融服务,每日进行的价值交换都是无形的。而服务型零售商在零售行业中显而易见是一个愈渐庞大的部分(Levy and Weitz, 2004)。也的确,至少在某种程度上,即使是着重于商品交换的零售商也会无可避免地涉入服务的成分。例如,在图 13.1 中,杂货零售商位于谱系的左侧,十分接近于纯粹产品导向的零售商。因为他们销售的产品包罗万象种类繁多,像肉类、粮食作物、储备食品和家用产品,但是杂货零售商也同样会提供服务,包括邮寄服务、音像制品出租、药剂使用指导。从这方面来说,不论是怎样的商品交换,服务成分对零售商而言都是一个最基本的要素。

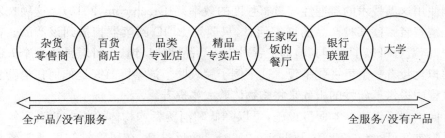

图 13.1　作者根据 Levy 和 Weitz(2004)做了一定修改

Levy 和 Weitz(2004)指出了在服务零售业中一些较为独特的方面,即无形、产品/消费同步、易消失、无法持久。首先,服务是无形的,因为消费者无法触摸或感觉服务,由此对于消费者而言在消费时去评价购买阶段前后的服务就有些困难。服务是在消费过程中同步发生自然而成的。相比起从批发部那里购买一件产品来消费,一家银行提供的服务只能是由消费者个人来消费或体验。换句话说,一旦消费者被提供了服务，接受了服务，服务就自行消失了。品质是考虑中的另一重要因素，因为用品质来衡量产品比衡量服务会容易得多。持久性可谓是一个品牌优异品质的最好标志，然而若提到品质，服务的品质却通常不具有持久性，并在极大程度上依赖于做出服务和传递服务的当事人。我们用一些特许经营的餐厅作为例子，像赛百味（Subway）和 Denny's。即便是这些特许经营的零售商家有着同样的培训、工作手册，以及其他的同特许经营总部的商业协议，消费者们仍然会依据他们到访的店面不同而对商家的服务有着不同的看法。由此，在持久性层面上保持好服务的品质也是成功品牌营销的一个至关重要的部分。

基本来说，服务零售业需要零售行业的各种服务成分，并将服务导向置于超越产品的更高层面上（Brodie et al.，2006）。服务是无形的，而无形是服务属性的关键特征（Grace and O'cass，2002）。因此，"以服务进行品牌推广"会涉及行业内更抽象和无形的层面，且比起通过推销手段进行品牌推广而言，在建立品牌形象上有可能会更具挑战性（Levy and Weitz，2004）。Kotler（2003）提供与消费者购买与决策制定过程相关的三个服务驱动阶段：

1. 购买前服务（例如，广告营销、购物时间、试衣间）；
2. 购买后服务（例如，运送和邮递、制版等）；
3. 辅助服务（例如，停车、幼儿照看服务）。

接着，他进一步论证了这些服务项是零售商家区分度的关键所在。由此，通过去辨认什么对消费者决策是至关重要的方面，零售商家也会获得去选择与权衡以服务推广品牌的机会。

许多公司就是凭借贯穿于整个供应环节的服务，来将他们的品牌与其他品牌区别开。举例说来，资生堂（Shiseido），一家日本的化妆品品牌，推出了一项具有广播频率辨识技术（RFID）的产品信息阅读器来提升消费者的购物体验（同样也意在检测使用这项技术的流通性与散布程度的效率）（IDtech.com，2010）。这项技术能够让消费者阅读某种产品的详细信息，只要是 RFID 阅读器扫描到该产品。在购物中，消费者可以了解到其他消费者对化妆品品牌的反馈，也可对具体至个人的即时模拟化妆有一个可视化呈现。这个例子就表明了该零售商家是如何在消费者决策过程中提供革新性的服务来将购物体验大幅提升。

向消费者供应基本服务设施，可以降低和消费者购物体验相关的对零售商家的风险觉知（Berry，2000；Wilson，2000）。而反过来，在风险觉知度通常较高的网络在线零售商家那里，这一角色也会扮演更多更重要的角色。作为一种幻觉，消费者网络在线购物的风险觉知会妨碍他们在线购物，尤其是服饰产品类别（Kim and Lennon，2000）。一个主要原因就是，当进行服饰产品采购时，消费者俨然更希望有一个亲身体验，如肌肤的触感，以及通过试穿来确证衣服是否合身（Kim and Lennon，2000；Miyazaki and Fernadez，2001）。意识到生理触感与试用的缺位会成为在线购物的一个主要障碍之后，在线时尚零售商家们设计出了各种降低风险觉知的有效策略。拿 Zappos.com 案例来说,这一在线时尚零售商提供了各个不同角度的产品高清预览图片和互动聊天功能,以及更重要的一点,那就是双程免费邮递、365 天退还政策和全天候(24/7)消费者服务。此外,消费者可以就某一件具体产品通过在线消费者意见回馈、等级评定和博客版面分享其体验,这也使得其他消费者能够间接地体验产品。如此出色的消费者服务,就很好地解释了为什么 Zappos.com 可以在美国国家零售业联盟(National Retail Federation)于 2008 年和 2009 年发布的杰出消费者服务前十位零售商家中位列第三(Nrffoundation.com,2009)。作为另一幻觉,全球家居零售商(IKEA)随其产品也推出了多种多样的模拟。尽管有较高的购入成本,但家居产品类别很难试用和退还,因此,消费者会在某种程度上对是否要购买犹疑不定。为解决这些顾虑,宜家在其网页中提供了一些模拟功能,能让消费者亲眼看到一些比较中意购买产品的逼真展示。商店氛围是零售商家进行品牌推广的另一个重要的服务层面,举例说来,Victorias Secret 商场就有一个概念,"零售剧院",让消费者置身于一个梦幻般的浪漫氛围中(Kotler,2003,p.542)。还有一些时尚零售商家如 Abercrombie 和 Fitch,或者 Hollister,也在商店内使用了独特的香薰,消费者会很容易将这样的气味同零售商家联系起来。餐厅也可使用店内音乐和灯光效果来作为店内环境营造的一个指标。

以上探讨的这些例子尽管不能完全涵盖零售行业的各服务层面的灵活操作方法,但却也很清晰地展现出了零售商家是如何利用一系列服务设施和器件,而不是产品,来让他们的品牌脱颖而出,并建立起积极的品牌(零售商)形象。

13.2 零售业中品牌推广的演变

零售业的概念在之前的诸多研究中均已提出。根据 Kotler(2003)所述,零售商包含入了一步营销渠道的建立,指的是"介入产品和服务的应用与消费过程的一系列独立的组织机构"(p.505)。按图 13.2 所述,是零售商连结起了生产商与需要其产品或服务的终端用户——无论是消费者还是各类行业。

资料来源:Kotler(2003,p.508)。

图 13.2 市场销售渠道中的零售商

　　而"品牌推广"的概念则是无形的，由此推行成功的品牌推广策略也委实不易。然而，一旦品牌成功推行，零售商的品牌推广会为公司带来多方面的重要效益。对公司最重要的一个效益就是在市场中取得了竞争优势，而这又会带来更大的行业利润(Griffin，2003；Schultz and de Chernatony，2002)。

　　来到零售品牌推广上，非常重要的一点就是要意识到零售商家本身即是品牌(Ailawadi and Keller，2004)。和许多购买产品时的情况非常相像，当做出购买决策前，消费者也会有多种多样的品牌(零售商家)可以选择。因此，在某个品牌进入消费者的选择行列时，消费者要对此品牌有充分的意识，这也是至关重要的。这种品牌意识代表了消费者记忆品牌以及将某个品牌与具体产品和服务类别相联系起来的能力(Aaker，1991)。就像认知心理学家论证的那样，消费者能够解构、记忆、储存和追忆某一品牌的信息，因此，如果消费者有着强烈的品牌关联记忆，就能够更容易地作出决策(Tulving and Psotka，1971)。由此，通过启动记忆，品牌关联信息——储存在消费者记忆中的与品牌相关联的任何信息——会成为某个特定品牌的追忆线索(Nedungadi，1990)。随着消费者对某一特定品牌的经验积累，他们对某一品牌会产生更多的品牌亲切感(Alba and Hutchinson，1987)。

　　结合其零售服务，品牌意识和品牌亲切感形成了品牌形象(Ho and Chong，2003；Keller，1993；Schuiling and Kapferer，2004)。品牌形象是指既包含影响力层面(如公众针对焦点品牌的态度)又包含认知力层面(如对一个品牌的品质认知)的品牌关联信息的总和(Keller，1993)。尤为重要的是，品牌形象是一个品牌是否长久立于不败之地的关键要素，因为它代表了一种清楚可辨识的品牌认同度(Aaker，1996；Park 等人，1986)，由此它也是品牌资本的一个关键要素(Keller，1993；2003)。品牌形象也更进一步决定着品牌态度，即一个品牌的总体评价。品牌态度类似于一种对产品品质以及非产品品质的信任，如一个品牌的功能性和象征性方面，均影响着品牌的偏爱度(Keller，1993)。作为某种幻觉，消费者被鼓动着去表达自我观念里的某些特定层面(如典型形象)，就很容易去选择一些像香奈儿(Chanel)这样的品牌，因为这类品牌的经典形象促成了消费者对其较为积极的态度，由此人们就很可能去偏爱这类品牌胜过其他品牌。通过这种方式，品牌形象又会对消费者的购买意图产生影响(Batra and Homer，2004)，进而为公司经济效益助上一臂之力(Kim et al.，2003)。

13.2.1 零售业中品牌推广的价值观—满意度—忠诚度

　　新兴的品牌研究潮流在服务主导逻辑(Vargo and Lusch，2004)的驱使下，开始主张品牌推广是一个消费者体验"不断增值"的过程(de Chernatony and Segal-horn，2003)，而建立起品牌忠诚度也不再是行规操作，如营销和宣传才能，而是服务的推行程度。具体说来，品牌推广的基本目标就是通过价值观—满意度—忠诚度的关系流程的实现，在消费者的头脑中提升品牌形象和亲切度。

消费者价值观

消费者习惯依据自身所持有的总体价值观去购买产品或服务（Hoyer，1984）。实用理论形成了价值观念的基础（Caruana et al.，2000），根据这一理论，消费者购买的产品无一例外在各方面都含有着实用性（或效益）。尽管消费者的价值观念已被大幅度偏歧了很多（Gounaris et al.，2007），价值的传统含义仍是消费者基于对付出和收获的理解而对一件产品的实用性进行的整体评估（Zeithaml，1988，p. 14）。Gounaris 等人（2007）从产品价值、程序价值、个人价值、情感价值、社会价值（作为一个积极因素），以及亏损觉知（作为一个消极因素）这些方面详细解析了整体价值观的理解方式。消费者的价值观是一种观念化的、主观性的理解方式，通常会受到自身观念和商店形象的影响（He and Mukherjee，2007）。

品牌形象是消费者价值观的一个关键决定因素（Brodie et al.，2009），对于品牌资本也起着作用（Keller，1993）。同样的，来到零售业中，零售商（公司）形象就是零售商品牌资本的一个重要来源（Ailawadi and Keller，2004）。其他要素包括商店环境、策划质量和价值，还有消费者服务也会影响到消费者所认知的零售商形象（Semeijn et al.，2004）。这些层面的消费者认知会有助于强化消费者和零售商之间的往来关系，而这一点也是品牌形象的一个基本构成，并进而作用于长期的品牌资本（Aaker，1996；Keller，1993）。此外，这种消费者认知下的来往关系，也会影响到他们对于从零售商那里和忠诚度意图中得出的价值认知。

"增量"价值或附加价值是一个新兴的概念。举例说来，在多个商品、服务或零售商家非常相像的情况下，消费者可能会体会到一种区分彼此的困难性，但若消费者看到一件商品在价格或服务或其他功能或象征意义方面（或是在由 Gounaris 等人在 2007 年提出的价值解析成分中）有着附加价值的话，和其余比较起来，他们就会从中辨识出更多的价值所在。确实，研究学者们已经表示，更高层次的消费者价值观会最终有助于公司的成功（Bolton and Drew，1991；Parasuraman，1997）。从零售商的视角来看，由于零售商在压低价格上较有局限（如基础设施成本、供应商合作成本），其他方面像独特的商店环境营造或出众的消费者服务就会成为提高消费者价值认知的更好选择。

顾客满意度

品牌管理的一个重大目标就是提升顾客的满意度。研究学者们已经将细节满意度与整体满意度区分对待。更详细说来，细节满意度是指关系到对某个具体细节像商店环境或员工的一种认知性的满意度（Jones and Suh，2000）。与之相反，整体满意度可以定义为一种依据对某商品汇集的经验而对产品或服务做出的带有情感意味的反应（Homburg et al.，2005；Oliver，1997）。如果将满意与否看做一种情感式的反应，那么在研究文献中整体满意度要更加常见（Oliver，1999），而研究学者们也已表示，整体满意度中包含了多项细节满意度（Chiou and Droge，2006）。

来到品牌推广中,顾客的满意度会受到公司品牌形象的驱使(Davies et al.,2003)。同样的道理,在顾客价值观反映出顾客满足自身目标而致使的偏爱(Woodruff,1997)的情形下,价值观便会被认为是顾客满意度的一个关键决定因素,这样的价值观—满意度的关系已经由诸多研究学者们所支持(Gounaris et al.,2007;Roberts et al.,2003)。

顾客忠诚度

顾客品牌忠诚度的提高是品牌推广的一个重要结果(Gilmore,2002)。顾客忠诚度可以定义为对一个品牌所带有倾向性的信奉(Aaker,1991;Assael,1998;Jacoby and Chestnut,1978)。更详细说来,顾客忠诚度,在有关品牌推广的研究文献中作为一个大的主体结构出现,被以各种方式进行了概念化。举例来说,Oliver(1997)提出了四种忠诚度,命名为认知忠诚度、情感忠诚度、意动忠诚度和行动忠诚度。认知忠诚度反映了对一种实体(如品牌、商店)较其他而言可予以更多偏爱的信任感,情感忠诚度体现出了情感上的反应像喜好或者偏好的态度,意动忠诚度从行为动机(如再购买意图)角度上反映出了一种更深层面的信奉,而行动忠诚度对于某种行动的强烈愿望,即便采取该行动会障碍重重。一个更加简单化的顾客忠诚度的概念将顾客忠诚度看作是包含态度与行为层面的二元结构。具体而言,态度忠诚度是指一个人对一种品牌或一家商店的信奉(Chaudhuri and Holbrook,2001;Jacoby and Chestnut,1978),另一方面,行为忠诚度代表了再购买同品牌或者光顾同一家商店或者积极地口口相传的意愿(Chaudhuri and Holbrook,2001)。实际上,这种观点和Oliver(1997)的观点基本说来并无二致,在后者观点中,态度忠诚度便涵盖了忠诚度概念中的认知、情感和意动忠诚度,而行为忠诚度和行动忠诚度并无任何差异。

研究学者们表示,顾客忠诚度是顾客既从概念上(Keller,2003)亦从经验上(Chiou and Droge,2006;Fornell et al.,1996)均获得满足的一个主要结果。举例说来,Chiou和Droge(2006)发现态度忠诚度会受到总体满意度、对某个品牌/商店情感态度的影响。其他研究学者们发现顾客满意度提高了积极的口碑相传以及反复购买决定的可能性(Bolton and Lemon,1999;Zeithaml et al.,1996)。同时,态度忠诚度从概念化角度来讲是行为忠诚度的前因,后者通常代表着反复购买。这是因为消费者的态度会影响到他们的行为(Ajzen and Fishbein,1980),然而由于消费者的经济局限,或市面内产品的匮乏,对某个品牌/零售商的积极态度并不一定会直接转化为购买行为(Dick and Basu,1994)。但不过积极的态度会有可能使得消费者对品牌/零售商家的情感纽带更为牢固。

零售商可以通过卓越的顾客服务让顾客达到满意来获得顾客忠诚度。正如之前谈到的,L.L.Bean,一家邮购零售商因其卓越的零售服务而攀升至零售商家第一名的位置(Nrffoundation.com,2009),多数就归因于该商家对其产品无条件实行"终生保障"。之前也已提到过这一令人匪夷所思的业界新闻,恰也显示出了一点,能够被这样的服务打动的顾客势必会成为该零售商终生的忠诚顾客。

顾客忠诚度会提升服务失利情况下顾客不满度和顾客投诉的有效反应。毋庸置疑,公司方无法 100％满足他们的顾客:通常来说,会有 25％的不满意顾客存在,而在这些消费者范畴内,20 人中仅有 8 人会将他们的不满体验分享给朋友或家人(customerfocusconsult.com, n.d.)。有过不满体验的顾客有 91％不会轻易做出投诉。但是有 63％的不满顾客不会再次购买该产品/服务(Michelson, 2003)。

但重点在于,公司方只要快速地、有效地和负责地处理消费者投诉,就会提升顾客的整体满意度(Spreng et al., 1995)以及对公司的忠诚度(Harris et al., 2006)。也因此,高效率地处理好顾客的不满或投诉也渐成为了零售商家一个重要课题。当然,他们也设计出了不少方法去了解顾客投诉,因为他们意识到了有效地处理投诉会大体上恢复顾客的信任和满意度,甚至于会促成顾客忠诚度。比如,许多餐厅会提倡顾客通过在线网页提供他们的感触体验以及任何的投诉,对于反馈信息会赠送如优惠券之类的奖品,对这类邮件也会及时地做出回复,这样顾客就会知道这些餐厅的确对顾客投诉(或从另一方面说,顾客的满意)认真对待。一个需要重点考虑的方面,也涉及了零售商在推行服务补救措施时对于自身零售模式的考虑,这是因为服务补救策略的影响力会因购物环境(如在线或非在线)或服务类型而有所差异(Harris et al., 2006)。Harris 等人(2006)发现在传统零售模式中,服务补救措施会比在网络零售环境中起着更重要的作用,这一点也揭示了非在线消费者会比有着更多自我服务成分的在线购物消费者有着更少的容忍性。

反过来,零售商如果不去考虑服务补救措施,会对他们的经营造成不可预知的负面影响与伤害。美联航(United Airline)发生过的一件事就是一个耐人寻味的例子。2008 年,一位叫 David Carroll 的顾客,在 Youtube 网站上传了一首歌《美联航弄坏吉他》,这首歌就来自于 David 在美联航的个人体验。他的吉他在航运中遭到了损坏,他要求该公司付 3 500 美元的赔偿,但是美联航没有接受他的要求。之后,David 写了这首歌,音乐视频在 Youtube 上发布,播放达到 2 500 万次。这首歌引起了大量的关注,甚至于不少广播公司都采访了他,邀他作为栏目嘉宾。接着他又写了另外一些歌曲,上传到 Youtube 上,这些歌曲同样流传甚广。为时未久,美联航承认了他们关于损坏吉他的错误,并偿付了赔金。很显然,这类看起来是很小的事情,会最终致使整个公司形象受损,不仅在美国是如此,在其他各个国家都是如此,而假如服务零售商家能够有效地处理好顾客投诉,这类情况也就不会发生。另外,鉴于如今消费者常会借助网络来“公布”他们的不满,所以这些令人不满的消费体验对于零售商家而言也有着相当重要的意义。也确实,有一些网站像 www.complaints.com 或者 www.consumeraffairs.com 就是为鼓励消费者对各种类型的零售商家进行投诉而设计的,而一些网站像是 www.walrmar.pissedconsumer.com 或是 www.macrumors.com 会锁定一些消费者针对某些具体公司进行的投诉。显而易见,对服务失利补救措施的重要认识也已成为了零售商家明智的策略。

13.3 借助新观点推广品牌

另外提及一个案例 Toms 鞋业。它向我们展示了一个小型的制鞋零售商通过结合企业社会责任，快速完成了品牌地位的建立。

13.3.1 通过社会责任建立品牌

对于消费者而言，企业社会责任（CSR）在购买决策制定过程中已成为一个越来越显重要的因素。跟随全球化进程的加快，消费者已经意识到公司在其他国家的业务与一个全球化社会的健康维系之间存在相互的影响。态度研究表明了消费者与品牌以及/或者公司的联系如何发生着转变[这类研究表明，不仅公司供应高质量产品/服务的专门技术（公司能力），同样他们对于企业社会责任（CSR）的投入也会对消费者对于公司和购买意图产生巨大的影响力（Anselmsson and Johansson，2007；Becker-Olsen et al.，2006；Brown and Dacin，1997；Ellen et al.，2006）]。同样地，这些发现也和如今消费者将他们的购买决定作为对某家会考虑到对社会尽职尽责的公司的一种投票这一观点不谋而合（Shaw et al.，2006）。

在品牌推广新观点中，受到 CSR 所驱动的公司形象（或说 CSR 导向的商店形象）已被认为是零售商形象的一个至关重要的层面（Brwon and Dacin，1997；Gupta and Pirsch，2008；Gurhau-Canli and Batra，2004）。CSR 形象可以定义为消费者根据其对零售商企业社会责任的信奉和了解而在头脑中所判定的商店形象。

零售商 CSR 形象的奠定有五个关键的方面：

1. 社区（如：捐助、社区项目、公开其在环境与社会方面的业绩）；
2. 环境（如：材料精减、回收和再利用、能源节约与废物管理）；
3. 员工（如：合理的报酬、安全健康的工作环境，以及工作保障）；
4. 顾客（如：诚实的促销、货真价实、简易的包装、对环境对社会都尽其责任的产品结构）；
5. 供货商（如：建立和维持长期关系、处理冲突与分歧的能力）（Spiller，2000）。

根据 Brown 和 Dacin(1997)，与社会责任的结合度（CSR，公司能力）影响着公司形象，反过来也会影响到消费者对公司所售产品的评价。融入 CSR 也同样能够打造一个积极的品牌形象，因为现已发现事件性营销或者投资社会重大事件（譬如癌症研究）可以提升公司或品牌形象（Barone et al.，2007）。CSR 项目打造的商店形象，会作为一个以品质为基础的依据进而影响到对零售商家的评价。举例说来，消费者可能会感觉到全食品市场是一个不错的公司单位,因为其在经营操作的几乎所有环节都使用了环保产品(Porter and Kramer,2006),我们可以将之理解为以品质为基础依据的零售商形象。这种感知形象便能够促进消费者对全食品市场的积极态度,因为他们在环保上做出了大量努力(Gupta and Pirsh,2008)。这些发现反映出了零售商家积极的 CSR 参与度会起作用于消费者个人对公司和服务供应产生积极的评价(Ahluwalia et al.,2001;Brown and Dacin,1997;Gupta and Pirsh,2008)。

　　能够注意到 CSR 在零售经营实践中有着举足轻重的地位,这是尤为重要的,它不仅可以提高公众的口碑而且能够提升公司的私人评价。Toms 鞋业,这家小型零售商,正是 CSR 如何成为品牌建立中至关重要的竞争优势的一个生动体现。由于口口相传的品牌信息打造出的"喧哗",该鞋业零售商家以病毒营销般的气势在国际范围内迅速完成了品牌声名的创建。

案例分析

Toms 鞋业:把企业社会责任作为经营模板

　　Toms 鞋业(Toms.com)是美国一家制鞋业公司。截至 2010 年 9 月,他们已经向困境中的儿童捐赠了 100 万双新鞋。公司的筹建是基于 Blake Mycoskie 2006 年的一次阿根廷旅行,在那里他发现有大量孩子都没有鞋穿。旅行之后他立即开了一家制鞋公司。Toms 鞋子都是轻量的帆布鞋,灵感来自于阿根廷 alpargato 设计公司的设计。

　　该公司经营的一个基本哲学思路就是,每卖出一双鞋,就赠送一双鞋给困境中的儿童。在他经营历程中的突破是《洛杉矶时报》(LA Times)的一次采访。之后,包括《时代》、《时尚》、奥普拉访谈等大量公众媒体对其公司事迹进行了报道。公司随即拓展出了包括 T 恤衫和包在内的产品生产线。他们的鞋子也开始在全国范围内超过 500 家商场销售,包括 Nordstrom、Whole Foods Markets,甚至包括一家高端的百货商场,Neiman Marcus。现在,这家公司的业务发展已走出美国,拓展向了许多欧洲国家、大洋洲,以及亚洲国家。Toms 鞋业还有一个非盈利性组织"TOMs 的朋友"(Friends of TOMs),主导公司的鞋子派送活动。

　　而让这一个品牌真正平步青云的,是消费者对其品牌的反响,还有口碑相传式的拥护。很多消费者自发性地上传各种视频来介绍这一公司和他们的产品,鼓动其他人都去买 Toms 的鞋子。同时,公司的一些实习生也在 Facebook.com 上运营着一个在线社区,即 Toms 社区,让人们去了解公司以及当地的活动/促销。而 Toms 鞋业实际并未进行大幅促销,做这些事情的全是他们的拥护消费者。这家公司同时也运营着一个校园俱乐部和非盈利性组织"TOMs 的朋友",来甄选志愿者,并参与在阿根廷的鞋子派送。公司还推出了每月一次的无鞋日,在这一天中赤足步行一英里。Toms 经营哲学中独一无二、出类拔萃并充满意义的层面,投射到了每一项业务的实践中,深化了消费者对于该品牌的认识,这些也形成了品牌资本的一个核心层面(Keller,1993;Mackay, 2001),而通过这样公司也会收获其他更多的好处,包括积极的品牌认知度、更高涨的购买意图(Brown and Dacin,1997),以及与消费者更加有效的交流互动(Keller,2003)。作为以小起家但是深具社会责任感的企业,凭借"行善事",这家公司便成为一个在国内与国际上推广品牌的出色范例。

13.4 结论

通过本章学习,我们很明显看到,对于零售商家而言,下至销售商,上到高端专业会所,服务才是品牌辨识度的关键。消费者开始凭借服务来分别零售品牌,各种行业也开始意识到消费者使用多媒体渠道产生的影响力。由此,管理者们以及餐馆老板们的挑战就是维系持久的且有质量的服务水平,同时,做好培训也是成功进行品牌推广的重要组成部分(图 13.3 和图 13.4):

资料来源:Toms.com。

图 13.3 "买一送一"(One for One)的商业模式

图 13.4　在 Youtube 网站上消费者对 Toms 鞋业的评论

　　这一章从零售商服务的角度切入探讨品牌推广的课题,说明了通过服务引导进行品牌推广是与服务主导逻辑相一致的,我们藉此可以总结,竞争优势并非取决于"商品本身,而是公司的协作能力,以商品为媒介向其他方供应服务"(Lusch et al.,2007,p.15)。从策略方法来看,零售商家也正重新开始定位自己为"服务导向"的公司,按照服务主导逻辑来推广品牌。要做到这一点,零售商家需要像分析他们供应的产品那样,认真地分析他们的服务层面中所有优势和弱势的环节,来从他们的竞争者中脱颖而出,这是品牌资本的一个关键利益所在。借助多渠道的零售方式,就会有更多新的机会去赢得消费者。

讨论问题

　　1.消费者对供应何种服务会有多大的影响?

　　2.管理学应当如何定义和评价服务中的"卓越性"?

　　3.零售商应当如何"掌控"消费者赞谢的言论/表达? 哪些积极/消极因素会影响到以消费者为基础的品牌推广?

　　4.你们分辨出哪些成分是构成你最喜欢的零售商家的辨识度的? 零售商家的辨识度有多么重要? 公司社会责任呢?

　　5.管理者应当如何确保服务传递中的持久性?

　　6.如何将品牌的传递贯穿至整个的供应链条?

　　7.对于顾客满意度和顾客忠诚度而言,零售商采取的服务补救措施有多重要? 你有没有一些个人经验,当不满情况产生时,因为零售商家采取了有效措施而成了该零售商的忠诚拥趸? 有没有其他方法零售商可以使用,以向他们的顾客提供有价值的服务?

　　8.品牌推广对消费者制定购买决策是如何起到帮助作用的?

参考文献

Aaker, D. A. (1991). *Managing Brand Equity*. Ontario, The Free Press.

Aaker, D. A. (1996). *Building strong brands*. New York, The Free Press.

Ahluwalia, R., Unnvava, R. H., & Burnkrant, R. E. (2001). The moderating role of commitment on the spillover effect of marketing communications. *Journal of Marketing Research, 38*(November), 458–470.

Ailawadi, K. L., & Keller, K. L. (2004). Understanding retail branding: Conceptual insights and research priorities, *Journal of Retailing, 80*, 331–342.

Ailawadi, K. L., Pauwels, K., & Steenkamp, J-B. E. M. (2008). Private-label use and store loyalty. *Journal of Marketing, 72*(Nov.), 19–30.

Ajzen, I., & Fishbein. M. (1980). *Understanding attitudes and predicting social behavior*. Englewood Cliffs, NJ: Prentice Hall.

Alba, J. W. & Hutchinson, J. W. (1987). Dimensions of consumer expertise. *Journal of Consumer Research, 13*(4), 411–435.

Anselmsson, J., & Johansson, U. (2007). Corporate social responsibility and the positioning of grocery brands. *International Journal of Retail & Distribution Management, 35*(10), 835–856.

Assael, H. (1998). *Consumer behavior and marketing action*, 6th ed. Cincinnati, OH: South-Western college Publishing.

Bandyopadhyay, S., & Martell, M. (2007). Does attitudinal loyalty influence behavioral loyalty? A theoretical and empirical study. *Journal of Retailing and Consumer Services. 14*(1), 35–44.

Barone, M. J., Norman, A. T., & Miyazaki, A. D. (2007). Consumer response to retailer use of cause-related marketing: Is more fit better? *Journal of Retailing, 83* (December), 437–445.

Batra, R. & Homer, P. M. (2004). The situational impact of brand image beliefs. *Journal of Consumer Psychology, 14*(3), 318–330.

Becker-Olsen, K. L., Cudmore, B. A., & Hill, R. P. (2006). The impact of perceived corporate social responsibility on consumer behavior. *Journal of Business Research, 59*(1), 46–53.

Berry, L. L. (2000). Cultivating service brand equity. *Journal of the Academy of Marketing Science, 28*(1), 128–137.

Bolton, R. & Drew, J. (1991). A multistage model of customers; assessments of service quality and value. *Journal of Consumer Research, 17*, 375–384.

Bolton, R. N., & Lemon, K. N. (1999). A dynamic model of customers' usage of service: Usage as an antecedent and consequence of satisfaction, *Journal of Marketing Research, 36*(2), 171–186.

Brodie, R. J., Glynn, M .S., & Little, V. (2006). The service brand and the service-dominant logic: missing fundamental premise or the need for stronger theory? *Marketing Theory, 6*(3), 363–379.

Brodie, R. J., Whittome, J. R. M., & Brush, G. J. (2009). Investigating the service brand: a customer value perspective, *Journal of Business Research, 62*, 345–355.

Brown, T. J., & Dacin, P. A. (1997). The company and the product: Corporate associations and consumer product responses. *Journal of Marketing, 61*(January), 68–84.

Caruana A., Money A. H., & Berthon P. R. (2000). Service quality and satisfaction- the moderating role of value, *European Journal of Marketing, 34*, 1338–1352.

Chaudhuri, A. & Holbrook, M. B. (2001). The chain of effects from brand trust & brand affect to brand performance: the role of brand loyalty. *Journal of Marketing, 65*(2), 81–93.

Chiou, J. S. & Droge, C. (2006). Service quality, trust, specific asset investment, and expertise: direct and indirect effects in a satisfaction-loyalty framework. *Journal of the Academy of Marketing Science, 34*(4), 613–627.

Costco.com (2010, n.d.). Retrieved on September, 10, 2010, from www.costco.com.

Kotler, P. (2003). Marketing management. New Jersey, NY: Pearson Education.

Customerservicemanager.com (n.d.). What is 'legendary service? Retrieved September, 1, 2010, from http://www.customerservicemanager.com/what-is-legendary-service.htm.

Caylor, P. (1999). Branding: What's in a name! *National Real Estate investor, 41*(6), 72–75.

Customerfocusconsult.com (n.d.). *Imagine, actively pursuing customer complaints can make you money!* Retrieved on July 21, 2010, from http://www.customerfocusconsult.com/complaint-management.htm.

Davis R, Buchanan-Oliver M, Brodie R. (2000). Retail service branding in electronic-commerce environments. *Journal of Service Research, 3*(2):178–186.

Dick, A. S. & Basu, K. (1994). Customer loyalty: toward an integrated conceptual framework. *Journal of the Academy of Marketing Science, 22*(2), 99–113.

de Chernatony & Segalhorn, S. (2003). The criteria for successful services brand. *European Journal of Marketing, 37*(7/8), 1095–1118.

Ellen, P. S., Webb, D. J., & Mohr, L. A. (2006). Building corporate associations: Consumer attributions for corporate social responsibility programs. *Journal of the Academy of Marketing Science, 34*(2), 147–157.

Fornell, C., Johnson, M. D., Anderson, E. W., Cha, J., & Bryant, B. E. (1996). The American customer satisfaction index: Nature, purpose, and findings. *Journal of Marketing, 60*(October), 7–18.

Gilmore, F. (2002). Branding for Success. In: N. Morgan, A. Pritchard and R. Pride, Editors, *Destination Branding: Creating the Unique Destination Proposition*, Butterworth Heinemann, Oxford, 57–65.

Gounaris, S. P., Tzempelikos, N. A., & Chatzipanagiotou, K. (2007). The relationships of customer-perceived value, satisfaction, loyalty and behavioral intentions. *Journal of Relationship Marketing, 6*(1), 63–87.

Grace, D. & O'Cass, A. (2002). Brand associations: looking through the eyes of the beholder. *Qualitative Market Research, 5*(2), 96–111.

Griffin, J. J. (2002), To brand or not to brand? Trade-offs in corporate branding decisions. *Corporate Reputation Review, 5*(2/3), 228.

Gupta, S., & Pirsch, J. (2008). The influence of a retailer's corporate social responsibility program on re-conceptualizing store image. *Journal of Retailing and Consumer Services, 15*(November), 516–526.

Gurhan-Canli, Z., & Batra, R. (2004). When corporate image affects product evaluations: The moderating role of perceived risks. *Journal of Marketing Research, 41*(May), 197–205.

Harris, K. E., Grewal, D., Mohr, L. A., & Bernhardt, K. L. (2006). Consumer responses to service recovery strategies: The moderating role of online versus offline environment. *Journal of Business Research, 59*, 425–431.

He, H., & Mukherjee, A. (2007). I am, ergo I shop: Does store image congruity explain shopping behavior of Chinese consumers? *Journal of Marketing Management, 23*(5–6), 443–460.

Ho, T. & Chong, J. (2003). A parsimonious model of stockkeeping-unit choice. *Journal of Marketing Research, 40*(August), 351–365.

Homburg, C., Koschate, N., & Hoyer, W. D. (2005). Do satisfied customers really pay more? A study of the relationship between customer satisfaction and willingness to pay. *Journal of Marketing, 69*(2), 84–96.

Hoyer, W. D. (1984). An examination of consumer decision making for a common repeat purchase product. *Journal of Consumer Research, 11*(4), 822–829.

IDtech.com (2010, n.d). *Retail, consumer goods.* Retrieved on September, 10, 2010, from http://www.idtechex.com/knowledgebase/en/sectionintro.asp?sectionid=123.

Jacoby, J. & Chestnut, R. W. (1978). *Brand Loyalty: Measurement and Management.* John Wiley & Sons, New York, NY.

Jones, M. A., & Suh, Jaebeom (2000). Transaction-specific satisfaction and overall satisfaction: an empirical analysis. *Journal of Services Marketing, 14*(2), 147–159.

Keller, K. L. (1993). Conceptualizing, measuring and managing customer based brand equity. *Journal of Marketing, 57*(1), 1–22.

Keller, K. L. (2003). *Strategic brand management: building, measuring, and managing brand equity.* Upper Saddle River, Prentice Hall.

Kim, H., Kim, W. G., & An, J. A. (2003). The effect of consumer-based brand equity on firms' financial performance. *Journal of Consumer Marketing, 20*(4), 335–351.

Kim, M. & Lennon, S. J. (2000).Television shopping for apparel in the United States: Effects of perceived amount of information on perceived risks and purchase intention. *Family and Consumer Sciences and Research Journal, 28*(3), 301–330.

Kim, Y-K, Sullivan, P., & Forney, J. C. (2007). *Experiential retailing.* New York: Fairchild Publications.

Levy, M. & Weitz, B. (2004). *Retailing management.* New York, NY: McGraw-Hill/Irwin.

Lusch, R. F., Vargo, S. L., & O'Brien, M. (2007). Competing through service: Insights from service-dominant logic, *Journal of Retailing, 83*(1), 5–18.

Mackay, M. M. (2001). Application of brand equity measures in service markets. *Journal of Services Marketing, 15*, 210–221.

Michelson (2003) – for some reason, I can't locate this reference in anywhere. You can delete the whole sentence on page if it is necessary.

Miyazaki, A. & Fernandez, A. (2001). Consumer perceptions of privacy and security risks for online shopping. *The Journal of Consumer Affairs, 35*(1), 27–44.

Moon, Y., & Quelch, J. A. (2006). *Starbucks: Delivering customer service*, Boston, MA: Harvard Business School.

Nedungadi, P. (1990). Recall and consumer consideration sets: Influencing choice without altering brand evaluations. *Journal of consumer Research, 17*(December), 263–273.

Nrffoundation.com. (2009, n. d.). Customers' choice awards. Retrieved September, 1, 2010, from http://www.nrffoundation.com/Partners_and_Resources/CustServChoiceAwards.asp.

Oliver, R.L. (1997). *Satisfaction: A Behavioral Perspective on the Consumer.* McGraw Hill, New York, NY.

Oliver, R. L. (1999). Whence consumer loyalty. *Journal of Marketing, 63*(special issue), 33–34.

Parasuraman, A. (1997). Reflections on gaining competitive advantage through customer value. *Journal of the Academy of Marketing Science, 25*(2), 154–161.

Park, C. W., Jaworski, B. J., & MacInnis, D. J. (1986). Strategic brand concept-image management. *Journal of Marketing, 50*(4), 135–145.

Pechmann, C., & Ratneshwar, S. (1991). The use of comparative advertising for brand positioning: Association versus differentiation. *Journal of Consumer research, 18*(September), 145–160.

Porter, M. E., & Kramer, M. R. (2006). Strategy & Society: The link between competitive advantage and corporate social responsibility. *Harvard Business Review 84*(12), 78–92.

Rayport, J. F., & Jaworski, B. J. (2004). *Introduction to e-Commerce.* New York: McGraw-Hill.

Roberts, K., Varki, S., & Brodie, R. (2003). Measuring the quality of relationships in consumer services: An empirical study. *European Journal of Marketing, 37*(1/2), 169–196.

Schuiling, I. & Kapferer, J.N. (2004). Real differences between local and international brands: Strategic implications for international marketers. *Journal of International Marketing, 12*(4), 97–112.

Schultz, M., & de Chernatony, L. (2002). Introduction the challenges of corporate branding. *Corporate Reputation Review, 5*(2/3), 105–112.

Semeijn, J. R., Allard C. R., & Ambrosini, B. (2004). Consumer evaluation of store brands: Effects of store image and product attributes. *Journal of Retailing and Consumer Services, 11*, 247–258.

Shaw, D. Newholm, T., & Dickinson, R. (2006). Consumption as voting: an exploration of consumer empowerment. *European Journal of Marketing, 40*(9/10), 1049–1067.

Spiller, R. (2000). Ethical business and investment: A model for business and society. *Journal of Business Ethics, 27*, 149–160.

Spreng, R. A., Harrell, G. D., & Mackoy, R. D. (1995). Service recovery: Impact on satisfaction and intentions. *Journal of Service Marketing, 9*(1), 15–23.

Starbucks.com (2010). *Our heritage.* http://www.starbucks.com/about-us/our-heritage

Vargo, S. L. & Lusch, R. F.(2004). Evolving to a new dominant logic of marketing, *Journal of Marketing, 68*(1),1–17.

Wilson, G, (2000). *Complex spatial systems: The modeling foundations of urban and regional Analysis.* Upper Saddle River, NJ: Prentice-Hall.

Woodruff, R. B. (1997). Customer value: The next source for competitive advantage. *Journal of the Academy of Marketing Science, 25*(2), 139–153.

Zeithaml, V. A. (1988). Consumer perceptions of price, quality and value: A means end model and synthesis of evidence. *Journal of Marketing, 52*, 2–22.

Zeithaml, V. A., Berry, L., & Parasuraman, A. (1996). The behavioral consequences of service quality. *Journal of Marketing, 60*(2), 31–46.

延伸阅读

Lindstrom, M. (2005). Brand sense. New York, NY: Free Press.

14

价值观共鸣驱动可持续发展顾客价值：宜家的经验

波·爱德华松　　波·恩奎斯特

14.1　简介

在这一章里，我们会重点来察看持续性顾客价值是如何成为行业经营成功的驱动力。我们的范例是零售公司宜家（IKEA），世界上最大的家具行业公司，也是一个成功的、持续增长的，并且长红坐收的企业。

零售业在现代经济中是一个成熟的行业，大量的流行趋势和各种推动力带来的挑战塑就了它未来的发展。许多商家正开发新的经营模式、营销和品牌策略、供应系统、产品、服务。从顾客和其他相关利益者来理解，这些付出均是为了将价值转化为金钱。下面列出的是形成这种发展的一些主要趋势和推动力：

1. 全球化与规模效应。例子如沃尔玛、Lidl 和宜家。

2. 信息交流技术（ICT），如射频识别技术（RFID）、电子商务（E-Commerce）、在线购物，以及各种模拟工具，如宜家的厨房设计工具，均能够全天候（24/7）使用，且提供更多更好的讯息。

3. 全球资源网络和供应链条运营商也发展成为塑造未来的主要推动力。制造更舒心惬意、可铭记长久的顾客消费体验，且理解零售与购物作为一项休闲消费，地位正变得越来越重要。规划服务蓝图和体验空间以提供各种服务试行项目，如今正开始塑造零售业的未来。

4. 品牌战争仍在继续打响，"红海之战"代表的热血和大规模竞争，比起从前仅有小幅竞争和轻弱威胁的"蓝海之战"来说变得更为寻常。大型商家通常会用自己的品牌来为自己的产品和服务建立名声，正如宜家那样。

5. 零售行业现今吸引了更多专业员工进入运营的各种环节中，这在过去 30—40 年中是并不常见的。如今对于使命策略、经营模式、人力资源管理的格外看重，丝毫不少于对产品与服务的开发与革新。这也让零售商身份对有着 MBA 或工程学位学历的学生产生了强烈吸引力。2010 年在瑞典，宜家成为了学生的就业应聘首选，而非爱立信、谷歌或是沃尔沃。

14.1.1 价值观共鸣

根基于公司核心价值观的服务文化与企业社会责任（CSR）驱动着服务策略的制定，这一观念已被历经了 4 年研究的经验所检验，并由《以价值观为基础的服务与行业可持续发展——来自宜家的经验》一书所提出（Edvardsson and Enquist，2009）。这本书专注于研究"以价值观为基础的服务"所可能涉及的所有内容，并尤其侧重于家具公司宜家的此类服务。我们之前章节也有过关于宜家在价值观共鸣上的经验研究。在这一章价值观共鸣驱动顾客价值观可持续性里，我们来论证一个公司必须要从价值观和预防不和谐角度来寻求共鸣。这一理论是三个涵义的复合。第一，价值观指的是在细节品质的选择中顾客个人的标准和信奉，而这些细节品质里体现的"水准"就会用来评估一些体系中的不同选择项，如在产品、服务和品牌或者公司中，决定哪一家可予购买，或者有关系往来。第二，价值观指的是关联到或者组成一个机构组织文化的公司核心价值观。这类价值观可以理解为一个指向标，在工作进程中以及决策制定中给予公司领导者和员工能量与方向。第三，这个价值观也通常指一个社会的基石价值观，且也通常指公司社会责任。

我们由此可以总结，公司方必须了解到与他们自身关联的价值观有三个层面和类别。如果价值观之间——一方面是消费者个人标准和信奉，另一方面是服务或者产品的细节品质，公司核心价值观与基石价值观——有着共鸣而没有不和谐存在，价值观就会驱动价值感知，并作用于价值实用。价值观可以理解为聚焦于顾客以及/或者其他相关利益者所注重的质量层面的一种标准检验程序，或者一种测量尺度。价值观通常要更加稳固和持久，而同市场出售物品相关联的细节层面则不断变化。

企业社会责任（CSR）已在许多的服务行业里成为了一股驱动力。"和 CSR 相关联的价值观已经开始融入许多公司的核心价值观中，而且越来越明显的一点是，一个公司如果不能满足顾客在道德、环境和社会价值观上的需求，便会遭遇所谓的'价值不和谐'，会吸引负面的公众媒体注意力并导致顾客流失"（Edvardsson and Enquist，2009，p.38）。积极的 CSR 既非一项慈善举措，亦非以善心的名义去行善，而更是策略，以服务理念的变革去提升公司的经营（Enquist et al.，2008）。Bhattacharyya（2010）将之称为"CSR 策略"。根据他 CSR 策略的专评文献，他归结出了四个方面的主题（pp.83—86）：

1. 公司内部与外部相关利益者视角:从内部来说,这种视角会激励员工,树立起良好的管理实践;从外部来说,它会在社会上为公司赢得良好的声誉。

2. 公司活动视角:从成本和环境因素角度来讲,这种视角会作用于价值链条的活动,发展更好的人力资源,流水线生产以及物流活动。

3. CSR 策略的策略特征:任何的 CSR 策略都需要与公司机构的任务和愿景相切近。

4. 推行 CSR 策略的商业收益:一般策略的追求、策略资源的开发、拓展新的经营,以及同相关利益者针对风险更加有效的管理。

在这一章里,我们会从价值观共鸣和驱动顾客的持续性价值观着手,阐述和分析宜家的 CSR 方法。

14.1.2 宜家的价值根基于强大的公司价值观

1943 年,Ingvar Kamprad 在南瑞典史马兰省阿姆霍特地区的一座农庄处创立了宜家,起初只是一家仅有一人的靠邮件订购的家具公司。真正可称之为"宜家概念"的形成开始于 20 世纪 50 年代随着展销厅的开发,在那里,顾客可以亲眼见到和触摸到产品。一开始,宜家就侧重于功能、质量和低价。这些如今仍然是公司的核心价值观,尽管其后又有精良设计成为其第四个核心价值。宜家已成为规模快速增长、全球化的家居企业集团,在 44 个国家里拥有 301 家商店,以及超过 10 万名的员工。在 2009 年,宜家营业额为 227.13 亿欧元,有 6.6 亿人次光顾公司的店面(IKEA Facts and Figures,2010)。宜家的研究显示,平均顾客每一年中会重新光顾宜家商店四次。2009 年,公司的主要代表性特色,宜家类目书,用 27 种语言 56 种样本,印刷了共有 20 亿份。宜家的愿景是:"为大多数人创造更美好的每一天",公司的经营理念是"以越来越多的人能够担负起的超低价格,提供更加丰富多样、设计精良、功能实用的家居产品。"宜家通过推行三种准则:设计精良、功能实用和超低价格,来"为家庭生活提供明智的解决之道"(IKEA of Sweden,1995)。

宜家的强大文化就是建立在价值观共享和意义共享的基础上的,Kamprad 的《一个家具商的圣约》(*A Furniture Dealer's Tectament*)就意味深长地清楚表达了这种为大多数人创造更美好每一天的价值观和意义。Kamprad 在这《圣约》中如此陈述(Edvardsson and Enquist,2002,p.167):

> 我们已经决定要站在大多数人这一边,比起一开始的想当然,这涉及要拾起更多的责任。站在大多数人这边意味着要代表普通人的利益,无论这对我们自身的短期利益是好是坏。意味着要放弃设计复杂和昂贵的产品付诸生产,即便它们容易出售。意味着要在无货币转换的国家拒绝以硬通货出售给消费者——尽管那样会让我们的效益成倍增长,而麻烦大大减轻。开发一种品系,并用富于想象的、引人注目的方式在我们所有的店面中呈现,需要对大多数人的生活、希望和抱负有大量的知识。而学习这一点的最好方式就是个

人的体验——绝不是脖子上挂着相机四处游荡瞅瞅看看那么简单。使用公众信息传播工具，就是贴近民众一个很好的方式。

宜家的历史体现出了其根植的文化是建立在既在公司内部对顾客合理，又在公司外部对其他相关利益者合理的一系列价值逻辑上，而这种文化便会成为其商业发展的强大驱动力。

14.1.3 宜家的服务主导逻辑

主流行业多为即时产品生产的导向，因此可归类为"货物主导逻辑"（G-D 逻辑），可以将之视为"服务主导逻辑"（S-D 逻辑）（Vargo and Lusch，2004，2008）的反面。S-D 逻辑主要的侧重点在于，价值是与顾客共同创造的，并在"实用价值"的基础上进行了评估。市场供应品（物质产品与服务）被理解为产生各种效应的源泉。因此，当服务价值得以创造和评估时，顾客会自动使用他们的知识和技能——比如，当使用手机来沟通的时候。当一项服务在实际应用中成为现实，其对顾客的实用价值也会得以实现（Vargo and Lusch，2004；Edvardsson et al.，2005）。建立在 S-D 逻辑之上的服务行业基本上就会具备顾客导向性和关联性（Vargo and Lusch，2004，2008）。宜家的文化表达与价值建构基本上就是可分享价值与可分享意义（Edvardsson and Enquist，2002）。的确，依据 Salzer（1994）之说，宜家的"成功故事"基本上就在于制造（以及共同制造）这种共同意义上。就以价值观为基础的服务公司而言，其经营模式根植于 S-D 逻辑的模式，这一点反过来亦会根植入公司的核心价值观，即基石价值观（社会与环境责任）中以及顾客的价值观中。此外，价值观的逻辑也会对经营策略产生推动力，这一点会体现在经营模式的规划、经营目标的制定和业绩指标的选择上。

价值创造的逻辑在形成宜家文化的基础中受到了一系列的价值逻辑支持（也由此形成了以价值为基础的、可持续的以及受益匪浅的服务经营基础）。这种逻辑结合的例子也可以在一本名为"Key"（*The Key*）的小册子（IKEA，1995）里找到，这个小册子就阐述出了宜家文化的奠基石——在减低浪费的同时对共鸣感的明智运用：

> 所有的问题只在于，通过将各种能量与材料继续进行最大程度的合理利用，去理解我们如何才能够降低成本，并与此同时对这个世界有所作为……[宜家]本身的范畴加上我们的收购举措，这些就是我们成功的基础，也是一切开始的地方。如果方向错了，那么整个生产线都错了：从材料选择到生产技术，到物流和分配的困境，最终再到所有的商店。在那里，我们的顾客只会站在那儿，对着价格标签摇头叹息。我们过去经常说，我们已是全世界极少量的凭靠生产掌舵的零售商之一……这是我们成功的关键……最大的秘密就是我们在生产阶段所具有的优势，这为我们至关重要的第三层面——低廉的价格——创造了前提条件。

《关键》(IEKA，1995)

14.2 可持续经营之宜家之道

14.2.1 圣约书

Ingvar Kamprad 的《一个家具零售商的圣约》是宜家的一则关键文本。

专 栏

在 1976 年,Ingvar Kamprad 列出了他认为会构成宜家文化根基的 9 个方面,以及对公司愿景的声明"为多数人创造更美好的日常生活"。这些方面会在一本名为"一个家具零售商的圣约"小册子中传达给所有的新员工。下面的条目就总结出了这些方面的要点:

1. 产品范围——我们的识别标志

宜家以尽可能多的人能够担负得起的低价售卖设计精良、功能实用的家居产品。

2. 宜家精神——强烈的生活化的现实感

宜家秉持着热情、革新、节俭、责任、谦卑对待工作要务和简朴精神。

3. 利润给我们带来资源

宜家通过最低价格、过硬品质、经济的产品开发、改善的购买流程和成本节约来获得利润(Kamprad 将之描述为一个"美妙异常的词")。

4. 以最节俭的方式求得最好的结果

"浪费是致命的罪恶。"

5. 简朴是一种美德

复杂的规则和夸大的策划会致使瘫痪。宜家人保持简单的格调与习惯,正如他们的组织方式。

6. 变其道而行之

宜家从一处树林中的小村庄开始起家。宜家让衬衫工厂生产坐垫,让制窗工厂生产桌架。下雨的时候宜家降低雨伞价格。宜家不走寻常路。

7. 专注——对我们的成功十分重要

"我们不可能会在同一时间在各种地方履行各种事项。"在宜家你要选出最重要的一件事去做,并在开始下一事项之前完成。

8. 担负起责任——义务感

"害怕出错是官僚主义的根源。"每个人都有权利犯错,实际上,每个人都有某种义务去犯错误。

9. 大多数事情还在等待去完成。灿烂的未来！

宜家还处在其光辉业绩的初步阶段。200 家商店不算什么。"从内心来讲我们还只是一家小公司而已。"

资料来源：Append，x 1，Edvardsson 和 Enquist，2009。

14.2.2　"宜家价值观"

一个关键的成功因素是公司的聘用制，人们可以分享宜家的愿景和价值观，在一起工作并耳濡目染这些价值观。比起"员工"，宜家更喜欢称"同事"，因为公司相信"同事"这个词汇更好地能反映出宜家经营的方式，公司强调不止是需要有人来做工作，而且是"与人们建立合作"（Edvardsson and Enquist，2009，pp.19—20）。宜家的人力资源政策是为所有同事提供机会，以达成个人和专业能手两方面的共同成长。这一点体现了价值的分享，如和睦相处、成本意识、尊重与简朴精神。为确保所有受聘人能够分享这样的理想，宜家还将其价值观清晰地传递给预备同事。作为对完成工作的出色能力的补充，宜家也不断深入探寻个人品质，如强烈的学习和提升的渴望、常识、追随榜样的能力、效率和人性。这些价值观对公司而言有着极其重要的历史意义，也是和宜家创始人 Ingvar Kamprad 出生的地方，瑞典的史马兰，紧密相系的。这块瑞典之地享受着节俭、简朴和充满人性的盛名，也为宜家如何建构组织及其同事应该有着怎样的言行举止树立了榜样。宜家的中心依然坐落于史马兰省阿姆霍特的一个小镇上，这个事实也进一步强调了这些价值观的核心。这些价值观也同样针对预备同事，应用于员工的营销中。这些都包含在 Ingvar Kamprad 所撰的题为《宜家价值观》的文本中，Edvardsson 和 Enquist（2009，p.19）归纳如下：

和睦与热情：我们尊重各自的努力。我们认识到我们需要彼此。每个人也都已准备好伸出援手。

持续革新的渴望：拥有改变的愿望，持续寻求更明智的解决之道。

成本意识：以更少的资源获得更好的结果。绝对不可在无价格标注的情况下生产一种产品或提供一种服务。要意识到即使很小的成本也容易积少成多。如果没有较低的成本，你也不可能给出较低的价格。意识到时间就是金钱。

接受与委派责任的愿望：我们必须使用有着更多接受与委派责任的愿望。不时地犯错是活力充沛的同事们的一项义务——他们也是有能力去将错误纠正的人。我们鼓励这些有渴望和勇气去担负责任的人。

人性与意志力：人们对待其他人和他们的理念的方式。深思熟虑、尊重、友好、慷慨、真挚、坦诚自己的错误、聆听他人——这是我们在宜家会鼓励的品质。人性与意志力关系到责任的担负，决策制定和付诸行动的勇气。

简朴：简单的习惯和精简的行动是宜家的一部分。我们必须始终不能忘记对他人表达尊重之意。

榜样的力量：通过你的行为树立一个良好的榜样，从而创建出健康向上的感觉和积极奋进的工作环境。

敢于与众不同："为什么不？"或者"还有没有其他方法？"我们鼓励我们的同事多多涌现非常规想法，并敢于试行。在宜家，在我们的观念框架中，去检验令人兴奋的新奇想法总是可行的。

努力回归现实：将工作实践与日常生活行为保持一致。

持续前进的重要意义：这意味着被寻求新目标达成的方式而不是被目标本身所不断激发。持续问自己今天我们所做的明天是否能够做得更好。

不畏犯错：允许人们不时地犯错，鼓励人们的首创精神，并有犯错的义务和之后纠正的举措。

14.2.3　IWAY 守则

遵照社会和环境责任而行动是宜家的主导原则之一。为确保这些原则能够贯穿至各个工作实践中，在 2000 年，公司推出了自己的行为守则——"IWAY"。IWAY 基于国际劳工组织（ILO）在 1998 年颁布的《工作权益中的基本原则》中所定义的八个核心传统，宜家将这些原则进行了更多衍生。IWAY 定义了供货商可对宜家有何期待以及宜家可对供货商有何要求。它明确了关于童工使用方面的要求，以确保公司的运营不会对儿童有任何损害。这个行为守则规定了当某供货商经发现使用童工，那么必须推出一项行为计划，以降低儿童极少从一处工作场所转移至另一处的风险（IKEA，2008，p.16）。

> **专栏**
>
> **童工的工作分类（IEKA，2008）**
>
> 童工是指儿童参与就业，这会干扰到一个儿童健康成长和身心发展的权利，否定他们接受高素质教育的权利。根据 ILO 的《最低年龄公约》第 138 条（1973），任何年龄低于 15 岁的人均定义为儿童，除非当地最低年龄的法令因就业或义务教育而规定一个更高的年龄，在这类情况下更高的年龄亦可属于儿童范畴。而依照发达国家的例外情况，如果当地的最低就业年龄设定到 14 岁，更低的年龄亦可适用。如果在任何生产或者经营场所发现童工的使用，宜家会要求宜家的供货商立即推出更正性或防护性的行为计划。行为计划须将儿童的最大利益纳入到考虑中来，譬如，家庭与社会条件和教育水平。需要关注到童工在供货商的一处工作场所中不可极少移换位置。

IWAY 文件还明确阐述了公司的环境政策，以及针对宜家所有产品生产环节涉及的所有人而提出的安全工作条件。宜家也要求所有供货商有义务遵循国内法律和国际惯例，并为所有员工提供健康和安全的工作条件。为确保所有供货商坚守 IWAY 条例，每个供货商至少每 2 年会被审查一次，既有计划内也有非计划内的审查执行。IWAY 的条例就在公开文件中，任何有意者都可以进入宜家网站查看到，这一点进一步显示出了公司所采用管理方式的透明。

IWAY 的升级版本强调了宜家以审查为基础的监管转变为与供货商携手合作，理解他们所需，以及为确保他们遵循宜家标准采取必需作为。在工作条件方面的启动要求事项已经确立，目的是帮助宜家选择能够分享其文化以及确有必要建立持久关系的供货商。中国是宜家最大的供货商，敦促其提高遵从度俨然非常重要。尽管宜家声明 IWAY 对其供货商已产生了积极的影响，但在中国仅有 7％的供货商遵循这一规范。在中国问题主要关系到工人薪酬、工作时长和社会保障，而大量的流动人口职工让这些政策变更的推行难上加难。在欧洲，有 80％的供货商符合业内标准，合规度最高的是美国供货商，遵从率达到 91％（IKEA，2008，p.11）。

14.2.4　宜家的企业社会责任

宜家在其各种社会项目中采取的是一种谓之全面整体的视角。这意味着他们介入各种社会项目期望得到的是一种持久不衰的改变。这些项目的施行也是在"宜家社会项目"的工作框架中进行的。宜家多年来一直在同联合国儿童基金会和儿童拯救组织（Save the Children）密切合作，致力于儿童权益改善。一些较大的项目已经在印度开始实施，在那里，宜家和联合国儿童基金会并肩战斗，处理一些问题产生的根因：债务、贫困和教育资源的匮乏。通过这一工程，超过 8 万名儿童获得了接受教育的机会，而没有宜家注入的努力，这几乎是不可能实现的。宜家同时也领衔着一些世界范畴的捐助项目，像 2008 年发起的"宜家软玩具竞选"活动，在超过 20 多个国家的 40 多个项目中每售出一个软玩具，公司就会捐出 1 欧元（IKEA，2008）。

对于确保产品致使的最低环境损害，以及其中是否包含有害材料上，宜家也强调尤甚，在 2007 年的《社会与环境责任报告》，以及 2008 年的《可持续性发展报告》中，宜家确保公司能够遵循这类目标所正采取的举措跃然于纸面。宜家的企业社会责任工作最基本原则之一就是他们和各种 NGO（非政府组织）、贸易联盟及其他许多组织机构共同努力，以求在社会与环境领域形成积极的影响力。比如，在不少宜家的生产国家里，都与 WWF（世界自然基金会）有着林产、棉花和气候改变方面的项目合作。在 20 世纪 90 年代面临过童工指控问题和环境问题之后，现在宜家已经建立起了明确的指导方针应对这些社会和环境问题，正如在前文 IWAY 所谈及的要点那样。这些指导方针向宜家产品的供货商们施压，要求他们来遵从公司确立的规范，并包括双边努力强化员工的权益，对抗腐败。CSR 活动也贯穿了其经营的每一领域。例如,现在所有商店内只出售经过合格验证的咖啡,而这类咖啡的生产也是在考虑到当地环境和社区状况的条件下。

宜家在 2007 的《社会与环境责任报告》中也体现出了公司在涉及环境影响力和使用可再生材料方面的进程和发展。2009 年的目标是在所有宜家产品中实现 75% 的可再生材料含有率(高于 2007 年的 71%)。对宜家而言,最重要的原材料之一就是木材,这是既可再生亦可再利用资源。宜家的长期目标是仅从那些被予以资格进行责任监管的森林购买木材,宜家的审查员会亲临伐木工厂,同宜家的贸易服务办事员一起,监督供应商履行标准规范。"热带雨林联盟"(Rainforest Alliance)的 SmartWood 项目也同样对宜家的工厂进行了少数的供应链条的审查。该公司同时还与 WWF 联袂合作,阻止一些国家的非法伐木行为,包括老挝、柬埔寨、越南和俄罗斯,还有一些较大的东欧生产国家,像罗马尼亚、保加利亚、乌克兰。中国和俄罗斯一起并列为最主要的木材资源国,是更需要优先关注的区域。在中国,宜家和热带雨林同盟一起,致力于森林监管意识的增强,探讨森林管理最佳的操作方案。伴随环境规范在中国的不断提升,从 2006 年至 2007 年间,授权许可成为木材供应商的数量增多了 30%(IKEA,20007)。

14.3   价值观共鸣的行业典范

Edvardsson 和 Enquist(2009)为可持续性价值观为基础的服务行业发展提出了五项原则。我们不妨使用这五项原则来描绘一下价值观共鸣。

14.3.1   原则 1:强有力的价值观会驱动顾客的价值取向

坚定的价值观形成了公司文化的根基。能够把顾客的价值观以及更广泛的社会的价值观串接起来,那么强有力的公司价值观就会为经营发展提供正确的方向和不竭的能量。一些具有革新精神的服务行业经常就是由兼具明确的愿景与强烈使命意识的企业家一手促建的。这种洞察与使命通常就是紧紧围绕个人价值观而形成。

坚定的价值观也并非没有必要改变,实际上它们都是比较活跃的,并可变得更加强而有力,从某种意义上说,变得更明确、更有意义,也与经营模式更好地融合。这些价值观,就是顾客所建立的纽带关系的基础,也进一步代表着意义重大的忠诚度的驱动力。

宜家在俄罗斯的大刀阔斧就为这一原则提供了一个很好的参照。之前宜家的任务是快速建立和发展起宜家的俄罗斯分部,使之成为一个大的经营场所,将愿景转为实际运行。来自宜家的 Lennart Dahlgren 就是将愿景化为现实的主角。他的有关于"领导能力、热情和执著"以及在"宜家热爱俄罗斯"（Dahlgren，2009）中所展现的作为就是一个典型的"以价值观为基础"的冒险工程。如果来评价一下宜家在俄罗斯的投资，那么事情会变得十分有趣。公司在这个项目上注入的投资比在其他任何国家都要多。宜家不仅为了自己在俄罗斯的经营而建起一座购物商场，还同时设立了一系列的购物中心。根据 Dahlgren（2009）的分析，该项目成功主要有两个基本的原因。首先是 Ingvar Kamprad 个人的理念注入（基于他的企业愿景："为大多数人创建更美好的每一天生活"），还有他坚持不懈地寻求机会，而非寻求问题。Kamprad 对宜家俄罗斯的管理给予了全力支持和自由，而管理就需要对俄罗斯当地背景状况的充分了解，才可将任务继续推行。另一个原因就是宜家以价值观为基础的文化，这一点为每一个即将来临的难题保证解答形成了策动力。宜家的价值观提供了方向和指导，不仅是在路途坦荡顺利航行时，同样也在挫折逆境与情况恶劣时。尽管价值观和公司政策在工作流程中一直占据重要的地位，但在一个权力分散的组织中，许多地方仍可能会出错。在 2010 年 2 月，宜家宣布解散了位于圣彼得堡的大型中心运营部门的两个高级执行部门。他们有实施贿赂的嫌疑，而贿赂对宜家各公司机构来讲是完全不可接受的。宜家的创始人 Ingvar Kamprad，2009 年夏在一家瑞典广播栏目中，就已声明宜家被电力与燃气供应商相关的事件诈骗走了 2 000 万欧元（Press release IKEA 2010.02.13；Swedish Radio http://mobil.sr.se/2010.02.13 at 10.29）。

　　总之，在一个以价值观为基础的公司可持续性发展中，价值观在员工、合伙人、供应商，及其他相关利益者和媒体的关系间是有着十分突出的意义的。

14.3.2　原则 2：把企业社会责任作为可持续经营的一项策略

　　可持续性的、以价值观为基础的服务行业一般来说对 CSR 会有较大的投注，这也使得在评估和改善的努力中，质量认定体系、合理的业绩指标、三重盈余（TBL）设想和各种非政府组织的参与成为可能。

　　怀有一种社会和环境责任心，就会刺激精益生产、精益消费、能源节约，以及对表面"废品"的创意利用。社会和环境责任也会对长期效益产生有益作用。

　　CSR 对于任何行业任何公司的重新设想都是十分重要的。积极地利用 CSR，公司能够"横向地"思考如何寻求"明智"的问题解决之道，因此，价值观逻辑也驱动着价值创造的逻辑。宜家和联合国儿童基金会在印度的合作就说明了把 CSR 作为可持续经营策略的重要意义。

　　　　在 2000 年，宜家参与了联合国儿童基金会在印度的工作小组，帮助阻止与消减"地毯带"地区使用童工的状况。双方都确信童工问题最好要从根源处理，比如边缘社区的债务、成人失业、贫困、病弱与残疾，以及儿童缺乏基本素质教育。其具体项目是围绕一些防止雇佣童工的策略，唤起民众意识，动员乡村社区，并开展入学推动工作，敦促儿童进入小学读书，同时也建立了一些可选择性学习中心(ALC)作为接受正式学校教育前的过渡。在小学的工程建设上,宜家项目对政府将所有 6—12 岁儿童登记入学的努力起到了补充作用。那么对社会的益处表现在哪儿呢? 乌塔尔邦的儿童权益工程快速发展,现如今已覆盖超过 100 万人口,这其中有近 35% 的比例涵括了居住在东乌塔尔邦 500 个村庄内的 14 岁以下儿童。入学敦促和 ALC 项目推行的结果就是,在 500 个村庄的 8 万名失学儿童现如今可以进入小学读书。在未来时间里宜家和联合国儿童基金会会继续这些项目,在筹划中纳入该区域内更多的村庄和更多的人口。自助策略也发展了女性经济,提高了她们的社会地位,提升了她们在家庭和当地社区内的自信与决策能力。通过教育和经济机会如小额贷款,女性及她们的家庭已经开始打破债务、让儿童务工,以及当地放贷人的剥削利率所致使的恶性循环。对于公司的益处又体现在何处呢? 宜家与联合国儿童基金会的合作关系使得公司能够在支持儿童和女性以及他们的学习和发展机会的同时达成自身的商业目标。尽管无法量化这一底线,宜家的行动为自己打造起了信任这一意义重大的资产,覆盖到了他们所触及的所有社区。

资料来源:Edvardsson and Enquist,2009; Enquist et al.,2007。

14.3.3　原则 3:共创价值的服务体验

由于很多的服务种类都是以体验为基础的,所以公司应把目标定位在为顾客打造及提供"试用"选择,让他们能够在购买与消费前就能够对服务有所体验。宜家就为顾客打造了多种多样的机会,去进行价值的共创。这其中最有名的例子,宜家商店内的体验室也是首次到访者最容易产生反响的东西。这些体验室都是模型化的公寓或房间,全部都布置了宜家产品,这使得顾客能够深切体验到宜家产品的组合,并对这些家具组合在家中的具体布置了然于心。一位英语在线博客的博主在光顾过离伦敦不远的克里登市的宜家商店后,这样描述了自己的亲身体验:

始终挤满了消费人群,流连在那些仿真的斯堪的纳维亚家居设备旁边,同其余品牌比较着,然后再排斥其余品牌,在这些现代的完美结晶上拔不开双眼,也将自己投射进一个错觉般的、超凡脱俗的现代生活中。这是一次游览了艺术长廊般的体验。更具体一点说,这就像是在泰特艺术馆经历的一次旅程(每年 360 万的光顾者)。观摩。流连。自忖。渴望。对比。凝视。幻想。总是享受不够。陶醉不已。又总是了解不够。

一个精心设计的服务理念应当包括一个"体验室",模拟面向顾客的服务设施。宜家全世界内的"体验室"都有着相似的设计,大部分家具都来自于同一组套装。在这种通用的定制下,各式迥异的体验室被打造出来,旨在吸引不同的目标群体。所有的体验室都与人们的日常生活紧密关联,像是睡寝、餐饮、工作和娱乐。例如,客厅的设计就是一方"真实"客厅的逼真呈现,包括恰如其分的家具、织品、灯光、书籍和电视。顾客通常会买下体验室里所有的产品类别,因为藉此他们能够清晰地想象出自己客厅的具体模样。即便他们什么也不买，这些体验室也会成为他们一个巨大的灵感源泉，能够让顾客还在体验室内驻足时便激发出许多新的妙意。顾客在商店内的这些体验室进行体验时，经常深深沉浸其中，试用这些家具，讨论如何将这些家具安置于家中，除此之外他们还不断向宜家员工进行咨询。同样，他们也会有问询包含型号、颜色等等信息的大型数据库的机会。

体验室内也同样可以放入顾客房间内同等型号的家具，这一点又为顾客体验提到了一种升级版模式"超真实感"，为真实家居生活中的各种问题呈现出绝妙的解答。在 Edvardssson 和 Enquist 进行的一次私人采访中，一位宜家区域公关经理对于宜家"体验室"的打造理念给予了以下阐释：

> 我们把所有东西准备齐全，我们悉心打造出一处空间，向顾客展示出各种生活问题的解答……让他们的居家生活变得更加美好。（我们向他们展示了）如何装饰他们的房间，如何安置他们的家具，如何搭配室内的灯光，并且（我们提供）如何提升他们房间装饰档次的贴士和主意。体验室可以是一间客厅……一个厨房或者……一间卧室……房子内（所有）不同的空间我们都会尽量展示出我们的产品以及专家的意见，以便在他们的家中也能够创造更美观的环境氛围……我们能够做到这些，原因就是我们所售卖产品种类的丰富多样。我们可以将它们组合到一起，令它们充满吸引力。我们尽量也保持创意的新颖，以便为顾客每一次光临提供全新的体验。这一切都是建立在遵照现实的基础上的……在商店内……我们会尽力做到与现实生活相切近。（Ibid，p.51）

体验室融合了功能性与情感因素的介入，创造出了一种使人愉悦的顾客体验。"超真实体验"被认为是一种借助家具、装潢和服务设施的组合而实现的真实的现实(Edvardsson et al.，2009)。创造这类体验既需要认知力又需要情感精神能动性的参与。虽不是真实的生活条件再现（或者像宜家所倡导的"每日生活的条件"），体验室的"超真实体验"却非常近似于顾客的日常生活体验。这些体验室唤起了讨论、鼓励了互动，也提供了灵感。

宜家同样也开发出了一种互动服务项目，顾客可以自行设计厨房的新貌。宜家厨房策划软件是一个顾客能够在宜家网站上下载的项目，顾客能够在一个三维环境中勾勒出他们自己的厨房空间，然后用宜家各式不同的产品类别进行组合实验，以创造出他们自己的厨房面貌。这是一种高度互动的程序，也是商店内体验室"超真实体验"的拓展服务。

14.3.4 原则 4：针对价值观共鸣的服务品牌与传播

品牌就是一个公司何以为存的最鲜活的表达，它们传达出了该公司的产品与服务能够给人们带去什么。然而，如果一个公司高估了他们产品的价值，结果就会无法去传递价值（正如顾客所认为的那样），这会制造出一些适得其反的反响——既在市场方面，同时也在公司的员工之间。成功的品牌不是从天上掉下来的，而是公司以价值观为基础的理念自然演变的结果。这样的品牌进而就能让以价值观为基础的公司不断拓展，并与顾客、员工和其他相关利益者紧密相连。成功的公司经常会在营销方面挑战成熟的观点，寻求新的主意和更富吸引力的创见。这些主意可以是积极进取的，但必须同时与市场上的顾客价值观取得共鸣。价值观为基础的品牌必须融合对顾客有吸引力的价值观，避免和不悦人意的价值观有所干系。价值观共鸣（包括在公司机构内的和之外的）是一个以价值观为基础的服务型公司可持续性发展的基础。使用 CSR 去稳固一个以价值观为基础的品牌，也并不止是与顾客进行 CSR 式的业务往来这么简单，而是关乎到使用 CSR 作为经营策略的根本，确保服务品牌（以及与所有相关利益者之间的业务往来）与公司、顾客以及更广泛的全社会价值观取得共鸣。

宜家的市场营销聚焦于顾客价值，业务往来也关系到如何能够与顾客共同寻求现实中家居生活问题的解决方式，由此将生活品质提升得更加美好。在产品名录、小册子和网站上的广告宣传均与这种价值命题相关。家具本身并非是关注点所在，关注点是使用这些能够提供个人化时尚感的材料资源并解决他们真实生活中各种不同的问题时意识到的价值所在。一份来自 2006 年总结品牌形象的宜家文件对此阐述如下：

> 我们的付出、我们的言行、我们供应的产品、我们所定的价格、我们业务范畴的推广，还有提供给顾客所有的信息——这所有一切都会作用于我们的形象。宜家市场营销与业务往来的整体目标就是建立宜家品牌，激发人们来光顾商店的渴望（Edvardsson and Enquist，2009，p.67）。

宜家价值观也为其品牌的经济性、社会性和环境性的范畴定位奠定了基础。这些价值观也使得宜家品牌能够脱颖而出——并非仅是一种感性的表达，而同样也是向顾客转达这些理念的用辞与格调。宜家会挑战成熟的行为模式和思维定势，如此，业务往来便已不再仅是一种传递价值观的工具，它自身也成为一种"价值"。在品牌与顾客之间，以及品牌与各种其他相关利益者（如宜家的合作单位及供货商）之间形成的强烈纽带关系有着充足的论据，两个小例子的研究会论证这一点：宜家在日本和在中国。

1. 宜家在日本

2006 年，当第二次进入日本市场时，宜家尤其侧重于其市场营销策略。为确保这次市场开发能够成功，在日本开第一家商店前做了大量的市场研究。正如 CEO Anders Dahlvig 所坦言：

> 我们花了五年的时间来筹划。我们需要寻找一个切入点，还有许多法律规则、关税义务需要去遵守和履行。并且我们需要了解日本人民的生活方式。我们探访了 100 个家庭，和他们促膝而坐，并且询问："你的职业是什么？你的孩子们在哪里就寝？你怎么同他们相处、玩乐？"（Edvardsson and Enquist，2009，p.72）

由于在日本的家庭生活中,女性在购买室内装潢物品的决策制定上有着重要的影响力,宜家在该国推出它的理念时就专注于女性顾客。活动使用的标语口号诸如"家是世界上最重要的地方";"今天你关爱你的孩子了吗?";"今天就守护在家里吧!"都是为了突出家是最重要的场所的理念。其在日本的广告宣传更具有争议性,以至于一家地铁龙头公司直接拒绝使用大幅广告展板,坚持声称这样的广告讯息会导致人们不去工作而只愿意呆在家中。宜家在整个东京市区内布置了 14 个室外展览厅,谓之"宜家 4.5 博物馆"。这一名称是指铺 4 张半榻榻米床垫(传统的日式地板床垫)的日本典型居室的尺寸,也彰显了宜家家具是如何能够在多数日本顾客居住的狭促空间中创造更多贮物空间的解决办法。宜家还在其新的东京旗舰店周边进行了扩展宣传,致力于包括报纸广告、巴士广告,以及 15 千米半径内所有当地楼梯广告的宣传。这类活动达成了目标,有效地传达了宜家想要改善在日本家具市场现状的讯息。一些寓意"压缩的生活"展示柜的展览举行也是为了确保日本人民理解宜家的理念。在宜家的神户店于 2008 年开张时——位于人工岛港的国际商业经贸区——这种富有创意的营销活动仍在持续。公司重新装饰了一整列将宜家商店与神户市区相连的单轨火车。火车的外表覆盖了一种知名的芬兰 Marimekko 公司的织物风格,火车内部则经过翻修,打造成了栩栩如生的宜家展览室,装备了宜家的沙发和布帘,一些区域甚至布置了新的墙纸。这种"火车整顿",一如日本市场新闻报道给其贴上的标签,吸引了可观的媒体注意力,并成为博客圈内的讨论热点(http://www. japanmarketingnews. com/2008/04/great-japanese; http://www. culture-buzz. com/blog/IKEA-Creative-Street-Marketing-Japan-1610. html; http://design. socialblog. us/2008/04/20/ikea-unconventional-street-marketing-lately-in-japan/; http://www. thetrendwatch. com/2008/05/12/ikea-japan-is-on-the-right-track/)。

2. 宜家在中国

宜家进入中国市场是在 1998 年,并筹划截至 2012 年要在全国内开张 12 家商店——根据宜家的标准算是一个较慢的速度,因为尽管中国如今是世界上最大的宜家产品生产国,但亚洲市场在当时只占宜家营业额的 3%。宜家的理念在西方国家已取得了成功,但是中国和西方国家有着文化和经济上的巨大差异,这也可以解释宜家进入中国市场缓慢的原因所在。宜家品牌最显著的特征之一就是它的廉价——而在中国这样的发展中国家实现这一点却非常具有挑战性。在中国,宜家被视为一种非必需的奢华品牌,而一款著名的廉价商品"比利"书架——在中国却被认为是一种奢侈品。为了保持价格的低廉,在中国的商店开始不断推出越来越多在中国国内制造的产品。这个策略意味着宜家可以回避开发展迟缓以及昂贵的进口成本,且让公司在 2003 年至 2009 年间将价格降低 30%成为了可能(Johansson and Thelander,2009)。

宜家的研究显示中国的女性在关系到家庭事务方面都起着主要决策作用,因此宜家在中国的广告宣传主要以女性为目标群体。宜家相信女性也更容易去接受改变,也相信自己的理念与这种社会轮廓恰然相宜。目标群体在 25 岁至 35 岁之间,平均顾客年龄大概 30 岁上下——比起西欧国家的顾客而言要年轻得多。宜家在中国专门选择大都市安置商店,选址通常都是在市中心,和在欧洲有着很大的不同。这是因为很多顾客都没有私家车辆。顾客通常都是教育良好的人,其中许多都是来自于被称为"自我的一代"或"追求生活的一代"的那部分人,外国的顾客品牌对这些人有着较强的吸引力(Schütte and Ciarlante,1998,p.139)。在中国的目标群体也比在其他国家更加富有,按中国的标准来说这些顾客的平均家庭收入会较高一些。

宜家在世界范围内营销的一个显著特征就是宜家产品种类,用 17 种语言划分成了 38 种不同的类别。然而,基于中国市场的大小,宜家发现很难把所有种类用成本的方式进行有效地划分,因此会对各地商店收缩产品的配额。不过,宣传小册子会每年向商店分配数次。宜家在中国的电视广告遵循了在世界其余国家同样的格调,聚焦于宜家如何为生活带来小小的、低成本的改善。宜家中国同样推出了一系列创意斐然的公共关系活动,例如,在电梯中一个不影响他人的区域安置上宜家家具,来显示宜家在某些即便毫无生趣的空间中都可以提供一种更美观的环境氛围。

宜家规范的产品供应——该公司的另一点重要特征——在中国市场中得到了拓展,推介了一些新的产品,如炒锅、筷子和切刀。自此,这些产品也在中国以外的国家的商店内开始推行。在中国的商店也会为中国的新年制造一种独特的茶具,近期还销售一种和欧洲国家的对应类别相比较短一些的床具。宜家在这里所面对的——正如其他成功的西方国家的公司在这里所面对的一样——他们的产品被本地商店所仿制,故其营销策略是更多致力于内部设计的专业性,而非只是对产品专属的强调。

同样,商店经过调整,来反映中国顾客的现实生活:调整厨房和其余房间的大小,来反映中国家庭中的情形。另一个贴近宜家文化核心的方面——个人装备家具——也是另一处经过了调整的核心方面。在中国没有 DIY(自己亲手来做)的文化,许多顾客光顾当地小商店时习惯了家具贸易商体贴的服务。由此公司也雇用了专门的员工,来向顾客讲解公司的理念、运送与组装的服务体系也由此形成。

公司也对已经规范化的理念进行了调整,来适应当地的市场环境。这一点在重新进驻日本市场时也是很醒目的,我们之前一小节也已提出了。由于中国的市场与其他市场截然有别,而中国的顾客也将宜家的产品视为昂贵而非便宜,宜家不得不调整了其核心原则中的几项。Johansson 和 Thelander(2009)也论证了宜家学会了他们的原则并非放诸四海皆准,把当地的市场背景考虑进来,确保公司盈利性的市场拓展也是尤为重要的。

为能够成功与可持续发展,一个公司也需要关注到一些能够吸引顾客、员工和其他相关利益者的价值观念。一些价值观如社会道德行为和环境责任义务会较容易制造同这些重要的相关利益群体的"价值观共鸣"（而非"价值观冲突"）。从这一方面来说，宜家品牌是由其成本意识、灵活设计、推陈出新，以及社会与环境责任感的紧密结合而确立。顾客用宜家的产品来布置家居，也就等于（向别人和自己）体现了这些代表着一种前瞻性和一种一般而言的生活优先选择的紧密结合。用这种方式，以价值观为基础的品牌策略就会与家居生活紧密相连，并且为顾客带来更美好的生活。

14.3.5　原则5：以价值观为基础的服务对价值观念的引领

想要稳固可持续性发展，以价值观为基础的公司需要强有力的以价值观为基础的领导机制。一个建立在企业家经营模式基础上的公司通常会有一个原始的企业家价值观和领导风格，来作为未来各种领导者推选的模板。不过对于后来的领导者而言，挑战就在于如何发展这些价值观，并转达其在今天的意义。为了能向当代人传达这些价值观，领导者就需要对这些价值观"身体力行"。领导风范便是指"说到做到"，而同时"说到"和"做到"对员工又须当合情合理，鼓舞他们更多致力于服务顾客，从而创造出相关利益者的价值，传递的方式则是通过与员工、合作伙伴、供货商和顾客之间的互动往来。真正的领导者也会由此花时间和顾客以及员工在一起，从他们身上不断学习。好的领导者不仅是受价值逻辑的引导，同样也会受价值观逻辑的引导。

宜家开创了一个强有力的文化体系，建立于真正的领导才干和知识共享上。大多数宜家的领导者都是在集团内部发展，并经过鉴定和提拔的。在宜家的人才网络中，价值观和组织才能是以知识共享和真正的领导机制来培养的，领导者也都是凭靠他们的个人价值观念、才干、潜力和迄今他们已传递的东西来获得提拔。宜家价值观在领导者和同事间的共享，确保了公司内的价值观共鸣并为可持续性经营发展提供了能量和指引。在一次私人访谈中，宜家在中国的公关经理许丽德（Linda Xu），描述了Kamprad和Anders Dahlvig（前宜家CEO）在向员工传播文化与价值观中是如何对别人起到表率作用的：

> 他们给我们举了一个事例。我记得这个事例，超过70岁高龄的Ingvar Kamprad，坐在经济舱中飞来中国。尽管他是一个富有的人，作为宜家的创立者而声名远扬，他依然还是购买经济舱的机票。我为这个做法深受感动。无独有偶，宜家的CEO Anders Dahlvig，2008年从瑞典飞到中国的广州，全程也是经济舱……没有任何随行人员……另外，CEO都没有一辆宜家为其配备的专车（或司机）。在中国[这样的事例也得到了效仿]，宜家的总监没有私人办公室，他用的工作台和我用的是一样的，也没有自己的秘书。总之，宜家并非是用一种强制性的结构体系将它的价值观和文化深植人心，也没有采用某种灌输价值观和文化的基本培训课程，反而，所有的同事们都会在他们每天工

作中所见的榜样的表率中汲取宜家的文化与公司价值观。结果就是，这些价值观和文化也会成为他们每天生活和工作的基础。

（Edvardsson and Enquist，2009）

14.4　宜家的经验总结

价值观共鸣是如何驱动了顾客的可持续性价值？现在我们可以在对宜家的研究中总结出一些经验。首先，我们会来探讨一下从宜家的经营方式中学到的经验对于其他零售机构有何意义，然后再来总结出各种服务行业可分别借鉴的东西。

在一个全球化的世界里，经济型的供货商链条已经进入"日用商品化"的升迁（Friedman，2005，p.344）。零售行业也不例外，沃尔玛就是个典型的例子。尽管这样可以带来更低的价格和便利性，负面效应却会带来人为控制和剥削的余地。就宜家而言，"日用商品化"过程强调了更低廉的价格与更好的质量，并遵循可持续性的环境与社会标准。由此宜家为新的全球化经济开创了一个经营典范，也即成本消减，但并不牺牲质量和脱离严格的社会与环境规范（Konzelmann et al.，2005）。宜家当然并不是唯一彰显出长期的可持续经营态势的零售公司。H&M 提供环保的产品，将购物升级为轻松愉快的体验。The Body Shop 基于他们价格合理的产品，力求为顾客在商店内以及在家中提供一种舒心惬意的顾客体验（Edvardsson and Enquist，2009）。生活时尚用品零售商家 Patagonia 以及它的企业创立人和所有者 Yvon Chouinard 同样也成为"地球同盟"价值观的杰出代表（Chouinard，2005）。

回到宜家，我们为分支学习总结了七个方面。我们相信，其他的公司机构在他们的奋斗历程中也可以使用到这样的内在洞察，去履行 CSR，发展出一种能够被领导者和同事所理解、接受并支持的服务主导的内在文化，并同顾客以及其他相关利益群体的价值观取得共鸣：

1. CSR 策略是宜家公司文化和经营模式的一个重要组成部分。

2. 宜家强有力的、灵活的价值观为领导者和员工提供了能量和指引。价值观的共鸣也有助于在策略和实践两个层面上进行更好的（以及其次的）管理操作。

3. 宜家与各种非政府性组织发展出了非常积极友好的关系，有助于为其经营扩展公众的信任度。

4. 价值观共鸣有助于借助宜家行为规范来管理宜家价值链条上的所有活动。IWAY 为出色的人力资源管理、流水线生产和物流活动提供了详细的指引，不仅是在成本方面，而且还表现在社会和环境的参数上。

5.《一个家具零售商的圣约》就体现出了价值观的共鸣，并也和宜家的任务与愿景紧密相连。这份《圣约》需要让不同地方的（不同文化背景下的国家和地区如中国台湾、美国、马来西亚、挪威和德国)无论是新或是老的市场中所有宜家的领导者与同事进行理解与诠释，同样，它也始终会将人们的视线带回宜家的初衷。这在宜家的 CSR 策略活动中都有所体现，并也能够如实看到。这些活动的筹划是用来平衡经济、社会和环境的视角。比如，一些原则像"利润带来共鸣"、"以最节俭的方式取得最好的结果"，以及"专注——对我们的成功尤为重要"可视为与经济视角相关；一些原则如"简朴是一种美德"、"变其道而行之"与环境问题以及降低自然资源的使用的挑战紧密相系；而"承担责任——每个人的特权"则与社会和环境视角相关。

6. 宜家的经营理念是"以大多数人都可能担负得起的低廉价格，提供更多种类的设计精良、功能实用的家居产品"。宜家根据当地环境资源、供货商、同事，甚至是顾客的情况调控策略资源，这些资源也会在全球策略和服务体系中经由整合，加以应用，从而开创一个全球性的商业经营。

7. 身体力行且灵活的领导机制可能是取得价值观共鸣、获得持续性顾客价值的最重要因素。一个以价值观为基础的公司需要一个以价值观为基础的领导机制。由企业家引领的经营模式通常会应用到企业家的原始价值观和领导风格作为将来任选领导者的表率。继任领导者的挑战就是发展这些价值观，并传达它们在今天的意义所在，而要想将这些价值观为同时代人所共享，领导者就有必要成为价值观的代言者，去"身体力行"。领导才能所指的即是"说到做到"。

14.5　学习目标

这一章给出了有关零售公司在全球市场中如何操作的一篇很好的文章。那么主要的讯息是什么呢？

- 零售业在全球经济中已是一个成熟的行业。而它如今面临的挑战就是风起云涌的社会趋势使得行业内的参与者重新确立自己的观念，变革经营的模式以及他们与所有相关利益群体的相互关系，尤其是顾客、员工、供货商与一些重要的非政府机构。零售公司必须从价值观角度来寻求共鸣，因为价值观驱动了价值远景，且会作用于实用价值，如果顾客规范与信任，以及服务或产品的品质、公司核心价值观与社会基础价值观两个方面均存在共鸣的话。

- 基于价值观逻辑之上的强而有力的公司文化会对公司内部，以及公司外部的顾客以及其他相关利益者而言都会有据可依，并融合入对价值共创逻辑的经济现实(具有吸引力的产品与服务品质、时间与成本)的集中理解，成为经营发展一个强而有力的驱动力。

- 基于 S-D 逻辑之上的以价值观为基础的服务行业，是以顾客为导向，并与顾客紧密相连，建立于价值基础之上的经营模式，人际关系处理便是分享价值观、分享意义。

- 一种可供变革与可持续性服务行业参照的有价值观共鸣的行业模式：
  - ——强而有力的价值观会驱动顾客价值、价值观，这些通常会由有着一个清晰的愿景和强烈的使命感所创造，并随着时间推移，会重复创造和更新。
  - ——CSR 会应用到可持续经营之中，从中社会与环境责任会刺激节约制造、节约消费和节约能源，且能够有助于长期远景下的盈利。
  - ——服务体验，包括"体验室"在内，会刺激到顾客的价值创造过程。
  - ——服务品牌与理念传达与公司价值观（与任何不如人意的价值观念无关）、顾客价值观以及更广泛的社会价值观取得共鸣。
  - ——服务领导对价值观身体力行，对顾客、员工、供货商和一些合作伙伴如各种非政府性组织事必躬亲。

14.6　结论与管理启示

以价值观为基础的服务是作为一个可持续性经营模式来为服务供货商推介的，而价值共鸣是作为顾客价值的一个主要驱动力而提出的。可持续性经营模式将关注点从以监控为基础的行为规范升级到以价值观为基础的行为规范，通过这一点企业社会责任与可持续性发展便被认为是针对相关利益群体的价值创造与价值语境的驱动力。宜家的"全球综合性企业"拥有一个鲜明的经营模式，综合起了经济、环境和社会远景，来作为顾客体验、同事与供货商的责任与权利、服务品牌的共鸣和身体力行的领导机制的卓越、革新和持续发展的基础。

本章对全球经济下的零售行业的管理启示，就是强调了建立一种经营模式的重要意义，而这种经营模式并非是为下达指令、监控管理和短期盈利。反而，我们要传达的讯息是一种新型的领导机制和策略，积极地以及应变地运用社会与环境远景，来将整个行业经营与共享的价值观及共享的意义完好地相融。宜家已经证明了这一点是可行的。一些更小的因素，在零售行业中可以缩小至更小的范畴来对待，向大的商企更多地学习，但尝试以"我的方式"去操作，切不要忘记，创建一份成功的零售事业，就是在"尝试与错误"中前行。

讨论要点

现代零售公司一个巨大的挑战就是协调一种新型的经营模式、市场营销和品牌策略、供应链条、产品、服务和供应品，为顾客及其他相关利益者所定义的金钱创造更多的价值。

　　本章所学到的经验，是一个公司在全球经济下的行动是不断变化的——在结构上、操作上与文化上都在变化。我们应当如何来看待这点在各种各样的公司和零售行业的各个部门中的体现？

　　另一条经验是，由共享价值观和共享意义所传达的强有力的价值观所推动的公司，其行为方式也可以迥然有别。我们应如何把这一点应用到零售行业中去，来引导变革、复兴以及开创一份更具持续性的事业？

　　探讨一下在过去 10 年里三个经营成功的与三个不成功的零售公司，阐述他们的(a)经营模式；(b)公司核心价值观；(c)企业社会责任；(d)领导原则；(e)顾客价值。

　　关于可持续性零售业和宜家的深入阅读，我们推荐在 Edvardsson 和 Enquist (2009)的文献中所提及的由创始人及企业家 Ingvar Kamprad 所撰的《针对可持续性经营的以价值观为基础的服务——宜家的经验》。同样也可以在 Patagonia 创始人和企业家 Yvon Chouinard 的撰著《让我的亲友们尽情冲浪》(*Let My People Go Surfing*)(Chouinard，2005)中阅读他的故事。

参考文献

Bhattacharyya, S. (2010) Exploring the concept of strategic corporate social responsibility for an integrated perspective, *European Business Review*. Vol. 22, No.1, pp. 82–101.

Chouinard, Y. (2005) *Let my people go surfing*. Penguin Books.

Dahlgren, L. (2009) IKEA älskar Ryssland En berättelse om ledarskap, passion och envishet (in Swedish) (IKEA loves Russia. A story about leadership, passion and stubborness) Natur & Kultur, Stockholm.

Edvardsson, B., and Enquist, B., (2002), 'The IKEA Saga': How Service Culture Drives Service Strategy, *The Service Industries Journal*. Vol. 22, No. 4, pp. 153–186.

Edvardsson, B., Enquist, B. and Johnston, B., (2005), Co-creating Customer Value through Hyperreality in the Pre-purchase Service Experience. *Journal of Service Research*, Vol. 8, No. 2, pp. 149–161.

Edvardsson, B. Enquist, B. and Hay, M., (2006), Values-based service brands: narratives from IKEA, *Managing Service Quality*, Vol. 16, No. 3, pp. 230–246.

Edvardsson, B. and Enquist, B., (2009) *Values-based service for sustainable business – Lessons from IKEA*, Routledge.

Enquist, B., Edvardsson, B. and Petros Sebhatu, S., (2007), Values Based Service Quality for Sustainable Business, *Managing Service Quality*, Vol. 17, No. 4, pp. 385–403.

Enquist, B., Edvardsson, B. and Petros Sebhatu, S. (2008) Corporate Social Responsibility for Charity or for Service Business? *The Asian Journal of Quality*, 2008, Vol. 9, No. 1, pp. 55–67.

Friedman, T.L. (2005) *The World is Flat: A Brief History of the Globalized World in the Twenty-first Century*, London, Penguin Books.

http://advertisingforpeanuts.blogspot.com/2006/04/ikea-outdoor-showroom.html; http://www.japanmarketingnews.com/2008/04/great-japanese; http://www.culture-buzz.com/blog/IKEA-Creative-Street-Marketing-Japan-1610.html; http://design.socialblog.us/2008/04/20/ikea-unconventional-street-marketing-lately-in-japan/; http://www.thetrendwatch.com/2008/05/12/ikea-japan-is-on-the-right-track/.

IKEA Fact and Figures (2010) Available http://www.ikea.com (accessed 4 Feb 2010).

IKEA (1995) *The Key*, Inter IKEA Systems.

IKEA of Sweden (1995) *Democratic Design*, booklet published by IKEA of Sweden, Älmhult, Sweden to mark IKEA´s 50th jubilee.

IKEA (2007) IKEA Social & Environmental Responsibility Report 2007, Corporate PR, IKEA Services AB.

IKEA (2008) IKEA Sustainability Report 2008, Corporate PR, IKEA Services AB.

Johansson, U. och Thelander, Å. (2009) A standardised approach to the world? IKEA in China, *International Journal of Quality and Service Sciences*, Vol. 1, No. 2, 2009, pp. 1999–2009.

Konzelmann, S.J., Wilkinson, F., Craypo, C. And Aridi, R. (2005) *The Export of National Varieties of Capitalism: The cases of Walmart and IKEA*. Centre for Business Research, University of Cambridge Working paper, No. 314.

Press release IKEA 2010.02.13.

Salzer, M. (1994) *Identity Across Borders: A study in the 'IKEA-world'*. Linköping Department of Management and Economics, Linköping University.

Schütte, H and Ciarlante, D (1998) *Consumer Behavior in Asia* New York University Press.

Swedish Radio http://mobil.sr.se/ 2010.02.13 at 10.29.

Vargo, S. L. and Lusch, R. F., (2004), Evolving to a New Dominant Logic of Marketing, *Journal of Marketing*, Vol. 68, January, pp. 1–17.

Vargo, S. L. and Lusch, R. F., (2008) Service-dominant logic: continuing the evolution, *Journal of the Academy of Marketing Science*, Vol. 36, Spring, pp. 1–10.

15

历史经验：今天的零售商可以从 20 世纪 90 年代舞台剧《绿野仙踪》的营销中学到什么

普拉蒂巴·A.达波尔卡

▶**学习目标**

1. 能够检验任何成功案例的研究，总结其对市场营销策略的启发；

2. 选择一个现实领域（如零售业），辨识出其研究文献需要填补的空白之处；

3. 凭借对顾客所需的深入以及直觉理解，学习如何让顾客的需求获得满足；

4. 了解零售氛围作为让顾客感到舒心惬意的一种途径的重要性；

5. 来看一下雇用娴熟的员工以及进行严格培训的重要意义所在，如果把传递高质量服务作为公司目标的话；

6. 学习创造一种成功定式是并不足够的，持续的调整才会带来持续的成功；

7. 了解通过创造较高的顾客意识和兴趣进行促销的重要性所在。

　　几个服务研究的主流分支，像是"蓝图规划"、"危机事件"以及"服务质量"，已经对普遍的服务操作，尤其是零售操作产生了良好的助益。对服务业蓝图规划的研究（对比：Shostack，1982），关联到有效服务的规划、充足的顾客流量、没有瓶颈和理想的员工分配。根据 Shostack（1982，1987）的诠释，蓝图规划是服务规划和变革的基础，并也可以应用于服务的定位。Baum（1990）探讨了蓝图规划是如何有助于长期规划，而 Patricio 等人（2008）展示了蓝图规划如何能够从多元界面处理顾客关系。所有这些探讨都对各式各样的零售商家有着直接的启发。

　　有关"危机事件"或"真实时刻"的文献（如 Gremler，2004）发现，一些极端的服务体验，无论是好的还是坏的，会在顾客评价度和未来光顾度中扮演着尤其重要的角色。研究显示，对危机事件的研究会对满意的或不满的顾客起着决定作用

(Bitner et al.，1990)，并且会在一些负面评论的事件中有助于推行服务补救策略（Kelley et al.，1993；Smith et al.，1999）。这些观点会与许多易发危机事件的零售环境直接相关。实际上，Wong 和 Sohal(2003)在研究零售业中的危机事件中就已开始涉及了这一方向。

"服务质量"方面的文献，包含了早期的概念形成和服务质量措施（对比：Parasuraman et al.，1985)，还有针对概念化以及采取服务质量措施，应对它与顾客满意度及购买意图之间关系的最佳途径进行检验的一些概况（如 Dabholkar et al.，2000）。这一研究分支已在零售行业中得到了诸多的应用。最初是应用于商店内零售（如：Dabholkar et al.，1996；Sweeney et al.，1997）来帮助顾客监控与改善他们的店内体验质量。最近，这项研究已扩展至在线零售（如：Long and Mc Mellon，2004；Swinder et al.，2002），来协助零售商家为他们的在线顾客提供更好的服务。

尽管它们都对零售有着一定的贡献，但是，没有任何服务研究的分支，是专门针对于零售商如何打造一种成功定式，也即，一种能够可遵循的在激烈竞争中脱颖而出的定律。另外，过去也没有任何服务研究具体阐述了零售商家如何进行顺应变化的调整以获得成功的方式，即便是在打造出了一种成功定式之后。最后，也没有服务研究表明，服务商如何制造特色鲜明的推销讯息，以吸引和捕获消费群体。研究文献的所有三处空白点都对零售业发展的成功有着重要的影响。

另一研究支流则意义重大，已经开始应用于服务环境中，称为"戏剧艺术"，可为填补这三项空白提供洞察力。研究学者们（Grove and Fisk，1983；Grove et al.，1992）许久以前就已提出了戏剧比喻理论，其要素像是演员和观众、舞台与后台、剧本与排练，可以运用来研究与改善服务表现，并以此收获显著的成果。的确，戏剧比喻理论对于各种各样的零售实业都非常有用，在这类行业里"表现"（performance）有着决定性作用，像是餐厅、美发沙龙、医生办公室、汽车代理商，甚至于百货商店这些员工和顾客互动异常紧密的地方。

这一章我们来拓展一下戏剧艺术，换句话说，我们来做一个剧院演出的研究，探究一下上面文本中三处空白的处理措施。首先，剧院演出有着颇具创意的关注点，可成为零售商家开发成功定式丰富的灵感源泉。其次，舞台有着长期的魅力鲜活的推销讯息用以吸引大批量的观众。第三，尽管这一点可能不太为人所知，但大多数的剧院演出在实际运营中会不断调整，以确保持续的成功，因此进行剧院演出的研究有着极大的空间，并对零售领域有着可靠的帮助。这一章节我们会超越戏剧比喻理论，来考察一出 20 世纪 90 年代早期杰出的剧院演出。目标就是来强调一下零售商家能够从这独具一格的案例研究中学到什么，来开创他们自己的成功。

在米高梅公司(MGM)的电影《绿野仙踪》(The Wizard of Oz)和其中惹人喜爱的桃乐茜、托托、稻草人和铁皮人一起成为全球文化偶像之前，Frank Baum 广受欢迎的书籍作品《奥兹国历险记》(The Wonderful Wizard of Oz，1900)就已被借用和制作，走入全美国剧院。《绿野仙踪》第一次搬上舞台是在 1902 年，之后演出一连持续了十年之久，成为一次"风潮席卷全国"的"大手笔音乐剧"（Swartz，2000，p.2）。不过它绝对不只是一场艺术演出，也同是一次精心打造和营销的服务体验，时至今天也仍是一个零售策略的成功范例。

15.1 简要了解《绿野仙踪》舞台演出的成功

舞台剧《绿野仙踪》开演于 1902 年 6 月的芝加哥。尽管票价仅从 25 美分涨到 1.5 美元，截止到开始售票当天的正午，收入便已超过 1 600 美元。首演当晚多次谢幕，观众热情无比，在最后大声呼喊："作者，作者！"直到人们离开剧院回家路上，还吹着口哨或是哼唱着剧中的曲子（Swartz，2000，pp.61、65）。口碑相传又引来了大批量观众，首个演出季大部分场次的演出票狂销一空。票提前四周时间开始预售，这在当时整个舞台演出领域都是空前罕见的。在 14 周的 124 场演出之后，该剧赚得 16 万美元，没有一场演出有亏损（Swartz，2000，p.66）。

在 1902 年芝加哥第一轮演出之后，公司从 9 月中旬到 12 月开始了一轮巡回，受到全国范围内观众的喜爱。1903 年 1 月，该剧在纽约开演，最初计划是 5 周的演出，但最后演出超出了 8 周时间。在观众对演出空前高涨的要求下，演出票提前 8 周就开始发售，在纽约的演出比在芝加哥的演出赚得更加盆盈钵满（Swartz，2000，p.104）。

《绿》剧剧组接着在 1903 年成立第二个公司，开始了夏季巡回，尽管媒体评论对他们沿用原始编排的演出褒贬不一，观众的反响却依然积极热烈。两个公司在全国巡回，均赚得巨额利润（Swartz，2000，p.136）。演出在 1904 年又回到芝加哥，继续在美国全国范围内坐收长红，直至 1912 年。所以来考察一下《绿》剧空前成功的因素，对于今天依靠服务"表现"取悦顾客及保持顾客量的零售商家有何启发，这是非常值得的。

15.2 开创一种成功定式

为了将名著故事应用入剧场演出，并确保广受欢迎和经济成功，《绿野仙踪》舞台剧背后的主创人员对各种因素给予了谨慎周密的关注，我们今天可以把这些因素归结为以下几点：(1)迎合顾客需要；(2)营造零售氛围；(3)员工的雇用；(4)员工的培训。这些策略可以在任何对成功零售有着直接诉求的行业领域内使用，即便是在今天这个充满竞争和不确定性的商业世界中。

15.2.1　迎合顾客需要

迎合顾客需要一向是营销概念中一个不可或缺的部分(Kotler,2003),也是今天最被广为接受的商业哲学(Burns and Bush,2005)。尽管对于顾客而言有着各种各样的零售选择,零售商家认真衡量他们面向顾客的服务供应是极为重要的。有关服务营销的文献(如:Bitner et al.,1990;Dabholkar et al.,2000;Parasuraman et al.,1985)已提出了建立在细致的营销研究基础上来满足顾客需求的各种方式。与之相反,《绿野仙踪》剧演看起来是凭靠直觉理解顾客的需要,并未做过任何翔实的营销研究。此外,在市场营销概念正式确定和问世之前,《绿》剧就已经把营销概念的核心精髓以不同方式应用入实践中,这些为他们带来创造力和成功的不同方式都是非常值得考察的。

《绿》剧的导演,Julian Mitchell,知道观众并不那么成熟,所以他对 Baum 的著作有意进行了一些改编,以适应他们的口味。比如,他增加了几个角色,为原著故事注入了更多的活力。而且,为新增角色制造空间的同时,主要角色却相应弱化。由此,桃乐茜并没有在她的旅途中学得任何东西,也不是靠她自己的力量,而是被一阵龙卷风带回了家乡,女巫也成了大反派,而并非只是一个骗子(Swartz,2000,pp.52,55)。这些改变对那些原著追随者中的纯粹主义者并无任何吸引力。不过,Mitchell 了解他的观众,平添了大量的"通常是有着双关谐趣和俗野气息的"市井幽默作为补偿(Swartz,2000,p.56)。他同样还引入了一些政治事件,或者荒诞场景,所有这些都让没有阅读经历的观众乐不思蜀。

Mitchell 也弱化了 Baum 原著中的情节主线,在这种调整下,几个原著中颇富教益的主题,诸如"友情、对家乡的眷恋、自我寻找和自立精神"皆已丢失了,取而代之的是在大部分喜剧演出中都比较相似的"浪漫爱情"、"政治阴谋",以及"对权力的欲望"。这些改变必然会让原著的狂热追崇者大失所望,但全新的主题却吸引了更加广泛的成人观众,也为剧演注入了持久的生命力。

鉴于 Frank Baum 的剧本(基于他自己的原著)中包含有一些与情节相关的歌曲,该剧演也使用了一些歌曲,借用自其他音乐剧、轻歌舞剧或流行歌曲,并带有些微的民族调式的歌曲(如苏格兰、爱尔兰、西班牙)(Swartz,2000,pp.57—58,94)。Mitchell 的见解是不要陷入单一和同化的境地,而是要包含入更多吸引当下剧院观众的元素。他清楚当时民族歌曲很受欢迎,而熟悉的歌曲也会让观众跟着节拍哼唱。

米歇尔也加入了另外一些已在小说和其他戏剧中广为流传的元素。例如,在Baum 的原著中,错误的身份辨认只用于女巫,而在这里成了贯穿整个音乐剧的主题之一,桃乐茜和其他一些角色持续不断地错认他人,这也是引用了喜剧演出中较为流行的元素(Swartz,2000,pp.54,94)。这让整个故事活像一场闹剧,少了一些特色，但却也受到中产阶级观众的喜爱与追捧，正如 Mitchell 所曾预料的那样。

　　所有这些成功的策略对零售商的启示就是，充分理解顾客的需要，开发一种新的供应品，或是将已存在的进行调整，尽可能地满足需要。尽管在 2009 年经济不景气中，星巴克关掉了许多店面，但它依然是一个开发成功策略的典范，最大程度上满足了他们所定位的年轻人市场对于含高咖啡因近乎苦涩的咖啡，以及一个可连续几个小时闲憩在外的"平静"场所的强烈需要。而大多数零售商家，在了解和满足他们的顾客需要上就显得十分困难。要想获得成功，这样的了解就是必需的。无论是直觉性的，还是基于市场研究，随着对自己的供应品进行全心全意的裁量，正如 Julian Mitchell 所做的那样，让顾客欣悦不已，以确保争取顾客。

15.2.2　营造零售氛围

　　零售商家要好好规划的另一个基本方面就是零售的氛围（Baker et al.，1994）。面向顾客一些可视的要素需要醒目且令人愉悦，声响要素也要撩动人心。同样，我们可以借鉴《绿》剧，来看一下其物质环境的安排是如何考虑周全。场景和舞美均被细致地规划，且雇用一些才情出众的艺术家来粉刷场景（Swartz，2000，p.61）。其舞台设计的效果在当时的戏剧演出圈中被认为是独一无二的，所有舞美的搭建不仅基于细致的图纸描绘，还采用了纸板模型架构（Swartz，2000，p.63）。不少舞台设施有两层楼高，灯光炫丽、色彩缤纷，将其映衬得华美异常，且又现实感十足（Swartz，2000，p.67）。

　　对 Baum 原著另一处明显的改变是搬上舞台的堪萨斯州"繁荣富丽、如诗如画"，而不是"灰沉黯淡"（Swartz，2000，p.54）。尽管这样做可能部分弥补了不能安置黄砖小道，否则看起来只像是"笨拙的循环来去的场景设施"（Swartz，2000，p.55），但却附加了更多魅力四射的视觉效果来取悦剧院的观众。对故事推进起到至关作用的龙卷风，通过把风力投射到一块薄纱幕帐上，并让人、动物与建筑在半空绕其回旋来描绘风势的凶猛（Swartz，2000，p.71）。

　　总之，花费在物质层面的金钱又为其他戏剧演出树立了新的典范，也给观众留下了深刻的印象。就连媒体评论也都在喝彩演出的"饱满与视觉的辉煌"，对舞台设施、服装和色彩方案给予了积极的评价（Swartz，2000，p.67）。尽管 Swartz 没有明确提及音响效果，但他提到了观众对剧演中音乐曲目狂热的喜爱（Swartz，2000，p.125）。对于在今天我们定名为零售氛围的投资，获取了巨额的回报——多年以后，《绿》剧在经济上仍然是一个巨大的成功。

　　不幸的是，许多零售商看起来并不理解好好营造零售氛围多么重要。最糟糕的一个例子是 Abercrombie & Fitch，商店内播放着巨响无比的音乐，仿佛是要震慑到购物者，让他们产生一种不安全感。之所以这么做是因为商店的高管们相信这是让年轻顾客购买非必需物品的良策妙计。（Wallet Pop，2009）然而，巨响的音乐声以及整个店内喷洒的浓烈香水味让很多顾客望而却步，其中不仅包括商家所定位的年轻人目标群体,还包括掌管着年轻群体财政大权的年长购物者。正如《绿》剧所证实的那样,如果零售商想让顾客抬脚迈进他们的商店大门,带着最终要购买些什么的愿望花时间仔细浏览,即便需要高额花费,零售氛围的所有方面也必须充满吸引力、令人愉快。

15.2.3 员工的雇用

服务供应商都直觉地知道,雇用有才干的员工会带来较高的工作业绩和工作满意度。此外,较高水平的工作业绩和工作满意度会反回来与服务质量和顾客满意度的水平相匹配(Dabholkar and Abston,2008),这对零售行业的成功而言是至关重要的一点(Dabholkar et al.,2000)。所有这些联系都突显出了雇用程序的重要。

回溯到 20 世纪 90 年代,考察《绿野仙踪》的首次舞台演出情况,以及一些理念的成功运用,会十分具有建设性。制作人 Fred Hamlin 花费了大量时间、金钱和精力去寻找适合几个主要角色的最佳演员(Swartz,2000,pp.60—61)。这也对打造极高品质以飨观众的演出起到了巨大的帮助。表演的效果,尤其是来自主要演员的表演卓越非凡,观众无不为其深情举止一颦一笑所深深沉迷(Swartz,2000,p.79)。

尽管也有少数零售商家(如 Family Dollar Store)花费了大量不相宜的时间和努力来获得最好的后台(或援助)员工(Tuna,2009),大部分零售商家对他们所能以及必须选择的最好员工,尤其是和顾客直接互动的前台位置上的员工选择却仍然是毫不在意。如果想借用《绿野仙踪》的实践例证,零售商家应该雇用最佳的员工来确保高质量的服务表现,这样就能够让顾客感到愉快,并建立积极的关系。

15.2.4 员工的培训

不过,雇用到好员工并不足够。培训是方程式的后一半。戏剧比喻理论和《绿》剧的实例表明了培训对成功是必需的。Grove 等人(2004)在撰述中提到,对于期望可靠的服务表现来说,可能会很有必要借用演员们所经历的严格培训方式,只有这样才能让员工才干转化为始终如一的可靠表现。

的确,对于《绿》剧首次剧院演出的研究,也强调了培训对其成功是不可或缺的。《绿》剧的参演人员都需要经过一个漫长艰苦的培训流程,来让他们的出演次序、表达、情感和时间掌控恰到好处。就导演 Mitchell 所观察,音乐曲目"不断地重复",和演出各处细节"不断地排练",对于整个演出达到他所追求的完美水准是非常必要的(Swartz,2000,p.63)。

与之相反,仅有一小部分零售商家(像是 Nordstrom)高度专注于严格的员工培训(Business Wire,2005)。一般来说,零售行业中的培训往往都是很表面的,依赖的是繁多的手册和伙伴系统,无法打造吸引顾客所需要的出色表现。根据本项启示,比起当下所给员工的培训更多的对培训的关注,会在许多日常零售业务的服务"表现"中证明有效。这个启示同样对在线零售事务关系重大,像是公司缓和投诉的聊天板块,在这里员工就需要接受细致的培训,不仅要成为顾客需要的专家顾问,还要成为顾客更乐于贴近的资讯转达者(Dabholkar et al., 2009)。

15.3 不断调整以求成功

一旦强而有力的供应模式被打造出来,零售商家应不应当对其坚持呢?尽管这听起来似乎是一个不错的方法,但确保持续成功一个更有效的方式是不断地做出调整以满足变化中的顾客需求。例如,John 等人(2006)就已指出服务表现需要具有相当的灵活性,服务供应商也应当借用爵士音乐家们的经验,学习如何即兴表演。

实际上,灵活性就是《绿》剧的一个嵌入要素。可能有人会奇怪舞台演出怎么会具有灵活性,当它被情节和剧本固定之后。而通过将 Frank Baum 原著的情节和他最初提交的剧本减缩成一个简洁的大纲,采用一个更为松散的剧本结构,该剧的导演就做到了这一点(Swartz, 2000, pp.30, 36)。这种结合方式既保证了剧本对于正常演出的可适用性,又使得一些特殊环节中能够留有即兴表演的空间。演员们可以受到观众反应的提示,快速转入即兴表演以适合不同的观众情绪和要求。比如,在演出中,观众经常会要求返场,这会让任何已既定好的表演时长都变得无法预测,而剧本的灵活性就使得即兴对话和即兴音乐成为可能。演员们甚至开始尝试不同的口音和方言来寻求针对各地观众最强的吸引点。这些演出中的日常改变也吸引了观众不断重复去看演出,即兴表演的部分也拓展了他们的体验,让他们娱乐其中(Swartz, 2000, pp.87, 94)。剧本的可适用性,加上精湛的表演共同构成了《绿》剧的巨大成功,也打造出了许多零售商家在与顾客的互动中可以套用的公式,无论是在群组中,像是公司缓和投诉的在线聊天板(Dabholkar et al., 2009),还是个人的、与顾客面对面的互动中。

与此同时,零售员工在与顾客的互动中所使用的基本"剧本"或许也要不断修正更新。参照一下《绿》剧,从最初一开始,剧本和演出就在进行调整。尽管首演当晚观众给予了热情高昂的反响,评论者仍然建议修整。于是,原创人员立即开始了修改。在几周内,演出精减到一个小时,一些次要的角色被去掉了(Swartz, 2000, p.66)。导演和演员继续仔细地评量观众所喜欢的部分,继续对演出进行每日和每周的修改。他们丢弃了一些喝彩较少的幕次,为参演人员增加了观众较喜欢的幕次,也增加了受到热烈追捧的喜剧演员们的笑话数量。这些改变的结果就是一个大规模的可反复操作的商业经营(Swartz, 2000, pp.110—115)。和这个方法相对应的一个零售启示就是调整零售员工如何回应顾客的问询,尽可能地依照彰显出各类问题的调查情况，以及当下所正使用的"剧本"。这类持续调整对于零售者的电话和在线剧本也是有必要的，因为这类剧本往往不像它们所应当的那样充满效力。

有些时候，当定位一个新的市场时，就会需要改变。比如，在1902年6月到9月中旬于芝加哥的初期演出过后，《绿》公司开始巡回，就做了不少的改变，一直持续到该年年底。巡回需要依据观众和收入的变数来进行更多的调整。各种民族歌曲会调换来去，来吸引全国不同地方的观众。还有舞台效果，如音响和灯光，会根据不同剧院的硬件性能而有所变化（Swartz，2000，pp.94，96）。类似地，零售商家在不同地理区域开设商店时也要考虑到消费者偏爱和口味的不同。这一点在全球的零售业务扩展中尤其重要。

与此同时，知道什么时候不改变成功定式也是十分重要的。参照《绿》剧，我们也可以看到这样的例子。在1902年巡演的最后4个月完成之后，该剧在1903年1月份在纽约开演。当时有着诸多的忧虑，老成世故的纽约观众有可能会看不起剧演如此媚俗来讨好无阅读经历的观众。但是Mitchell坚信当时美国的剧院迷们在本质上都是一样的，所以他坚持了他的基本公式。实际上，他所做的少许改变之一就是不把剧演改编得更显老成，甚至加大了工薪阶层的主题。媒体评论对此褒贬兼有，一些评论者尤其对剧演中缺乏文化意趣的部分进行了批判，但是观众的巨大反响却是毋庸置疑的。纽约人和芝加哥以及其他地方的人一样对这部舞台剧喜爱有加（Swartz，2000，pp.103—104，110）。这对于零售商家也是十分重要的一课。尽管有地理位置上的分别，但如果顾客的需要相差无几，那么坚持最基本的供应模式可能就是值得的，就像沃尔玛的低价超市所证实的那样。

进行持续调整的另一策略关系到不同市场板块的操作。尽管对这一术语并不知晓，《绿》剧看起来就已经使用上了这类方法。1903年伊始在纽约演出时，开始为接下去的巡演筹备第二个公司。头一个公司会继续巡回，但会在一些主要城市演出。第二个公司则会进入较小的城市和城镇演出，票价也低一点。第二个公司的演员阵容也是经过精挑细选，纳入了一些有着较高天分但尚未受人瞩目的演员。这样确保了演出的成熟品质，同样也能保持薪酬更易管理。在巡演于1903年夏开始后，头一个公司不出所料地在每个指定地点演出一到两周，而第二个公司通常是每处演出一到两晚，因为频繁的旅途奔波和适应不同场所而显得计划琐碎。不过最终两个公司都成了赚钱机器（Swartz，2000，pp.131—133，136）。

由于第二个公司的演员们并不为人熟知，而他们也急于想确立自己的事业声望，所以他们似乎也不会抱怨像忙乱的日程安排这类问题。另外，鉴于这些演员的薪酬并不像第一个公司的演员高，在策略上似乎允许《绿》剧制作方在二级市场将售票价格调低，使得演出让这些观众也均能够支付。这种针对不同市场板块双线并进的方法即便对今天的零售行业来说都可以直接应用。我们再次借用沃尔玛的例子，尽管一系列低价超市已取得了巨大的成功，该零售商家又开始试验一种小型的、更高端些的杂货商店，称之"新鲜市场"（Fresh Market），用来吸引更多高消费能力的顾客。其他零售商家也可以仿照相似的策略来拓展他们的市场基础。

另一种调整供应模式的方式是不时改变。比如，在《绿》剧 1904 年回到芝加哥演出时，许多的歌曲，连同里面的对话和俏皮话早已非比昔日。这个多风的城市里，评论界对该剧演的改动表示出了不满，但是芝加哥观众却非常喜欢剧演的全新面貌，而演出也继续获得成功。不时更换新颜的观念在接下来几年的全国巡演中继续得到贯彻，每一演出季开始，都会有新歌曲加入，旧歌曲摒除，这也使得一些观众重又走回剧院观看演出。持续调整公式一直使用到了 1912 年，并带来了重复不断的成功（Swartz，2000，pp.140—141，144，156）。《绿》剧使用的这种调整策略带来的启示可直接用于许多类型的零售商家。餐馆和零售商店经常改变一下他们的"面貌"，或者对供应品做一下调整来让顾客满意，并且刺激重复性成功。即便是在线零售商家，也可以根据顾客的反馈，持续调节他们的界面、模块、服务器和其他方面，寻找最具效力和吸引力的层面。

15.4 具有诱惑力的促销

有一个能够保证成功的供应品作为开始，再对其进行必需的持续调整，就会斩获成功需要的大部分要素——无论是在剧院里，还是在零售中。同时，让顾客意识到，你所供应的东西，也正是吸引他们来购买的东西。现如今，大多数零售商家都知道去制造顾客意识和兴趣的重要性，但这一点上他们看起来做得并没有像《绿》剧的推广人员那样好。来具体考察一下这一剧演是如何推广，从中学习零售商家如何能够效法的一些策略，这也会帮助我们增加不少的知识信息。

制作人 Fred Hamlin，以及业务经理 Townsend Walsh 主要负责剧演的推广，Walsh 是其关键推手。1902 年 6 月芝加哥的首次演出很早之前，他们就在报纸上为剧演登出一系列的文章，同时搭配上团队招募信息。文章提到剧组已经雇用了两个非常著名的演员扮演稻草人和铁皮人，但是没有注明他们的名字，以此引起公众的好奇。为平衡这一点，Hamlin 和 Walsh 有意吐露了桃乐茜和女巫的扮演者，对已聘演员的成功给予了一番赞扬，又提及他们接着会被其他许多制作人极力邀请（Swartz，2000，pp.60—61）。对主要角色的这种广泛而紧密地关注，与对服务的前台层面的包装对应起来，也适用于零售环境下的不同产业类型。比如，医生办公室可以使用这样的方法来包装技术精湛的内科医生，来打造一种提供高水平专家的意识。

《绿》剧启动的其他推广动作也同样证实有效。在意识到视觉方面的重要性之后，他们公布了几家颇有声望的公司，在这些公司中采办服装和道具。快到开幕之前,Walsh 又赶制了一本八页的小册子来推广剧目,其中包括图片和演员阵容的捧场文字,对他们的天分和长时间排练着力描摹,并强调了一点:这个剧演虽只改编自一部儿童著作,但是对于成人观众而言却是"足够的火辣撩人"(Swartz,2000,p.61)。这样的推广着力于幕后的各种要素和服务结果,也让各种各样的零售商家能够直接运用。例如,一些高端的餐厅可以不惜笔墨着力推举他们的主厨,吸引顾客来访并尝试他们独树一帜的菜品。

在 1903 年《绿》剧组建了第二个公司开始巡回时,对于巡演中的第一个公司是以"原始班底"来进行宣传的,将它与另一公司区分开来。按照这个宣传重点,即使是主要演员在巡演路上被替换,第一家公司也未对外公布事实,而是很快找到并训练较好的替代演员。全国各地不同城市的观众并不知晓这样的人员调换,但也依旧热爱有着卓越天分的替代演员(Swartz,2000,pp.134—146)。这样的策略尽管不能应用于医生办公室,却也能够适用于一些有着知名主厨在后台工作的高端餐厅,而一个富有天分的代理后厨也能够适时创造奇迹。

1903 年,该剧演在纽约开始推广时,宣传手段和在芝加哥的首个演出季如出一辙,包括了一些报纸文章对于演出开幕的宣传造势。稍后,在演出开始后,报纸文章又加入了演员班底的一些个人故事,他们如何保养自己的面容,对热情观众的示爱信件如何回复,在舞台演出中如何克制打喷嚏,等等不一而足,只要能保持剧演鲜活可感而"无所不用其极"(Swartz,2000,p.127)。这类推销策略可以适用于各种各样的零售商家。比如,汽车经销商可以借用报纸途径宣传,为自己比较杂的供应模式写一个有趣的故事,美发沙龙也可以从一个备受优待的顾客角度发上一篇捧文,家居装潢商店可以渲染一下他们是如何帮助一些顾客打造别具风格的家居工程。一些较小的零售商家已经开始效仿这样的方法,带着一个围绕顾客感谢信展开的小故事登上了像《NBC 今日秀》这样的国家媒体,或者借推出免费样品在Twitter 这类在线社交网络上制造话题,然后让顾客通过博客分享给全世界(Flandez,2009)。对所有零售商家而言最重要的一点是持续不断地寻找机会,来保持他们的服务供应常驻公众的脑海。

在 1903 年的纽约演出季中,《绿》剧同样继续充斥着报纸各个板块,其中提到许多人已经重复看过演出数次,还有文章提到许多观众都已经熟悉了歌曲,可以在演出中跟随着哼唱(Swartz,2000,p.128)。刻意指出重复观看行为的存在,似乎就是意在鼓动其他人也这么做。这类推销手法俨然也可以由今天的零售商家付诸实践,着力于所有可能性渠道的重复成功,包括在线的推广在内。

《绿》剧推广另一个有趣的层面,就是不断强调演出不只包括观众熟悉并能够随唱的老歌曲,以及他们熟悉且捧腹开怀的老桥段,而且也会囊括进更多的新歌曲、新笑料足够令他们前仰后合(Swartz,2000,p.141)。从根本来说,他们是把剧演作为一个充满吸引力的新旧结合体进行推广的,这个策略许多零售商家也可以依照他们自己的服务模式来进行效仿。比如,休闲餐厅可以多强调他们让大众比较熟悉的层面，像是舒适惬意的环境，或者货真价实的菜单推荐，同时也可为老主顾着重展现一些新奇的方面，像是全新菜品、周末特邀的乐队演出，或者是户外野炊活动。

15.5　结论

对于 20 世纪 90 年代《绿野仙踪》剧演所收获的巨大成功，有三个关键人物是功不可没的。制作人 Fred Hamlin 认识到了启用高天分演员来为剧演打造稳固基础的重要性，因此花费了大量金钱和努力来确保最佳演员阵容。在 Hamlin 之后，业务经理 Townsend Walsh 极富创造力地开始在他无数的推广努力中大展手脚，使得公众迫不及待要参与到这样激动人心的剧演体验中来。导演 Julian Mitchell 在演出成功中的核心角色很明显是在于他的创意、演员班底的出色培训、魅力非凡的舞台场景，以及持续不断的细节调整，这些共同打造出了一个可重复性的商业经营。

对 Mitchell 的手笔最好的赞扬，以及他对于观众需求敏锐的洞察的证明，来自于原著故事的作者。1904 年，在一封给《芝加哥论坛报》(*Chicago Tribune*)的信件中，Frank Baum 写到他"曾经借机就我个人不喜欢的一些变动表达不满，而 Mitchell 先生耳朵里听到的却是广大观众的喝彩声，将我的控诉当成了耳旁风"。在亲眼目睹了演出的巨大成功后，Baum 也坦诚了这一点，意识到 Mitchell 的决断是正确的，并且"人们喜欢拥有的是能够愉悦他们的美好"(Swartz，2000，pp.58—59)。

在这个已有一个世纪之久的舞台演出成功营销的经典范例中，我们可以看到，虽没有使用今天的现代术语，在《绿野仙踪》剧演背后的人们对于顾客的了解异常透彻，也能够吸引他们，且用一个杰出的供应品将他们全数笼络。从他们的方法中我们可以学到很多。为老顾客创造铭刻于心的体验能力、不断调整供应模式去满足顾客需要的开放意愿、通过努力去保持这种供应品常驻公众脑海的毅力，这些都可以直接应用于零售产业，对于在服务表现上至关重要的与顾客直接互动并围绕其建置许多设施（在线或非在线）的零售行业尤其如此。

讨论问题

1.《绿野仙踪》舞台剧的导演理解顾客需要的几个不同方式有哪些？寻找一个当前的市场营销商体现出对顾客需要有着类似理解方式的例子。

2. 在《绿野仙踪》舞台剧中进行的持续调整以确保持续成功的不同方式有哪些？寻找一个当前的市场营销商进行持续调整以求持续成功的例子。

3.《绿野仙踪》舞台剧所进行的富有创意的推销有哪些不同方式？寻找一个当前的市场营销商使用富有创意的推销方式以引发更高的顾客意识和兴趣的例子。

参考文献

Baker, Julie, Dhruv Grewal, and A. Parasuraman (1994), "The Influence of Store Environment on Quality Inferences and Store Image," *Journal of the Academy of Marketing Science*, 22 (4), 328–339.

Baum, Stephen H. (1990), "Making Your Service Blueprint Pay Off!" *Journal of Services Marketing*, 4 (3), 45–52.

Bitner, Mary J., Bernard H. Booms, and Mary S. Tetreault (1990), "The Service Encounter: Diagnosing Favorable and Unfavorable Incidents," *The Journal of Marketing*, 54 (1), 71–84

Burns, Alvin C. and Ronald F. Bush (2005), *Marketing Research*, Upper Saddle River, N.J.: Prentice Hall.

Business Wire (2005), "Consumers Choose Nordstrom as Best Retailer for Customer Service in New Survey", http://www.allbusiness.com/retail/retailers-clothing-accessories-stores-womens/5141802-1.html, retrieved July 10, 2009.

Dabholkar, Pratibha A., Willemijn van Dolen, and Ko de Ruyter (2009), "A Dual-Sequence Framework for B2C Relationship Formation: Moderating Effects of Employee Communication Style in Online Group Chat," *Psychology and Marketing*, 26 (2), 145–174.

Dabholkar, Pratibha A. and Kristie A. Abston (2008), "The Role of Customer Contact Employees as External Customers: A Conceptual Framework for Marketing Strategy and Future Research," *Journal of Business Research*, 61 (9), 959–967.

Dabholkar, Pratibha A., C. David Shepherd, and Dayle I. Thorpe (2000), "A Comprehensive Framework for Service Quality: An Investigation of Critical Conceptual and Measurement Issues Through a Longitudinal Study," *Journal of Retailing*, 76 (2), 139–173.

Dabholkar Pratibha A., Dayle I. Thorpe, and Joseph O. Rentz (1996), "A Measure of Service Quality for Retail Stores: Scale Development and Validation," *Journal of the Academy of Marketing Science*, 24 (1), 3–16.

Flandez, Raymund (2009), "Entrepreneurs Strive to Turn Buzz Into Loyalty," *The Wall Street Journal*, July 21, http://online.wsj.com/article/SB124813405452166919.html?mod=djem_jiewr_MK, retrieved August 15, 2009.

Gremler, Dwayne D. (2004), "The Critical Incident Technique in Service Research," *Journal of Service Research*, 7 (1), 65–89.

Grove, Stephen J. and Raymond P. Fisk (1983), "The Dramaturgy of Services Exchange: An Analytical Framework for Services Marketing," in Leonard L. Berry, G. Lynn Shostack, and Gregory Upah (Eds.), *Emerging Perspectives on Services Marketing*, Chicago, IL: American Marketing Association, 45–49.

Grove, Stephen J., Raymond P. Fisk, and Mary J. Bitner (1992), "Dramatizing the Service Experience: A Managerial Approach," in Teresa A. Swartz, David E. Bowen, and Stephen W. Brown (Eds.), *Advances in Services Marketing and Management*, Volume 1, Greenwich, CT: JAI Press Inc., 91–121.

Grove, Stephen J., Raymond P. Fisk, and Mary Laforge (2004), "Developing the Impression Management Skills of the Service Worker: An Application of Stanislavsky's Principles in a Services Context," *Service Industries Journal*, 24 (2), 1–14.

John, Joby, Stephen J. Grove, and Raymond P. Fisk (2006), "Improvisation in Service Performances: Lessons from Jazz," *Managing Service Quality*, 16 (3), 247–268.

Kelley, Scott W., Douglas K. Hoffman, and Mark A. Davis (1993), "A Typology of Retail Failures and Recoveries," *Journal of Retailing*, 69 (4), 429–452.

Kotler, Philip (2003), *Marketing Management*, Upper Saddle River, N.J.: Prentice Hall.

Long, Mary and Charles McMellon (2004), "Exploring the Determinants of Retail Service Quality on the Internet," *Journal of Services Marketing*, 18 (1) 78–90.

Parasuraman, A., Valarie A. Zeithaml, and Leonard L. Berry (1985), "A Conceptual Model of Service Quality and Its Implications for Future Research," *Journal of Marketing*, 49 (4), 41–50.

Patrício, Lia, Raymond P. Fisk, and João Falcão e Cunha (2008), "Designing Multi-Interface Service Experiences: The Service Experience Blueprint," *Journal of Service Research*, 10 (4), 318–334.

Shostack, G. Lynn (1982), "How to Design a Service," *European Journal of Marketing*, 16 (1), 49–63.

Shostack, G. Lynn (1987), "Service Positioning Through Structural Change," *Journal of Marketing*, 51 (1), 34–43.

Smith, Amy K., Ruth N. Bolton, and Janet Wagner (1999), "A Model of Customer Satisfaction with Service Encounters Involving Failure and Recovery," *Journal of Marketing Research*, 36 (3), 356–372.

Swartz, Mark E. (2000), *Oz Before the Rainbow*, Baltimore, Maryland: Johns Hopkins University Press.

Sweeney, Jillian C., Geoffrey N. Soutar, and Lester W. Johnson (1997), "Retail Service Quality and Perceived Value: A Comparison of Two Models," *Journal of Retailing and Consumer Services*, 4 (1), 39–48

Swinder Janda, Philip J. Trocchia, and Kevin P. Gwinner (2002), "Consumer Perceptions of Internet Retail Service Quality," *International Journal of Service Industry Management*, 13 (5), 412–431.

Tuna, Cary (2009), "Some Employers See Hiring Opportunity," *The Wall Street Journal*, April 3, http://online.wsj.com/article/SB123698758917225799.htm, retrieved July 10, 2009.

Wallet Pop (2009), "Is it Time for Abercrombie and Fitch to close Abercrombie and Fitch?" http://www.walletpop.com/blog/2009/06/26/is-it-time-for-abercrombie-and-fitch-to-close-abercrombie-and-fitch/, retrieved July 10, 2009.

Wong, Amy and Amrit Sohal (2003), "A Critical Incident Approach to the Examination of Customer Relationship Management in a Retail Chain: An Exploratory Study," *Qualitative Market Research: An International Journal*, 6 (4), 248–262.

16

零售业的范式变迁者

杰伊·坎达姆普利

▶ **学习目标**

1. 了解"范式变迁者"的主要特征；

2. 顾客体验在营销中的重要地位；

3. 从不同公司获取范式变迁者取得竞争优势的经验。

在当前紧张竞争的全球市场状况下，一些零售公司依旧脱颖而出，成为市场的领航者。尽管竞争激烈，这些公司还是取得了成功。他们看来似乎是采用了不同于众的更令人信服的策略定位——"服务"。对于"服务"的概念化定位并向公司机构的普及已帮助他们工作更协调，不再从他们所直面的竞争，而是从一个在根本上有别于前的视角来关注"顾客"。我们称这些公司为"范式变迁者"——在不同于众的思想下进行操作的公司。这些范式变迁者似乎是把"服务观念"理解为他们的"北极星"，推动所有策略、规则和发展方向的指导原则。这些范式变迁者在市场中所获的独到优势，就是对"顾客"坚持不懈和无微不至的关注——"为顾客着想"的能动性——以及对模范式服务的侧重所带来的效应。

大多数公司专注或侧重于吸引顾客，作为确保持续增长的一个途径。然而，关系营销强调的是培养和强化与现有顾客关系的重要性，因为紧随顾客的实际服务体验，营销便成了公司技能的一种更有效力的增援力量和分析参照。而借助在线和非在线群体组织，顾客群体内的相互支持拥护这一不断凸显的角色也已转化为面向"关系营造者"角色而进行营销的角色，顾客也由此构成了整个品牌本身的一个部分。

在公司与顾客互动的三个不同阶段中，有效营销的能力均取决于顾客的体验：(1)消费前；(2)消费中；(3)消费后(见图 16.1)。

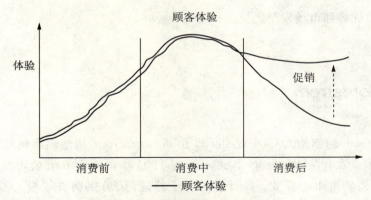

图 16.1 顾客体验的三个阶段

大多公司的营销努力都倾向于专注顾客体验的消费前阶段。不过,在零售环境下(服务过程无法提前试验),消费前阶段实际上给公司提供了极其有限的机会去有效地推动他们的才干、专长和品质,以及/或者强化他们和现有及潜在顾客的关系。不过,反回来也就是说,提前能告知顾客他们供应的产品和服务,这也是十分重要的,对于那些刚进入市场的新公司而言尤其如此。

另一方面,在消费中阶段,无论营销还是实际操作中均有一次最好机会让顾客信服公司的能力,去确定和建立一种情感的维系。既然消费中阶段处在一个公司和顾客之间有着不可避免的互动背景下,那么也便是最有影响力和直接效果的阶段。这个阶段的推广就会反映出公司为顾客打造真实难忘的时刻所倾注的程度。

在消费后阶段,公司和顾客之间的互动和由此建立起的关系开始趋向缓和。因此,这也是被传统营销法则所漠视的阶段。不过,我们在这里要辩证的是,一旦公司已经为顾客打造了不错的印象,那么再让顾客继续将公司推广给更多潜在顾客也是很有可能的。以顾客为出发点的推广是公司最具价值的资产之一。同时,在传递公司信息的确信度和可靠性上,企业已经不断认知到社交媒体和顾客群组的重要性。顾客的参与和顾客之间积极的口碑传达,也由此可以认为是顾客体验的消费后阶段中一个有效"推广"的结果。此外,后消费阶段顾客的积极支持(口碑相传),一贯会对消费前营销产生一个直接的、积极的影响。通过研究,我们发现,我们所列举出的范式变迁者都确凿无疑地是在这一概念主张中操作的。这些范式变迁者在消费中阶段不断向顾客提供上好的服务,从顾客那里获得格外重要的情感投注,让顾客和公司紧密相系,并成为公司的信使。无论在他们公司内部还是外部,无论针对他们内部的还是外部的顾客,他们都坚持了这样的操作,以此招徕忠诚的顾客。正是对服务持续不断的专注,使得这些范式变迁者能够打造一种环境,能够在公司机构内部培养起一种服务文化。他们相信他们的品牌可持续增长,是持续努力同他们的顾客紧密相连的结果,而并不是不断吸引新顾客的结果。

在这一章里,我们会探讨零售行业内的几个不同的范式变迁者。这些案例显现了范式变迁者是如何凭借顾客关注、服务导向、员工定位和领导机制,来帮助自已获得竞争优势和市场领衔之位。

16.1　Nordstrom

Nordstrom 的创始人 Carl Wallin 和 John Nordstrom，用他们在阿拉斯加的淘金所赚开了一家鞋店 Wallin & Nordstrom。1901 年，Nordstrom 公司作为一家鞋店，在西雅图的市中心开业。Carl 擅长鞋子修理，John 则树立了核心经营守则，让公司业务整合到了一起。即使在今天，这些核心经营守则仍然是他们取得成功的基础，即"杰出的服务、抉择、品质和价值"。在创始人的领导下，Nordstrom 成为一家十分成功的鞋店。1933 年，John 和 Carl 双双退休，他们把公司卖给了Nordstrom 的三个儿子。到了 20 世纪 60 年代，Nordstrom 的西雅图商店已经闻名全国，成为国内最大的一家鞋店。接着他们在俄勒冈和华盛顿两州连开了八家商店。也是在这个时期他们决定开始在商店内销售服装。到 1973 年，Nordstrom 已成为美国西海岸最大的时尚专营店。到 20 世纪 80 年代末期，Nordstrom 的零售经销店已经遍布全国各地。今天，Nordstrom 的时尚店俨然已有了大规模的市场比重，似乎能够满足到访他们商店的任何顾客的生活和时尚要求。

Nordstrom 也是一家具有社会责任感的公司，也清楚拥有着顾客全盘信任的重要性，也正是在这一基础上他们和顾客建立起了持久的关系。Nordstrom 的成功根植于他们对顾客、员工、供货商和社会的价值侧重。根据他们一些最佳的顾客和员工所反馈，Nordstrom 是最早进行盈利共享以及每年捐助数以百万美元给非营利性合作伙伴的零售公司之一。

自创立 100 年来，公司始终如一地保持着顾客导向的发展步伐，它在服务品质上所维系的声誉就是来自顾客的满意——无论是保证顾客的便利性，还是通过一个最微小的手势。Nordstrom 的宽松的退货政策、友好热情和乐于助人的员工和广泛的可选择性正是他们能够不断满足顾客的一些方式。

Nordstrom 的优先性排列以一个倒置的金字塔为依据：顾客占据了金字塔的最顶层部分，然后是销售和内勤人员，然后是部门经理，再下方是商店经理、买家、销售策划总监、区域总监和总经理；到最后，在金字塔的最底层，才是董事会成员。

Joyce Johnson 在《Nordstrom 的方式》一书中陈述道，即使你是在处理退货，你也要面带真挚的笑容，因为这样这个人才会始终回来光顾。Nordstrom 的三位董事尚在经营两家商店的阶段时便开创了他们的"担保背书"，上述情况也正是他们想要的结果，他们总结出了如果能够终止投诉和不合理退货的处理责任，生意经营会更加顺心如意。

Nordstrom 有一个格外慷慨的退货政策，无期限接受商品退货，无论何种情形,即便是由顾客原因造成了商品破损。在报纸上流传着许多家店面关于 Nord-strom 宽松退货政策的故事。有一个常被引用的事例,说的是一个判断失误的顾客想尝试把一套轮胎防滑链退回给 Nordstrom,而 Nordstrom 根本不销售防滑链(有些故事版本是说车胎金属圈),不过其员工遵守了公司对于顾客满意度的关注要求,接受了防滑链,给顾客退回了货款! Nordstrom 的经营哲学就是,98% 的顾客都是诚实的,而政策目标就是这些顾客。Nordstrom 不止是"接受"退货,实际上他们还鼓励顾客这样。比如,Nordstrom 授理的所有邮件订单,都会包含一个完整的换货/退货装箱单——以备万一! 在支付账单(或存根)底部的文字标注,时刻向 Nord-strom 员工提醒着公司对顾客的承诺:"为了顾客的利益。Bruce Nordstrom 致。"

Nordstrom 与其他竞争者之间的不同在于,对顾客服务的专注是他们经营的主要支柱。他们知道自己经营的事业并非对所有人都是完美相适的,因此他们力求雇用最好的员工。Nordstrom 依靠他们的员工根据自己的判断去做出决策,并且也愿意遵照这些决策而经营。员工所接受的培训是确保每一位顾客离开商店时获得最大可能的满意,并也愿意超出顾客期待让顾客欢欣鼓舞。Nordstrom 尽可能保持着存货名目的完整,商品尺码甚为广泛——囊括了较少流行的尺码在内,以求吸引所有的人,Nordstrom 认为正是他们对于服务品质、员工、货物选择范畴的侧重将他们和竞争公司区分开来。

Nordstrom 对待顾客就像他们是一个大家庭,始终保持着对顾客需要和需求的追踪。Nordstrom 的主要目标,就是以他们所能胜任的最佳方式,去服务所有的顾客,意在让所有和 Nordstrom 有所关联的人尽可能的满足欣慰。Nordstrom 充分理解"真实时刻"的意义所在——顾客每一次和他们商业经营的某一方面发生关联时,就等于给了 Nordstrom 一次树立最佳印象的机遇。这样的理念使得忠诚顾客基群大为扩展,也推动了重复购买和利润增长。员工训练有素,礼貌大方,比如他们会带领顾客到达符合他们预期的厅室,也会走出柜台递还顾客的拎包。员工同样也会寄出感谢函,接着再追询顾客所需物品,告知他们该物品销售状况,或在已补货情况下发出通知。无论是在 Nordstrom 商店内,还是在网络上,顾客也被鼓励去和任何人谈论他们的相关体验。在一些情况下,Nordstrom 的员工还在顾客的订单中加入评价卡,以在他们体验基础上获得反馈。Nordstrom 同顾客建立信任关系的能力,也确保了顾客反馈的真实性和建设性。Nordstrom 会帮助其员工发展和维系与顾客以及与同事的个人关系,既倡导团队协作,又鼓励个人追求。

Nordstrom 守则第一项:任何情形下都使用精确的判断力。守则仅此一项。

仅有一项守则,使得 Nordstrom 能够真正的授权员工,面对他们的顾客一切处理得当。对于 Nordstrom 而言,非常重要的一点是员工能够感觉到他们受到尊重,由此,身心舒畅的员工便能够积极表现,真正地以顾客为导向,满怀服务意识。

Nordstrom 也向顾客提供另外两种方式购买他们想要的商品,Nordstrom.com 和商品手册,由此也提供了额外的便利。Nordstrom 的顾客直接联络中心拥有一个有着各式各样专业技术以及卓越才干的团队，能够通过电话或网络，为顾客竭力打造个性化的购物体验。

任何走进 Nordstrom 商店的顾客都会洞察到，Nordstrom 所引以为豪的，正是他们始终把顾客置于首位。Nordstrom 杰出的服务政策已经超越了传统的"顾客永远都是正确的"，即便是意味着要花费更多时间给顾客，或者 Nordstrom 在交易中损失钱财。他们知道顾客会不断回到 Nordstrom 购物，而一个倍受感动的顾客也会乐于将他在 Nordstrom 的积极体验分享给亲人好友，由此钱财的损失便会得到弥补。Nordstrom 是一家有着较高公司员工参与度的服务供应商，不断被票选入美国 100 家最值得为其工作的公司之列，Nordstrom 至少能为 3 000 个员工提供最低 10 年的保有职位。其中不少人都是从学生时期就开始他们的事业，逐步晋升，并留了下来。

16.2　Costco

Costco 也是零售行业的一家龙头企业，1984 年创立，总部位于华盛顿州的伊萨夸市。作为位列零售行业的前五名、在仓储行业内占据了市场半壁江山的企业，Costco 也对品质和顾客满意度格外关注。Costco 是以合资企业形式，由 Jim Sinegal 和 Jeffery Brotman 组建。1982 年，Jim Sinegal 在"价格俱乐部"（Price Club）做行政主管，这是在加利福尼亚州之外的一家最早期仓储式折扣零售店，而 Jeffery Brotman 还是一个抱有远大理想的普通律师。刚从巴黎旅行而归的 Brotman，正是在这个时候，开始着迷于向美国进口"特大超级市场"（hypermarket）这一零售理念的想法。在法国，"特大超级市场"很多年前就已经被广为接受，它们代表了超级市场和百货商店的融合。Brotman and Sinegal 相信大多数美国商店都在销售标价过高的货物，不公平对待他们的员工，太过于看重股东，对顾客关注度不够。他们捕捉市场的计划非常简单：相信公司自上而下的每一工作环节都应当聚焦至顾客的满意度。

Jim Sinegal 开始在行业内声名远扬，源于他开发出了公司针对员工以及通过不断提升产品质量、扩充公司供应的产品类别同时降低产品价格来赢取顾客的策略。Costco 的服务愿景是凭借非凡的效率和服务，向顾客提供尽可能最低价的高质量产品。在追求所有这些的同时，他们还保持着一套严格的公司规范，向他们的员工提供高于平均水平的工资和福利。他们在顾客和员工之间建立起了一种充分的信任感。通过结合了质量提升和价格降低的服务策略，他们也能够达成服务愿景。

Costco 始终坚定地在其店面中向顾客提供最划算的商品。有两个事例可以反映出这一点：他们销售的 Kirkland 礼服衬衫，和 Jim Sinegal 的一项重要原则。在

Costco 同 Kirkland 第一次签下合同时,它承诺每年售出 10 万套,在其仓储超市中每套标价 17.99 美元。经过两年,Costco 实现每年销售超出 100 万套后,随即和 Kirkland 重新协商,接着 Kirkland 在其仓储超市中的定价便从 17.99 美元降至 12.99 美元。与供求规律相反,Costco 是把从制造商那里得来的额外盈余转交给顾客。大多数公司会简单地保持价格不变,来谋取更多的利润,而 Costco 相信把盈余转交给顾客,通过薄利多销来弥补利润的差距。这就是 Costco 经营之道,他们深信长久经营就会证明这是最能盈利的方式。其次,他们将盈余转交给顾客,也是遵照了 Sinegal 所坚信的一条规则。他不允许品牌商品类增高标价超过 14%,私人标签商品类超出 15%,相比而言,超市标价增高 25%,百货商店标价通常增高 50%。这一点也呼应了向顾客提供优越价值的理念,反回来,也同样收获了他们的忠诚度。有一篇零售分析文对此说道:"他们或许可以通过销售更多商品类别来赚取更多钱。"Sinegal 对此回复则是,"在华尔街,他们的商业是从现在到下周四之间赶快赚钱。而我们想要建立一家公司,从现在到五六十年后仍屹立不倒。"公司另一特立独行的地方,是他们根本不做营销。他们相信把营销步骤省略,便可将更多节余转交给顾客。这又是 Costco 的另一种方式,能够传递品质服务,并获得顾客忠诚度。

Costco 在美国 37 个州,以及波多黎各、加拿大、日本、墨西哥、韩国、中国台湾地区和英国,运营着 470 家会员制的仓储超市,基本都挂名"Costco Wholesale",服务着 4 500 万名持卡会员。他们专注于以最低的价格向顾客提供最优质的产品。通过精简业务员,降低花哨货架、广告宣传、促销手段等日常开支,他们也做到了这些。如何定价和搭配商品正是 Costco 擅长的。Costco 商店提供 4 000 种折扣价位的商品(其中许多是大宗包装商品),囊括了从酒精饮料、家用电器到生鲜食品、成药,以及各式车辆。

通过为每一商品类别储备一定数量的待选品,Costco 面向顾客的供应品确保优质和较小误差也得以实现。Costco 能以更低的价格提供更优异的价值,实际上正是通过减少所有的虚饰和不必要的成本,包括业务员、奢华的装潢、快递、广告和应收账款来做到这一点。Costco 以极低的开支进行紧缩的运营,这也使得他们能够将盈余转交给他们的会员。Costco 和它的竞争者之间也有着截然的区别。它的会员费,按年度交纳,会比沃尔玛山姆会员店和 BJ's Warehouse 要稍昂贵些。这让顾客能够获得其他仓储超市所不能提供的产品:自动汽车、户主保险、房地产和抵押贷款服务、长途电话服务、汽车购买、私人支票打印,以及金融规划。对于经商顾客而言,Costco 以极低的价率提供商务信用卡处理、健康保险、企业贷款、工资报表处理、通信方案和支票打印。Costco 有一套面向顾客的"Costco 无风险 100% 满意度保障"服务项目。他们保障顾客在每一件所购产品上的满意度,否则全额退款。在会员制上,如果顾客不满意,他们也会在任何时候全额退还他们的会员费用。另一会员服务项目是每月将杂志寄发给所有会员,杂志内容涵盖了非常宽泛的主题，有着各类事情的友好建议，从如何购买香水，到倾听员工关于节约成本建议的种种观点，不一而足，以此方式来将 Costco 的市场动向告知顾客。

Costco 对他们的员工有着较高的关注度，将他们视为"最宝贵的资产"。Costco 的员工每小时会获得平均 16.72 美元薪酬，超出了零售行业内每小时 10.99 美元的平均水平。在丰厚的健康保险外，员工还会获得激励奖金和额外奖金。无论全职员工还是兼职员工，在就职 6 个月后，全部都会覆盖于 Costco 的健康保险承保范围之内。超过 82％的员工享有着 Costco 的健康保险覆盖，而 Costco 担负着员工健康保险费用的 92％—95％。作为对健康护理的补充，Costco 提供牙科护理、眼科护理、药物服务、短期及长期残障、丰厚的 401K 退休金项目、丰厚的人寿保险、长期护理保险、健康护理免税偿还账户、自理护理免税偿还账户、员工购买股券机会，以及两种特别咨询项目。Costco 突出员工重要性的策略使得它拥有了零售世界中最具生产力和忠诚的劳动力，也使其获得了丰厚的回报。大多数的Costco 员工都深信这是最好的工作场所，也被以最好的方式所关照。结果很明显，相比其他竞争公司第一年 21％的员工离职比例而言，Costco 的员工在第一年仅有6％的离职比例。"照顾好员工，再让货物周转速度超过员工速度，这就是好生意，"公司 CEO，也是零售业资深人士的 Jim Sinegal 如此说道。丰厚的员工薪酬和福利正是 Costco 营业额极低的原因所在。"从第一天开始，我们经营公司的哲学就是，如果我们付出高于平均水平的薪资，让工资阶层能生活得更好，有一个积极的工作环境和丰厚的福利，我们就能够雇用到更出色的员工，他们会留下时间更长，也会更有效率，"Costco 的首席财务官 Richard Galanti 说道。Costco 员工的工作十分努力，来让他们的顾客满意，不过，是他们的服务体系和政策展示出了以顾客为核心的 Costco 的真正本色。Costco 的管理团队据说是以一种近乎虔诚的、毫不动摇的奉献精神保持着忠诚和节俭。当一个公司集团和它的管理高层令人意外地谦卑，他们也自然会激励出一个忠诚的、积极的、能胜任要职的团队来支持他们。

Costco 的服务导向也很好地体现在了它的经营模式中：以较低价位供应高品质货物。按照 Richard Galanti 的话，"在我们这里始终萦绕不止的真言就是：我们该怎么在降低价格的同时更好地提升品质？ 如果能做到这样，我们就能卖出更多，卖出更多又可以让我们反回来折扣更多，这样又能让价格降得更低。"Costco 的领导机制就是要承诺保持较低的定价和不断丰富的商品数目。Costco 相信保持他们的供应品质量和价值是经营生意的最佳之道，低廉的价格和丰富的数目就是大型零售的常规主题。不过，Costco 和你所熟悉的普通大仓库零售商有着不同的经营手段，领导机制也和其他公司有着迥异之处。Costco 对其服务模式和员工有着更多的承担，而非以利益最大化来作为公司经营的目的。Costco 从不会坚定地为了各投资方的利益提升其利润差。Costco 对大多数的商品类别保持着大约 11％的利润差，远远低于其他零售商家和杂货商店。Costco 相信，在任何可能的时候，将成本节余转交给顾客，是长期经营的最佳商业模式，且会带来更巨大的销售量。

所有的非电子类商品,如果顾客感到不满意,在任何时候都可以退货给Costco。这其中甚至于包含会员费在内,偿还到会员期满。Costco 的服务系统结合了科技手段,以求更优服务。所有的交易都会关联到会员账户。所有 Costco 交易的数据库全国联网,而不是只限定在本商店内。如果丢失了收据,完全不是问题,顾客仍可以去任何一家 Costco 商店,退还他们购买的任何一类商品,即便商店不是在同一个州内。顾客一直都可以只是简单地出示会员卡,就能代替收据,这意味着即使没有收据,也能把一件商品退还,收到全额退款。对于电子类商品来说,Costco 不仅有很宽松的退货政策,还对该生产商通过 Costco 金钥匙服务销售的所有电子产品附赠额外一年担保,完全免费。金钥匙服务同样对所有 Costco 售出的电子商品提供技术支持。这也正是 Costco 能让顾客所深为眷恋的诸多地方之一。

Costco 努力建立顾客的忠诚度和满意度,仅仅是通过将他们所出售的商品与服务所得的利润公平地共享。一次,一个新闻记者问,当供应商的产品打折时,不降价会不会意味着利润更高?Sinegal 回应道:"有各种各样的机会,可以让你在这儿暗中多赚点盈余,在那儿偷偷多捞点利润,但这不是我们的风格。如果你建议用这样的伎俩截留一点顾客的钱不会有什么关系,因为顾客不会看出有多少差别,其实你是在愚弄自己。我们的顾客信任我们,靠这样的信任建立起的声誉,谁也不想放弃。"的确,Costco 格外珍视这种声誉,即由顾客和员工建立起的信任。

Costco 必须保持着高效,以便能够将他们的承诺传达给员工和顾客,这就是Costco 经营策略的另一方面是没有任何的虚饰的原因所在。他们的仓库空间都是水泥地板,高高的天花板,有着极少的装饰和简练的隔板。他们没有放置标识牌指明商店内货物的方位,反而,他们鼓励顾客在商店内简略地漫步闲逛。Costco 称之为"寻宝"。他们的服务系统同样也是为他们勤奋工作的员工所打造,否则这样的服务体系也会问题百出。通过保持他们的员工心情愉快,他们保持着较高的生产力和顺利的商店经营。这样便使得 Costco 能够不断传递高品质和低价位的愿景。Costco 的零售成功,绝大程度上有赖于提供足够的知觉价值来吸引登门的潜在顾客,让他们首先看到价值的存在,向他们提供一个热情友好的购物体验以及不求回报 100% 的退款保证。如果为这个论证再增述一点歌颂色彩的话,很明显,是 Jim 和 Jeff 为公司作出了真正杰出的贡献。

16.3 L.L.Bean

L.L.Bean 公司由 Leon Leanwood Bean 在 1912 年创立。所有一切都开始于1911 年的一次野营。L.L.Bean 的鞋子无法适应野外的艰苦跋涉,他对此很不满意,所以找人做了一双。那双鞋后来成了著名的"海军猎寻鞋"。他开始卖这种鞋子给当地的居民,之后又接到了缅因州外大量居民的订单,到 1912 年,他向这些人寄出了关于鞋子的一套三页宣传单,这也是他的邮购零售公司的开始。随着公司慢慢变大,L.L.Bean 建起了一间工厂,到 1934 年,工厂已经占地超过 13 000 平方英尺,到 1937 年,他的销售便已经赚足了 100 万美元。

L.L.Bean 的价值观和原则对于公司的策略和经营有着至关重要的影响,直至今天,仍然颇具借鉴意义。他相信一个黄金法则,"以合理的利润销售优质的商品,充满人性化地对待顾客,他们就会一直回来,购买更多。"他牢牢坚信着这个原则,并使之成为了他经营生意的基础。L.L.Bean 懂得向购买他的产品的顾客提供 100% 的满意保障带来的益处所在。L.L.Bean 的一句箴言就是"决不食言,绝对保障。"他们的保障便阐明了 L.L.Bean 公司售出的所有产品会在任何方面保障 100% 的满意度,从他们那里购买的任何东西只要有瑕疵都可以在任何时候退还。在 1916 年,L.L.Bean 在公司办公室张贴了一张布告,上面说道:"除非我们的鞋子被穿破了顾客还仍旧满意,我就不认为一次销售已经结束。"L.L.Bean 的哲学,"不论是邮购还是当面购买,顾客始终是公司里最重要的人",对于公司今天的成功有重要意义,和 1912 年他开始创建公司时毫无二致。

如今,L.L.Bean 公司品牌包括了美国东北部和日本的在线订购和零售商店在内,雇用着大约 5 700 名全年员工,仍然处于邮购和零售行业明显的领头地位,同时也对他们各种渠道的顾客保持着卓越的服务水平。公司因为顾客服务和质量,也获得了诸多嘉奖:《女装日报》(Women's Wear Daily)"在线公司前沿"第一位;美国零售联合基金会(National Retail Federation Foundation)顾客服务供应商第一位;在美国《商业周刊》(Business Week)杂志中排行第二位,并在消费者多渠道经销商生意排行中名列最佳。

L.L.Bean 在一开始就实践着顾客导向策略,不计成本地努力去保持顾客满意度,且不断开发变革各种方式提升其顾客服务。到 1930 年,公司产品宣传册的产品名目已经扩充到了 52 页,以便让顾客的购物更加方便。1951 年,公司在弗里波特(Freeport)镇的旗舰店开业,缅因州隆重宣传了它的"一天 24 小时,一年 365 天营业"的政策,到 1976 年,公司开始受理信用卡使用,1985 年又增加了一项顾客服务设施和免费电话号码,以回应不断增多的使用电话的顾客数量。在 1988 年,L.L.Bean 公司向顾客提供折扣价商品的批发店开业,到 1995 年,L.L.Bean 公司又投入网上市场,发布了官方网站 LLBean.com,因为其简单实用和易于理解的顾客服务模式又得到了各方的赞誉。其他的顾客服务包括:互动式导购,24 小时不间断客服,以及网上服务设施如订单跟踪、订单历史和有货通知。

L.L.Bean 公司因其员工任用制度和授权给员工超范围服务和满足顾客需要,也为其赢得了富有竞争力的优势和品质卓越的声誉。对于这一点,有个非常著名的例子是关于一个佳能相机的订购:一位 L.L.Bean 公司的员工从缅因州到纽约驾车走了 500 英里路,把一架佳能相机递交到了一位离开后正在旅行途中的顾客手中。美国退休人士协会（American Association for Retired Persons）从超过 50 岁人员的角度出发，认定 L.L.Bean 公司为最好的就业公司之一。确实，该公司有 42％的劳动力已经超过 50 岁。L.L.Bean 公司的老年人安置代理机构，目标便是成熟员工和退休人士。L.L.Bean 公司近期正在实践一种志愿员工项目，称为"健康生活时尚"，在这个项目中，向员工提供免费的健康普查、评估和指导。该公司因其对员工健康状况的大力投入，还获得了最"健康友好"就业公司的金牌，被美国心脏健康协会（American Heart Association）所认定。一些健康项目，包括戒烟项目、体育锻炼、流感疫苗接种、减肥项目和压力管理项目均对全职和兼职的公司员工开放。L.L.Bean 公司付给员工超出同行的薪酬、提供拓展范畴的福利来确保员工的满意度，通过提供给员工一种生活／工作平衡的生活方式，来确保员工的身心健康。L.L.Bean 公司同样向其全职和兼职员工提供学习和深造项目，学费补偿项目也会额外地提供给每周工作超过 20 小时的员工。

L.L.Bean 公司也同样致力于环境保护，相信他们的产品提升了顾客与户外环境的关系，并持续不断地降低生产、营销、配货环节对于环境的负面影响。作为一家公司，L.L.Bean 积极参与到能源节约和再生能源使用、能源生效、环保建筑设计、回收利用项目、有机产品使用、生物能可分解包装中来，他们也是非常慷慨的环境慈善支持者。

2001 年，Leon Gorman 成为董事会主席，将他的位置交给了第一位非本家庭成员 Chris McCormick。L.L.Bean 公司总裁 Chris McCormick 声明道："出色的顾客服务始终是也会一直是我们品牌的基石，是我们的精神继承，也是我们同其余公司截然不同的品质。新的销售渠道和不断成熟的消费者对于服务创造出了比以往任何时候都要多的需求，而服务本身也正是由聆听顾客，以及为他们的需求而行动开始的。"L.L.Bean 公司很清楚在服务行业里，只有通过出色的顾客服务，才能够打造出竞争优势，确保公司的持续成功。

16.4 亚马逊

亚马逊（Amazon.com）是一家在线书店，由 Jeff Bezos 在 1994 年创立。几年过后，亚马逊已经将其商品的选择面拓展至书籍外的许多类别上，如 CD、DVD、服装、鞋，和其他许多个人用品。通过打造出一种和现有的零售模式无任何相似之处的无实体店的经营模式，Bezos 革新了整个零售行业。《时代》杂志将 Bezos 推举为 1999 年的年度人物；到 2008 年，美国新闻与世界报道（US News and World Reports）将他认定为美国最杰出的商业领袖之一。

Bezos 的公司哲学基于他自己的"六大核心价值观"。第一个是"顾客的青睐"。

顾客始终处于首要位置,顾客也是亚马逊商业经营中的最重要角色。第二核心价值是"所有权"。公司的所有者完全决定着公司的发展前景,这也就意味着对于谁拥有公司必须有着格外重大的强调。第三个核心价值是"较强的行动力"。即便是十次失败换来一次成功,也会比零失败和零成功要好得多。第四个核心价值是"节俭"。施行一些省钱手段,再把这些节余转交给顾客,这是十分重要的。第五个核心价值是"高聘用门槛"。员工是公司最重要的资源,寻找最佳员工是至关重要的。最后一个核心价值是"变革",这也是亚马逊能够赢得成功的原因所在。

他们的定制策略之一,是"EYES"项目,通过这个项目新顾客会员会收到供应书籍和其他相关产品类别的电子邮件。亚马逊也同样允许一些自主零售商使用它的网页,比如,Nordstrom 和 Gap 的商品就在亚马逊网上出售。亚马逊网已经不再只是销售书籍,而是已经能够迎合顾客日常生活各种不同层面的需求。亚马逊的目标就是提供从 A 到 Z 之间的所有商品。亚马逊的确已经成为一个世界级零售商,提供的产品类别囊括了书籍、音乐、软件、视频游戏、各类电子产品、厨具、各类工具、草坪与花园设施、珠宝、服饰、鞋、健康和美容产品、食品,还有更多分门别类严整有序的商品名目。

亚马逊甚至通过提供购买全新或轻微折旧产品的选择机会,将零售商和消费者的世界连接起来。新产品由亚马逊直接供应,而轻微折旧用品会由一些经过核实的第三方公司提供,这能让顾客有机会去更多节省。如果亚马逊某一件产品缺货,他们会在找到补货之后在网上提醒顾客。亚马逊的服务理念是:"我们会努力提供世上最多的商品选择,成为世上最以顾客为核心的公司,成为顾客在网上能够找到和发现任何想买商品的场所。"

有三个方面让亚马逊有别于它的竞争者:顾客服务、信任和用户网页的简易操作。再没有比在网上买东西更麻烦琐碎的了,你需要劳神费心地跟踪订单、检查订单信息、联络客服,以及/或者退还商品。亚马逊将此大大简化,从发票到跟踪信息到退货,顾客能找到任何他们需要的信息。只是简单地点击"您的账户",顾客便可来到一个自助服务界面,并能够看到任何他们可能需要的信息,这个界面也能够处理范围相当广泛的顾客服务任务。这种简单、快捷和方便的处理程序,无形增多了顾客要再次回来光顾的可能性。

顾客不断地回到亚马逊,因为他们知道这是可以信赖的网站。安全保障对于在线零售商而言始终是一个较大的考虑层面,而技术越是提高,这个层面只会越是突出。亚马逊和全球上百万家机构合作,并提供各种各样的特色来支持卖家和顾客。同样,还有一套测评标准,来检视顾客对于某件商品投诉的频率,以及某件商品因为缺货而取消订单的频率。亚马逊的所有合作者,只要在他们的订单中显现出超过 1% 的问题,就会被从网站上除名。这些侧重顾客的规范,都使得亚马逊保持了顾客对网站、购物体验和供应产品的信任。

亚马逊通过技术变革,向顾客提供了一种个人化的购物体验,并将利润的大部分再投资以确保网站和购物流程提供价值以及维护用户利益。例如,在亚马逊所提供的每件产品的页面上,用户都能够为某件产品评定级别,并可参考其他顾客对同一产品的评级,以及他们所提交的个人评价。这个系统同样也使得亚马逊能够决定哪些产品最受欢迎和最不受欢迎,并由此决定哪些产品可以留下,哪些需要被更迎合顾客需要的其他产品所代替。早在 2006 年,亚马逊网站客服(Amazon Web Services,AWS)就为公司打造出了一个建立在虚拟平台上全套基础设施。AWS 向亚马逊的商务客户提供电脑使用操作支持、运作、备份和其他各种服务。客户只需要为他们需用的付钱,没有预付花费和长期投入,也让 AWS 能够以低成本高效的方式递送应用程序。

在感知到顾客不断改变的生活方式、不断增强的技术理解和操作能力以及对于方便使用和携带的渴求后,亚马逊推出了 Kindle 阅读器——从本质上说来,是一种电子书柜。点击其中的按钮,顾客就能够下载书籍,开始阅读。顾客能够从容纳了 30 万种书刊类别的图书馆下载,包含许多知名报刊、杂志,甚至博客文章在内。Kindle 显示屏模拟了纸页的风格,这意味着它并不刺眼,即便是在明亮的日光照射下。并且,下载一本书到 Kindle,要比在书店买一本书花费要少得多。顾客可以在 Kindle 设备中存储 3 500 本书籍,也可以转让,如果顾客想要在今后购买更新版本的 Kindle 软件的话。新的 Kindle DX 又提供了以顾客为本的更多特色,包括 Wi-Fi,以及阅读面板的六种不同字体型号显示。

Bezos 的人力资源格言是"雇用那些在思想观念和技能才干中能体现自身价值观的人"。亚马逊网当前在全球雇用着超出 2 万人,亚马逊的同事们被赋予了成长的机会,并有机遇去和出类拔萃的人并肩工作。亚马逊在其货物配送中心建立起的基本政策之一是安全理念。亚马逊为其员工和他们的家庭提供全套的福利,如健康护理和自主护理系统。亚马逊同样有一个度假政策,根据就职工龄计算,拿薪水的员工可以得到 2 至 3 周的带薪假期。(为一定职位的人)所提供的搬家协助也是亚马逊同事所能享有的另一个项目。这些措施都有助于保证了一个充满尊敬和感激情怀的工作环境,这一点也得到所有同事充满职业道德精神的报答。

亚马逊的基本服务策略是"顾客永远是对的"。对他们的内部顾客、B2B 电子商务网站用户和外部顾客而言,这是没有疑义的。凭借不断增加战略同盟,以及对卓越客服的投入,亚马逊也建立起了顾客的忠诚度和信任感。Bezos 对于顾客和服务的专注是一目了然的:"我们不是在做卖东西的生意,而是在做帮助人们做出选择的生意……我们不是在努力成为书籍公司,或者努力成为音乐公司——我们是在努力成为顾客公司。"亚马逊的非拍卖网站,已经成为它的行业范畴内一股摧枯拉朽的力量;从你第一次浏览它的网页开始,亚马逊不仅为你提供协助,还把了解你的喜好当成自己的职责。亚马逊的成功不能只简单地归结到任何一个层面,更多的应该是它不断的变革与创新,努力向它的顾客提供更多的价值和便利。

16.5 Zara

1963 年,Amancio Ortega 在他姐姐家中生产家用外套和女式内衣。1975 年,Ortega 在西班牙的拉科鲁尼亚(La Coruna)开了他的第一家 Zara 商店,理念是"快时尚",后来最终成长为以 Zara 命名的全球时尚连锁店。要解释 Zara 的成功,就不能绕开对 Ortega 的谈论。Zara 的成功绝大部分上要归功于 Ortega 独特的风格和他预知潮流的能力。在第一家 Zara 商店开业后,Ortega 就学到了成功的秘密在于,要在顾客提出要求之前就给予他们所想要的。他相信灵活性,学会了如何去适应残酷的改变。Zara 背后的理念就是把最新颖、最流行的时尚产品进行较低的定价作为特色。Zara 在 77 个国家中有 1 444 家商店。Zara 是 Inditex 集团的所属机构,也是它的旗舰店,专注于变革和灵活性,是"世界上规模增长最快的零售商"。Inditex 也是一家纵向一体化服饰公司,并且不像其他较大的服饰公司,这家公司拥有所有的设计、生产和零售操作流程。这种结构的不同也使得 Zara 能够打破服饰行业一些固有的传统范式。

所有人都知道永恒的时尚是不存在的,时尚是随季节而不停改变的东西,可以被某个名人所带动,被街上看到的某件东西所激发,被某个一时的突发奇想所引领,这是时尚不可或缺的部分,而 Zara 对其了如指掌,以至于不必提前 4—12 个月预测顾客的所需所求,而是准确估测到大街上正在发生的趋势,加以设计加工,然后立即付诸生产。新的产品类别会每周两次进驻 Zara 店内,每年有大约 12 000 种全新款式。Zara 在西班牙的西北部,也即第一家商店开业的地方,生产超过一半的服装数量。同时 Zara 也自己完成 40% 的纺织工序,远远多过其他竞争对手,衣料缝纫则在当地缝纫女工运营的 400 家合作工坊内完成。这给了 Zara 巨大的灵活空间和掌控力,能够削减运输成本,缩短交付周期,而与此同时,这也意味着要付出更高额的劳动报酬,比起将这些工作外包的支出要高出 17—20 倍。不过,内部设计和生产,也意味着 Zara 能够打造出一个从开始到结束仅用 2—5 周的全新生产线,作为在特殊季节里一些时尚类产品销售不甚理想的应对。Zara 能够生产顾客需求的系列时装,而不提供要花费一年时间策划和销售的产品。

公司另一个比较瞩目的成就,是它做到了没有诉诸宣传而即变得闻名。他们不做宣传活动,因为他们的时装系列变化得异常频繁——在 Zara 网站上展出的服装会在周末便完全清仓。Zara 所有的营销都只在他们的店内。它总是选择最佳环境条件,从策略角度出发,安置于最显要的零售地点,在最繁华的商业街道。所有的一切都被用心斟酌,包括最小的细节层面:商店的装潢、橱窗的装饰,还有员工。橱窗内的展览品每周一换,展览品以西班牙风格打造,在所有店面里都有仿真品。

目的就是以定期不间断的存货周转来吸引盈门的顾客。他们遵循着一个原则,那就是较短的入货时间等于更多时尚的衣装,低数量等于供货紧张,更多的风格等于顾客有着更多的选择。当时尚品还"大热"时传递时尚,较少数量地生产卓尔不群的商品,设计者的品牌只收取很小一部分成本价,这些都是 Zara 赢得声誉的原因所在。这种运营方式也同样降低了在每一季节结束时折扣商品的残留量。Zara 仅优惠其产品的 18% 左右,大约只是它的竞争者的一半。

Zara 的使命声明中包括一份环境政策,即公司在不断寻求任何机会让他们的办公室、制造设备、运输过程和商店更加经济环保。商店使用了能够降低 20% 损耗能源的新型材料建造。所有的 Zara 零售店都在实践着回收利用并且用回收材料制造衣架和服饰标签。公司也已经开始使用融合生态仿制品的无化工农药的有机棉混合物,并生产不含 PVC 成分的鞋袜。Zara 甚至将其"走向绿色"的努力扩展至货物运输程序中,货车均使用生物柴油燃料。

在服务层面,所有的一切都跟顾客的需要和欲望相关。Zara 并不力求预测顾客会需要什么,而是设计和传递顾客的切实所需,以及当前所需。为了达到这个目标,Zara 格外倚重最前线的员工,这些员工也被认为是公司成功的关键。通过分析销售数据,在商店的最繁忙时节,该零售商即会定期增派工作人员,同时也异常期待员工就他们看到的或听到的任何时尚趋势进行反馈——包括什么是"大热",什么是"冷门",以及/或者在当前生产的服务系列中有哪些缺位。员工有责任向总部呈报哪些已经销售,哪些还未售出。每一位员工都装备有一套 PDA 设备,用来收集针对其产品的观点,以及顾客希望在商店内见到什么样的信息。这类数据会每天收集,汇报给总部。接着会使用这类信息决定哪些生产线和花色保留下来或被替换,以及新的生产线是否立时打造。销售不好的产品会立即撤下货架。换句话说,顾客通过一番电话或者一封电子邮件,就直接与 Zara 商店内下一周将要上架的产品建立起了关联。Zara 已经向零售世界证明:仅仅是迎合市场需求,了解顾客就足够营造出一个大品牌,这是完全可行的。

16.6   dm

dm 商贸公司(dm-drogerie markt GmbH & Co)由 Götz W. Werner 于 1973 年在德国的卡尔斯鲁厄(Karlsruhe)创立。Werner 的目标是让他的商店成为一家打折药店。Werner 在一个医药世家中长大,1968 年,他开始在祖父所领导的公司内工作,其后公司又由他的父亲领导。如今,dm 的业务已扩展至 11 个欧洲国家,在 2 251 个分店中拥有大约 33 600 名员工,显然已是欧洲市场板块中的领头公司之一。

该公司成功大部分都要归功于它的创立者 Werner 的社会贡献。他将自己描述成一个乐于神秘信仰的人,也就是说,他秉持着一种人类和世界紧密关联的观点。Werner 的个人价值观对公司经营产生了巨大的影响。公司有意压低管理层的地位,鼓舞员工无论作为个人还是团队成员,在每一层面都能积极参与。dm 允许它的分店尽可能地保持自主,以他们自己的方式进行经营。分店经理可以灵活地调整员工的薪水,因此员工的报酬会有着地区差别,一般来说,dm 的薪酬会高于竞争公司。每一位员工也都会收到利润的分成。公司的上级通常会由职员来选举,而不是由管理阶层指定,所有的职员都有表达自己意见的机会。每个分店都会按月召开团队会议,此外,每年大约会有六次分店经理会议。一些不会对整个公司产生强烈影响的改革,可以不必经由总部许可而直接由分店推行。正如 Werner 在一次采访中所说,"收入不是我们团队协作的目标,而是一个结果。"

几十年来,公司因为其实习政策和独特的顾客照管项目而获得了诸多嘉奖。由 Servicebarometer 公司主导的德国年度顾客满意度和忠诚度调查项目 Kunden-monitor 2010,将 dm 推举为德国最具顾客忠诚度公司之一。dm 对顾客以及他们所需的了解,使得他们能够将不含麸质和乳糖成分的产品、有机食品、养生茶和食物补品,先于他们的竞争公司之前列入他们的产品范畴中。实际上,dm 在 15 年前就已开发出了自己的一些品牌;这些产品不仅品质更高,且比竞争品牌产品的价格要便宜大约 40%。事实上,dm 是首家提供自己的"绿色"生态品牌"Alverde"和"Alana"的折扣药店。每个月内,一些机构诸如德国技术监督基金会(Stiftung Warentest)或《Ökotest》杂志会检测 dm 的产品,并持续嘉奖给他们高分。

dm 一些自主标签的品牌包括:

品　牌　名　称	描　　述
Alverde	以植物提取成分为基础的纯天然美容产品
Balea	皮肤和头发护理
Balea Men	男士皮肤和头发护理
SUNDANCE	防晒产品
Jessa	女性卫生用品
Soft & Sicher, Sanft & Sicher	纸巾和厕纸
Donto Dent	口腔卫生
Babylove	婴儿护理用品
Prinzessin Sternenzauber	女用沐浴液
Denk mit	清洁剂

此外,dm 也为其顾客开发出了一些额外的服务项目,如:dm 美发、dm 化妆工作室、dm 健康工作室、dm 扫描透析服务。

Werner 表示他们药店的成功有四个主要原因:投资、扩张、品质和员工的专业水平。这四个层面不能相互分离开来理解,扩张和投资要从根本上依赖于公司传递品质的能力,以及员工精湛的专业水准。以此为目的,Werner 确保他的员工把握每一次机会去发掘他们最大的潜能。他开展了大量的培训和深造项目，使其能够惠及到所有员工，这些项目的范围从支持员工在 dm 日常工作的工作坊，到帮助他们提升个人和社交发展的课程。所有的项目完全免费提供，并且包含在工作时间内，这就代表着公司付给员工薪水让他们参加富有教益的课程项目。dm 也很侧重于营造好的工作条件和友爱的氛围，专注于打造一个类似补偿性的策略，因为 dm 保持着一个极低的员工周转率。Götz Werner 和他的执行董事会施行一种所谓的"会话领导机制"。它是建立在尊敬和感恩之上的，从这点出发，整个公司被视作一个在执行董事会、行政经理和员工之间有着永恒的沟通与互动的合作团队。作为一个积极学习的公司，dm 的管理阶层始终对各种改善意见敞开心扉，这些意见既可以来自他们的经理，也可以直接来自他们的员工。

Werner 遵照着生意成功是一个结果，而非是一个目标的原则。这个结果来自于较高程度的员工定位和顾客导向，这个做法也带来了整个公司对服务的侧重，并构成了 dm 公司成功的关键要素之一。

dm 管理阶层遵从三个基本原则：
- 顾客原则：我们愿意满足顾客的需求，增加常客的流量；
- 员工原则：我们希望员工对我们的产品引以为豪，给他们机会自我发展；
- 伙伴原则：我们愿意和伙伴打造一个长期、可靠和公平的合作关系，谋求共同利益。

dm 推行了大量的项目，提供了大量资源，来确保顾客的满意度和忠诚度。这些项目包括：服务中心、dm 活性美容卡、dm 活性美容杂志、dm 月刊、dm 婴儿附赠品，以及一些竞赛活动。在保持遵守明确的规范和方针来确保顾客满意度之外，dm 还推出了顾客热线（周一至周五），顾客对于产品有任何的询问或问题都可以拨打电话，接受专家的意见。自 1973 年创建以来，dm 就不断提升他们的可持续能力。dm 的管理层组织了许多活动和项目，来支持可持续销售，他们和 UNESCO（联合国教科文组织）合作创建了"Ideen Initiative Zukunft"（可持续性未来之理念）项目。这个项目的目标是鼓舞人类美好健康未来之观念，dm 提供了 150 万欧元作为项目提议和活动选拔的基金，由 dm 专家评委会和 UNESCO 成员进行项目工程的最初提名，而由 dm 的所有顾客来投票决定最终获得基金的项目工程。

16.7 乐高

乐高（LEGO）是一系列的积木玩具，由乐高集团生产。这是一家位于丹麦比隆市（Billund）的私人公司。公司的旗舰产品，乐高玩具，由一些五彩缤纷、嵌套相连的塑胶积木,一组协作有致的齿轮装置,迷你人偶和其他各种零部件组成。乐高积木能以任意方式组合、连结,组装出汽车、房屋,甚至是作业机器人的物体。任何组装成的东西都可以分解开,部件可以再组装成其他物体。这些玩具最早于 20 世纪 40 年代在丹麦设计,如今已受到全球人们的喜爱,并随之拓展出了一系列的亚文化产品如乐高影视、游戏用具、视频游戏、官方赛事,以及四所乐高主题的娱乐公园。

乐高开始于 1932 年的丹麦,当时 Ole Kirk Christiansen 在丹麦南部比隆市区一个不知名的小镇上创立了一家生产木制玩具的小工厂。为了给他的公司取名,他在顾客中发起了一场命名选拔竞赛活动。然而似如命中注定,他自己想出了一个最好的名字:乐高(LEGO)——丹麦词汇"LEg"与"GOdt"("玩得开心"之意)的结合。1947 年开始拓展至塑胶玩具生产。到 1949 年,乐高便开始生产如今风靡世界的嵌套积木,他们将之称为"自动组装积木"。接着,Christiansen 开始研究塑胶,认为这是乐高玩具最理想的材料。不过在那时候,使用塑胶制造玩具还不是太被零售商家和消费者所接受。许多乐高的货流都被退返,大众均认为塑胶玩具永远不可能取代木制玩具。之后数年,乐高在保持其整套游戏和建构系列的基础上,将积木进行了完善,这些系列也沿用到了今天。到 1954 年,Christiansen 的儿子,Godtfred Kirk Christiansen,加入了他父亲的企业,志在增强公司的国际市场占有率。Godtfred 看到了乐高积木作为创造性游戏工具的巨大潜力。乐高现代积木在 1958 年 1 月获得了专利。

乐高集团历史的下一章节,是乐高型偶在 1974 年的问世。小小的黄色型偶新增了一个不同以往的组合方式可玩,让孩子们可以进行角色扮演,并将他们的个性化设计注入乐高玩具架构中去。至今,乐高已经生产了 40 亿个型偶,装备成不计其数的模拟物,从篮球运动员到《星球大战》武士再到海盗,不一而足。乐高集团的格言"det bedste er ikke for godt",意思是"对卓越的追求永无止境",语出 Ole Kirk,以鼓励他的员工不要在品质上让步妥协,这也是他深深信奉的价值观之一。这句格言时至今天仍被公司采用。

乐高积木的风靡流行,可以归因于他们对于仅受儿童创造力和想象力所局限的玩乐方式的改观能力。不出所料地,在 2000 年乐高玩具被《财富》杂志和英国玩具零售商协会(British Toy Retailers Association)赞誉为"世纪玩具",打败了许多著名的玩具,如泰迪熊和芭比娃娃。另外,公司继续保持着他们没有瑕疵的形象,深受家长和孩子的喜爱——近期一项声誉研究院(Reputation Institute)的研究发现,乐高公司的声誉处于全球前五名之列,仅在诸如谷歌、苹果这样的公司之后。乐高也和迪斯尼一道,成为进入前 100 位中仅有的玩具公司。

在玩具世界中,从最初简单的手工艺玩具到今天乐高集团开发出的丰富产品类别,乐高经历了长足的进步。在它打造自己品牌的几十年中,乐高集团也着力于迎合不同年龄群体的宽广需求——从婴儿的得宝(Duplo)系列到成人的机器人。

1968 年,公司的第一个乐高主题公园(Legoland)开业,位于比隆市公司创立地点的附近。英格兰温莎市(Windsor)、美国加利福尼亚州卡尔斯巴德市(Carlsbad)、德国金茨堡市(Günzburg)的公园也相继开业,每座公园内都有用 5 000 万块左右的积木搭建成的历史遗迹或者地理标志的模仿建筑,像埃菲尔铁塔、拉什莫尔山和悉尼歌剧院。每座公园每年能接纳大约 140 万游客。此外,乐高产品在成年人中受欢迎程度不断增加,使得公司也开始着手更多的成人市场开发,正迎合了 20 世纪 70 年代中期的商机,1977 年又见证了"专业建筑家序列"产品的问世,在 2 年之前发布的"专家序列"基础上又做了提升。这些工艺套装包含了许多可活动部件,像是齿轮、杠杆、轮轴,并且能够进行,比如模拟汽车的组装。接下去几年,更多的产品线得到了拓展,以太空主题为基础的玩具套装也被研发出来。

2004 年,公司推出了官网 Legofactory.com,让所有人都能够下载"乐高数字设计软件"来打造他们自己的乐高模型。这些模型要么被收录进图片库,要么会将零部件售出及递送至顾客家中,这样他们可以在现实生活里进行模型建造。乐高还得到了游戏开发商 LucasArts 的支持,开发的诸多视频游戏也受到了极大欢迎。视频游戏《乐高星球大战 II:原始三部曲》,自它发行以来便是最畅销的游戏。该游戏为八个不同游戏平台开发,在发行的首周便售出 110 万套,之后也继续保持着最畅销地位。

乐高迷并不仅限于"孩子"。乐高爱好群体组织的代表不仅有 TFOL(青少年乐高迷),还有 AFOL(成年乐高迷)。去判断与迎合玩家与爱好者不断宽广的范围,这一过程也改变了乐高的经营。它依然按照"传统"时尚设计、制造与售卖积木和玩具,与此同时,一种新型经营方式也在成长,有着前沿终端用户参与其中——设计、革新,共同打造属于他们自己的产品。没有意外地,所有的一切都开始于一个"可指挥与控制"的模型,开始于乐高所做的与其品牌相关的一切开发与发行。然而随时间推移,他们已从缺少顾客参与度,渐变为一个围绕乐高系统不断拓展并由所有爱好者共同打造其整体的经营模式,而乐高也积极支持这样的经营。一个用户的设计可能会吸引其他许多用户,所以这并非是简单的"虚荣出版",而是面向资源开放的世界的一种设计和营销的富有意义的拓展。

通过采取一种海纳百川的方式,乐高将所有用户带入了自己的天地,拒绝把用户设计和理念交换不断庞大的信息体拒之门外。尽管这对于乐高爱好群体组织来说,也许是一次向主流意识的大跳跃,但是无论在线还是非在线乐高迷,几十年来他们都是心心相连的。乐高与爱好者以及爱好群体组织间的关系几十年来也发生了根本性的变化。实际上,乐高也大力倡导和支持现实中爱好群体组织"用户对用户"的互动形式。比如,有一个十分活跃的乐高用户独立网站,叫做 LUGNET (http://www.lugnet.com),就借助各种事件、交易和比赛,来促进乐高爱好者的参与度。最近新的公司发展又将下面这几条线索凝聚在了一起:《乐高宇宙》,是一个大型的多角色在线网游(MMOG),像是"魔兽争霸"及其他游戏。但不过,《乐高宇宙》中的角色和生物，都是由玩这个游戏的孩子们创造的数字模型。凭借一些项目，如"乐高工厂"（LEGO Factory），乐高可以制造用户设计和定制的玩具，这意味着现如今不只有可能在某个虚拟游戏中拥有自己的数字人物角色，在真实世界中还有其物质替代品可玩。这个程序使乐高整合起了它擅讲故事的传统和积木制作以及平台开发的优势，也让用户能够发挥想象力和创造力，来塑就游戏中各种真实和虚拟的要素。

乐高强调八个关键的方面，力求和爱好者建立积极合作关系。这些方面包括：

1. 设立期望值；
2. 尊重；
3. 确保双赢；
4. 包容；
5. 可靠；
6. 确保透明度；
7. 公开；
8. 公正的补偿。

乐高与爱好者合作关系先前的成功范例，包括"制作由我"（Made By Me）活动，让爱好者可以借用特别为此目的开发的软件来定制乐高玩具套装。爱好者在Youtube 上传了超过 70 万个有关他们自己创意的视频，在 30 个国家参与了 180次乐高"积木世界"活动。实际上，乐高一直在大众的灵感源泉以及同消费者共同打造产品中积极地冒险。这个品牌的一些产品，如"乐高建筑"和"乐高珠宝"，实际上都是由爱好者共同经营的。

乐高爱好群体组织的成功，也可以说归功于这家品牌的哲学观"玩乐中的系统"（System in Play），它依赖于系统化的创造力。在一个人际网络关系的社会中，乐高积木正是一个完美的社交客体，这也是乐高积木能受人们如此喜爱的一个原因。其次，根据 afaqs.com 的总结，该品牌是将消费者的参与性放在了其经营策略的核心位置。

乐高顾客群体组织和顾客参与

乐高尽可能深入地洞察顾客的需要，也借助各种各样的渠道去增强与顾客的关系。对于乐高而言，很重要的一点是与乐高爱好者们打造起积极的人际关系，并和对他们产品感兴趣的人进行积极对话。乐高也运营着一些顾客俱乐部，或者顾客群体组织。对于用户来说，这些顾客群体组织是顾客能够分享观点和展示设计的平台，不过，对于乐高自身而言，这些平台则是一种策略化营销工具，让公司得以了解他们的顾客，并将顾客基群分出板块，以推行较为成功的顾客导向营销策略。尽管乐高长期定目标于孩子，他们也开始将注意力放在成人爱好者（AFOL）身上，他们有着更高的购买力，并时常成为有更高重要性的顾客意见和建议的来源。顾客参与策略也让乐高能够评量自己的产品和营销讯息，更好地满足顾客需求，全面提升他们的体验。

乐高也建立起了一些不同的接触平台，来促进与消费者的互动关系，包括：

（1）乐高大使项目。

乐高大使项目含纳了全球各地的乐高爱好者，年龄从 19 岁至 65 岁不等。乐高同这些爱好者打造起积极的人际关系，并从他们中寻求观点和建议，使乐高大使会与公司有着更加紧密的接触。例如，乐高大使会对产品开发和涉及未来各种乐高产品的主题进行评估和投入。通过这个项目，乐高敞开了一个渠道，和他们最铁杆的爱好者们建立起了对话——这是所有的品牌都应该做到的事情。如果公司不能够开放对话渠道，就会缺失掉对他们而言最重要的人群——他们的顾客——的一些最有建设意义的协助。这个项目同样也是培养最有影响力的、能够帮助强化乐高品牌的意见领袖的一种方式。

（2）乐高点击。

乐高近期发布了官方爱好群体组织的网站，称为"乐高点击"（LEGOClick.com）。这是一个合作性的网站，在这里所有的乐高迷，包括爱好者、美工人员、设计者和投资者，都可以阅读到乐高最新动态，或下载免费的乐高图片，以及能够将真实图片转化成乐高风格的苹果手机软件。用户可以用他们的 Twitter 账户登录网站，让一个"迷你乐高"人偶在屏幕上飞来飞去。网站鼓励用户分享，内容包括同乐高一起、或者同别人一起制作的图片和视频。乐高点击和许多社交媒体建立了链接，如 Facebook、Twitter 和 Flickr，提供了许多标签，这样用户能够发布他们的新观点，并对其保持所有权。社交媒体是公司和顾客之间开放交流渠道最好的工具之一。"乐高点击"群体组织为爱好者开通了许多新的渠道，也是一个能够促进顾客不断尝新、为乐高公司创造好的口碑并广为传播的带有革新意义的方式。从本质上讲，爱好者自创内容就是公司的免费宣传。乐高意识到，比起品牌本身孤掌难鸣，品牌向外拓展的联盟关系所提供的社交纽带，常常会让人们更有兴趣。

（3）乐高教育。

正如在他们的使命声明中所提及的那样，乐高志在全世界学前、学校和教育性机构领域的教育资源的促进。乐高教育项目（LEGOEducation.com）为那些想要在他们的课堂中带去更多革新和创意的普通教育专员和学校老师提供了一些解决方案。在学前教育以及早教方面，乐高为帮助教育者打造更具参与性和丰富性的学习体验提供了实质性内容。借由这一项目，乐高强调了一点，乐高并不仅是一种玩具，而同样也是一种通过学习富有创造力的游戏活动和乐趣来激发学生发展成为富有责任心的社会成员的方式。乐高教育项目也推出了机器人竞赛，学生们在比赛中相互协作，打造出乐高系列的功能性机器人。另外，乐高也主导了一些培训和教育活动，来展示教育专员和老师如何有效地使用玩具来开发学生的能力和创意。

(4) 乐高俱乐部。

乐高俱乐部(club.lego.com)可能是乐高品牌最大的、也是最活跃的顾客群体组织。比起一个增加忠诚度的项目,它更是一个全球爱好者的群体组织,几百万会员的共同特征就是他们对于乐高的钟爱。成为会员有许多好处,比如,乐高俱乐部杂志,一本每年五次寄发的免费顾客杂志,包含了各种不同产品、更新讯息、趣味故事、比赛活动和谜语竞赛在内。会员也会收到乐高俱乐部的电子新闻邮件,由此进入更安全保险的乐高俱乐部网站,可以登录参加额外的会员活动。

(5) 乐高工厂/乐高“设计由我”。

乐高产品最有别于众的特征,就是它的多样化(的可选择性),即使少量几块积木都有着组装建构的巨大潜力。比如,仅仅是两块积木,就有着 24 种不同的组装方式,有六块积木,就会有 915 103 765 种可能性。换句话说,乐高并非仅是由公司设计的,也是由终端用户设计的。乐高工厂(factory. lego. com/designbyme. lego. com)提供了这样的在线机会——用户上传自己的设计,乐高公司计算出需要的积木和其他部件,总结出需要的组装指导。或者,用户可以使用网站上的设计工具,来开发自己的想法,而乐高仅仅作为服务供应商,将相关的部件包裹好,寄发给用户/设计者。乐高工厂使得用户能够打造自己的设计方案,付诸生产,或者简单地借用数字图库分享至全世界。这也是乐高理念中一种非常有效的鼓励顾客参与的证明。

(6) 乐高宇宙。

乐高宇宙(universe.lego.com)是一个面向所有年龄段的人开放的大型多角色在线网游(MMOG)。乐高宇宙中的角色和生物都是由玩游戏的用户创造的数字模型。乐高宇宙超越了传统形式,以及游戏玩家所消费的内容均由其他玩家创造的消极名声体验,让所有用户的想象力和创造力都能够尽情发挥,来打造与分享专属自己的故事和世界。

讨论问题

1. “范式变迁者”有什么样的共同特征?
2. 企业如何在消费前、中、后三个阶段提高顾客体验?
3. 零售行业中的不同范式变迁者如何提高其竞争优势?
4. Costco 如何兼顾低价和优质产品服务?
5. 亚马逊如何践行“顾客是对的”的理念。
6. 作为快时尚的代表企业,Zara 如何通过迎合顾客需求获取成功?

本书根据 Springer 出版社 2012 年英文版译出
2015 年中文版专有出版权属格致出版社
版权所有　翻版必究

上海市版权局著作权合同登记号　图字:09-2011-312

工商管理经典教材译丛

服务管理:零售业中的新范式
[美]杰伊·坎达姆普利/主编

整合营销传播:广告、媒体与促销(第5版·全球版)
[美]肯尼思·E.克洛 等/著

人力资源管理(第6版·全球版)(配有影印版)
[美]路易斯·R.戈麦斯-梅希亚 等/著

毅伟商学院精品案例
[加]魏小军 等/主编

战略营销
[美]托德·A.穆拉迪安 等/著

可持续营销
[美]戴安娜·马丁 等/著

财务会计:国际财务报告准则(第8版·全球版)(配有影印版)
[美]小沃尔特·哈里森 等/著

市场营销学(第11版)(备有教学课件,配有影印版)
[美]查尔斯·兰姆 等/著

市场营销学(第11版):案例与实践
[美]查尔斯·兰姆 等/著

创新经济学(备有教学课件)
[英]G.M.彼得·斯旺/著

公共卫生管理学精要(第二版)
[美]弗莱明·法伦 等/主编

管理控制引论:计划、监控和信息管理(第12版)
[德]于尔根·韦贝尔 等/著

战略管理:获得与保持竞争优势(第三版)(备有教学课件)
[美]杰伊·B.巴尼/著

组织行为学(第五版)(配有影印版)
[美]杰拉尔德·格林伯格/著